U0331082

全国交通运输职业院校
课程思政优秀案例集

浙江交通职业技术学院 组编

QUANGUO JIAOTONG YUNSHU ZHIYE YUANXIAO
KECHENG SIZHENG YOUXIU ANLIJI

上海交通大学出版社
SHANGHAI JIAO TONG UNIVERSITY PRESS

内容提要

　　本书收录交通运输职业院校课程思政优秀案例 48 个,其中课程思政典型案例 44 个,院校课程思政建设的典型案例 4 个。每个优秀案例都由三部分内容组成,分别是案例综述、案例解析、案例反思。书中的课程思政典型案例有明确的课程思政教学目标,突出价值引领,具有较强的针对性、时效性、创新性、示范性和可推广性。书中的各个案例把思想政治教育贯穿人才培养体系,全面推进交通运输大类专业课程思政建设,助力交通强国,培养德智体美劳全面发展的社会主义建设者和接班人。本书适合全国职业院校交通运输相关专业的任课教师使用。

图书在版编目(CIP)数据

　　全国交通运输职业院校课程思政优秀案例集/浙江
交通职业技术学院组编. —上海:上海交通大学出版社,
2023.6

　　ISBN 978 - 7 - 313 - 28730 - 4

　　Ⅰ.①全… Ⅱ.①浙… Ⅲ.①高等学校-思想政治教
育-教案(教育)-中国 Ⅳ.①G641

　　中国国家版本馆 CIP 数据核字(2023)第 087620 号

全国交通运输职业院校课程思政优秀案例集
QUANGUO JIAOTONG YUNSHU ZHIYE YUANXIAO KECHENG SIZHENG YOUXIU ANLIJI

组　　编:	浙江交通职业技术学院		
出版发行:	上海交通大学出版社	地　　址:	上海市番禺路 951 号
邮政编码:	200030	电　　话:	021 - 64071208
印　　制:	常熟市文化印刷有限公司	经　　销:	全国新华书店
开　　本:	787mm×1092mm　1/16	印　　张:	23.25
字　　数:	563 千字		
版　　次:	2023 年 6 月第 1 版	印　　次:	2023 年 6 月第 1 次印刷
书　　号:	ISBN 978 - 7 - 313 - 28730 - 4		
定　　价:	79.80 元		

编 委 会

前　言

　　课程思政是新时代高校在落实立德树人根本任务中发展的新理念。从我国对高等教育、高等职业教育的新定位、新要求的视域来看，课程思政最基本的内涵在于高校以各专业课程为基础，遵循知识传授规律，彰显思政价值引领，充分发挥课堂的主渠道作用，努力培养德智体美劳全面发展的社会主义建设者和接班人，它所体现的是知识传授、价值塑造和能力培养的多元统一。

　　2018年5月，习近平总书记在同北京大学师生座谈时强调："要把立德树人的成效作为检验学校一切工作的根本标准，真正做到以文化人、以德育人，不断提高学生思想水平、政治觉悟、道德品质、文化素养，做到明大德、守公德、严私德"，"要把立德树人内化到大学建设和管理各领域、各方面、各环节，做到以树人为核心，以立德为根本"。人才培养体系必须立足于培养什么人、怎样培养人、为谁培养人这几个根本问题来建设，这也是对全国高校思想政治工作会议精神的再细化、再深化，为正处在实践探索之中的高校课程思政建设提供了方向。

　　2020年5月，教育部印发了《高等学校课程思政建设指导纲要》，全面部署课程思政建设，从九个方面阐述了高校推进课程思政建设的重大意义、目标要求、重点任务、条件保障等内容。文件指出，"高等学校人才培养是育人和育才相统一的过程。建设高水平人才培养体系，必须将思想政治工作体系贯通其中，必须抓好课程思政建设，解决好专业教育和思政教育'两张皮'问题。""课程思政建设工作要围绕全面提高人才培养能力这个核心点，在全国所有高校、所有学科专业全面推进。"该文件明确提出，"专业课程是课程思政建设的基本载体。要深入梳理专业课教学内容，结合不同课程特点、思维方法和价值理念，深入挖掘课程思政元素，有机融入课程教学，达到润物无声的育人效果。此外，该文件还提出要提升教师课程思政建设的意识和能力，建立健全课程思政建设质量评价体系和激励机制，加强课程思政建设组织实施和条件保障。该文件的发布不仅标志着人们对课程思政的认识和实践探索达到了"体系化"的高度，对高校进一步推进课程思政建设提出了更为明确的要求，而且也为高校努力做好这项工作提供了制度化的保障。

　　为了给全国交通运输专业高校教师开展课程思政教学提供具有示范性、创新性和可推广性的教学方法和课程思政教学案例，在全国交通运输职业教育教学指导委员会的指导下，浙江交通职业技术学院承办了全国交通运输职业院校课程思政优秀案例征集活动，在全国交通运输职业院校的通识课程和各专业主干课程中广泛征集课程思政优秀教学案例。专家们通过评审,从403个征集案例中评选出优秀案例48个,最后精选汇编成《全国交通运输职业院校课程思政优秀案例集》。本书分为课程改革编和院校改革编。课程改革编收录了44个课程思政典型案例,院校改革编收录了4个院校课程思政建设的典型案例。内容涵盖了公共基础课和专业课在内的多门课程,对于挖掘和充实各类课程的思政教育资源,充分发挥各门课程的思想政治教育功能,实现立德树人,可以起到积极的示范作用。

在本案例集出版之际,感谢全国交通运输职业院校教师们的积极参与和专家的专业评审,感谢上海交通大学出版社给予我们的专业指导和帮助。

目　录

课程改革编

守汽车工匠初心　承科技报国使命
　　——"自动驾驶汽车感知系统装调与测试"课程思政案例……………………………（003）

同向同行　用不同语言讲好中国故事
　　——"大学英语"课程思政案例……………………………………………………（011）

交通强国背景下新时代交通人才培养
　　——"交通信息采集与分析"课程思政案例………………………………………（021）

传递"四位一体"价值　培育汽车销售人才
　　——"汽车销售实务"课程思政案例………………………………………………（027）

融合时代精神　厚植家国情怀
　　——"大学语文"课程思政案例……………………………………………………（037）

厚植爱国主义情怀　传承轨道红色基因
　　——"轨道车辆机械系统检修"课程思政案例……………………………………（043）

春风化雨　润物无声
　　——"城市轨道交通行车组织基础"课程思政案例………………………………（048）

建设交通强国　走好复兴之路
　　——"城市轨道交通系统"课程思政案例…………………………………………（054）

弘扬航运文化　精进船舶技术　培育工匠人才
　　——"船舶定位与导航"课程思政典型案例………………………………………（060）

"校企合作　双项融合"的课程思政育人模式
　　——"汽车创新营销"课程思政案例………………………………………………（070）

地铁活地图巧育技
　　——"城市轨道交通运输设备"课程思政案例……………………………………（078）

修匠心　练技艺
　　——"汽车涂装技术"课程思政案例………………………………………………（088）

传承青藏铁路精神 践行"四心"新征程
　　——"隧道施工技术"课程思政案例 (096)

话服饰之美 扬民族之光
　　——"实用英语"课程思政案例 (103)

交旅融合设计 匠心构造良品
　　——"建筑施工图设计"课程思政案例 (111)

高桥壮志升黔品 荷载试验保平安
　　——"桥梁工程试验与检测"课程思政案例 (119)

初心于方寸 咫尺在匠心
　　——"路基路面施工"课程思政案例 (124)

构建视觉美 感受心灵美 生成品德美
　　——"美术鉴赏"课程思政案例 (130)

小工匠 5G 云旅游 大情怀融筑红建魂
　　——"红色旅游建筑"课程思政案例 (137)

学史明志 献身交通 继往开来 再铸辉煌
　　——"运输管理"课程思政案例 (144)

传承红色基因 讲好绿水青山
　　——"地方导游"课程思政案例 (151)

课程为核"修身 修技" 思政为魂"育德 育匠"
　　——"汽车电器系统检修"课程思政案例 (157)

匠心培育公路人才 科教助力交通强国
　　——"路面施工技术"课程思政案例 (165)

厚植家国情怀 强化使命担当
　　——"公路勘测设计"课程思政案例 (175)

公路"医生" 用"心"守护质量
　　——"公路工程检测技术"课程思政案例 (183)

起动检修练技能 精益求精塑匠魂
　　——"汽车发动机装配与检测"课程思政案例 (190)

立足交通 服务区域 培育新时代会计信息化人才
　　——"会计信息系统应用——财务链"课程思政案例 (199)

新政助推加速折旧 数据赋能交通强国
　　——"Excel 在会计中的应用"课程思政典型案例 (207)

思政引航 船舶导航 雪龙起航
　　——"船舶导航设备维护与管理"课程思政案例 (218)

校企共育航海人才 "船魂"助力航运强国
　　——"轮机自动化"课程思政案例 (228)

培育航海工匠 守护船舶心脏
　　——"船舶电气设备"课程思政案例 (235)

不差累黍测九州　通江达海绘蓝图
　　——"公路工程测量"课程思政案例 …………………………………………（242）

匠心设计　精心融入　贴心育人
　　——"城轨通信基础设备检修与维护"课程思政案例 ……………………（249）

守正创新筑匠心　以虚补实践匠行
　　——"EDA 技术"课程思政案例 …………………………………………（257）

思政引领　铸魂育人　树立试驾服务新标杆
　　——"汽车销售实务"课程思政案例 ……………………………………（265）

民生在勤　劳亦有思
　　——"劳动教育"课程思政案例 …………………………………………（276）

"观　学　习　用"五转变
　　——"初识招投标"课程思政案例 ………………………………………（285）

"一轴双线"践初心　"三进一融"育匠人
　　——"桥梁上部结构施工"课程思政案例 ………………………………（295）

精诚协作　共赢未来
　　——"供应链管理"课程思政案例 ………………………………………（302）

矢志不渝练技能　匠心筑梦终报国
　　——"轨道交通车辆电气控制"课程思政案例 …………………………（309）

四维一体　双线融合
　　——"应用高等数学"课程思政案例 ……………………………………（315）

树立船舶文化自信　塑造航海工匠精神
　　——"船舶文化"课程思政案例 …………………………………………（323）

院校改革编

协同管理育人　统筹推进课程思政建设
　　——北京交通运输职业学院课程思政建设实施案例 …………………（337）

多视角推动课程思政教学改革创新
　　——青海交通职业技术学院课程思政建设实施案例 …………………（345）

党建引领　有形设计　分类推进　无形融入
　　——新疆交通职业技术学院课程思政建设实施案例 …………………（351）

在专业课中弘扬新时代交通精神　培育"最美交通人"
　　——浙江交通职业技术学院课程思政建设实施案例 …………………（355）

全国交通运输职业院校课程思政
优秀案例集

课程改革编

守汽车工匠初心　承科技报国使命

——"自动驾驶汽车感知系统装调与测试"课程思政案例

一　案例综述

(一)课程介绍

本课程是汽车智能技术专业的一门专业核心课程,是从事智能网联汽车装配、调试、测试、标定、数据处理、仿真分析等工作必须学习的课程,对接《智能网联汽车测试装调职业技能等级标准(中级)》中智能网联汽车智能传感器测试装调工作职业技能要求。通过对自动驾驶汽车装调测试岗位群的典型职业活动分析,我们确定了本专业核心课程,进而确定了本课程框架和核心内容(见图1)。本课程的先修课程为智能网联汽车技术基础、信息技术基础、企业识岗实习,后继课程为自动驾驶汽车数据分析、自动驾驶汽车仿真与 ADAS 系统测试。自动驾驶汽车感知系统装调与测试课程将为后续学习其他专业方向(或专业)课程奠定基础。

本课程依据《国务院关于印发国家职业教育改革实施方案的通知》(国发〔2019〕4号)、"1+X"证书制度、自动驾驶汽车装调测试岗位群技能标准要求设立。本课程介绍了自动驾驶系统的相关传感器技术,其任务是帮助学生了解各类传感器的概念、组成、工作原理、应用领域及传感器技术的发展趋势,使学生能够完成各类传感器的装调测试作业,增强科技报国的使命感,培养政治信仰坚定、社会责任担当意识强、创新精神足、实践能力强,具有精益求精的工作作风和严谨求实的劳动态度,具备安全、规范、服务意识、责任心的应用型技术人才。

(二)案例概况

本案例根据《高等学校课程思政建设指导纲要》精神,创建"双线交融"的课程思政建设模式,主线1是从政策文件中提炼思政元素,将其有机融入教学活动中;主线2是对接岗位需求,提炼思政元素,找到思政元素切入点并将其融入教学内容中。这两条主线最终在课程实施过程中交融到一起,共同实现课程思政目标(见图2)。

主线1:组建"专业教师+企业专家+思政教师+辅导员"专项团队,发挥思政教师的政治优势,建立红色案例、汽车工匠人物等"红色资源库",开发课程思政育人资源,供教师选择使用;企业专家、思政教师指导专业教师深入研究指导文件,结合企业工作案例提炼17个课

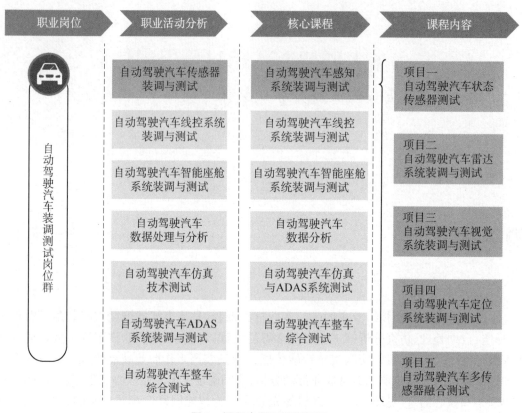

图 1　课程来源和课程框架

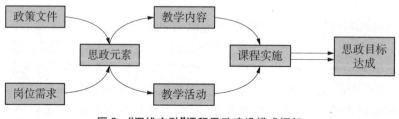

图 2　"双线交融"课程思政建设模式框架

程思政着力点,精心设计教学活动,有机融入思政元素。同时,班级辅导员要配合课程教师,了解学生的学习习惯、兴趣、能力,以及他们的态度和价值观,在课程思政实施过程中做到因材施教。

主线2:对接企业岗位需求,结合课程教学目标和课程思政目标,深入挖掘课程知识体系中蕴含的道德价值和精神内涵,将课程教学内容与课程思政内容有机融合、相互渗透,做到无缝衔接,达到润物无声的隐性育人效果,切忌生硬接入,为思政而思政。如本案例中,我们结合各项目中的主要教学内容,挖掘了恰当的思政元素切入案例,将其有机融入教学内容中去,最终达到相应的育人目标(见表1)。

表1　主线2:教学内容中有机融入思政元素

序号	教学内容	思政元素切入点举例	育人目标
项目1	自动驾驶汽车状态传感器测试	在传感器测试过程中,要求测试过程规范、数据记录准确,从而保证系统的可靠性	培养学生严谨规范、实事求是的科学精神
项目2	自动驾驶汽车雷达系统装调与测试	新石器无人车雷达系统的标定工作重复量大,工程师发现问题后,群策群力,依托先进技术打造了标定测试间,极大提高了标定效率	培养学生发现问题、沟通问题、解决问题的能力
项目3	自动驾驶汽车视觉系统装调与测试	视觉系统会记录周边位置的图像,如果被不当利用,去进行非法测绘和情报收集,就会对国家安全造成极大威胁	引导学生树立正确的是非观,增强保密意识,提高学生坚守汽车工匠初心的意识
项目4	自动驾驶汽车定位系统装调与测试	我国坚持"自主、开放、兼容、渐进"原则,自主研发了"北斗卫星导航系统",成为世界上第三个拥有自己的全球导航系统的国家,彻底摆脱了被人家"卡脖子"的现象	培养学生的工匠精神,激发科技报国的爱国主义情怀,提升学生的民族自信心、自豪感
项目5	自动驾驶汽车多传感器融合测试	以特斯拉与白色厢式货车碰撞为例,提出依靠单一类型传感器无法满足安全需要,进而引申出无人驾驶汽车的伦理问题——人权、责任、道德、环境等	培养学生的安全意识,以人为本,提高哲学思辨能力

二　案例解析

(一) 设计思路与理念

课程思政建设总体设计原则是结合学校办学定位、专业特色和人才培养要求,准确把握本课程的课程思政建设方向和重点,科学设计建设目标,优化课程思政内容供给,将汽车工匠价值塑造、自动驾驶知识传授和科技创新能力培养三者融为一体。

本课程结合专业面向智能网联汽车测试领域的定位,提炼专业面向职业的岗位要求,从传统汽车后市场维修到自动驾驶汽车前市场开发的转变角度,确定以"双线交融"课程思政建设模式为主线,通过企业案例教学、组建教学团队、企业实践思政课堂、课程思政考评等具体项目实施,着力培养学生的汽车工匠价值观和科技创新实践能力,形成课程理论、实践、思政教育三位一体的课程思政育人机制。

由于本课程所涉及的感知系统在自动驾驶技术中占据重要地位,与现阶段我国科技发展关系密切,故本课程将授课内容与我国科技发展紧密融合,使学生在掌握专业知识和技能的同时,也深刻感受到我国科技发展取得的卓越成绩和目前面临的严峻挑战,在思想认知上激发学生的爱国情怀和民族自豪感,在行动上使学生积极投身到我国科技发展的浪潮中,发扬先辈一丝不苟、精益求精的工匠精神,增强学生科技报国的家国情怀和使命感。

(二）设计与实施

1. 课程思政与教学过程的融合

教学过程通过企业真实工作项目引领、任务驱动实施教学，围绕着企业装调测试岗位的工作流程，以"任务准备—任务明确—任务探究—任务实施—任务拓展"展开教学，落实"岗课赛证"融通，在"课前、课中、课后"的具体教学实施环节中有机融入工匠精神、科技创新、劳动素养等思政元素（见图3）。

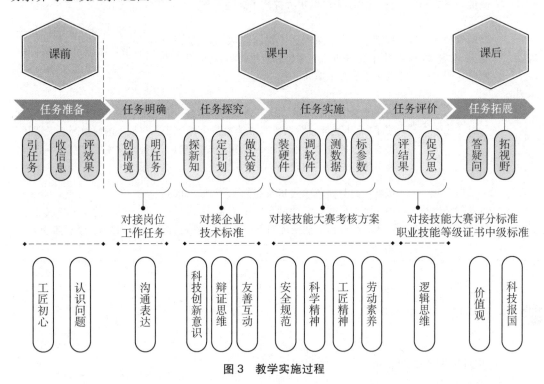

图3 教学实施过程

课前教师发布汽车杰出工匠人物的相关视频，使学生了解汽车业的工匠精神，守护把产品当艺术品、把初心当信仰、把创造当修行的初心。教师引导学生自主分析工作任务，通过互联网自行搜索解决问题，培养学生认识问题、分析问题的能力。

课中教师组织学生以角色扮演的方式完成任务交接，培养学生的沟通表达能力；通过讲解新技术，培养学生的科技创新意识；通过引导学生分组制订工作计划，培养学生的团队协作和辩证思维能力，使团队形成友善互助、共同解决问题的氛围；通过引导学生研究新工艺文件和技术要求，培养学生的科学探究精神；在实操过程树立学生榜样，宣扬一丝不苟、追求卓越的工匠精神，强化劳动素养；引导学生借助思维导图软件梳理本次工作任务的知识体系，增强学生的逻辑思维能力。另外，企业导师强调注意事项，以培养学生的安全规范意识；教师组织学生自评，促进学生自我反思与塑造正确的价值观。

课后发布调研任务、案例视频等，学生可以了解国内自动驾驶汽车传感器发展面临的机遇与挑战，提升他们对国产品牌的信心，增强科技报国的使命感。

2. 课程思政与教学方法的融合

本课程借鉴胡格教学方法实施教学，并注重本土化改良，使教育教学的目标贴合汽车人才新需求。主要教学方法有任务驱动法、卡片法、小组合作法、旋转木马法、思维导图法、海报法等,在运用这些教学方法的过程中,注重学生思政素养的提升,实现课程思政与主要教学方法的融合,达到育人目标(见表2)。

表2　课程思政与主要教学方法的融合

主要教学方法	实施	效果
任务驱动法 (贯穿教学始终)	深入调研智能网联汽车行业、企业,与企业专家一同提炼典型工作任务引领各个模块的教学,在调研任务过程中,对课程思政元素进行了专项调研	以企业真实工作任务为载体,将岗位对应的思政要点引入课堂,提升学生的思政素养
卡片法 (适用于任务明确阶段)	在卡片上写下关键词,梳理工作任务要点,并进行排列展示	学生在提炼关键词的过程中,提高了信息收集和处理加工能力;在对卡片的排列展示中,提高了归类能力
小组合作法 (适用于任务探究、任务实施阶段)	小组合作完成感知系统装配、调试、测试、标定实验	学生在合作过程中能够充分与同学交流,提升了学生的合作意识,培育了团结、友善的待人接物习惯
旋转木马法 (适用于成果展示)	通过旋转木马的方式组织各小组向其他同学展示本组的学习成果	旋转木马法能够培养学生的"主人翁"意识,提升学生的沟通交流能力
思维导图法 (适用于任务评价阶段)	该方法用在总结环节居多,可以以个人或小组形式完成	通过绘制思维导图,培养学生的逻辑思维能力、归纳总结能力,使抽象的知识技能具象化,促进知识、技能、素养的全面提升
海报法 (适用于任务探究阶段)	小组同学合作完成工作计划海报的设计,并进行展示	充分调动学生积极性,为学生思想碰撞创造有利条件,同时将海报设计作为小组成果,培育学生的创新能力,提升学生的审美素养

3. 课程思政与教学手段的融合

本课程开展SPOC形式的线上线下混合教学实践,运用"互联网+"展开线上思政教学,采用学习通和虚拟仿真平台承载信息化资源,丰富融入育人元素的教学材料展现形式,增强育人鲜度,形成思政教育处处时时可见的浓厚氛围,推动思政教育入脑、入心。

同时,挖掘课程线上平台学习资料中的思政元素,探索"互联网+"课程思政的有效教学形式。如利用"红色资源库"视频,宣传社会主义核心价值观和汽车工匠精神;举办线上讲座,向学生讲述我国汽车工业发展历程、先辈所付出的艰辛与努力,引导同学们守护初心、树立科技报国的使命。

4. 课程思政与考核说明的融合

课程思政的融入首先要从课程的整体出发,完成教学设计,梳理好课程内容主干,形成贯穿整个课程思政建设的脉络,然后再延伸到项目、任务、知识点和技能点。只有这样循序渐进,才能达到思政育人的效果。

因此,本案例借鉴德国职教关键能力评价方法,围绕教学全过程,研究课程思政育人效果评价指标,制定学生能力发展观察量表(见表3)。在设计考核评价指标时,教师要注重评价方式与内容的导向性和专业性,既要重视专业性,又要体现思政元素引导。

表3 学生能力发展观察量表（部分）

学生能力发展观察量表

学生姓名	韩金钰	班级	19汽智2301	学号	2019011047	专业	汽车智能技术
任务名称	超声波雷达装调与测试	登录时长	275 min	导出日期	2020.10.09	总分	

目标
- 展现双平台记录情况，以及记录教师的观察和学生的自我评价；
- 为学生的进一步发展提供指导，主要关注学生日常行为变化和能力发展情况

规则
- 如果分数差距很大，应该有一个书面评论，并对此做出合理的解释；
- 评估总结应由教师填写

教学流程	环节	评价关键元素	能力点观察	评价主责	评价方式	得分/分	权重%
引入	引任务	讨论参与度	对工匠精神的理解	平台	学习通记录	10	1
任务准备	收信息	任务点	分析问题的能力	平台	学习通记录	9	2
	评效果	测试题	解决问题的能力	平台	学习通记录	9	2
任务明确	创情境	讨论参与度	沟通能力	学生自评	虚拟仿真平台录入	10	5
	明任务	回答问题	表达能力	教师评	虚拟仿真平台录入	9	5
	探新知	讨论/测试题	自主学习、科技创新意识	平台	学习通	8	5
任务探究	定计划	可视化成果	友善互助、团结协作能力	小组自评	虚拟仿真平台录入	8	10
	做决策	成果展示	辩证思维、价值取向	学生互评/教师评/专家评	学生互评/专家评虚拟仿真平台录入	8	10
任务实施	装硬件	安全/工具使用/技术文件使用/操作技能/工作质量/时间控制/5S	安全规范，一丝不苟	平台/学生互评/专家评	虚拟仿真平台录入	9	15

（三）实效与经验

1. 学生的岗位适应性和岗位成就感显著提升

教学团队追踪企业对学生的评价,发现企业对本届学生在遵守规章制度、操作规范、安全意识、学习能力等方面的认可度提升较大;学生的认知和实践能力也有了较大提升,岗位适应性和岗位成就感增强。2名实习的学生因积极为传感器标定车间的开发工作建言献策,获得企业科技表彰。

2. 形成了可复制、可推广的课程思政教学改革经验

本课程采用"双线交融"的课程思政建设模式,使课程思政显性教育和隐性教育相融合,促进思政目标高质量达成。根据此模式研究提炼的课程思政着力点,运用的教学方法、红色资源库、线上思政资源、学生能力发展观察量表等,均可复制推广到本专业其他课程及同类院校的课程体系建设中,充分发挥示范引领作用,带动推进其他课程建设(见图4)。本课程曾荣获第四届全国交通运输类专业教师信息化教学能力大赛一等奖、2021北京市教学能力比赛一等奖,为同类院校课程思政建设提供了范式。

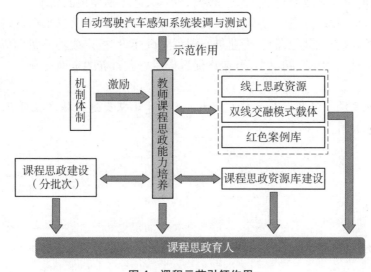

图4　课程示范引领作用

三　案例反思

（一）创新之处

1. 创新了课程思政建设模式

本案例创建了"双线交融"的课程思政建设模式.第1条线侧重丁在教学活动中落实课程思政目标,既有显性思政又有隐性思政;第2条线侧重于从岗位实践中提炼思政元素,在教学内容中融入思政元素,以将思政元素隐性融入课程内容为重点。两条主线最终在课程实施过程中交融到一起,共同实现课程思政目标,将价值塑造、知识传授和能力培养三者融

为一体。

2. 实现了课程思政元素与课程内容的隐性融合

课程思政落实以三级目标为引领,以"双线交融"模式构建课程思政育人总目标。本课程建设过程中,组建专项团队,优化课程思政内容供给,以守汽车工匠初心、承科技报国使命为引领,结合课程模块特点,构建育人分目标,结合工作任务具体内容,设计育人具体目标。设计具体目标时,更加注意如何将课程思政元素隐性融入课程教学中。

3. 课程聚焦汽车"新四化",关注学生的可持续发展

本课程的内容聚焦汽车"电动化、智能化、网联化、共享化"新四化发展趋势,以汽车新技术为载体培育学生的科学精神,以"红色资源库"为载体培养学生的工匠精神,注重培育学生提出问题、分析问题、解决问题的能力,引导学生坚守汽车工匠初心,着眼于未来,关注学生的可持续发展,致力于将学生培育成能应对未来行业迅速发展变化的新汽车人才。

(二)下一步改进措施

继续研究课程思政理论,提升专业教师的思政教育能力。深入行业企业调研,紧跟自动驾驶新技术,及时调整思政目标,满足国家对新汽车人才不断发展的需求。

继续建设课程思政"红色资源库",搭建课程思政案例库共建共享平台,依托"双线交融"课程思政建设模式,引领其他课程、专业进行课程思政建设,推广成功的案例成果,辐射带动同类院校建设一批课程思政精品案例,最终促进学生思政素养的全面提升。

段卫洁 姚立泽 张新敏 潘越广 杨 锐 [北京交通运输职业学院、新石器慧通(北京)科技有限公司]

同向同行 用不同语言讲好中国故事
——"大学英语"课程思政案例

一 案例综述

(一) 课程介绍

"大学英语"是城市轨道交通供配电技术专业公共基础 A 类必修课程,共 96 学时、6 学分。课程承上启下,承接学生在高中或中职英语的学业基础,为后续"城市轨道交通专业英语"课程奠定基础。同时课程对标专业需求,辅以英语应用能力 A、B 级考试内容。课程分为职业与个人、职业与社会、职业与环境三个子模块,通过不同章节涵盖 3 大子模块中的全部主题与话题,第 1 学期侧重生活英语,第 2 学期侧重职业英语(见图 1)。

第1学期:生活lifestyle	第2学期:职业career
· 人物people	· 公司company
· 地点places	· 办公室the office
· 购物shopping	· 制造manufacturing
· 关系relationship	· 环境environment
· 娱乐entertainment	· 商务餐business meal
· 爱好hobbies	· 会议meeting
· 健康health	· 问题解决troubleshooting
· 假日holidays	· 职业career

图 1 大学英语教学整体安排

在掌握职场涉外沟通、多元文化交流、提升语言思维和自主学习完善的学科核心素养基础上,团队结合专业人才培养方案、课程标准等,提炼出本课程的教学目标:在知识上,要掌握教材、补充学习材料中的新词新语,能够理解英语母语使用者的思维方式和思维特点,提升自身思维的逻辑性、思辨性与创新性;在能力上,要提升学生在职场环境中的英语交流能力,能借助词典阅读和翻译有关英语业务资料,在涉外的日常活动和业务活动中进行简单的口头和书面交流,通过英语应用能力考试;在素质目标方面,以职业场景中用英语讲好中国故事为主线,充分挖掘教学内容与教学方式中蕴含的思政元素,培养学生的爱国主义情怀,引导学生自觉践行社会主义核心价值观,弘扬中华优秀传统文化,树立劳动意识,推动新时代中国特色社会主义思想进课堂、进头脑。

(二) 案例概况

"大学英语"课程立足于职场涉外沟通、多元文化交流、语言思维提升和自主学习完善四大学科核心素养的培养,有效融合人才培养目标和同期思政课程目标,把立德树人融入文化知识教育。由于英语课程自身蕴含的文化元素较多,不同文化背景的英语教师往往会挖掘出不同的思政元素,因而同一教学内容很难形成一致的英语学科课程思政元素,也很难与思政课程形成育人合力,实现育人效果最大化。所以我们将优秀的英语教学与思政教师、资深辅导员共同组建成课程思政建设团队,同时邀请专业教师、企业专家共同研讨,分析提炼行业企业对学生素质的需求点,解构思政课程与大学英语课程的思政目标,通过多方目标协同与英语教学资源重构,推进英语课程思政教学设计,让英语课程与思政课程同向同行、同频共振、协同育人,搭建平台形成英语教学"大思政"格局与育人合力,服务新时代需要和中国特色社会主义人才培养需要。本案例主要采用目标协同和资源重构两种方法。

1. 目标协同

首先是将"大学英语"课程思政目标与专业人才培养目标、同期思政课程教学目标适度协同,提炼思政课程契合点,做好顶层设计。把英语教学中的教师挖掘隐性思政元素的过程调整为结合主题、话题、目标分解课程内容的过程(见图2)。

2. 资源重构

根据目标设计,适当调整英语教学素材与顺序,补充教学内容,改变作业任务,以匹配显性思政目标,并与思政课程进行同步设计。补充内容既包括专业的官方资料,也包括学生收集整理的资料;既包含固定的教学资源,也包含个性化的教学资源。学生在完成任务过程中也可以在总目标的基础上根据个人专业、兴趣、使用的素材等情况选择作业任务,做到个性化的教与学(见图3)。

跨学科的思政建设团队通过同向同行的合理设计,更新和重构英语教学资源、英语教学任务,让教师的教学素材更丰富,学生的学习兴趣更浓厚;通过同步设计,学生对同一问题可以得到不同角度的讲解,从不同的角度完成作业任务,对思政目标的理解更深入,降低了学生的学业负担,提高专业学生的培养目标达成度。本课程的教学模式能够统一宏观的思政目标,实现学科间的协同评价,在课堂微观层面上实现思政元素的百花齐放。

二 案例解析

(一) 设计思路与理念

1. 建强团队

本案例发挥各主体的优势,构建互相交叉、良性互动的"大思政"系统。思政教师解读教育政策文件并分解同期思政课程教学目标,资深辅导员、专业教师和企业专家对标职业发展和学科教学契合点,丰富完善课程思政融入案例,英语教师充分挖掘英语教学中涵盖的中华优秀传统文化、企业文化、职业理想、职业道德、绿色发展新理念等元素,将其作为课程思政教

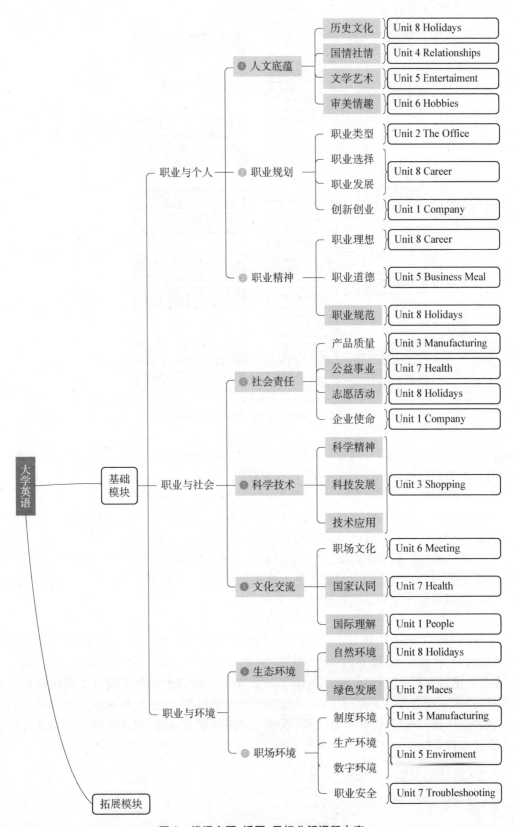

图2 根据主题、话题、目标分解课程内容

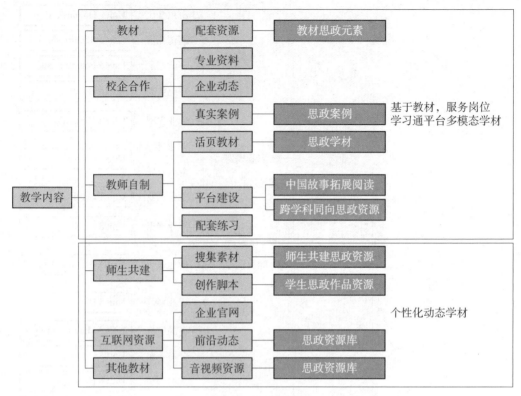

图3 "大学英语"教学内容重构途径

学重点。同时比对其他课程目标,厘清并精选出与课程相匹配的思政元素,秉承为党育人、为国育才的教育目标,形成"大学英语"课程思政教学目标。

2. 抓实措施

本案例注重学习资料遴选、信息化手段应用以及与校内外实践活动相结合。在思政目标融入过程中追求完美契合度,同向同行且同步,教学内容与思政课程目标相辅相成;选取与学生生活、校园活动、专业发展、社会热点相关的事例,充分利用各种信息化手段,通过举办各类型的英语竞赛锻炼学生的表达能力和逻辑思维能力,涵养人文底蕴,提升综合素养,形成具有学科特色的课程思政教学方法。

3. 完善评价

本案例创新了思政评价方法,使得思政目标可评可测。融合跨学科评价,调整学习顺序、学习材料、作业任务,提升教学考核评价的针对性与实效性。如学生在"思想道德与法治"课堂上撰写职业生涯规划,同步英语学习章节"Career(职业)",完成英文版职业生涯规划的撰写,用不同语言完成相同任务。思政教师、英语教师、专业教师和企业专家从不同角度阐述职业选择与规划,使学生更全面、更深入地理解职业理想、职业发展。案例通过跨学科融合任务评价标准,实现协同育人的效果。

(二)设计与实施

1. 教学设计

本案例将大学英语教学的主题与同期思政课程目标、专业人才培养目标进行有机融合,通过"四有"教学模式,在"有话要说"环节,布置同行课程思政任务,讲述中国故事;在"有话可说"环节精读同行课程相关的思政材料,以语言点为主要输入内容;在"有话能说"环节,补充拓展阅读材料供学生选择,资料可由英语教师指定、师生分享,或选自相关思政实时数据库,以中国故事为主;在"有话敢说"环节,学生独立完成用英语讲述中国故事的任务,以运用工具熟练、语言准确精练、符合职业特点为标准。宏观思政目标明确,任务熟悉且个性化,辅以现代化实时评价手段,可以让不同英文水平的学生参与到中国故事的讲述中来。与思政课程适度协同的评价标准让任务更具有统一性,使得思政目标得以更好地实现(见表1)。

表1 "大学英语"课程思政同向同行设计

顺序	教学话题	同向思政	同行课程思政任务	同行课程思政材料	同行拓展阅读材料
1-1	People 人物	弘扬传统文化、坚定理想信念	Introducing a great man of China 介绍一位中国伟人	钟南山的抗疫故事	老子
1-2	Places 地点	中国革命精神	Introducing a Chinese revolutionary memorial site 介绍中国革命纪念地	井冈山	地道战
1-3	Shopping 购物	节约、环保、可持续发展	What does minimalist living entail? 极简生活需要哪些?	梭罗和他的湖	陋室铭
1-4	Relationship 关系	中华传统美德、社会主义核心价值观	Introducing the Chinese family model 中国家庭典范介绍	中西家庭差异	周恩来的家庭故事
1-5	Entertainment 娱乐	网络道德、风险防范(法律视角)	How to use electronic devices correctly? 如何正确使用电子设备?	电脑上瘾症	如何正确使用社交媒体
1-6	Hobbies 爱好	人生价值与国家发展进步、个人理想与社会理想的关系	My hobbies and what I get out of them 我的爱好与我的所得	什么是爱好?	十大爱好榜单
1-7	Health 健康	四个自信	How can students get involved in the fight against the epidemic? 学生如何参与抗疫?	现代人的健康威胁	学校的体育运动
1-8	Holidays 假日	职业道德	A Holiday for transport professionals 交通职业者的假日	带薪假期	节日的交通数据
2-1	Company 公司	创业意识	The story of a Chinese entrepreneur 中国创业者的故事	沃尔沃属于世界	李书福的创业故事
2-2	The Office 办公室	职业纪律与礼仪	Poster on office etiquette 办公室礼仪的海报	岗位与职责	办公室礼仪

（续表）

顺序	教学话题	同向思政	同行课程思政任务	同行课程思政材料	同行拓展阅读材料
2-3	Manufacturing 制造	创新思维与创新意识（中国制造）	The production process of a job in this profession 本专业某一工作的生产流程	圆珠笔头的故事	中国制造
2-4	Environment 环境	碳达峰与碳中和	How to achieve carbon peaking and carbon neutrality in metro work? 地铁工作中如何实现碳达峰与碳中和？	未来的新闻	两山理论
2-5	Business Meals 商务餐	职业道德（爱岗敬业等）	What are the bad habits that need to be changed? 哪些陋习亟须改变？	中西方谈生意的故事	中国治理
2-6	Meetings 会议	低碳节能	How to balance environmental protection and efficiency in meetings? 如何平衡会议中的环保与高效？	高效会议的对策	会议中的环保理念
2-7	Troubleshooting 排障	安全生产意识	How to avoid breakdowns in a particular job? 如何避免某项工作中发生故障？	故障修复	地铁车门故障
2-8	Careers 职业	职业生涯规划、职业理想	Career planning 职业生涯规划	如何选择职业和岗位	职业评估自测表

2. 教学方法

本案例的教学方法为针对职业教育改良的 POA 教学法（见图 4）。POA 教学法即产出导向法，它的原型是输出驱动假设，用语言的输出驱动学习，既能促进学生外语学习产出能力的提高，又能够在一定程度上提高学生外语学习吸收和输入的效率。针对新时代职业教育的特点，结合不断迭代的信息技术以及新时代职业院校学生的特点，团队改良的 POA 教学法更适应新时代高职英语教育，同时更易融入课程思政元素，实现课程思政目标。

本案例首创"四有"课堂教学模式（见图 5）。高职英语"四有"课堂教学模式是学院英语教学团队基于先进的理论独创的教学模式。基于企业工作生活实际，让学生"有话要说"，促成环节通过搭建脚手架，讲授学生必需的知识，提供可选拓展学习材料设计驱动环节，让学生"有话可说"，再通过文本输出实时评价、口语实时评价让学生"有话能说"，最后达成让学生在职场环境中"有话敢说"的目的，符合职业教育特征。根据职业院校学生特点，将评价贯穿于各环节，并使用人工智能让学生在输出的同时可以通过实时评价系统消除焦虑和基础错误，提升高职学生的自信心，保证趣味性和差异性。教师参考大数据及时调整教学策略，课后进行延时评价的效率也会大幅提升，增强个性化辅导，将课程思政通过任务驱动与语料输入贯穿各个教学环节。

3. 教学手段

共享思政资源。一是通过跨学科协同，连接相同知识点。二是引入国家级思政资源库，实时更新有关思政资源。三是引入企业、教师、学生分享机制，建立有益分享资源加分机制。

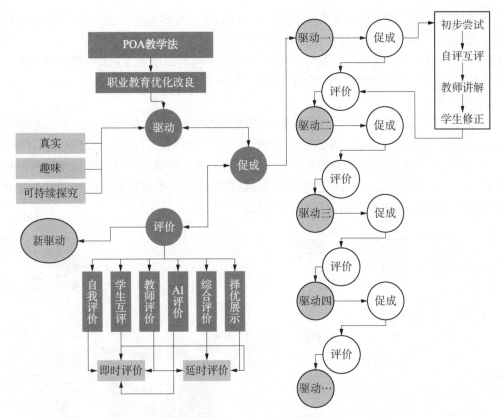

图4 团队针对职业教育英语教学改良的 POA 教学法

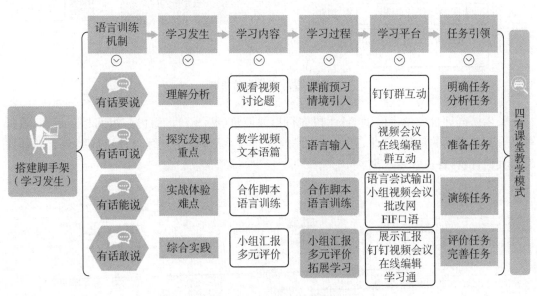

图5 "四有"课堂教学模式

学生可以在学习圈子分享,实现思政素材的多元化。

　　精读思政课文。本课程选取与话题相关的中国故事进行精读讲解,带领学生既学故事又学语言,为完成任务奠定基础。

翻译经典语句。将习近平总书记系列重要讲话、中国古典诗词等引入课程思政，同时通过句子翻译、句子填空等形式加深学生对此的理解。

学习任务思政化。教师布置英语学习任务时注重体现思政元素，比如将介绍一个人优化为介绍一位中国伟人，介绍一个地点优化为介绍一个红色教育基地。

4. 考核评价

本案例的考核评价与思政课程评价标准联动。教学团队结合同向同行同步的思政课程任务进行联动评价，对学生讲述中国故事的观点、态度、价值观进行标准一致的协同评分。

利用信息化技术进行数据采集与评价。教学团队通过学习平台对学生的知识掌握程度和资料收集讨论等情况进行自动评价；学生可通过大数据、文本或口语实时评测结果及建议及时调整学习策略，教师也可及时调整学习策略（见图6）。

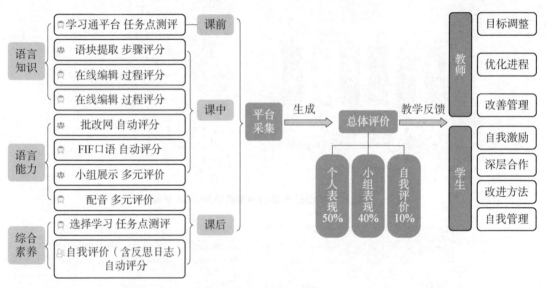

图6　大学英语评价机制

师生协同评价。学生借助 AI 手段先行自评调整（见图7）。组内与组间相互点评，教师可结合其他方面的评价（自评、互评、AI 评价等）进行综合评定。综合评定成绩包含教师评价与其他评价，各占一定比例。

图7　AI 文本、AI 口语智能评分及建议

(三) 实效与经验

1. 学生综合能力提升，学习效果增强

学生的学习兴趣与黏性增强。一是教学话题新颖，让学生有话可说，使得学生学习兴趣增加；二是新型线上课程建设便于学生在任意时间、地点学习，课前、课中、课后均可实现人机互动、师生互动、生生互动，显著提高了学生的课堂互动率。

学生的课堂思政话题参与度提升。本案例重构教材以匹配思政课程，使得学生思考普遍更深入，课堂参与度显著提升，即使部分学生不能转换语言表达，但也可以用汉语准确地分享思路与观点。

学生作业中思政元素显著增加。课堂教学效果的提升和考核方式的持续改进促使学生课下更好地完成课程学习任务。

2. 教师能力提升，推动三教改革深化

教师的综合素养显著提升。一是教师的信息化素养提升，可以借助信息化手段采集学习行为和学习效果数据，确保学生们有效学习。二是教师的多维评价能力提升，通过多元维度评价体系确保评价的科学性。三是教师的教学能力增强，通过实现多模态互动，构建学习社区，拓展学习边界，实现个性化的教与学。

重构及改造教材，深入教学方法改革。一是根据思政目标重构教学内容；二是建设网络课程，构建英语学习立体化网络平台，使得课程思政挖掘难度降低，统一了每节课的思政总目标。课程探索出了符合职业院校英语教学特点的新模式——"四有"教学模式。团队成员共同撰写的《高职英语课程思政与思政课程同向同行研究》一文分别荣获北京交通运输职业学院和中国交通教育研究会职教分会思想政治工作委员会 2021 年度思想政治工作论文评比一等奖(见图 8)。

图8　论文获奖证书及评选结果文件

三 案例反思

(一) 创新之处

1. 同向同行且同步，精准契合人才培养需求

本案例切实构建"大思政"实施体系，与思政课程同向同行。结合本课程特点和人才培养目标,与多方专家组成团队共同研讨,将英语思政目标与人才培养目标和同期思政课程目标进行有机融合。教学团队通过重构学习任务与教学内容,拓展资源链接思政课程、专业课程、思政资源库,形成思政教育合力,实现了思政目标与学科目标的同向同行、协同共促。多个平台和多种教学方法的使用顺应时代发展潮流,使得"大学英语"课程的教学更契合国家、社会和学生发展的需求(见图9)。

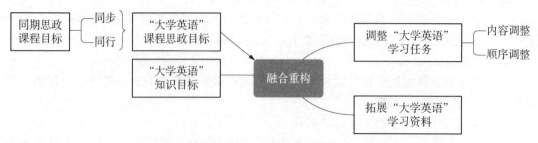

图9 "大学英语"与思政课程跨学科同向同行总体思路

2. 宏观设计英语课程思政目标

本案例重构英语教学内容,将微观思政元素宏观化,将每节课的课程思政目标统一,便于在学科内部推广。同时,宏观的、统一的思政目标也涵盖了各个教师挖掘出的不同的微观思政元素,形成了既统一又个性的英语课堂。

(二)下一步改进措施

1. 加强多学科协同的深度与广度

大思政体系的构建需融入更多学科的教师结合专业特点进行更深入的研究,让思政课程协同各课程达成大思政目标。

2. 融合思政数据库

教学团队要将学院内各学科思政数据库与国家思政数据库有机融合,随时链接校内外有关的最新思政元素。

3. 继续加强顶层设计,构建更科学的评价体系

教学团队在制度建设、资源积累和评价机制三个方面要继续改进,推进大思政体系建设,科学设计顶层制度,强化学科内和学科间的目标协同,构建大思政目标评价体系,对实施过程中的个体和整体均作定期定量评价。

刘伯超 杨国峰 王爱军 赵巍巍 陈 慧(北京交通运输职业学院)

交通强国背景下新时代交通人才的培养

——"交通信息采集与分析"课程思政案例

一 案例综述

（一）课程介绍

智能交通是交通运输与新一代信息技术产业交叉融合、集成应用的新领域，是未来交通行业发展的方向，而交通信息的采集、分析是智能交通信息融合和服务利用的基础与核心，基于此，"交通信息采集与分析"是智能交通技术专业的核心课程。该课程主要传授基于传感器、射频、视频、空间定位等以提高路网运行效率和提升信息服务水平的交通信息采集技术及其应用，以及交通数据的处理技术及其应用，是未来从事智能交通相关行业数据采集、分析等工作的学生的必修课程，同时为后续学习其他相关专业课程奠定基础。"智能交通系统导论"是先修课程，后继课程为"交通运行数据处理与分析"。

习近平总书记在党的十九大报告中明确提出建设交通强国的战略目标，这不但为我国交通运输行业的发展指明了方向，同时也为交通类高等职业院校明确了人才培养的目标。新时代对交通人才的要求不仅体现在专业知识、专业技能等方面要与时俱进，同时还体现在要具有交通强国的理想信念、使命担当、交通创新思维、价值规范等诸多方面。

（二）案例概况

本案例结合学校办学定位、专业特色和人才培养目标，明确"交通信息采集与分析"课程思政建设方向和重点，依据课程特点及其独立性，完善课程思政整体设计，优化课程思政内容供给，使价值塑造、知识传授和能力培养紧密融合、相互促进。

1. 在新时代交通人才核心素养引领下构建课程思政体系

在新时代交通人才的核心素养以及专业人才培养体系的引领下，教学团队依据课程特点及其独立性，构建从"专业"到"职业"、从"专业价值—科学思维—应用创新—理想信念"到"劳动教育—职业规范—爱岗敬业—工匠精神"的专业课程思政体系，遵循学院"立足交通行业，服务首都经济"的发展定位，为首都交通行业培养具有交通强国的理想和信念、责任与担当，具备精益求精的工匠精神以及创新思维的新时代复合型技术技能人才。

2. 思政聚焦"交通强国与工匠精神"

基于行业对人才在交通技术技能、职业道德、敬业精神等岗位核心素养方面的需求，本课程以"专业价值"与"职业素养"为思政建设方向,聚焦"交通强国与工匠精神",突出培养创新能力,激励学生们走技能成才、交通强国之路,帮助学生们掌握精湛的技能,弘扬工匠精神。

3. 项目思政板块对接知识技能体系

"交通信息采集与分析"课程知识技能体系架构包括交通数据"感知层"和"应用层"。教学过程充分结合双创大赛、岗位需求,校企双元教学,"技术技能"和"价值塑造"教育相辅相成、融合促进。课程思政整体设计如图1所示。

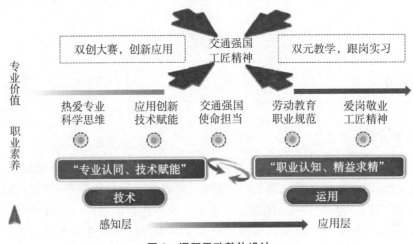

图1　课程思政整体设计

4. 以创新应用为主线,教学环节全链条融入思政元素

课程以"技术创新应用"为主线,贯穿两个教学板块,在思政教育过程中避免教学内容和思政教育的割裂,保证思政教育的连贯性、完整性。课程重视"技术创新应用",设立"创—引—探—拓—用",即"创设情境—引出问题—探究技术—拓展问题—技术创新应用"的教学环节,引导学生运用唯物辩证的逻辑思维分析问题,学习过程和运用过程融为一体,在教学的各个环节有机融入思政元素,润物无声地进行价值塑造。

二 案例解析

(一) 设计思路与理念

基于行业对人才的需求,在专业思政体系架构的指引下,教学团队依据课程特点及其独立性,从教学内容、专业价值、精神内涵、职业规范等方面挖掘思政元素,科学合理地拓展专业课程,从专业、行业、国家、社会、文化、历史等多维角度,寓价值观引导于知识传授和能力培养之中。

课程以引导学生坚守交通强国的理想信念和培养精益求精的工匠精神为课堂思政建设目标,帮助学生塑造正确的世界观、人生观、价值观,全方位提高学生的政治思想水平,强化工学结合、知行合一、德技并修,润物无声地实现育人效果,真正把立德树人根本任务落实到位。

(二) 设计与实施

1. 项目驱动思政目标的落实

基于对智能交通企业和相关行业的调研以及 PGSD 职业分析研究,结合典型工作任务、行业对人才培养规格以及职业技能标准等要求,教学团队对课程内容进行整合,设计出了"智能交通创意方案设计"和"信息分析处理报告"两个项目,并将其贯穿整个教学过程。

(1)"智能交通创意方案设计"项目:该项目结合"全国智能交通创意大赛"创新应用交通信息采集技术,聚焦"交通强国"价值观的塑造。教学开展符合学生认知规律,引导学生运用唯物辩证逻辑思维分析问题,引导学生认同专业价值以及坚守科技创新、科技赋能的信念,积极探索智能交通新思想、新思维,培养学生的创新能力,激励学生们走技能成才、技能报国之路,激发学生的爱国情怀,鼓励学生树立理想与信念。

(2)"信息分析处理报告"项目:该项目从典型的职业任务中提炼而出,是指对从地面、轨道、民航、高速等采集的交通信息进行数据挖掘、分析、处理,来获得有用的信息,并将其以图表等可视化形式展示出来,为提高路网运行效率和提升信息服务水平提供数据依据。在设计课题思政时,教师要聚焦"工匠精神"职业价值观的塑造,通过将企业专家请进来、学生到企业跟岗实践等形式,培养学生严谨规范的职业素养和治学态度,以及精益求精的职业精神和责任意识,引导学生践行工匠精神。

2. 创设"创—引—探—拓—用"的思政教学模式

本课程设有"专业认同、技术赋能"和"职业认知、精益求精"两个教学板块,以"技术创新应用"为主线,贯穿两个教学板块,重点培养学生的创新能力和精益求精的工匠精神,引导学生坚守交通强国的理想信念。在思政教育过程中有聚焦,避免教学内容和思政教育的割裂,保证思政教育的连贯性、完整性。课程重视技术的创新应用,设立"创—引—探—拓—用",即"创设情境—引出问题—探究技术—拓展问题—技术创新应用"的教学环节,引导学生运用唯物辩证的逻辑思维分析问题,在教学的各个环节有机融入思政元素,润物无声地对学生进行价值塑造。

以单元教学"基于空间定位的信息采集技术——浮动车技术"为典型案例,全链条融入思政元素的教学设计说明如图 2 所示。

3. 深入挖掘思政资源,多维度推动思政建设

深入挖掘并整理课程思政资源,建设课程思政资源库,开发建设"活页式""工作手册式"等融入课程思政目标和课程思政素材的教材。教学团队充分了解学情,挖掘学生关心、感兴趣的内容,和时事政治、热点有效结合,丰富思政资源维度,拓展思政资源广度,引领学生认识世界,拓宽眼界,树立正确的世界观、价值观、人生观,多维度推动思政建设。

例如,教师讲解"基于空间定位的信息采集技术"单元教学内容时,关注"共青团中央官方视频号",有机结合时事要闻,和学生一起观看北斗系统第五十五颗导航卫星成功发射的视频。这激动人心的瞬间激发了学生的自豪感,同时从"北斗"的命名,引导学生传承中华传统文化,增强文化自信,树立科技强国的价值观。

4. 建立合理的课程考核机制

学生考核机制:本课程以项目为载体,关注学生的学习过程与学习效果,注重科学全面

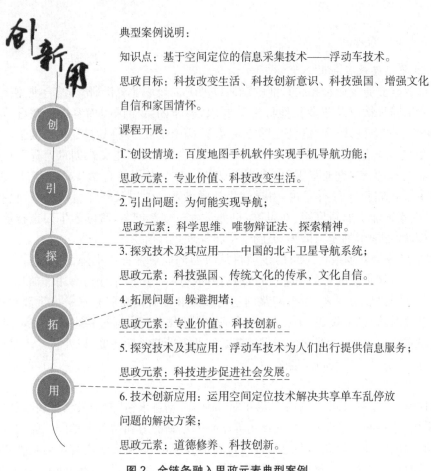

典型案例说明：

知识点：基于空间定位的信息采集技术——浮动车技术。

思政目标：科技改变生活、科技创新意识、科技强国、增强文化自信和家国情怀。

课程开展：

1.创设情境：百度地图手机软件实现手机导航功能；

思政元素：专业价值、科技改变生活。

2.引出问题：为何能实现导航；

思政元素：科学思维、唯物辩证法、探索精神。

3.探究技术及其应用——中国的北斗卫星导航系统；

思政元素：科技强国、传统文化的传承，文化自信。

4.拓展问题：躲避拥堵；

思政元素：专业价值、科技创新。

5.探究技术及其应用：浮动车技术为人们出行提供信息服务；

思政元素：科技进步促进社会发展。

6.技术创新应用：运用空间定位技术解决共享单车乱停放问题的解决方案；

思政元素：道德修养、科技创新。

图2　全链条融入思政元素典型案例

地评价学生的核心素养,建立多样化、多形式、多阶段的考核方式,以及多元主体课程考核评价体系,实现思政效果的立体化评价。

教师考核机制:在教育实践中,教师的政治素质要过硬、业务能力要精湛、育人水平要高超,这些都需要对教师进行一定的考核。对于教师的考核,首先要考核教师的政治素养、师德师风、学术态度、工作态度等,同时也要考核教师的课程思政建设成果、落实育人价值导向等实践情况,从教师育人观念、课堂思政设计、思政实施方法等方面对授课教师做出评价,以评价为导向,提高教师对课堂思政的思想认识高度,促进教师课程思政设计能力的提升。

(三) 实效与经验

1. 学生综合职业素养和创新能力显著提高

课程以技术创新应用为主线,通过"创—引—探—拓—用"的教学设计以及提供跟岗实习的机会,不但提升了学生的技能水平,提高了学生的实践能力,更激发了学生的创新思维。学生运用课堂上所学的知识和技能,独立完成了上万条机动车进场出场数据的采集以及数据的校验,为北京十三五重大交通项目"北京路侧停车收费系统"的实施提供了基础数据支撑,综合素质和实践能力得到了单位领导的充分肯定;五年内学生在全国智能交通创意大赛上获得银奖一枚、铜奖四枚,在京津冀创新创意大赛上获得特等奖、一等奖、二等奖、三等奖各一项,所报的技术创新应用选题全部来源于本课程项目课题设计。

2. 有效引导学生树立交通强国的理想和信念

通过案例介绍、引入时事新闻、请行业专家讲解、组织学生到相关企事业单位参观等多种形式引导学生认同专业价值,树立交通强国的理想与信念。对学生的问卷调查结果显示,超过九成的学生表示通过课程学习对专业有了更加深刻的认识,对专业的认同提高了,希望未来从事与智能交通专业相关的技术工作,为交通行业做出自己的贡献。他们表达了强国有我的决心,坚定了交通强国的理想和信念。

三 案例反思

(一) 创新之处

1. 形成"创—引—探—拓—用"的思政教学模式

课程板块、项目的设计由一条清晰的主线贯穿,思政角度多维,在思政教育过程中有聚焦,避免了教学内容与思政教育的割裂,保证思政教育的连贯性、完整性。对于技能课程,重视技术创新应用,建立"创—引—探—拓—用"的教学环节,各环节全链条有机融入思政元素。

2. 及时抓住时事热点,提升思政教育的"热度"

在推进专业课程教学的过程中,结合具体的内容和要求,教师有意识地与时事政治热点相结合,引申出社会主义核心价值观、中华优秀传统文化教育等思政元素,补充专业课程思政教育的维度并拓展其广度;充分运用信息化技术、教学平台、"两微一端"等多种形式,引导学生及时了解"热度",利用所学专业知识,提升认识境界,提高思想修养,树立正确的世界观、人生观和价值观,实现教学全周期的思政教育。

3. 结合技能大赛推动"技术技能提升"和"价值引领"的有机统一

通过对技能大赛项目的分析、归纳、总结,教学团队梳理出相应的理论知识和实践要求,对教学内容进行提炼,将其转化为可实施的教学项目,促进理论与实践的结合;以赛促学,以赛促练,通过大赛引导学生深入探究,培养学生的创新能力;激励学生走技能成才、技能报国之路,激发学生的爱国情怀,树立理想与信念,实现"技术技能提升"与"价值引领"的有机统一。

(二) 下一步改进措施

1. 持续建设计划

思政元素与专业课程内容需要进一步有效融合,挖掘并整理课程思政资源,细化对接课程内容,完善课程思政资源库建设;结合课程知识点和技能点,融入思政元素,开发更多活页式、工作手册式教材;继续进行思政教育课堂改革,建设具有全国示范效应、一流的课堂思政课程;继续提升教学团队的课堂思政教学设计和实施能力,全面提质培优。

2. 需要进一步解决的问题

积极探索课堂思政与专业课程教学设计融合创新的关键点,继续探索科学有效的充分体现专业课程教学特色的课堂思政教学设计实践路径,形成全面、系统的理论与方法,为专业课程思政建设提供多方位的理论支撑和引领。

武雪梅　刘京俐(北京交通运输职业学院)

传递"四位一体"价值　培育汽车销售人才

——"汽车销售实务"课程思政案例

一　案例综述

（一）课程介绍

本课程是汽车技术服务与营销专业的核心课程,共 68 学时,是在"以工作过程为导向"的教学理念的指引下,充分调研丰田、奔驰、保时捷等知名企业销售岗位的典型工作任务内容和能力需求的基础上,结合汽车营销技能大赛和"1+X"证书标准要求,参考高等职业学校专业教学标准、人才培养方案、课程标准构建的模块化课程。课程致力于以汽车商品知识和销售技能为载体,提升学生诚信、敬业、服务、责任、同理心等职业素养,传递家国情怀、健全人格、职业素养、辩证思维"四位一体"的人生价值,使学生契合新时代汽车销售岗位的人才需求。"汽车文化""商务沟通"和"汽车原理及性能"课程是先修课程,为后续的"汽车营销"和"顶岗实习"等课程打好扎实的基础。

本课程目标:使学生具备汽车品牌外观、动力与环保、操控与舒适、安全保护配置有关的知识与推介能力,能从专业视角、客户视角介绍车辆商品,做好客户选车用车的顾问,同时引导学生树立家国情怀、职业素养、辩证思维、健全人格"四位一体"的价值观念(思政总目标)。引导学生了解中国制造情况,培养学生的爱国情怀,增强民族自信、科技自信;组织学生学习法规,强化学生的守法意识;剖析案例,养成学生诚信、敬业、负责任、具备同理心的职业态度;采用小组合作、头脑风暴、角色扮演等形式,促进学生自主学习,提升学生的合作意识,以及认识问题、分析问题、解决问题的能力,培养学生乐学善学的态度和诚信、友善的待人习惯。

（二）案例概况

本案例源于 2020 年北京市级精品课程,以教学能力比赛为抓手,重构了课程架构和内容,团队荣获了北京市职业院校教学能力比赛一等奖。同年,团队进行系统化课程思政建设,荣获校级课程思政案例评选二等奖。2021 年,团队持续完善、优化课程思政建设模式,荣获北京市课程思政示范课程、教学名师和团队荣誉称号。

本案例采用"1+2+3+4"课程思政建设模式,即以 1 支多元化教师团队为主导,从 2 条路径挖掘课程思政目标,以 3 级目标统领课程思政建设,坚持 4 个注重不断优化课程思政教学,促进课程思政与专业教学的有机融合(见图 1)。

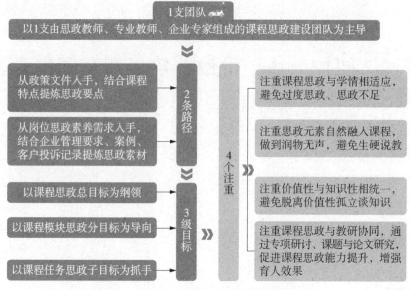

图1 "1+2+3+4"课程思政建设模式内涵

团队深入学习并贯彻国家课程思政总要求,依靠1支多元化教师团队,从政策文件入手结合课程特点提炼思政要点,以课程思政专项调研的形式从岗位思政需求、管理要求、管理案例、客户投诉记录入手提炼本课程相关的课程思政素材,收集人物事迹案例;2条路径形成交点,明确引导学生树立"四位一体"的价值观念为课程思政总目标(见图2)。

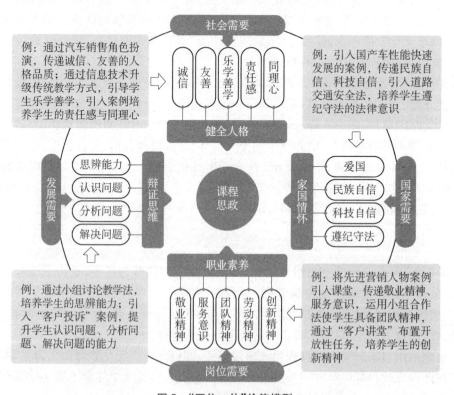

图2 "四位一体"价值模型

教学团队根据思政总目标,结合思政要点、思政素材,考虑学生认知规律,制订课程模块思政分目标、课程任务思政子目标(见表1)。以3级课程思政目标为统领,优化教学环节,借鉴"翻转课堂"模式,合理匹配课前、课中、课后学生学习内容与思政元素,采用多种教学方法与信息化手段提升课堂教学效果与趣味性,用信息技术升级小组合作法、小组讨论法、海报法等教学方法,引导学生自主学习汽车商品知识,用知识承载"四位一体"价值,实现寓"四位一体"价值引导于知识传授之中。在教学实施过程中,坚持4个注重:注重课程思政内容与学情适应,避免过度思政与思政不足;注重思政元素自然融入课程,做到润物无声,避免生硬说教;注重价值性与知识性相统一,避免脱离价值性孤立谈知识;注重课程思政与教研协同,通过专项研讨、课题与论文研究等形式,促进教师课程思政能力提升,从而增强思政育人效果。

采用线上、线下2种方式考核学生,评价过程坚持学生、教师、企业专家3主体共同实施,评价要点与家国情怀、职业素养、辩证思维、健全人格4重维度相适应,生成4级评价结果。借助信息技术辅助评价,教学全过程实时观测与综合测评相结合,检验学生价值观以及知识与技能的增量情况(见表1)。

对本课程2年来的评价及调研结果显示,学生的思政素养、企业认可度大幅提升,实习生、毕业生被投诉率降低,学生因道德水平突出荣获了多项企业荣誉。案例衍生出的微课、动画、案例集等成果充实了教学资源库建设,为教师落实课程思政提供了可借鉴的素材。教学团队通过展示、推广、交流案例成果,充分发挥了案例示范辐射作用。

二　案例解析

(一) 设计思路与理念

课程贯彻习近平总书记关于教育重要论述、全国职教大会精神,深入实施《高等学校课程思政建设指导纲要》,以"做交通行业人才培养孵化器"办学定位为指导,落实立德树人根本任务,以培育德智体美劳全面发展的汽车销售人才为抓手,助力交通强国战略。

课程遵循"政策导向""校企双元育人"理念,以"诚意待人、专业说车"汽车营销专业育人目标为引领,依靠专业教师、思政教师、企业专家相结合的教师团队,从政策文件中挖掘符合本课程特点的思政元素;调研企业岗位思政素养需求,从客户投诉记录、企业管理中挖掘思政案例,制定课程思政三级育人目标。课程遵循"思政之'盐'融于课程"思想,以三级目标为统领落实课程思政元素。

课程借鉴"胡格"(HUG)教学方法,遵循"学生为中心"的理念,在课前教师组织学生自主学习浅层次知识,并完成价值培养,课中以工作任务为载体为学生"做中学"创设情境,多种教学方法与信息化手段并重,使学生在销售能力、自主学习能力提高的同时,知识水平同步提升,树立正确的价值观,最终实现课程思政目标。

(二) 设计与实施

1. 岗课赛证融通优化课程架构,三级目标引领思政教学设计

教学团队基于岗位需求确定汽车销售职业活动,提炼出5个企业典型工作任务,将它们

表 1　课程思政三级育人目标

课程名称	课程思政总目标（一级目标）	课程模块	课程思政分目标（二级目标）	课程任务	课程思政子目标（三级目标）—关键词
汽车销售实务	引导学生树立家国情怀、职业素养、辩证思维、健全人格"四位一体"的价值观念	模块1：品牌与外观推介	1. 通过对国产汽车品牌及车型的推介，培养学生爱国主义精神和民族自信和诚信意识，提升学生爱国科技自豪感； 2. 通过组织学生去企业观摩交流，培养学生的遵纪守法意识和敬业精神	任务1：汽车品牌及车型推介 任务2：汽车外观与内饰推介 任务3：汽车车身推介 任务4：企业观摩交流	爱国意识、民族精神、科技自信、遵纪守法、敬业精神 爱国意识、诚信意识、敬业精神、诚信 民族精神、敬业精神、诚信 科技自信、遵纪守法、敬业精神、诚信
		模块2：动力与环保配置推介	通过发动机性能和变速器性能推介，以及销售实践，培养学生的服务意识、乐学善学态度，提高认识问题的能力；	任务1：发动机性能推介 任务2：变速器性能推介 任务3：环保性能推介 任务4：动力与环保配置销售实践	服务意识、友善、乐学善学 友善 服务意识、认识问题 服务意识、友善、乐学善学、认识问题
		模块3：操控与舒适配置销售	1. 通过转向配置、制动配置、舒适配置推介，培养学生的团队精神、劳动精神、乐学善学态度； 2. 通过销售实践，培养学生的团队精神、乐学善学态度、责任心和同理心	任务1：转向配置推介 任务2：制动配置推介 任务3：舒适配置推介 任务4：操控与舒适配置销售实践	团队精神、劳动精神 团队精神、乐学善学 团队精神、劳动精神 团队精神、劳动精神、乐学善学、责任感、同理心
		模块4：安全保护配置销售	1. 通过安全配置推介，以及认识问题，培养学生的安全意识、创新意识、解决问题的能力； 2. 通过乘员保护配置推介，培养学生解决问题的能力	任务1：直行安全配置推介 任务2：高级安全配置推介 任务3：夜行安全配置推介 任务4：乘员保护配置推介	创新意识、认识问题、分析问题、解决问题 创新意识、解决问题 创新意识、认识问题、分析问题、解决问题 解决问题
		模块5：整车销售	通过整车销售实践，培养学生的敬业精神、服务意识、团队精神、劳动精神，以及解决问题的能力	任务1：整车销售实践	爱国意识、敬业精神、服务意识、团队精神、劳动精神、诚信意识、解决问题

作为课程模块,结合工作过程、学生特点和认知规律,将每个课程模块细分为4个课程任务,模块5是综合实践课,以提升学生的汽车综合销售能力(见图3)。将汽车营销大赛标准和"1+X"汽车营销评估与金融保险服务技术模块考核标准融入课程任务教学与考核中,促进岗课赛证融通。

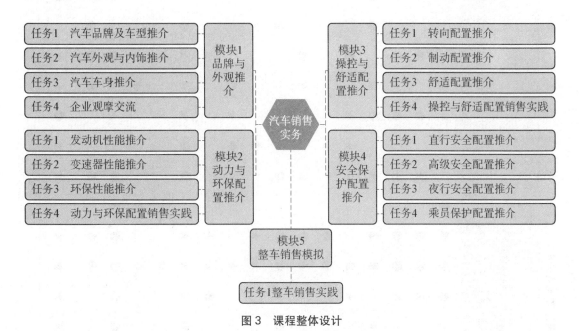

图3 课程整体设计

依靠1支团队、2条路径,确定课程思政总目标;结合教学模块内容与学生渐进式成长规律,制定各模块课程思政分目标;以分目标导向,制定各教学任务课程思政子目标。三级目标引领课程思政教学设计,将家国情怀、职业素养、健全人格、辩证思维"四位一体"价值划分为18个主要思政元素,匹配到具体教学任务中,在教学任务设计中体现课程思政目标(见表2)。

2. 混合式教学模式授课,合理配置课前、课中、课后思政元素

课程采用线上线下相结合的混合教学模式,借鉴翻转课堂模式思路,课前教师引导学生自主学习浅层次的基础知识;课中借鉴PDCA思路,以"明确任务—分析任务—实施任务—评价任务"为主线,引导学生进行小组合作式学习、探究式学习;课后,教师引导学生通过网络教学平台,完成拓展任务,实现知识与技能的巩固提升。根据课前、课中、课后任务内容,充分考虑学情与学生认知规律,依照课程思政子目标合理配置课程思政元素,将思政元素潜移默化地贯穿于课前、课中、课后教学全过程。

下面以模块1"任务1:汽车品牌与车型推介"为例,介绍课程思政实施过程(见图4)。

课前教师在网络教学平台发布汽车品牌与车型信息,发布汽车品牌车型调研任务,培养学生的信息素养、创新意识和乐善好学态度。

课中教师通过任务驱动、小组合作引导学生完成国产车型与品牌推介任务,培养学生的爱国思想,增强科技自信与民族自信;播放介绍国产车技术发展的视频,增强学生的科技自信与民族自信;通过小组探究与合作,引导学生计划并实施任务,培养学生的服务意识、团队精神、创新精神,以及提升认识问题的能力,增强民族自信。

表 2　工作任务思政元素分布

模块	课程任务	家国情怀					职业素养					健全人格					辩证思维		
		爱国意识	民族精神	科技自信	遵纪守法	敬业精神	服务意识	团队精神	劳动精神	创新意识	诚信	友善	乐学善学	责任感	同理心	思辨能力	认识问题	分析问题	解决问题
模块1 品牌与外观推介	任务1 汽车品牌与车型推介	★	★	★	★	★	★	●		●			●	●			●		
	任务2 汽车外观与内饰推介	★						●			★		●	●	●		●	●	●
	任务3 汽车车身推介		★	★		★	●	●			★		●		●		●	●	●
	任务4 企业观摩交流	●	★	★		★	●	●			★		●		●		●	●	●
模块2 动力与环保配置推介	任务1 发动机性能推介	●	★		●		★	●							●				
	任务2 变速器性能推介	●			●			●				★	★				★	●	●
	任务3 环保性能推介	●				●	●				●	★		●	●		★	●	●
	任务4 动力与环保配置销售实践		●	●	●	●	★		★		●		★			●		●	
模块3 操控与舒适配置销售	任务1 转向配置推介				●		●					●		●	●		●		●
	任务2 制动配置推介	●		●			●					●	★						
	任务3 舒适配置推介								★				★						
	任务4 操控与舒适配置销售实践											●							
模块4 安全保护配置销售	任务1 直行安全配置推介	★	★	★	●	★	●	★	★	★	●		★	●	●	●	★	★	★
	任务2 高级安全配置推介						●	●		★	●				●		●		★
	任务3 夜行安全配置推介	●								★				●		●	★	★	★
	任务4 乘员保护配置推介	●	●	●	●	●	★	●	★	★	●	★	★		●				★
模块5 整车销售	任务1 整车销售实践	★	★	★	★	★	★	★	★	★	★	★	★	★	★		●	●	★

注：★为主要课程思政元素，●为一般课程思政元素。

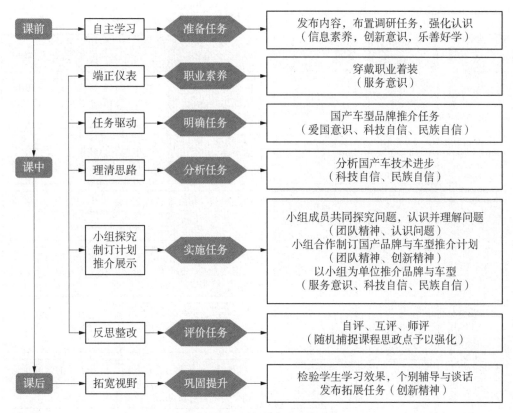

图4　任务1课程思政实施过程

课后教师检验学习效果,对个别基础薄弱的学生单独辅导、谈话,发布拓展任务培养学生的创新精神。

3. 多种教学方法并用,提升学生思政素养,引导学生乐学善学

教学团队依据职业教育教学改革要求,基于"以工作过程为导向"的教学理念,采用任务驱动法作为主教学方法,借鉴"胡格"教学法,通过问题法、角色扮演法、游戏教学法、海报法、小组讨论法等多种教学方法支持学生在"做中学",提升学生思政素养,引导学生乐学、善学、善思。

教学团队借助网络教学平台、信息技术手段升级教学方法。例如,教师通过视频引出营销任务,完成任务驱动法教学,提升学生认识问题、分析问题、解决问题的能力;在网络教学平台发布提问,激发学生学习兴趣,培养思辨能力;通过短视频拍摄记录学生的角色扮演过程,使学生追求卓越,更能体会客户立场(见图5)。教学方法与信息化手段相结合,使思政育人成效叠加,达到"1+1>2"的效果。

4. 采用"2+3+4+4"的评价体系,借助信息技术实现全过程评价

教学团队运用线上、线下2种评价方式,线上学习过程线上评价,线下学习过程线下评价并将其导入线上,以观测评价为主,以考核评价为辅,依靠校内外教师、学生和企业3个评价实施主体,教师侧重理论知识和思政元素考核,企业专家侧重实践知识技能和思政元素考核,学生侧重任务完成情况的自我评价;围绕家国情怀、职业素养、辩证思维、健全人格4重维度共18个思政元素开展观测评价、综合测评,最终给出"完全符合、大部分符合、一般符

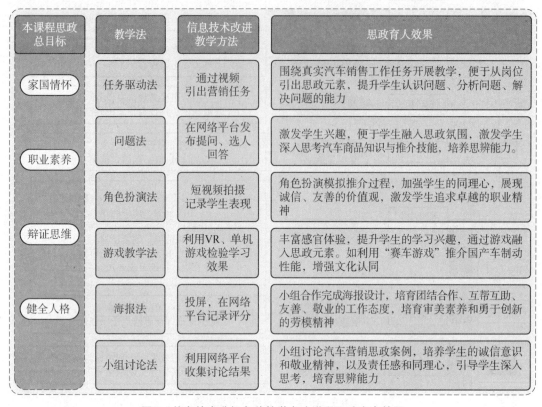

本课程思政总目标	教学法	信息技术改进教学方法	思政育人效果
家国情怀	任务驱动法	通过视频引出营销任务	围绕真实汽车销售工作任务开展教学，便于从岗位引出思政元素，提升学生认识问题、分析问题、解决问题的能力
	问题法	在网络平台发布提问、选人回答	激发学生兴趣，便于学生融入思政氛围，激发学生深入思考汽车商品知识与推介技能，培养思辨能力。
职业素养	角色扮演法	短视频拍摄记录学生表现	角色扮演模拟推介过程，加强学生的同理心，展现诚信、友善的价值观，激发学生追求卓越的职业精神
辩证思维	游戏教学法	利用VR、单机游戏检验学习效果	丰富感官体验，提升学生的学习兴趣，通过游戏融入思政元素。如利用"赛车游戏"推介国产车制动性能，增强文化认同
健全人格	海报法	投屏，在网络平台记录评分	小组合作完成海报设计，培育团结合作、互帮互助、友善、敬业的工作态度，培育审美素养和勇于创新的劳模精神
	小组讨论法	利用网络平台收集讨论结果	小组讨论汽车营销思政案例，培养学生的诚信意识和敬业精神，以及责任感和同理心，引导学生深入思考，培育思辨能力

图 5　信息技术升级多种教学方法增强思政育人效果

合、不符合"4 个不同等级的思政评价结果（见图 6）。

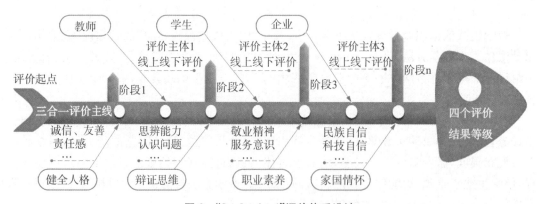

图 6　"2＋3＋4＋4"评价体系设计

教学团队从"四位一体"价值出发细化思政评价维度，设计综合素养评价量表。借助信息技术承载量表，通过平台记录学生日常思政表现，在课前、课中、课后多个教学环节实时评价和反馈，每节课程突出观测与思政子目标相对应的思政元素。期末采用综合测评的方式评价汽车销售岗位所需的关键思政元素。日常观测与综合测评相结合，思政评价与知识、技能评价相结合，实现评价过程的价值性与知识性相统一。

（三）实效与经验

1. 学生综合素养全面提升,受到企业广泛认可

本课程结合新时代国家、岗位、社会、个人发展需要,挖掘思政元素,深度落实课程思政。经过两个班两轮的教学实践,团队发现学生综合素养全面提升。通过麦可思调研追踪近两年毕业生表现,发现近两届毕业生在思政素养、职业自豪感、职业使命感等方面都有较大程度的提高和增强,3 名学生荣获企业道德模范荣誉。

2. 形成多项课程思政研究成果,受到专家称赞,获得省级表彰

团队将本课程的建设应用到市级精品课程建设、教学能力比赛中,产出微课、动画、VR资源、教案、实施报告等成果,荣获 2020 北京市教学能力比赛一等奖,荣获 2021 年北京市课程思政示范课程、教学名师和团队荣誉称号;在课程思政专项调研基础上编制课程思政案例集,为本专业教师课程思政建设与实施提供范例。

3. 多平台推广案例,为同类院校课程思政建设实施提供范式

本课程思政建设模式、设计思路在学院"提质培优"大会上进行了展示推广。本案例展示的微课入选教育部职业院校教师素质提高计划培训课程资源征集项目,依托教育部平台辐射带动同类院校课程思政水平提升。借助"职教联盟"平台,案例多次在外校进行推广,带动兄弟院校教师共同成长,多名教师吸收本案例课程思政建设模式、实施策略与评价改革经验,促进院校课程思政建设深化、落地,获得专家同行认可。

三　案例反思

（一）创新之处

1. 采用"1＋2＋3＋4"模式,促进课程思政与专业课程融合

本课程依靠 1 支结构合理的团队,从"政策文件—课程特点—思政要点"和"岗位需求—工作内容—思政素材"2 条路径入手深挖思政着力点和思政素材,形成课程思政总目标、思政分目标、思政子目标 3 级目标;在课程设计实施环节坚持 4 个注重,将思政元素自然地渗透到每一个教学环节中。这种课程思政建设模式促进了"汽车销售实务"课程思政与专业教学的有机融合(见图 7)。

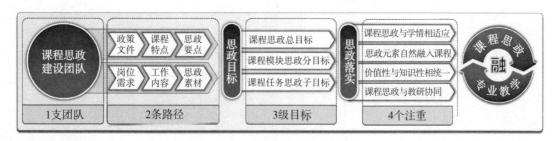

图 7　"1＋2＋3＋4"课程思政建设模式

2. "课程思政案例集"动态更新,为专业教师课程思政建设提供借鉴

在进行课程思政专项调研的基础上,校企共编"课程思政案例集",涵盖课程有关岗位要求、管理案例、客户投诉案例、行业人物案例等内容,每年动态更新案例并向专业教师发放,为同类课程的课程思政建设提供参考素材,奠定了坚实的课程思政资源基础,借鉴价值较高。

3. 依托"2+3+4+4"评价体系,科学观测学生思政素养

课程采用线上、线下 2 种评价方式,适应混合式教学评价需求;依靠学生、教师、企业 3 类评价主体,实现多角度评价,提升评价的客观性;围绕"家国情怀、健全人格、职业素养、辩证思维"4 重维度评价,检验课程思政目标的达成情况;设计"完全符合、大部分符合、一般符合、不符合"4 个等级评价结果,避免教学评价"唯分数论",提升评价的科学性。"2+3+4+4"评价体系有利于全过程科学评价学生的综合素养。

(二) 下一步改进措施

1. 不断丰富、优化课程内容,紧跟时代潮流

随着汽车行业朝"新四化"趋势发展,课程融入了新能源、智能网联汽车的有关内容,但内容需要经常更新。我们将继续紧跟时代步伐,及时融入新技术、新标准、新思政理念,适应产业人才需求。

2. 继续提升课程思政案例影响力,扩大辐射带动范围

下一步团队将搭建课程思政网络共享平台,共享思政资源;创建课程资源培训包,依托"国培项目"对外开展课程思政培训;借助"一带一路"合作院校平台,向海外宣传案例做法,不断提升案例影响力,扩大辐射范围。

姚立泽　张铁凤　吕丽平　王彦峰　悦中原(北京交通运输职业学院)

融合时代精神　厚植家国情怀

——"大学语文"课程思政案例

一　案例综述

（一）课程介绍

"大学语文"是高职高专学校开设的必修课之一。它的性质是以人文素质教育为核心，融语文教育的工具性、人文性、审美性为一体。在整个高职院校教育体系中，它是一门为培养高职学生语文素质和人文素质以及各种综合素质而开设的公共基础课程，也是将美育、德育和智育相交融的一门综合课程，在大学素质教育课程中处于基础和核心的地位。其先修课程为"中职语文"，后继课程为"应用文写作"或"人文类选修课"。

"大学语文"旨在提升学生的语文应用能力和职业人文素养。教学中充分利用语文教学优势，创造性地使用语文教材，努力实现文本内容内化为学生情操，书本知识转化为学生能力。根据专业人才培养方案、课程标准，参照岗位要求、针对学情分析，本课程的教学目标分为知识、能力、素质三个维度。知识目标是了解基本文学文化常识，掌握文字表达的基本技能和方法；能力目标是培养良好的语言理解与运用能力、良好的审美发现与审美鉴赏能力、良好的文化传承与创新能力；素质目标是拓宽学生的文学与文化视野，陶冶性情，塑造健全的人格及良好的道德情怀。在潜移默化中确立学生的价值观念、思维方式和行为规范，促进学生身心的健康发展；在审美体验和价值引导中，培养学生领悟美、欣赏美、创造美的生活情趣，懂得爱、学会爱、奉献爱的职业情感。

本课程的思政主线为弘扬人文精神，引导学生坚定理想信念、培养家国情怀，融入时代精神，增强社会责任感；传承中华优秀传统文化，提升学生的民族自信心和对中华文化的认同感；强化职业人文素养的渗透，培养学生良好的职业道德、合作意识和工匠精神等职业素养。

（二）案例概况

"大学语文"在课程思政方面具有得天独厚的优势，其课程本身就是中华优秀传统文化的重要载体，蕴含着中华民族深沉的精神追求。教材中许多具体篇目在内涵上与思政教育血脉相连，因此"大学语文"具有丰富的课程思政资源。我们将"大学语文"中的课程思政因子进行提炼总结，分为"社会主义核心价值观""理想信念""生态文明""家国情怀"等类别，并将其融入"大学语文"的课程教学中。"家国情怀"是中华传统文化中的闪亮因子,我们就以此为案例,探讨如何结合时代精神,点燃学生的"家国情怀"。

1. 立足课本内容,提炼"家国情怀"因子

"家国情怀"是主体对共同体的一种认同,其核心是每一个中国人对中华文化、民族精神和中国这片土地的深刻眷恋、认同和热爱,其基本内涵包括家国同构、共同体意识和仁爱精神等。"家国情怀"的元素如同一颗颗明珠散落在"大学语文"课程的文本之中,它既是国学经典中"修齐治平"的理想,又是一代志士仁人"先天下之忧而忧,后天下之乐而乐"的操守,还是"黄沙百战穿金甲,不破楼兰终不还"的信念,更是"苟利国家生死以,岂因祸福避趋之"的决心。我们对这些蕴含在文本中的"家国情怀"因素进行了发掘、提炼、强化,并将其内容细化、具体化,使学生易于理解和接受。我们把文本中的"家国情怀"提炼为以下几个方面:对传统文化、民族文化的认同,重视亲情,修养自身,报效国家,恪守道德,为国奉献,团结奋斗,思乡恋家等。"大学语文"教材中具体篇目所对应的"家国情怀"思政元素可见表1。

表1　课文篇目与"家国情怀"思政元素对照

课文篇目	课程思政元素 家国情怀2	课程思政元素 家国情怀1
《论语·子游问孝》	侍亲行孝,家国一体	
《孟子·鱼我所欲也》	舍生取义	
《孟子·不忍人之心》	修养自身	对传统文化、民族文化的了解、认同,形成文化自信,增强民族自豪感
《水龙吟》	报效祖国	
《炉中煤》	为国奉献	
《乡愁》	恋土归根	

2. 融合时代精神,丰富"家国情怀"内涵

在时代发展中,"家国情怀"被不断丰富,被赋予了新的时代内涵。我们在对课本中的"家国情怀"进行提炼总结的同时,也紧扣时代脉搏,结合时代精神,对"家国情怀"的主题进行引申和提升。例如,《孟子》选篇中多次提出"性善论"思想,我们从中提炼出"修养自身"的课程思政元素,同时结合建设"和谐社会"的时代精神,引导同学们建立良好的人际关系,营造和谐的人文精神。《大学语文》教材中具体篇目所对应的"家国情怀"思政元素的引申可见表2。

3. 结合面向岗位,拓展"家国情怀"教育领域

"家国情怀"的课程思政教育不仅仅局限于课文内容,还拓展延伸到与学生未来面向的岗位相关的内容。"家国情怀"的一个重要方面就是对传统文化、民族文化的了解和认同,从而激发学生的民族自豪感和文化自信。我们在课内学习国学经典的过程中,将中国文化的视角引向学生未来的工作岗位——北京各地铁站点。北京是一个历史文化名城,具有丰厚的文化底蕴,北京各个地铁站点在建筑设计和内部装饰上都包含着丰富的文化因素,例如金台夕照站的大型壁画"金台求贤"、虎坊桥站的"浩气宣南"、天桥站的"天子祭天"、珠市口站的

表 2　将时代精神融入"家国情怀"的对照

课文篇目	课程思政元素	将时代精神融入"家国情怀"
《论语·子游问孝》	侍亲行孝 家国一体	家风建设
《孟子·鱼我所欲也》	舍生取义	实现中国梦
《孟子·不忍人之心》	修养自身	建设和谐社会
《水龙吟》	报效祖国	建设中国特色社会主义，实现中国梦
《炉中煤》	为国奉献	抗疫精神 航天精神
《乡愁》	恋土归根	维护祖国统一

"老城故事"、磁器口站的"红楼人物系列"等，通过让学生追寻这些地铁中的文化因素，达到使学生了解传统文化、家乡文化的目的，从而找到认同感和归属感，激发他们爱家乡、爱祖国的情怀。通过这种拓展，"家国情怀"不仅是课程思政元素，更是将语文学习和服务专业贯穿起来的纽带。

4. 践行"四个结合"，全方位进行"家国情怀"教育

在"家国情怀"的课程思政教育中，我们坚持全方位、多角度、多层次、立体式的自然融入模式。实现"家国情怀"教育的"四个结合"，即"家国情怀"教育与文本分析相结合，"家国情怀"教育与课堂训练相结合，"家国情怀"教育与拓展阅读相结合、"家国情怀"教育与第二课堂活动相结合，全面覆盖各个教学环节。

二　案例解析

（一）设计思路与理念

"家国情怀"的课程思政教育坚持"一个循环，三个结合"的浸润式设计思路和理念。

"一个循环"是指我们对课文中的"家国情怀"元素首先进行提炼、总结、归类，然后进行提升、拓展，最后将其纳入语文教学的全过程之中，贯穿每一个教学环节，实现一个循环。例如，在讲授郭沫若的《炉中煤》时，我们从课文中发掘出来的思政元素是为国奉献。结合时代特点，我们将这一元素进行引申和细化，舍生忘死、救国救民的牺牲精神是为国奉献，艰苦奋斗、顽强拼搏的航天精神是为国奉献，舍小家、顾大家的抗疫精神是为国奉献，等等。将"家国情怀"的思政元素提升、细化之后，我们又将它融入文本教学过程中，通过讲授、讨论、演讲等形式将其内化于学生的思想中，落实于学生的行动上。

"三个结合"是指：其一，将语文教学，课程思政、服务专业相结合。例如，在讲解《炉中煤》的时候，我们会给同学展示地铁虎坊桥站的壁画"浩气宣南"，将近现代谭嗣同、李大钊、鲁迅等人的爱国情怀融入其中。其二，将传统文化与时代精神相结合。"家国情怀"是一个古老的传统命题，在几千年的历史中，它不断地被丰富和发展，与时俱进是它的精神特质。

因此,我们今天对学生进行"家国情怀"教育不可避免地要包含时代因素。例如,孟子的"仁政"思想是"家国情怀"中的传统部分,而与之一脉相承的构建"和谐社会"、实现中国梦则是我们的时代意义。其三,"家国情怀"中文化认同教育和民族精神传承相结合。这两个方面是"家国情怀"的重要组成部分,认同是传承的基础。所以我们在融入思政元素的过程中,首先让学生了解我们的传统文化、民族文化、地域文化,在此基础上形成文化自信和身份认同感,从而弘扬爱国主义、奋斗精神、团结精神等伟大的民族精神。

"家国情怀"的课程思政教育是一种你中有我、我中有你的浸润式教育,语文教学、课程思政、服务专业相互融通和无缝对接,是如盐融水的自然过程,学生在无形中受到熏陶和感染,从而达到"以文化人"的目的。

(二) 设计与实施

"家国情怀"的一个重要方面是对中华优秀传统文化的传承和发扬,对民族身份、民族文化的认同和自信;另一个重要方面是对中华民族精神的继承和培育。我们在对学生进行"家国情怀"教育时,既要保留中华优秀传统文化的精华,又要有与时俱进的现实意义。因此,在具体实施过程中要坚持立足文本、结合时代、深化丰富、联系专业,多种方法并用,全面覆盖每一个教学环节。

1. 精选优秀篇章,增强文化认同和文化自信

中华优秀典籍汗牛充栋,在授课过程中我们优中选优,选取具有代表性的典范篇章进行解读。优秀的文章能够唤起学生对母语的兴趣、珍视和热爱,体悟汉语之美,领会民族文化的精华,从而在文章的形质之美中体认中华民族的"精神基因",牢铸民族身份意识,认识中华民族文化的独特魅力,增强文化自信。

2. 分析课文内容,设定"家国情怀"具体课程思政目标

"家国情怀"具有丰富的内涵,可以细化为多个不同的主题,在授课过程中,我们遵循"来源于文本"最终又"回归文本"的理念,对课文的思政元素进行梳理、提炼、延伸、拓展,设定出具体可行的课程思政目标。例如《论语·子游问孝》,我们通过对文本的分析,确定出三层课程思政目标:①理解古今"孝"的内涵(文本内部思政元素);②培养学生生活中"侍亲行孝"的自觉(思政元素的引申);③响应新时代"家风"建设号召,创建良好家风(时代精神结合课程思政);④理解"家国同构"的思想内涵,爱家人、爱家庭、爱家乡、爱祖国(思政元素的拓展)。

3. 采用多种教学方法,实现"家国情怀"教育全覆盖

"家国情怀"教育是立体化、全方位的思政教育,不局限于课堂教学的某一环节中,而是贯穿整个教学过程。下面,我们以郭沫若的《炉中煤》为例,看一下如何将"家国情怀"的思政教育覆盖课程教学的各个环节。

第一步,预习环节。该环节要求学生通过学习通平台或在网上搜索材料了解《炉中煤》的写作背景和郭沫若的生平,让学生联系自己的生活经验初读作品,做到"知人论世",自觉将个人前途与国家命运联系起来。

第二步,课上文本解析环节。通过讲授法和讨论法,学生得以着重理解郭沫若的爱国热忱和甘愿为祖国奉献一切的精神。然后通过分组活动,学生可结合当前的国际、国内形势讨论当代爱国主义的内涵。

第三步,课堂实践环节。学生在深入体会文本爱国激情的基础上大声诵读,在诵读中陶

冶和感染自己,从而激发自己报效祖国、为国奉献的热情;联系我国神舟十三号载人飞船安全返回的事件,总结航天精神,让学生展示对爱国主义内涵的分组讨论结果,探讨新时期如何爱国、如何为国奉献。

第四步,课上拓展环节。学生阅读艾青的《我爱这土地》、戴望舒的《我用残损的手掌》等爱国诗篇,并将其与《炉中煤》进行对比,进一步增强民族自豪感,树立远大理想。

第五步,考核环节。以"我爱我的祖国"为题,让学生紧密结合当前国际、国内形势,谈谈当下应如何爱国家、为国家尽绵薄之力。

4. 走出课堂,将"家国情怀"教育延伸至专业层面

"大学语文"的授课对象是轨道学院三年制的学生,他们未来的工作岗位将是在北京的各个地铁站。由于北京是一座历史文化名城,北京地铁站点又是展示北京文化、民族精神的一个窗口,这样"家国情怀"就不仅是一个课程思政元素,还成了把语文教学和专业联系起来的纽带。在《炉中煤》课堂教学结束之后,教师布置给学生的一个课外任务就是"寻找地铁当中的文化因素",要求学生将地铁当中的文化景观拍摄下来并进行讲解,阐述体会。很多学生拍摄了圆明园站的大型浮雕作品"圆明园大水法遗址",从而告诫自己勿忘国耻,发奋图强。有同学拍摄了虎坊桥站的"浩气宣南",表达自己学习英烈、为国奉献、砥砺前行的决心。这样,"家国情怀"的课程思政教育就由课堂延伸至专业层面,学生对于爱国、奉献的理解更加深刻。

5. 采用多种手段,实现"家国情怀"的内省外化

课程思政的目的是要达到内省外化的效果,即内部认同和外部实践,为了做到知行合一还需要采用多种手段。单一形式的"家国情怀"教育很容易使学生厌倦和感到疲惫,为提升学生兴趣,我们通过多种形式、多种渠道来培养学生的"家国情怀"。第一,在课堂上或学习通平台上通过多样化的信息化教学手段,带动学生产生心灵的共鸣;第二,推荐丰富的课外读物,让学生通过自主阅读全方位提升知识水平和道德素养;第三,通过演讲、朗诵等丰富的竞赛活动,以"我口诉我心",实现德言统一,巩固课堂思政成果;第四,开展"我手写我心"的实践写作活动,组织学生聚焦主流媒体的热点事件进行讨论,输出自我感悟。

(三) 实效与经验

1. "一个循环,三个结合"的浸润式课堂思政教学模式,取得了较好的思政效果

从思政效果看,学生对于课程思政元素的融入持欢迎态度,结合学科教学的思政教育,学生接受起来更加自然,效果强于单纯的理论说教。通过接受"家国情怀"的思政教育,学生的文化认同感、民族自豪感显著提升,学生更加关心时政热点,对以爱国主义为核心的民族精神的理解更为深刻,达到了课程思政的目的,对于学生形成正确的世界观、人生观、价值观有明显的积极影响。

2. 传统"家国情怀"教育和时代精神的融入,丰富了课程教学内容

从课程内容本身看,课程思政的融入丰富了"大学语文"的教学内容,为"大学语文"课程注入了新鲜的时代元素,实现了知识传授与价值引领的同频共振,提升了课程的育人功能,学生在接受思想教育的同时,也加深了对文本的了解。

3. 理论教学、实践教学、课外活动协同育人,促进了课程教学方法的革新

从课程教学方法看,课程思政的引入推进了教学方法的革新,使教学方法、教学手段更加丰富,讨论法、任务驱动法的使用比例明显上升。

4. 语文教学、课程思政、专业元素有机融合,大大提升了课堂教学效果

从课堂效果看,学生更加活跃,积极性有所提高。由于选取的思政元素的时代性较强,与学生生活距离较近,或与学生的专业直接相关,更容易引起他们的共鸣。

三 案例反思

(一) 创新之处

1. 全方位、立体化的课程思政教育模式

本案例的课程思政教学实现了授课环节的全面融入,从预习、课堂讲授、课堂训练、课堂拓展到最后的考核都贯穿着思政教育。通过课外阅读、课后活动将思政教育由课内延伸到课外,教学手段和教学方法多样化,从而能更好地对学生进行思想引领。

2. 课程思政从学科学习延伸到岗位实践

思政元素将学科教学和岗位实践巧妙联系了起来,使基础课教学更好地服务于未来的岗位需求,学生既学到语文知识,又能受到思想教育,还了解了一些与专业、职业相关的内容,一举三得。

3. 实现了学科教学和课程思政的自然、深度融合

所有的思政元素全部来源于学科内容,是对学科内容的提升和拓展,二者关联度极强,让学生在不知不觉中就受到了思想教育,个人思想品质不断完善。在思想提升的同时,又通过课程思政加深了对课文中传达的思想的理解,二者相辅相成,融为一体。

(二) 下一步改进措施

第一,教学团队将对同一文本的思政元素进行多方挖掘,实现多角度的思政教育。如《水龙吟·登建康赏心亭》中除了爱国主义情怀之外,还包含着对时间的珍惜、树立高远的理想等观念。

第二,课程思政的融入方式要更加多样灵活,对学生的思政教育要从有形化为无形,由说教变为陶冶。

第三,教学团队要将课程思政更多地由课内延伸到课外,开拓创新,打造"第二课堂"。

宋春淑　唐晓蕾　王莉莉(北京交通运输职业学院)

厚植爱国主义情怀 传承轨道红色基因

——"轨道车辆机械系统检修"课程思政案例

一 案例综述

(一) 课程介绍

本课程是城市轨道交通车辆技术专业的一门专业核心课程,是从事轨道列车检修、电动列车司机、轨道列车装备工作必须学习的课程,将为后续学习"车辆检修综合演练"课程奠定基础。

通过本课程的学习,学生能胜任轨道列车机械检修工作任务,达到以下具体思政目标:

(1) 了解我国先进的检修技术,强化爱国情感和民族自豪感。

(2) 了解岗位的安全教育常识,具备良好的安全意识和安全作业能力。

(3) 严谨认真,懂法守则,遵循公司及部门各项规章制度。

(4) 具备健康的体魄和良好的抗压能力,有效应对设备故障的处置,能参与倒班班制中。

(5) 具备较好的语言表达能力,能通过简洁明确的语言,传达检修过程中遇到的问题,保证上报的时效性、准确性。

(6) 具备一定的信息技术应用能力,能够熟练使用日常办公软件,以及数据统计分析工具。

(7) 具备自主学习的能力,能够通过学习案例、总结经验、班组讨论等方式,与同事共同探讨、优化检修过程,提高生产力。

(二) 案例概况

本案例提出了一种"思政角度—思政案例—思政元素"的课程思政新模式(见图1)。该课程实施学院和企业双元育人模式,实现德技并修、育训并举。团队成员梳理了课程思政元素,从国家名片、安全教育、标准规范、服务生活、大国工匠、轨道文化6个方面进行挖掘,开发出适合课程的12个思政案例,同时引入为期一周的企业劳动实践,将思政元素和课程有机融合,达到润物细无声的育人效果。

思政角度与思政元素一一对应,通过案例实现有效衔接。主要对应关系为:国家名片对应爱国情感和民族自豪感;安全教育对应安全意识和安全作业能力;标准规范对应严谨认真

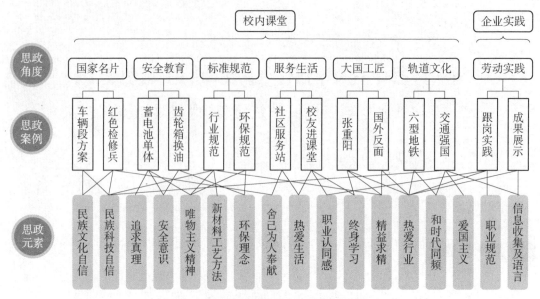

图1 "轨道车辆机械检修"课程思政模式

和遵规守纪;服务生活对应语言表达能力;大国工匠对应健康的体魄和良好的抗压能力;轨道文化对应信息技术能力和自主学习能力。

"轨道车辆机械系统检修"课程具有一定的理论深度和大量的实操内容,能够较好地将思维方法的训练和科学伦理的教育融入课程建设中去,培育学生孜孜求索、追求真理、实事求是的责任感和使命感,培养学生精益求精的大国工匠精神,激发学生的民族自信和使命担当。

二 案例解析

(一) 设计思路与理念

思政内容设置巧妙,形成爱国强国闭环。课程思政内容设计从"国家名片"出发,并以"交通强国"升华。将课程培养的思政元素进行梳理,从国家名片、安全教育、标准规范、服务生活、大国工匠、轨道文化六个方面进行分析,引入和轨道车辆检修作业结合紧密的案例。

教学方法循循善诱。课程思政教学逐步深入,教学方法从讲授、校友座谈、任务前置(翻转课堂)、企业实践依次提升难度,循序渐进,引导学生学习和领悟课堂思政元素,燃起学生对爱党爱国、检修报国的热情,引导学生自主学习,使得思政教育永不褪色。

科学设置考评。教学团队加大思政元素的考评占比,同时不断打磨考评方式,做到考评合理,可操作性强。

优化案例设计、教学和评价考核。教学团队引导学生树立爱党爱国的意识,培养安全意识、职业自信、精益求精的职业精神和民族自信。

(二) 设计与实施

本部分主要结合不同案例分别从思政案例的设计、教学和评价三个方面进行阐述。

1. 案例设计

下面以红色检修兵和齿轮箱换油为例,介绍案例的具体设计。

1) 红色检修兵

列车检修兵是我国抗日战争时期的重要工程兵种,负责列车的检查和维修工作,保证人员和物资及时运输,为保证抗日战争的胜利作出了巨大贡献。

红色检修兵这一红色资源是我国历史发展上特殊的案例资源,在国家名片这一部分进行介绍,结合我国列车检修发展史有机融入课堂,起到润物细无声的育人作用。该案例有助于学生了解红色检修兵在共产党的带领下冒着枪林弹雨对列车进行检修过程中所展现的不怕牺牲、默默奉献的精神。这样的爱国主义精神和吃苦耐劳的职业精神都是现在学生学习的最佳典范。

2) 齿轮箱换油

齿轮箱换油需要作业人员到列车底部深地沟内进行操作,其涉及较多的思政教育点,如防止磕碰跌倒的安全教育和环保教育等,课堂思政引入点要恰当适时。

课程设置将安全教育放到齿轮箱换油实践操作前,如车辆断电断气、车辆止挡、安全三件套的穿戴等,这些安全教育和课程有机结合,能够培养同学们安全第一的生产理念。

润滑油喷洒到地面容易造成作业人员滑倒,同时违反了环保生产规范。将环保观点引入该部分课堂教学中,有助于培养学生的规范生产意识和环保意识。

2. 案例教学

案例服务于教学,在教学过程中利用不同的教学方法能够收到事半功倍的效果。下面以事故再现演示方法(蓄电池检查)和任务前置方法(交通强国)为例介绍教学方法。

1) 事故再现演示方法(蓄电池检查)

蓄电池检查是一项带电操作,是危险隐患易发生点。蓄电池日常维护包括液面检查、补充水、清洁、测量蓄电池单体开路电压、容量测试等项目。其中每个项目都需要将蓄电池电极上的防护罩板移除进行作业,暴露的电极形成 110 V 电压,对维修员工易形成安全隐患。某企业员工打开罩板后,曾发生过将扳手放在蓄电池上的情况,巨大的电场力将扳手击飞。

在课程教学时,采用旧蓄电池单体,利用事故再现演示方法,对学生进行安全教育。将铁质进行片对 12 V 蓄电池单体进行正负极短接,可以观察到铁条被烧红。直接的事故加深了同学们对蓄电池维护安全的理解和操作,让同学们有一个直观的认识,对带电操作事故产生了本质的认识,激发了学生对真理的求索,学习辩证唯物主义精神。

2) 任务前置方法(交通强国)

交通强国中可以挖掘的思政元素非常丰富。在课程教学中,教师要将专业知识和交通强国战略目标有机结合起来。

随着时代的发展,我国轨道交通运输有哪些变化? 北京市的市内轨道交通有哪些变化? 车辆维护流程有没有变化? 这些问题的提出使得学生进一步去思考,拓展了课程内容。围绕交通强国、乡村振兴等国家战略,依托北京市重点轨道工程,教学团队设置了课前任务,组织学生分组完成调研并在课上进行展示汇报。将课堂转变为交通强国汇报厅,鼓励学生们积极发言。

交通强国是课堂思政源源不断的案例输出源泉,"轨道车辆机械系统检修"等其他专业课程均要紧跟时事,牢抓国家新政策,将交通强国的战略目标和课程紧密融合起来,提升学生们在国家建设中的参与度,增强学生和国家同命运和时代同呼吸的归属感、认同感和自豪感。

3. 课程评价

课程评价中融入思政考核,以实训考核(安全三件套穿戴)和理论考核(京张铁路发车巡检)为例进行介绍。

1) 实训考核(安全三件套穿戴)

在实训考核过程中,除了对技能的考核,还要加大对安全、规范等的考核,以增强学生的安全意识,巩固安全技能掌握情况。列车巡检过程中,学生在进行车下作业时,要先进行安全三件套的穿戴考核。

2) 理论考核(京张铁路发车巡检)

在理论考核过程中,教学团队深挖课程思政元素。以发车检查注意事项为例,在题目的设计上要巧妙构思。

"1909 年冬季,列车从北京经我国自主设计建造的第一条铁路发往张家口,你作为一名列车检修人员需要在露天停车场完成列车发车巡检。请列出相关注意事项。"本题考查学生对发车检查注意事项的掌握情况,但从题目中可以得知我国在 1909 年就自主设计建造了第一条铁路。学生通过将当时的露天停车场和现代化车辆段进行对比,可以感受到新中国的科技发展迅速,增强民族自信。同时,引导大家关注当时的检修工工作、生活情况,培养学生的家国情怀。

(三) 实效与经验

课程案例的系统设计增强了课堂思政教育的科学性、系统性。在实施过程中,同学们对课堂上的案例非常感兴趣,经常形成热火朝天的课堂讨论氛围,有利于强化自身的素质养成;教师在课堂上能够旁征博引,结合正面案例、反面案例等进行思政育人,同时该思政案例模式已经写为一篇论文;同行对该课程案例评价颇高,有关论文经专家评议,获得中国交通教育研究会职业教育分会思想政治工作委员会 2021 年度思政论文二等奖。

三 案例反思

(一) 创新之处

1. 提出"思政角度—思政案例—思政元素"的课程思政新模式

本课程思政案例提出了一种"思政角度—思政案例—思政元素"的课程思政新模式,在交通运输行业工科课程思政建设中具有一定的理论意义和实践价值,可以作为推广的模板与范式。

2. 校企合作,德技并修,育训并举

本课程思政在开发的过程中引入校内、校外团队,深挖与该课程对应的思政元素。同时,加入为期一周的企业实践,循循善诱,科学育人,确保育人成效永不褪色。

3. 选题丰富,融合校内课程思政与校外劳动实践于一体

本课程思政案例选题丰富,既有交通强国新概念,又有红车检修兵的经典案例,从国家

名片、安全教育、标准规范、服务生活、大国工匠、轨道文化六个方面建设课程思政模式。

（二）下一步改进措施

后续，该课程将结合北京交通大学轨道教育产业研究院课题"以'1＋X'证书为导向的双元教学模式探究与实践——以'轨道车辆机械系统检修'课程为例"，继续在课堂思政元素、案例设计、课程教学、评价方法上挖掘，形成适合交通运输行业的思政新模式，并将成果以课题、论文或调研报告的形式推广出去。

高　旺　李　伟　王　珂（北京交通运输职业学院）

春风化雨　润物无声

——"城市轨道交通行车组织基础"课程思政案例

一　案例综述

(一) 课程介绍

1. 课程定位

本课程是城市轨道交通运营服务专业的一门核心课程,理论与应用紧密结合。结合岗位要求,教学团队设定课程的主要教学内容包括正常情况下的行车组织与调度、施工行车组织、列车运行图的编制以及突发事件处理与事故预防等。

2. 课程目标

本课程的教学目标是使学生了解和掌握行车组织基本原理、ATC系统组成及作用、与车站有关的行车组织作业,掌握运行图的编制方法等基础知识,并具备城市轨道交通地铁站务员、车站值班员等岗位所必需的行车组织基础知识、技能以及良好的职业素养,使其能够做到爱岗敬业、吃苦耐劳、明理守信;具有较强的团队合作精神和服务意识;敏锐的问题发现及应急处理能力;铭记"安全—责任—担当",树立劳动光荣、技能宝贵、创新伟大的理念,从而引导学生树立正确的世界观、人生观、价值观,并在教学实施过程中,不断培养学生的自主学习能力,养成严谨规范、认真细致的工作习惯。

本课程的先修课程有城市轨道交通运营管理、城市轨道交通概论、车站服务与投诉、实用手语;后继课程主要有城市轨道交通客运组织、城市轨道交通通信与信号等。

(二) 案例概况

本案例以习近平新时代中国特色社会主义思想为引领,在教学中不断反思探索,充分挖掘思政元素,完善课程的育人和育德功能,优化课程思政的建设,有机融入思政内容,旨在培养德技并修的行车组织技术技能人才,具体教学过程如下。

1. 任务发布环节

课程对接2020年实施的新规范《城市轨道交通行车组织管理办法》,引导学生梳理进路设置、手摇道岔作业、电话闭塞法接发列车、车站客流应对等非正常情况下的行车组织工作任务。在此环节中,教师播放劳模视频,渗透诚实、勤劳的劳模精神,强化学生的规章安全意识。

2. 任务分析环节

小组团结协作,对标新规范和有关标准,从岗位实际操作出发,共同制订接车站和发车站的作业流程。例如,在电话闭塞法接发列车的任务中,学生结合电话闭塞法行车组织原理,探究列车接发流程,形成个性化方案并加以优化。此环节提升了学生的团队协作探究和创新能力。

3. 任务模拟环节

教学团队利用模拟仿真软件,组织学生开展仿真训练,形成阶段性评价,并在评价中渗透职业岗位的规范要求。例如,在手摇道岔作业任务中,学生通过车站道岔故障演练软件进行模拟操作,反复试错,提升了实际操作中的成功率;根据学生模拟中存在的共性问题,加强双师示范和纠错,突出教学重点。此环节可以培养学生爱岗敬业的劳模精神,强化其责任担当意识。

4. 任务实施环节

任务实施中的实战演练,包括联合练、轮岗练、通关练。例如,ATS 现地工作站应急操作是教学难点,当学生操作困难时,教师借助实时监测技术及时进行纠错示范,将进路错排站 HMI 界面投屏至教师端,师生共同排列进路,突破教学难点,进一步进行轮岗练,夯实专业技能;在电话闭塞法行车任务情境中,教师组织学生采用角色扮演方式,完成列车接发的联合演练;在手摇道岔作业任务中,学生在真实的轨道上判断道岔开通方向,利用平板电脑现场直播,实时采集教与学的行为数据并进行分析和反馈,通过双师示范完成纠错,突出重点;在车站客流应对任务中,学生通过 IBP 盘完成设备巡检,通过仿真平台,虚实结合开展车站客流分析和限时控制。此环节有助于提升学生的快速反应和抗压能力,培养学生爱党、爱国、爱人民的情怀和精益求精的工匠精神。

5. 任务评价环节

按照校企多元岗位综合评价体系中的元素、手段和方式,教学团队对每个任务进行针对性的评价,引导学生反思知识、技能掌握情况,以及职业素养提升情况。如在车站客流应对任务中,教师积极组织开展教学评价。学生在车站客流控制演练平台的操作练习会得到一个软件评分,同时在行车组织学习平台上也会得到其他小组和教师的评分,从而得到一个综合成绩。此环节可以增强学生职业技能学习的获得感和认同感,帮助学生看到自身的成长与不足,提高学生的综合职业素养和能力。

二　案例解析

(一) 设计思路与理念

城市轨道交通的快速发展使运营服务岗位需要大量复合型技术技能人才。随着地铁运维更加智能化,更多线路将实现 FAO 无人驾驶模式,为保障行车安全万无一失,城市轨道交通运营服务人员必须具备扎实的行车组织技能。

本课程通过不断挖掘思政元素,借助任务载体,有机融入思政内容,在每个授课环节中,渗透思政元素,使整个课程思政内容形成体系,形成"安全—责任—担当"的思政主线。本课程的思政系统化设计如图1所示。

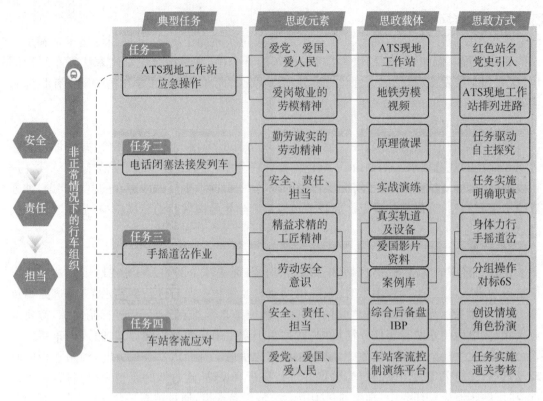

图1 行车组织基础课程的思政融入方式

例如,在行车组织基础教学中,我们通过爱国影片资料、地铁劳模视频、优秀毕业生事迹等,在典型工作任务中,有机融入勤劳诚实的劳动精神、精益求精的工匠精神、爱岗敬业的劳模精神等育人新要求。依托校企合作共同研发的 ATS 现地工作站、IBP 与车站客流控制演练平台,以及行车组织基础虚拟仿真软件,结合真实的轨道和设备,教学团队创设了虚实结合的职业情境,遵循行动导向教学,构建"任务驱动—虚实结合"的实训教学模式,在任务实施环节,开展仿真练、联合练、轮岗练和通关练,对接岗位要求,培养学生团队合作、担当创新的能力,从而培育学生爱国爱党、安全负责的意识,进而落实"安全—责任—担当"的思政主线。

(二) 设计与实施

本案例的课程思政以安全、责任、担当意识和民族自豪感的培育为主线,完善专业课程的教学内容,通过行动导向教学方法,探索"任务驱动—虚实结合"的实践教学,深入挖掘思政元素,借助任务载体,有机融入课程思政,完善教学内容,形成"三阶段、五融入"的思政新模式。

"三阶段",即思政元素与课程"课前—课中—课后"三阶段教学实施过程的高度融合。如:课前教师播放爱国影片资料、地铁劳模视频,讲述优秀毕业生事迹等;课中,在完成典型工作任务过程中,有机融入勤劳诚实的劳动精神、精益求精的工匠精神、爱岗敬业的劳模精神等育人新要求;课后,利用互联网资源,开阔学生视野,培养创新思维能力。

"五融入"包括以下几个方面:一是基于岗位实际,创设行车组织工作情境;二是展开情境,梳理岗位典型工作任务;三是结合行车组织关键岗位职责,挖掘思政元素;四是校企合作共建道岔、ATS 现地工作站、转辙机等实训基地，搭建思政载体；五是结合专业特色择取相应的思政方式，如图 1 所示。

例如：在 ATS 现地工作站实操任务中，以毛泽东诗词命名站名，如红船站、百舸站等，引导学生爱党、爱国、爱人民；在手摇道岔作业中，结合案例库开展劳动安全教育，引导学生在防护、清点、检查到完成任务的点滴中，体会劳动带来的获得感，实现润物无声的育人效果。五个步骤递进式融入思政元素，实现课程思政与专业特点、学校特色的紧密结合。这样可以使学生在完成行车组织典型工作任务的同时，增强爱党、爱国、爱人民的家国情怀，如春雨般润物无声。

校企合作研发 ATS 现地工作站，自主设计车站客流控制演练平台，开发活页式教材，提升教师教研和科研能力，改进教学方法和手段。

例如：在行车组织典型工作任务"手摇道岔作业"的实际操作和演练中，开展劳动教育，培养学生的精益求精的工匠精神；带领学生进行岗位实践，增强学生的职业荣誉感。在"手摇道岔作业"教学过程中的任务分析阶段，播放劳模视频，渗透勤劳诚实的劳模精神，强化学生的规章安全意识。在任务模拟阶段，学生通过车站道岔故障演练软件模拟操作，反复试错，增强爱岗敬业的劳模精神，强化责任担当意识。在任务实施阶段，学生在真实的轨道上判断道岔开通方向，操作时教师可及时纠错，并全程录像，采集教与学的行为数据，提升快速反应和抗压能力，培养学生爱党、爱国、爱人民的情怀和精益求精的工匠精神。在任务评价阶段，按照校企多元岗位综合评价体系中的元素、手段和方式，教学团队对每个任务的完成情况进行鼓励性评价，增强学生职业技能学习的获得感和愉悦感，鼓励并帮助学生看到自身的成长与不足，提高学生的综合职业素质和能力。

结合专业课程特点，建立"强化过程评价，关注增值评价，健全岗位综合评价"的考核评价机制。在课程讲授过程中，我们以校企多元、综合评价为核心，通过教与学行为采集，围绕学生学习主动性和三维目标设置九个维度的观测点，对每个任务进行针对性的全面评价，引导学生反思知识和技能的掌握情况、职业素养提升情况（见图 2）。例如，在手摇道岔作业任务中，教师、企业技师和观摩组的学生通过学习平台上的在线评分表给操作组的学生打分，操作组学生也可自评与组内互评，完成手摇道岔任务实施阶段的评价。

（三）实效与经验

1. 学生的学习主动性提升，技能与思维力得到增强

学生课前与课后的岗位综合职业能力评价数据对比显示，在教学三维目标有效达成的基础上，学生的学习主动性得到很大提升，他们学习更加积极，讨论氛围浓厚；学生的应急操作更加规范，包括步骤的完整性、操作是否到位以及熟练程度等方面，如王新语同学，操作的规范性跃升 10 多分；从岗位语言标准、仪容举止规范等方面观测，学生的车站服务能力也有了长足进步；从细致认真、事故隐患的发现和预判等方面观测，学生的行车安全保障能力有了提升。通过非正常情况下行车组织教学，学生的车站服务岗位适应力和思维力也得到增强。

2. 学生的岗位适应力显著增强，德技并修双提升

学生在熟练掌握技能的基础上，个人素养方面得到了有效的提升，时刻牢记安全、责任、担当意识，岗位服务意识显著增强，学习技能的内驱力大大提高。学生积极参加地铁公司的

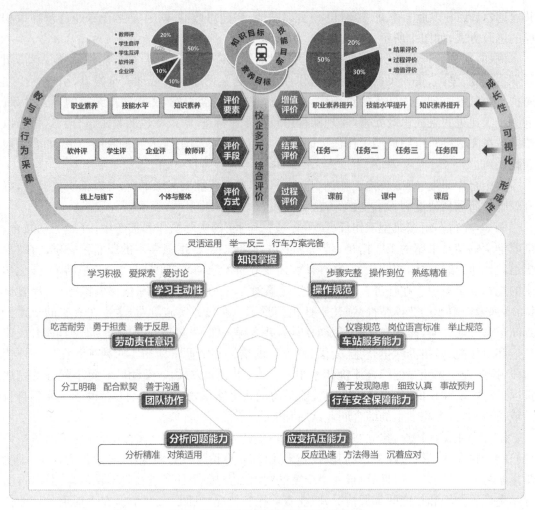

图2　行车组织基础课程思政评价体系

一线岗位实践,工作积极主动,技能操作熟练认真,在实践结束后,得到了企业的高度评价和认可,学生自身的获得感显著增强。

三　案例反思

(一)创新之处

1. 创新课程思政融入方式

在实际任务学习中,教学团队如春雨般润物无声地渗透课程思政内容。例如,在ATS现地工作站的站名、线路设计上,均带有红色思政元素的命名,如将各个地铁站命名为"百舸站""争流站""飞舟站""橘子洲站",将地铁线路命名为"方遒线"等,均援引自毛泽东的诗词《沁园春·长沙》,引导学生传承红色革命精神,树立正确的理想信念,担当使命,奋发有为;在手摇道岔作业、车站客流应对等实际操作和演练中,开展劳动教育,弘扬劳模精神,培养学生精益求精的工匠精神以及对乘客生命安全负责的责任意识，从而激发学生爱党、爱国、爱人民的情怀；通过带领学生进行企业岗位实践，增强学生的职业认同感和荣誉感，培养学生为人民服务的意识。

2. 实现对课程的系统化设计

本案例将"安全—责任—担当"的思政主线贯穿始终，在每次授课中，渗透思政元素，整个课程形成体系的同时，思政内容也形成了体系，从而实现了对整门课程的系统化设计。

3. 提出"三阶段五融入"的思政新模式

教学团队通过行动导向教学方法，探索"任务驱动—虚实结合"的实践教学方式，深入挖掘思政元素，借助任务载体，让思政教育真正落地，掷地有声、有载体、有方式、有内容，从而实现课程思政的有机融入，形成"三阶段、五融入"的思政新模式。

(二) 下一步改进措施

1. 丰富课程设计与思政方式，推进课程思政与思政课程同向同行

教学团队将进一步丰富理实一体化的课程设计和思政方式，使思政元素的融入更加自然，既"润物无声"，又"久有回味"，把思政工作做得更入脑入心、富有成效。

2. 组织校外实践，在真实场景中强化学生的职业体验

教学团队将积极组织学生到地铁公司进行岗位实践，学生置身于真实的地铁环境中，可以深刻理解行车组织安全的重要性，深刻理解车站人员所肩负的责任，将家国情怀、责任担当意识、人民生命安全至上的理念真正深入学生的心中，同时增加尽可能多的岗位实践机会，增强学生的职业荣誉感和使命感。

徐胜南　康　健　杨晓洁　贾天丽　王　京(北京市自动化工程学校)

建设交通强国　走好复兴之路
——"城市轨道交通系统"课程思政案例

一　案例综述

（一）课程介绍

我校以詹天佑精神立校，形成了具有鲜明特色的"天佑励志行"德育品牌；秉承"尚德修身，精技立业"校训，不断为轨道交通事业发展作出贡献。

"城市轨道交通系统"课程是城市轨道交通专业类的基础课程，主要内容包括轨道交通发展、运营管理、供电、信号、线路、车站及车站设备、车辆等。课程注重坚持城市轨道交通岗位需求与学生职业发展相结合，助力培养具有天佑精神的思想觉悟高、技术技能高、综合素养高的轨道交通时代新人，为实现国家十四五规划和交通强国战略的宏伟目标提供战略人才储备。

先修课程有"机械基础""电工技术基础与技能""电子技术基础与技能"等；后继课程根据专业不同有所区分，主要包括"行车组织""轨道交通信号基础设备""城市轨道交通车辆检修"等。先修课程与后继课程一脉相承，递进式培育学生综合素养。

课程围绕学校定位、人才培养方案，以天佑精神为引领，创新三维目标融合、线上线下融合、校内校外融合的"一引领三融合"课程思政模式，细化"城市轨道交通系统"课程目标。通过学习，学生对城市轨道交通系统有比较全面的了解，熟悉各个系统的功能、组成及其之间的相互关系，形成安全首位、优质服务、系统联动、集中指挥的意识，为学生未来从事城市轨道交通行业打下坚实的基础。本课程特点突出，思政资源丰富，课程思政路径和体系构建具有显著的示范作用。

（二）案例概况

课程以习近平新时代中国特色社会主义思想为指导，坚定为党育人、为国育才的政治方向，用好"天佑励志行"德育品牌，创新与完善"一引领三融合"的课程思政模式（见图1），旨在培养德智体美劳全面发展、具有天佑精神的轨道交通时代新人。

教学团队将天佑精神融入课程教育教学全过程，学生在学习的同时，可以形成正确的世界观、人生观和价值观。教学团队利用学校区位优势，挖掘身边和学校本身的思政元素，如丰台机务段"毛泽东号"教育基地、詹天佑办公旧址、青龙桥车站、优秀毕业生（最美铁路人景生启、唐云鹏，三晋第一动哥任青云，"毛泽东号"司机长王振强）等，建立丰富的思政资源库。

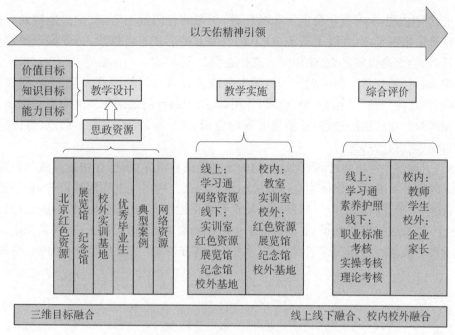

图1 "一引领三融合"课程思政模式

本案例选取项目三的任务三"地铁站台门"作为典型案例。教学团队利用网络教学平台及校内校外资源,采用线上线下融合的教学模式,将站台门的萌芽兴起之路、科技发展之路、引领创新之路贯穿课堂,教学过程分为"课前、课中、课后"三个阶段,采用"导—学—悟—展—评"五个步骤,形成"三阶五步"、线上线下融合的教学范式(见图2)。

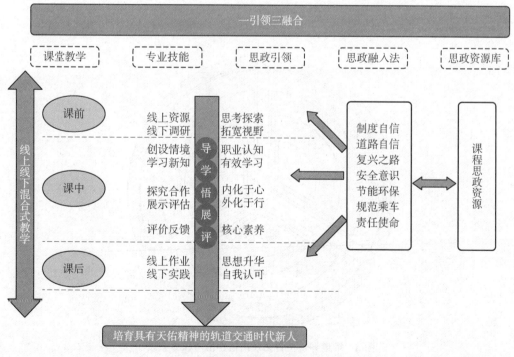

图2 "三阶五步"法教学范式

课前,学生根据学习通平台上发布的任务,学习站台门线上资源、拍摄地铁站台门照片并制作讲解汇报视频,利用线上资源、线下调研等多种形式思考探索,感受城市轨道交通的发展变迁,体会交通强国之力、感悟坚守岗位之责。

课中,通过"导—学—悟—展—评",学生可以了解站台门的萌芽兴起之路、科技发展之路、引领创新之路与站台门的类型、组成、作用,认识到站台门的未来发展与交通强国的复兴之路交相辉映。这样层层递进,让学生升安全意识、树节能理念、立乘车典范、感民族复兴、强道路自信、增责任使命。

课后,引导学生深度思考:我国站台门的发展已跻身世界前列,在快速发展的浪潮中,如何长期名列前茅?并提出你认为有待改进的地方。充分利用线上和校外资源,拓展知识,开阔眼界,让学生感受我国站台门的发展已朝着智能化运维方向前进,树立"制度自信、道路自信"的信念,培育居安思危意识,逐步锻炼学生的创新能力,达到润物无声、春风化雨、水到渠成的育人育心效果。课程构建了多主体、多平台、多方位的"三融合"增值评价考核体系(见图3)。

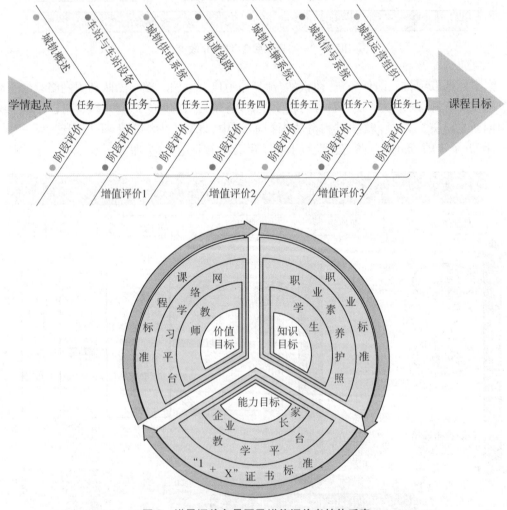

图3　增量评价鱼骨图及增值评价考核体系表

教学团队以课程目标为主线进行"增值评价",考查学生的"增量"情况和课程对学生成长成才影响的"净效应"。教学团队合理设计各阶段价值、知识、能力评价量规,分析学生素养成长"增值",按权重计入课程总分。增值评价排除学生起点因素,通过分析学生成长"增量"、量化课程育人"净效应",助力达成培根铸魂的育人目标。

二　案例解析

(一) 设计思路与理念

教学团队深入挖掘思政元素,以岗位职业标准、知识、技能为载体,达到价值塑造、知识传授、能力培养"三位一体"的教学目标,形成课程思政与思政课程协同效应,共建三全育人格局。

1. 将自信、复兴、使命引入课堂教学

通过了解站台门的发展,学生感受到我国站台门从"追赶者"到"引领者"的蜕变;短短 20 年,从起步晚,到拥有民族品牌的"中国制造",充分体现党的领导和社会主义制度的优越性,增强道路自信、制度自信,树立交通强国信念。引导学生思考,为实现交通强国、民族复兴,作为青年人应该怎么做;让学生感受自己肩上承担着祖国发展重任,增强责任感和使命感,为实现中华民族伟大复兴而努力。

2. 将安全、节能、服务引入课堂教学

通过讨论,学生总结站台门的作用——安全、节能、降噪,感受站台门为乘客带来的安全与舒适,树立安全意识,提升节能水平,强化"乘客至上""人民至上"的服务理念。

3. 将规则意识、践行典范引入课堂教学

站台门能够保障乘客安全,但仍鲜有乘客被夹住的情况发生。教师引导学生分析原因,并讨论如何避免事故发生。教师播放视频,向学生展示规范的乘车行为,引导学生树立规则意识,培育规范乘车习惯。

(二) 设计与实施

本案例采用云课堂开展教学。利用"互联网＋"创新教学理念,在"三阶五步"教学法的基础上,探索建立"线上为主,线下为辅,双线并行"的教学模式。

1. 课前自主学习与实践相结合,增强获得感

教师通过学习通平台布置任务(任务一是开展自主学习,拍摄地铁车站站台门,以 PPT 或视频的方式呈现;任务二是完成站台门类型和门体组成测试题)。教师利用"翻转课堂",通过自主学习、走访车站等方式,增强学生的获得感,让学生亲身感受我国轨道交通的方便快捷,感受地铁工作人员的恪尽职守,引导学生增强交通强国的信念,树立"择一业,爱一生"的职业认同感。

2. 课中"三路"递进,培育时代新人

1) 萌芽兴起之路——情境导入,树安全环保意识

教师呈现图片,依次展示各国地铁站台门,并引出话题:为什么地铁站要安装站台门?引导学生总结站台门的作用(安全、节能),增强学生的安全意识和环保意识。

教师带领学生了解站台门的发展历程,让学生了解我国站台门存在起步时间晚、技术卡脖子、主要靠进口的情况,引导学生正确认识过去,树立科技自信。

2) 科技发展之路——"学—悟—展"相结合,增强交通强国信念

数据显示,随着轨道交通的快速发展,我国的站台门市场需求呈日益增长的态势,我们必须探索出一条站台门的科技发展之路,激发学生的学习热情。

近几年,我国民族企业逐步实现了地铁站台门技术的国产化,并且取得了骄人的成绩。课上教师播放"轨道交通站台设备工程技术研究中心"采访视频,组织学生分组讨论,请学生谈一谈观看后的感想。同学们纷纷表示:"虽然我国起步晚,但发展快速,看到自主研发的骄人成绩,感到自豪。"

民族企业的快速兴起,离不开党的领导、制度的优越,学生观看后可以增强道路自信、制度自信,树立交通强国信念。我们由萌芽期的起步晚、卡脖子、靠进口,到发展快、破封锁、中国造,逐步探索出了一条自主发展之路。

教师展示学生课前制作的视频,点评课前任务,纵向评价学生任务完成情况。教师通过播放学校实训室设备应用实录,提出问题,开展"全员随堂测",提升学生的获得感,激发学习热情。

观看"门状态指示灯"视频,学生自行总结门状态指示灯的状态及其所表示的含义,指出视频中不规范的乘车行为。通过"地铁站台门夹人"事故案例,学生总结出不规范乘车,致酿大"祸"的行为,思考并回答"如何规范乘车,确保安全"。另外,组织学生扮演"规范乘车好市民",教师、其他组学生进行点评,并辅以随堂测验检验学生的学习成果,提升学生的安全意识,引导学生树立规则意识,践行乘车规范。

3) 引领创新之路——交通强国,复兴有我

教师结合中国城市轨道交通年终大总结数据,用数据说话,引导学生感受我国轨道交通装备快速发展态势,充分体现中国制造、中国速度、中国力量,进一步增强制度自信、道路自信。

教师引导学生讨论在科技强国、智慧城市发展新态势下地铁站台门的发展之路,展望其发展方向。教师总结我国站台门技术也将紧紧跟随交通强国战略,走出国门,力争打造引领创新之路,向着更安全、更便捷、更智慧、更绿色的方向迈进,建设交通强国,走向伟大复兴。

引导学生思考:作为新时代的接班人,如何走好复兴之路?激发学生的责任感和使命感。

评价与点评:依据多主体、多平台、多方位的"三融合"增值评价考核体系,以评促学,以评促改,为阶段增值评价奠定基础。

3. 课后思考与探索相结合,培育创新能力

教师布置课后任务,组织学生继续线上深入探讨站台门未来的发展之路,提出见解,引导学生自主探索、深入思考,培育创新能力,提升发现问题、解决问题的能力。

(三) 实效与经验

1. 德技并修,学生综合素养提高

学校通过唤醒、渗透、实践分步提升了学生的综合素养,学生不但学到了专业知识,更学到了许多做人做事的基本道理,即"既有专业特色,又有做人底色"。新思政模式下培养的学生得到家长、企业、贯通培养对接学院的高度认可,满意度高达 98.2%。

我校轨道交通 1708 班贾俊腾、轨道交通 1813 班马晨琪等多名学子以志愿者身份助力北京冬奥，向世界传播中国文化、讲好中国故事。贾俊腾接受央视采访时表示，感谢学校和家人的培养与支持，展现了敢于担当、素质过硬的风采。

2022 年，北京市职业院校技能大赛中，我校聂雨函等 30 名学生凭借核心素养与技术技能，勇克时艰，经过激烈角逐，取得多项一、二、三等奖的优异成绩。

另外，学校入选北京市三全育人试点学校、中国职教学会德育工作委员会常务委员校。

2. 思政新模式、教学新方法推广效果显著

教学团队构建了"一引领三融合"的课程思政新模式，创新"三阶五步"教学法，建立"三融合"增值评价考核体系，经过多年应用，形成了特色鲜明、成效显著的教学思政范式。

三　案例反思

(一) 创新之处

1. 创新教学理念，解决"三难"问题

该案例为全程在线云课堂。面对当时新冠肺炎疫情挑战，教师充分利用"互联网＋"创新教学理念。通过"云"数据，量化学生学习过程，实时掌握学生学习情况、调整教学策略，"增量"评价学生成长情况；利用"云"互动，打破班级限制，拓宽时间和空间，搭建双向交流通道，实现交流的人数更多、观点内容更丰富、学生参与积极性更高；构建"立体"的云课堂，助力解决以往职业教育"线上课堂"普遍存在的"师生互动难、过程监测难、积极性调动难"的"三难"问题。

2. 创新思政模式，提高育人效果

在"一引领三融合"课程思政新模式的指引下，课程的价值目标更加明确，育人效果更加明显。

3. 创新教学方法，落实"三全育人"

教学团队首次提出了"三阶五步"教学法。该教学法的提出，促进了"三全育人"理念的落实，让学生沉浸式感受思政的魅力。

(二) 下一步改进措施

1. 强化内在德行，思想上站位高远

下一步将继续加强教师思想政治学习，高度重视课程思政建设，强化内在德行。团队教师将不断钻研，精益求精，争做"先进思想文化的传播者、党执政的坚定支持者、学生健康成长的指导者"。

2. 优化课程建设，行动上与时俱进

在现有思政资源库的基础上，教学团队将持续更新、丰富思政资源库，及时将国家新政策、行业新动态、时代新人物等融入思政资源库，做到与时俱进。另外，将持续优化"城市轨道交通系统"课程思政活页式教材，巩固课程思政成果，最大限度地发挥育人功能。

吴利芳　张秀洁　王丽娟　何晓丽　李伶伶(北京铁路电气化学校)

弘扬航运文化　精进船舶技术　培育工匠人才
——"船舶定位与导航"课程思政典型案例

一　案例综述

(一) 课程介绍

"船舶定位与导航"课程是航海技术专业一门重要的专业核心课程,是海事局规定的海船船员适任证书考试的科目之一,并且在海船三副评估的七个项目中,有五个项目来自本课程。课程内容丰富,涉及范围广,实践性强,既是航海技术专业其他专业课程的基础性知识理论体系,也是航海技术专业的入门性课程之一,具有很强的应用性,是学生职业能力培养和职业素质养成的必修课程。课程结合当前国家海洋运输工作新方向、新任务,以船舶海上定位与导航的方法和手段为重难点展开教学,旨在逐步培养具有"忠诚、奉献、担当、科学、求实、创新"的新时代远洋精神的船舶技术人员。

"船舶定位与导航"课程的育人目标如下:

(1) 培养专业自信,规划人生方向。

(2) 弘扬爱国报国,践行工匠精神。

(3) 倡导安全预防,保护生命财产。

(4) 培养锲而不舍,创新工作方式。

(5) 践行无私奉献,促进贸易繁荣。

(6) 运用辩证统一,树立正确三观。

(7) 磨炼坚定信念,献身航海事业。

(二) 案例概况

通过发掘专业课中的思政元素,解读专业课课程思政的内涵,教学团队对"船舶定位与导航"课程标准进行修订,系统设计本课程"课程思政育人体系",增加思政育人目标、思政融入元素和思政实施方法等。基于课程标准优化课程设计,在教学过程中既体现课程思政的系统设计,又体现思政内容在教学中的无痕融入,同时在课程教学内容中增加了基于专业知识的思政专题,并系统设计了专业课课程思政考核评价指标体系,成效显著。

1. 分拆知识,发掘思政元素

课程组拟将"船舶定位与导航"教学项目下各个教学任务分拆成知识点,然后针对单个知识点发掘思政元素,最终形成各个教学任务知识点思政元素对应表,为下一步优化教学设计奠定基础。

2. 重组模块,解读思政内涵

教学团队拟对"船舶定位与导航"课程教学模块部分内容进行重新组合,组合逻辑见图1,如将涉及行业榜样模范任务的项目任务进行重新组合,形成专题,嵌入教学项目中,然后解读这些专题的思政内涵,形成专业课中的思政专题。

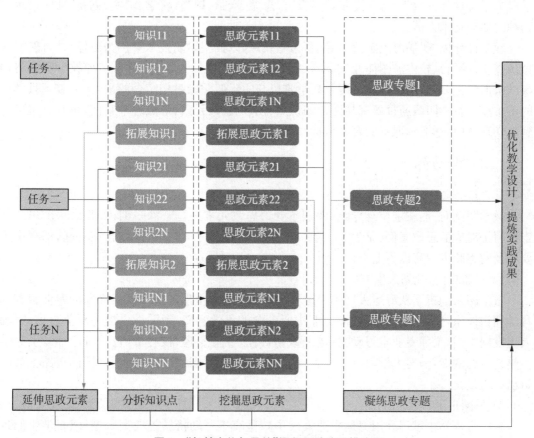

图1　"船舶定位与导航"课程思政建设模式图

3. 拓展内容,延伸思政元素

教学团队拟进一步拓展课程内容,建设拓展学习资料库,延伸专业课程思政元素。

4. 优化设计,渗透思政教育

基于上述三项工作,教学团队对各个教学任务的教学设计进行优化,将发掘、解读和延伸出的思政元素,有机融合到教学过程中,通过显隐结合渗透和画龙点睛式等方法,建立专业课渗透思政教育的课程教学大纲。

5. 提炼成果,带动专业课程

最后,教学团队将"船舶定位与导航"课程思政教学的方式、方法、教学设计和思政案例建成案例选编、案例库等,示范带动航海技术专业其余专业课程进行课程思政工作,最终辐射到全部专业课程。

二 案例解析

(一)设计思路与理念

教学团队结合当前国家海洋运输工作新方向、新任务,以船舶海上定位与导航的方法和手段为重难点展开教学,旨在逐步培养具有"忠诚、奉献、担当,科学、求实、创新"新时代远洋精神的船舶技术人员。

教学设计以"船舶海上定位与导航"为主线路,以典型船舶技术案例为载体,结合航海虚拟仿真实训平台、校内海图作业实训室、雷达定位实训室,自编云教材等多种教学资源将抽象结构形象化,虚实结合弥补了课堂教学难以与实际船舶操纵相结合的缺憾,突破了教学中的重难点。教学团队通过发掘与课程知识点有关的思政元素,形成思政案例,将其有机融合到教学环节中,达成本课程的育人目标。

(二)设计与实施

1. "船舶定位与导航"课程蕴含的思政元素分析

教学团队对"船舶定位与导航"课程蕴含的思政元素进行了深入剖析,并为每个思政元素撰写了对应的思政案例(见表1),再将思政案例与教学任务有机地结合在一起,课程中主要涉及的思政方向有以下七类。

1)专业自信,规划人生方向

教学团队剖析了从海运大国到海运强国的必由之路上船舶技术人员必需的专业素养和科学知识体系,使学生了解现代海运业中所蕴含的科学意义,帮助学生提高专业自信、明确人生发展方向,增强专业学习动力(涉及政治导向、专业伦理、核心价值、学习伦理),引导学生热爱自己的专业,努力学习专业知识,在国家从海运大国逐步迈向海运强国的道路上贡献自己的力量。

2)爱国报国,践行工匠精神

教师带领学生重温我国海运事业发展中攻坚克难劳动榜样的典型事迹,感召学生们致敬楷模和学习先进事例,培养学生精益求精的工匠精神,引导学生把爱国之心化作报国之力,让榜样的力量激发学生的爱国报国之心,让传承的工匠精神成为学生的报国之力。

3)安全预防,保护生命财产

课上教师分析我国海运事业发展中出现的重大事故,用血淋淋的教训教育学生们要预防安全事故,将学生保护人民生命财产安全的愿望化作保护人民生命财产安全的实际行动。

4)锲而不舍,创新工作方式

教师带领学生学习航海前辈的创业事迹,深入剖析他们孜孜不倦、一丝不苟、锲而不舍、坚持不懈、不屈不挠的精神品质,梳理我国与国外的技术差距,培养学生锲而不舍的精神,引导他们创新工作方式,进行自我革新,创新技术应用。

5)无私奉献,促进贸易繁荣

教师带领学生解读国家"一带一路"海运贸易政策,分析海运对于促进贸易繁荣的重要性,通过海运业中无私奉献的典型事迹,感召学生们学习榜样、学习先进、无私奉献,为促进国家海运业的繁荣贡献自己的力量。

6）辩证统一,树立正确三观

课上教师诠释航海业务中蕴含的大量辩证统一的科学问题,引导学生运用辩证思维看待和解决问题,树立正确的三观。例如,地球和太阳的视运动能够鲜明地反映唯物辩证法中辩证统一的关系,通过辩证地看待问题,引导学生树立正确的世界观、人生观和价值观。

7）坚定信念,献身航海事业

课程展现了从明朝郑和七下西洋到新中国海运业的发展历程、辉煌成就和世界影响力,让学生了解我国海运事业取得的巨大成就,激发学生的家国情怀;让学生了解我国海运业的持续快速发展,从一穷二白发展到海运大国。我国在海运业取得的伟大成就,离不开中华儿女的家国情怀,要激励学生坚定航海信念,献身航海事业。

表1　"船舶定位与导航"教学内容与课程思政元素对照表

项目	典型工作任务	思政案例	思政元素
项目1：电子海图显示与信息系统	任务1　ECDIS航次计划的制定	人工智能、大数据对传统船舶驾驶行业的冲击,航海上继雷达后的又一次科技革命	自我革新意识、创新精神、专业自信
	任务2　ECDIS航线设计	智能化船舶、自动驾驶的中枢——ECDIS	科技报国的使命担当、创新工作的思维
	任务3　ECDIS系统设置	邮轮歌诗达力佳号因ECDIS参数设置错误导致搁浅的事故	安全意识、谨小细微的工作态度
	任务4　ECDIS航线检查	船舶安全管理体系在日常管理中的作用	安全预防意识、遵守国家法律及公司管理规定的意识
	任务5　ECDIS航行监控	大数据自动比对的原理	大数据思维、专业自信
	任务6　ECDIS使用风险评估	智能化设备的故障率和带来的风险	风险预防意识、专业审慎态度
项目2：航海基础知识的认识与实践	任务1　认识地球形状与地理坐标	地球的现状	保护地球、绿色航行理念
	任务2　测定、换算向位	船舶航向类比人生航向	树立正确的人生观、价值观
	任务3　测定航海能见地平距离	"一带一路"沿线国家的海上距离	促进"一带一路"国际合作
	任务4　测算航速与航程	船舶航行经济性:航程与航时的节省	创建节约型社会
	任务5　辨识航用海图	海图背后的测绘故事:《探海蛟龙》	我国实现自主技术的民族自豪感、创新意识、大国工匠精神
	任务6　辨识航标	杜忠良守望灯塔30年	灯塔精神、无私奉献精神
	任务7　推算海上潮汐与潮流	平衡潮理论的发明人:牛顿的故事	孜孜不倦、一丝不苟、锲而不舍、坚持不懈、不屈不挠的精神品质

项目	典型工作任务	思政案例	思政元素
项目3：航迹绘算与陆标定位	任务1 绘制海图作业	自动化海图作业的实现	创新精神、大国工匠精神
	任务2 测定风流压差	气象因素对航海的影响案例	安全意识、防患于未然的意识
	任务3 计算恒向线航向与航程	人工智能在计算航向与航程上的应用	创新意识、自我革新的意识
	任务4 观测方位测定船位	全国劳模沈祖强船长测定观测船位的事迹	建立专业自信、践行工匠精神、榜样的力量
	任务5 观测距离测定船位	全国劳模沈祖强船长测定观测船位的事迹	建立专业自信、践行工匠精神、榜样的力量
项目4：天文定位与导航	任务1 认识天体坐标系	郑和航海中天文定位的应用	献身航海事业的勇气、榜样的力量
	任务2 认识天体视运动	地心说和日心说的辩证关系	唯物主义辩证法
	任务3 获取船用时间	"神舟八号"发射必须精确到秒的故事	中国航天精神、中华民族自豪感、一丝不苟的科学精神
	任务4 测定罗经差	中国四大发明之指南针	创新精神、奋斗精神
项目5：航海图书资料的使用与管理	任务1 抽取海图资料	ECDIS在抽取海图资料方面的先进性	创新精神、自我革新意识
	任务2 查找航路资料	航路资料数据库的应用	大数据思维、创新精神
	任务3 改正海图图书	海图图书在航运事业中至关重要的案例	专业自信、理论自信
	任务4 制订航次计划	船舶安全事故案例：烟台大舜号和韩国岁月号事故	安全航行意识、谨小慎微的工作态度、团队合作的必要性
项目6：航线制定与航行方法训练	任务1 制订大洋航行计划	世界各国的贸易流通和文化差异	促进国际贸易、尊重各国之间的文化差异
	任务2 制订沿岸航行计划	船舶沿海航行污染事故	安全意识、保护海洋环境的意识
	任务3 导航狭水道航行	岛礁区(钓鱼岛)巡航常态化	保护祖国领土完整、爱国主义
	任务4 制订特殊水域航行应急计划	泰坦尼克号特殊水域(冰区)应急	安全意识、应急反应
	任务5 加入VTS和船舶报告系统	不同国家对经过本国领海的其他国籍船舶的管理规定	服从意识、尊重其他国家主权完整
项目7：航海仪器的使用	任务1 卫星导航系统的使用与维护	北斗导航系统研制成功的案例	北斗打破美国GPS垄断、维护国家安全、国家日渐强大的民族自豪感和榜样的力量
	任务2 磁罗经的使用与维护	中国四大发明之指南针	创新精神、奋斗精神

项目	典型工作任务	思政案例	思政元素
任务 3　陀螺罗经的使用与维护	德国安许茨 22 型陀螺罗经的精密程度	创新精神、突破卡脖子技术、爱国报国
任务 4　自动识别系统（AIS）的使用	AIS 的发展历程及优势	创新精神、专业自信
任务 5　测深仪和计程仪的使用	超声波在水下探测设备的应用场景	助力国防事业的发展、传承工匠精神

2. "船舶定位与导航"课程思政教学方法与手段

1）春风化雨，灌输与渗透相结合

课程从中国最早的海运发展讲起，我国的船舶运输历史进程洒满了劳动人民的汗水和热血。课程用讲故事的方法灌输船舶定位与导航技术的发展，渗透爱国主义情怀，让学生心中充满激情澎湃的家国情怀。

2）画龙点睛，理论与实际相结合

教师站在专业角度讲解和剖析从海运大国到海运强国的必由之路中船舶技术人员必须具备的科学知识和核心技术，传递科学价值、社会价值和民族意义。将理论与实际相结合，增强学生的专业自信，激发学生对专业的热爱，帮助学生规划人生发展方向，提高专业学习动力，掌握报效祖国之技术。

3）潜移默化，显性与隐性相结合

教师在正面进行道德教育的同时，引导学生主动获取有益于身心发展的德智融合的知识。在阐述船舶定位与导航设备等专业知识的同时，引出其中所蕴含的创新精神、自我革新意识、锲而不舍的精神等人生哲理，将显性教育与隐性教育相结合，潜移默化地使学生自主思考和感悟人生，磨炼吃苦耐劳的航海意志，理解新时代青年的使命与担当，以祖国的发展为己任。

4）精准发力，共性与个性相结合

在德智融合的教育教学过程中，关注专业特点、学生兴趣和能力特点的差异性，了解学生的学习习惯与感受的个性化。在进行共性教育的同时，采用精准滴灌的方法，通过提问和解答学生学习、生活中的困惑，有针对性地引入船舶导航技术中所蕴含的辩证统一的科学问题，引导学生运用辩证唯物主义法看待和解决问题。培养不同特性的学生缘事析理、明辨是非的能力，引导学生坚定新时代中国特色社会主义道路，树立正确的三观。

3. "船舶定位与导航"课程思政实施

1）标准引领——规范课程思政标准体系建设

在前期实践的基础上，教学团队积极修订"船舶定位与导航"课程标准。目前教学团队已经完成融入课程思政元素的课程标准的设计，开发了"船舶定位与导航"思政案例库，并引领航海技术专业开展全部专业课程标准的修订和专业课程思政案例库的建设。

2）三全育人——创新课程思政实施载体

针对"船舶定位与导航"课程思政载体不够丰富的情况，教学团队从课内课外、校内校外、线上线下等多维度整合课程思政载体(见图2);构建包含专业教师、思政教师、团学教师的复合型教学团队;为了解决课程全程育人不足的问题,团队开发出了以技能大赛为主的第二课堂,对理论知识和实践知识进行拓展,从而构建起"船舶定位与导航"课程思政全员、全程、全方位育人的实施载体。

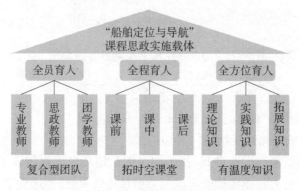

图2 "船舶定位与导航"课程思政实施载体

3) 线上线下——构建混合式专业课思政教学模式

团队结合课程思政各教学环节的特点,遵循大学生学习规律,将线上线下混合教学模式有机运用到各教学环节中,构建了线上线下课程思政教学模式(见图3)。

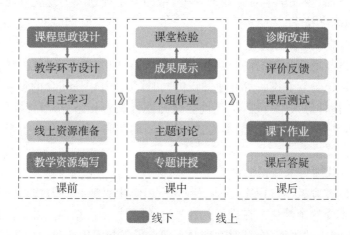

图3 "船舶定位与导航"线上线下课程思政教学模式

课前,由课程组教师进行课程资源的编写。具体包括:课程思政大纲、授课PPT、课程思政案例、小组作业、学习任务单、作业库、试题库等文本材料的编写;进行课程音、视频的录制以及教学环节的设计,并将所有教学资源上传到学习通等线上平台。学生在学习平台上,按照任课教师布置的学习任务完成阶段学习,并思考拓展问题。教师应限时开放线上学习资料,确保学生能在限定的时间内完成课程预习,逐步培养学生自主学习的习惯。

课中,由任课教师按照混合教学日历安排,线下讲授专题思政内容。教学方法主要采用案例教学法、情境教学法、引导启发教学法等。接着,教师发布讨论话题,由学生以个人或小组的形式完成话题讨论,在学生中引起共鸣。话题讨论、成果展示等环节可以视情况采取线上方式进行,并根据预先设定的评分标准,给出成绩评定。

课后,学生可以通过职教云等方式与任课教师进行互动交流和答疑。教师可以通过线下或线上的方式完成课下作业或章节测验等的布置,通过微信公众号推送发布最新船舶定位技术资讯,使学生能够及时了解行业发展前沿。在期末阶段,学生可以对授课视频等线上学习资料进行实时回放,大大提高复习效率。特殊情况下,期末考试也可以通过线上线下相结合的方式进行。最后,学生可以通过线上问卷调查、评论区评论等形式对课程思政的满意度进行反馈。课程组教师根据学生的反馈,对课程思政内容进行再设计,采用"8字螺旋"的诊改理念继续优化课程思政改革,形成完整教学闭环。

4."船舶定位与导航"课程考核评价体系的建立

为了探索"船舶定位与导航"课程思政建设和实施成效,我们建立了课程考核评价体系。课程增加了平时成绩比重,丰富了随堂考试形式;增加了网络课程平台活动,以检验学生课堂学习效果和学习能力,实现对学习全过程、学生综合素质的全面考核;构建起"两主体""两支持""多形式""多目标"的课程考核方式的反馈机制(如图4所示)。

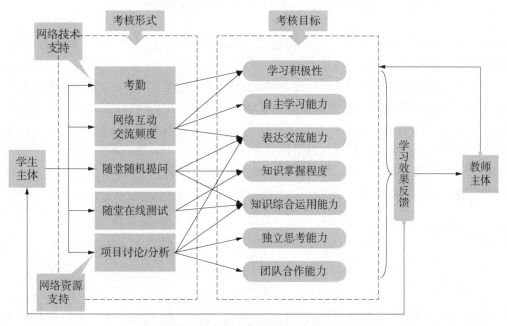

图4　"船舶定位与导航"课程考核方式的反馈机制

所有考核指标均通过 SPOC 课程平台收集,并赋予每个考核指标一定权重,构建起"船舶定位与导航"课程评价体系(如图5所示)。

(三)实效与经验

"船舶定位与导航"课程在专业知识的教学过程中渗透了课程思政元素。采用显隐结合和画龙点睛式的课程思政方法,实现寓德于教、寓道于教、寓乐于教的教学目的,巧妙地将建设节约型社会、安全生产意识、为公司创造价值、实现个人自身价值、创新精神、谨慎的专业态度、奉献精神和大国工匠精神等思政元素融入专业知识的教学过程中,使学生体会到中国

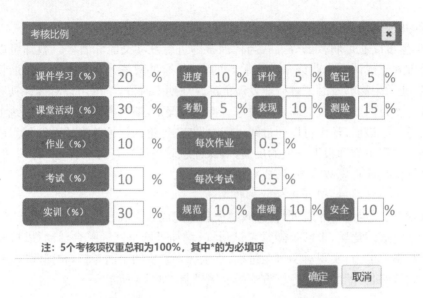

图5 "船舶定位与导航"课程评价体系权重图

特色社会主义的核心价值观、航海人的价值观、创新科学的发展理念。课程教学效果良好，较好地完成了课程育人目标。

教学团队通过修订该课的课程标准和建立课程思政案例库等方法，引领我院航海技术专业、轮机工程技术专业等相近专业全部建成课程思政案例库，并将课程思政元素融入专业课的课程标准中，课程被认定为山东省职业教育课程思政示范课程，带动滨州职业学院专业课程开展课程思政教学。该课程一直坚持以赛促建的理念，不断更新教学设计，三年内荣获山东省职业院校教学能力大赛二等奖以上4项。课程设计的思政理念对全省乃至全国课程思政教学有很大的借鉴价值。

三 案例反思

（一）创新之处

"船舶定位与导航"课程在课程思政建设方面最大的特色与创新，除了在一般教学内容中融入思政元素外，选取了合适的教学内容和思政元素，还将教学内容与元素有机地结合起来，将思政元素作为课程的主线，与课程内容有机结合，开发了课程思政专题。

典型教学案例：该课程在讲授北斗卫星定位系统时，引入了共和国勋章获得者孙家栋的案例，将孙家栋的故事贯穿到整个北斗卫星导航系统教学内容中。北斗卫星的所有内容都用孙家栋的故事引出，并树立孙家栋不忘初心、航天报国的榜样，引导学生向榜样学习，以榜样为镜，努力向上，争取在平凡的岗位上创造出不平凡的业绩。在教学内容中，将北斗卫星导航的发展概述与孙家栋带领北斗人开发北斗一号、北斗二号和北斗三号建设过程的故事相融合；将北斗卫星系统组成内容用孙家栋等北斗人开发星载原子钟的故事有机融合在一起。通过故事，将思政元素与教学内容紧密结合在一起；通过讲解北斗卫星的系统参数和先进性，激发学生民族自豪感和爱国主义情怀（见图6）。

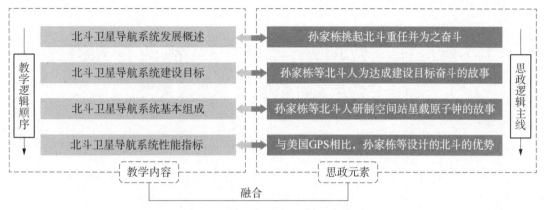

图6　教学内容与思政元素融合思路

（二）下一步改进措施

当前"船舶定位与导航"课程在开展课程思政教学过程中,对教学效果的评价主要依据教师的主观判断。如何准确判断思政教学的实施效果,是当前实施课程思政中存在的主要问题。下一步,教学团队将以此问题为导向,开展思政教学评价专项研究,将教学问题作为课题研究动因,以课题研究促进教学问题的解决,并通过开展以下几个方面的工作,继续深化课程思政建设。

1. 完善课程平台

团队将继续完善课程网站建设,紧密结合当前国家海洋运输工作新方向、新任务,实现教学内容的与时俱进,2021年已将全部的教学资料在网站上共享,到2026年,课程的视频资源将达到234个,课程思政案例将达到86个。作业样例和试题库根据职业资格标准和"1+X"证书要求实时更新,持续积累,更新课程拓展和辐射资源。

2. 深化课程改革

团队将继续开发各个教学任务知识点思政元素对应表,将思政元素嵌入教学项目中,形成专业课中的思政专题;建设拓展学习资料库;并将继续优化"船舶定位与导航"课程思政评价体系,研究并完善思政元素在整个评价体系中的权重和评价方法等。

3. 锻造课程团队

团队将选派骨干教师参加课程思政培训,鼓励教师积极参加各级各类教师教学能力大赛,改革教学方法,开展经常性的典型经验交流、现场教学观摩、教师教学培训等活动,建立课程思政集体教研制度。到2026年,计划打造课程思政名师1名,参加省级大赛获得三等奖1项,选派教师外出培训累计12人,获得省教学能力大赛三等奖以上2项。

4. 凝练思政成果

课程团队将编写、出版体现课程思政要求的教材、讲义、教学资料,总结建设过程中的好做法、好经验,推进思政建设制度化。

宗永刚　张志杰　孙文义　赵贤东　巴忠峰（滨州职业学院）

"校企合作 双项融合"的课程思政育人模式
——"汽车创新营销"课程思政案例

一 案例综述

(一)课程介绍

"汽车创新营销"是汽车检测与维修技术专业、新能源汽车技术专业汽车营销方向的核心课程,2020年开展课程思政教育教学改革,2021年被评为省级精品在线开放课程。

本课程在内容组织与安排上遵循学生职业能力培养的基本规律,以汽车经销企业真实的工作任务和工作过程为载体确定主题学习单元,满足汽车经销企业销售顾问这个核心岗位人才培养的需要。

经过几年的教学实践,本课程拥有完善的知识体系、丰富的教学资源、合理的教师团队,具备开展课程思政的良好基础。同时,本课程面向的汽车销售顾问职业岗位也是汽车营销与服务专业学生就业率最高的岗位,通过课程思政实现"德才兼备"的技术技能人才培养目标,对于汽车类专业课程开展思政教育有重要的引领和示范作用。

(二)案例概况

"汽车创新营销"课程于2020年开展课程思政教学改革,将专业课堂作为立德树人的主阵地,通过与厦门建发汽车有限公司合作,开展基于"校企合作、双项融合"的课程思政育人模式(见图1)实践,探索专业课教学中技能传授和价值引导有机融合、专业技能培养与创新创业相融合的模式,为企业培养德才兼备的技术技能人才。

在专思融合方面,课程组通过深入企业调研,收集汽车营销与服务核心岗位的思政素材,提炼专业特色的思政育人元素,重新构建融合技能培养和思政育人的课程内容;通过设计技能点与思政元素融合的教学内容,融入汽车营销典型案例和思政教学案例,开展"汽车梦·强国志"论坛,与厦门建发汽车共建思政育人基地,通过企业技能大师进课堂、组织学生到企业实践等方式,在专业课教学中巧妙地渗透思政育人元素,春风化雨、润物无声地实现思政育人的目标。

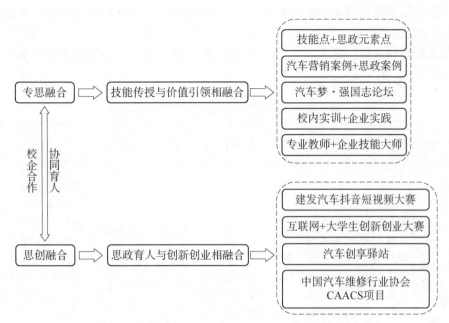

图1　基于"校企合作、双项融合"的课程思政育人模式

二　案例解析

(一) 设计思路与理念

"汽车创新营销"作为高职汽车类专业的核心课程,承担着培养学生掌握汽车营销核心岗位技能的任务,课程包含的思政元素颇为丰富。我们将课堂作为立德树人的主阵地,将课程思政理念融入课程培养方案、教学体系、教学质量保障机制、课程考核等课程管理和教学环节中,实现知识传授与思想教育的紧密结合,构建课程育人"一体化"的新格局。

在课程教学中,本课程针对知识、技能、素养的三维目标,探索了"价值为引领,思政融课程,课程引兴趣,兴趣带学习,学习提素养,素养促发展"的教学思路。课程以自我图强、开拓创新、追求卓越的"船政精神"为价值引领,将思政元素融入教学全过程。

(二) 设计与实施

学院通过与厦门建发汽车有限公司(以下简称建发汽车)合作,开展"校企合作、双向融合"的课程思政育人模式实践,探索专业课教学中技能传授和价值引导有机融合、专业技能培养与创新创业相融合的模式,具体构建思路如下。

1. 构建基于课程思政和模块化教学的课程内容

教学团队根据汽车销售顾问岗位特点和能力培养目标,将思政元素与专业知识、技能教育内容有机融合,重新构建课程的教学内容。从与汽车营销与服务相关的岗位需求出发,教学团队提炼了爱国情怀、爱岗敬业、团队协作等通用性思政元素;将船政文化精神中爱国自强、改革创新、精益求精的精神作为特色思政元素;根据汽车销售顾问岗位特点和能力培养目标,有机融合思政教育与专业技能教育内容;对接"1+X"证书制度与职业技能等级标准,构建基于课程思政和模块化教学的"汽车创新营销"课程标准。本课程的教学内容设计如表1所示。

表1   融入思政元素的"汽车创新营销"课程教学内容设计

序号	模块内容	知识目标	能力目标	素质(价值)目标	思政元素
1	模块1.感悟汽车创新营销	熟悉世界汽车市场的发展历程和基本格局,了解汽车工业发展的趋势,掌握市场的概念、构成要素以及汽车市场的内涵,掌握汽车市场营销观念的演变过程	熟悉汽车工业发展历史,能应用现代市场营销观念指导企业营销行为	培养学生对中国汽车制造的自信、对中国汽车文化的自信,厚植爱国主义情怀;以造车人的"工匠精神",引导学生树立理想信念	我国汽车市场的飞速发展和自主品牌快速崛起,能使学生坚定对中国汽车制造的自信、对中国汽车文化的自信,厚植爱国主义情怀;以造车人的"工匠精神",引导学生树立理想信念,做到心中有梦,用个人梦、营销梦、汽车梦、青年梦托起中国梦
2	模块2.汽车创新营销市场分析	了解汽车市场营销环境的特点,熟悉汽车市场营销的宏观、微观环境的主要内容及其对企业营销产生的影响	能用宏观、微观的环境分析方法分析企业营销环境	引导学生树立大局意识和创新意识	汽车企业要善于分析所处的营销环境,根据环境变化及时调整企业营销行为,才能抓住机会,规避风险;引导学生树立大局意识,与时俱进,才能立足未来
3	模块3.汽车市场调查与预测	掌握汽车市场调查的步骤和方法,了解汽车市场调查问卷设计的方法;会设计汽车市场调查的问卷,根据调查要求组织实施调查	能够根据调研任务设计调查问卷,选取合适的调查方法进行调查实践并能撰写调研报告	培养学生的团队意识、组织协调能力、沟通能力和处理问题的能力	以小组为单位开展汽车市场调查,培养学生的团队意识、组织协调能力、沟通能力和处理问题的能力
4	模块4.汽车消费行为分析	熟悉汽车市场的特点,了解汽车用户的类型;熟悉汽车用户的需求,购买行为特点、模式和类型	能用所学知识分析新能源汽车企业或某新能源车型的客户特点和购买行为	提高学生客户服务意识,培养正确的消费观和价值观	分析汽车消费者的行为,提高学生的客户服务意识,培养正确的消费观和价值观

（续表）

序号	模块内容	知识目标	能力目标	素质（价值）目标	思政元素
5	模块5.选择汽车目标市场	掌握STP营销策略的内容、作用和实施技巧	会应用各种不同的细分标准细分汽车市场，能评估分析各细分市场，选择目标市场，确定目标市场策略，能根据目标市场特点确定企业定位策略，对汽车产品进行定位	培养学生以客户为中心的服务意识，开拓进取的创新能力和严谨的思维方式	分析STP营销策略，培养学生以客户为中心的服务意识，开拓进取的创新能力和严谨的思维方式
6	模块6.制定汽车市场营销策略	掌握汽车产品相关概念及产品生命周期不同阶段策略的适用状况；熟悉汽车产品定价的全过程；熟悉常用的汽车销售渠道模式；掌握汽车促销组合和不同的推广策略	能综合运用产品策略、价格策略、渠道策略、促销策略等相关知识，完成营销策划方案的制订	培养学生的质量意识，精益求精、追求卓越的"质量观"；培养学生开拓创新、百折不挠的"工匠心"	通过产品、价格、销售、促销策略的学习，注重挖掘学生的质量意识，培养学生精益求精，追求卓越的"质量观"；培养学生开拓创新、百折不挠的"工匠心"；通过学习汽车创新的营销理念，培养学生"求是、自强、求实、创新"的船政精神
7	模块7.汽车产品销售实务	了解汽车销售人员应具备的基本知识和技能，掌握基本的展厅销售流程；熟悉展厅接待的礼仪和技巧；掌握六方位绕车介绍法；掌握FAB介绍法；熟悉试乘试驾的技巧和注意事项，能正确处理客户异议，把握成交时机	熟悉展厅销售的标准流程，能运用营销技巧开展客户接待、需求分析、介绍、试乘试驾、促进成交等汽车销售顾问岗位的工作	树立爱岗敬业的意识，良好的客户服务意识，团结合作的团队精神、严谨务实的工作作风，具备良好的应对汽车营销和服务压力的心理素质	通过汽车销售顾问岗位典型工作任务的学习和实践，引导学生树立爱岗敬业的意识、团结合作的团队精神、严谨务实的工作作风、客户为中心的服务意识，具备良好的应对汽车营销和服务压力的心理素质

2. 线上线下相结合，开展"思专融合"主题论坛活动

课程组组建了课程思政研讨小组，针对专业课程的思政教学如何实施开展专门研讨，在课前、课中、课后三个环节开展课程思政。老师定期开展"三分钟思政课"，利用上课前2分钟和上课后1分钟（签到的时间）的时间，围绕特定主题为学生开展思政教育；通过碎片化的时间给学生灌输创新、匠心等精神；在教学过程中，通过讲授技能大师的故事、典型案例分析、角色扮演、情景模拟等多样化的教学模式，在专业课的教学中巧妙地渗透思政育人元素，

春风化雨、润物无声地实现思政育人的目标;我们除了用好课堂教学这个主渠道,还搭建了网络教学资源平台,开设"汽车梦·强国志""我的汽车梦、强国梦"等开放性论坛,积极引导学生从汽车领域发现并挖掘"工匠精神""船政精神""文化自信"等元素,融合课程内容谈谈自己的感受和理解,把课程思政从课内延伸到课外,满足学生课外自主学习的需求,从而实现全方位、全过程育人。

课程组选取"感悟汽车创新营销"教学模块,完成 45 分钟的课程思政教学展示。在本讲中,我们从中国的汽车工业出发,介绍我国汽车市场的飞速发展和自主品牌快速崛起之路,引导学生坚定对中国汽车制造的自信,对中国汽车文化的自信,厚植爱国主义情怀;以造车人的"工匠精神",引导学生树立理想信念,做到心中有梦,用个人梦、营销梦、汽车梦、青年梦托起强国梦。

学生通过学习思政教学展示视频,参与"汽车梦·强国志"主题大讨论,选择自己喜欢的自主品牌汽车、汽车名人、汽车企业畅想自主品牌汽车的崛起梦。活动开展以来,我们在 2019 级汽车营销专业收到了 68 个作品,选取其中 33 个优秀的 PPT 和微课作品在优慕课平台上进行展示。

在此基础上,汽车服务团队把"汽车创新营销"课程思政的教学模式推广到 2020 级汽车检测与维修技术专业、新能源汽车专业、汽车智能技术三大专业的"汽车文化"课程中。截至目前,我们在 2020 级学生中收集到了 102 个优秀作品,在汽车学院掀起了一股共话"汽车梦·强国志"的热潮。

3. 校企共建思政育人基地,实现立德树人的育人目标

汽车学院与建发汽车共建思政育人基地,将建发汽车旗下各经销门店作为校外的实践基地。2021 年,课程组以"以'匠心'敬'初心'"为主题开展建发汽车订单班学生赴福州闽江保时捷中心的团建活动。建发汽车的黄瑞琦经理详细介绍了建发汽车的发展历程、主营业务、人才需求、薪酬体制和晋升机制,激励同学们通过努力和奋斗去实现人生理想,为学生今后的职业发展规划指明了方向。

福州闽江保时捷中心的薛清经理组织学生参观展厅,了解品牌经销商的岗位设置和保时捷品牌文化;保时捷技术经理张志友带领同学们参观了保时捷售后车间,感受保时捷"专业对车,诚意待人"的服务理念,以及技师的工匠精神。

同学们对自己的汽车职业生涯的第一课非常满意,立志要学好专业知识和技能,将来争取进入建发汽车工作,成为出色的"建发汽车人"。

课程组还聘请建发汽车闽江保时捷中心获得保时捷全球认证的金牌技师胡传壁经理进课堂,胡经理是我院 2004 级汽车检测与维修专业毕业生,他精湛的维修技艺和精益求精、不断进取的精神深深地感染了师生。

4. 师生共创,探索思创融合新模式

课程组所在的汽车学院第二党支部是省级样板支部,党员教师依托本课程带领学生参加创新创业实践,开始思创融合探索与实践。

第一,以行业企业的横向课题为依托,开展创新创业调研和实践。

课程组从 2014 年开始就受中国汽车维修行业协会的委托,负责福州地区的汽车售后客户满意度研究(CAACS 项目),每年完成 500 多份问卷。本项目与课程"模块 3.汽车市场调查与预测"深度融合,不仅让学生有机会近距离接触汽车用户,了解客户用车的真实感受;还

能帮助学生发现市场机会、寻找创新创业的机会。2021 年,汽车学院获得中国汽车维修行业协会"杰出执行单位"的表彰。

建发汽车每年支付 3 万元技术服务费,委托课程组开展市场调研活动,2020 年委托课程组开展建发汽车售后服务客户满意度调查,2021 年开展汽车市场竞品调研。课程组师生圆满完成任务,获得企业好评。

第二,课程组开设汽车创新营销竞赛和创新创业比赛,在真实的创新创业实践项目中实现立德树人的目标。

课程组依托课程中汽车新媒体营销教学内容,鼓励学生参加汽车新媒体营销社团、路演社团、创新创业基地班,掌握创新创业的素养和技能,并通过社会调研,发现行业、企业的痛点,进行创新创业实践。

2021 年,第二届"建发汽车杯"抖音短视频创作竞赛举行,鼓励学生用抖音开展创新营销,吸引了众多学生参与。在陈爱娟老师的指导下,2020 级陈君昊同学创办的宾果传媒创业工作室入驻福建船政交通职业学院创新创业孵化基地,与福建新榕泰新能源汽车园签订意向合作订单,承接企业短视频拍摄、剪辑、宣传等业务。2021 年 3 月,宾果新媒体营销团队参加全国首届商用车网络营销技能大赛,荣获团体一等奖;目前正在注册成立福州宾果文化传媒有限公司。

第三,校企合作共建大学生创新创业孵化基地,实现思创融合。

2020 年年底,汽车学院和资产运营管理公司与福州东盛铂锐汽车技术服务有限公司共建汽车创享驿站,作为"大学生创新创业孵化基地""退役军人就业创业见习基地"。汽车创享驿站提供洗车、美容、购车咨询、故障诊断等技术服务,可预约小件更换、钣金、喷漆、全车贴膜等专享服务。

课程组结合本课程"模块 6. 制定汽车市场营销策略"的内容,指导学生组建运营团队,从产品、价格、渠道、促销四个方面制定营销策略。在创新创业团队构建和运行过程中,我们将创新精神、企业家精神、团队协作、工匠精神等贯穿始终,在真实的创新创业实践项目中实现立德树人的目标。

(三) 实效与经验

1. 构建思政引领下的模块化教学内容

课程组将"汽车创新营销"课程教学内容模块化,开展分专题教学。针对每个专题设计融合思政元素的教学内容,建立富含思政内容的汽车营销案例库,将课程内容与汽车营销实践无缝衔接,使课程内容转化成价值教育的生动载体。

2. 开展思专融合的主题论坛活动

课程组搭建网络教学平台,开展"汽车梦·强国志"主题活动,从中国汽车工业的飞速发展和自主品牌快速崛起讲起,引入宁德时代的典型案例,引导学生坚定"四个自信",做到心中有梦,用个人梦、营销梦、汽车梦、青年梦托起强国梦。课程组选取优秀的学生微课作品进行展示,把课程思政的成功教学经验推广到其他课程,在汽车学院掀起共话"汽车梦·强国志"的热潮。

3. 校企合作,共建思政育人平台

汽车学院与建发汽车共建思政育人基地,开展"以'匠心'敬'初心'"为主题的团建活动;

通过引进技能大师到课程,组织学生到企业实践,完成企业委托的技术服务项目等形式,让学生在真实的职业岗位中体会工匠精神和企业家的魅力。

4. 师生共创,有效服务社会

课程组组织"建发汽车杯"抖音短视频创作竞赛,引导汽车学院学生进行汽车创新营销实践,把新能源汽车和抖音营销、直播营销、软文营销结合起来;学生通过拍摄短视频,发布抖音作品,关注、点赞、转发等互动营销作品,体验"互联网+"时代数字化营销的魅力。学生通过锻炼,参加全国首届商用车网络营销技能大赛获得国赛第一名的佳绩;通过参与汽车创享驿站运营、完成中国汽车维修行业协会和建发汽车委托的技术服务项目,感受真实的创新创业环境。

团队教师陈爱娟依托课程思政教学成果,在学校第一、二届思政课程和课程思政教学能力大赛中获得第一名的好成绩。本课程的课程思政的探索成果形成系列论文并已发表,起到良好的示范和辐射作用。

三 案例反思

(一)创新之处

1. 以任务驱动为导向,在职业素质养成中渗透思政教育

高职汽车营销专业的一些学生学习主动性比较差,逻辑思维能力和理论分析能力相对较弱,学生对于传统的灌输式教育比较反感。为此,我们将"汽车创新营销"课程内容以任务为导向进行科学设计,在教学模式上采用理实一体、情景模拟、角色扮演、案例分析等方式,课程讲授充分融入思政元素,使学生懂得做人做事的道理,润物无声地培育学生的"船政精神",引导学生树立和践行社会主义核心价值观。

2. 以校企合作为依托,在真实工作岗位中践行课程思政

"汽车创新营销"是一门实践性很强的课程。我们通过与建发汽车建立深度的校企合作关系,建立了多个校外实训基地。通过带领学生参观企业,将课堂"搬"进汽车展厅,融"教学做"为一体,让学生在完成具体项目任务的过程中构建有关理论知识,训练职业技能,强化职业素养,发展职业能力;同时鼓励学生参加每年的大型车展活动,学生通过担任车展销售顾问助理,协助企业完成集客、产品介绍、成交等一系列工作内容,不仅将职业素质养成、职业能力形成有机融合,还能够培养学生爱岗敬业、团队协作、吃苦耐劳等精神。

3. 以工匠精神为引领,在大师课堂中感悟思政育人的魅力

在实践教学中,我们注重挖掘校内和企业能工巧匠,聘请合作企业技能大师担任本课程的兼职教师,开展"技能大师进课堂"活动。通过技能大师授课、开讲座、指导汽车营销技能大赛等活动,学生可以与技能大师面对面,感受并传承"工匠精神",解决传统教学中"重技能、轻育人"的问题。技能大师谦逊的人格魅力、高超的专业技能、精益求精的工匠精神,引导学生们树立"人人皆可成才,人人尽展其才"的人才观和价值观。

4. 以船政文化为载体,实现立德树人的育人目标

船政文化是船政历史人物在社会实践中创造的物化成就、政治精神文明的成果。船政文化包含爱国自强、改革创新、精益求精、为人为本等内涵。学生在一年级时通过学习"船政文化素养"课程,感受船政文化的精神内涵,受到船政文化的鼓舞、不断提高自我的思想觉悟。"汽车创新营销"课程思政教学中,将船政文化渗透到具体的课程实践中,鼓励学生弘扬船政精神,结合专业特点,服务社会,从而实现"立德树人"的育人目标。

5. 以党建为引领,探索思创育人新模式

汽车学院第二党支部作为省级样板支部,积极组织课程组参与思政教改课题的研究。通过深入企业调研,提炼了爱国情怀、爱岗敬业、团队协作等通用性思政元素;将船政文化精神中的爱国自强、改革创新、精益求精的精神作为特色思政元素;根据汽车营销相关岗位特点和能力培养目标,有机融合思政教育与专业教育内容;开展基于优慕课平台的线上线下混合式教学模式,在专业课教学中巧妙地渗透思政育人元素。在创新创业团队构建和运行过程中,我们将创新精神、企业家精神、团队协作、工匠精神等贯穿始终,在真实的创新创业实践项目中实现立德树人的目标。

(二)下一步改进措施

1. 教师思政育人能力待提升

教师对思政素材、元素的积累不够,理解不透,在专业技能和思政融合的形式中,存在比较生硬的现象。这就要求专业教师平时要关注时事政治,用心收集素材,精心设计教学内容,才能实现润物无声的育人目标。

2. 课程思政融合方式需丰富

教学过程中主要是通过观看短片、讲述典型案例、组织学生走进企业、技能大师进课堂等形式开展思政育人,形式比较单一,这就需要根据不同课程和模块内容探索更多思政育人的方法和路径,以提升学生的积极性。

3. 课程思政评价标准要完善

课程思政背景下,我们构建了校企双向考核机制,积极吸纳企业参与考核评价,构建以企业满意度为核心指标的评价体系,企业主要评价学生的校外实践,根据学生技术能力、岗位适应能力、工作态度、职业素质、工作实绩等方面综合考核。我们在设计"'汽车创新营销'课程思政育人教学效果评价表"时发现,评价的指标更多的是定性的评价,缺乏定量的评价指标。也就是说,课程思政教育教学效果短期内难以量化评价。这就要求团队教师在今后的教学过程中,要走出课堂,贴近学生生活,关注学生的思想、专业技能的全面发展。

邱华桢　陈爱娟　倪　红　何　建　丁晓萍(福建船政交通职业学院)

地铁活地图巧育技

——"城市轨道交通运输设备"课程思政案例

一 案例综述

（一）课程介绍

本课程是城市轨道交通运营管理专业的核心课程，开展线路站场、车辆、机电、通信、信号、供电等大类设备操作与应急教学活动，补齐专业人才培养过程中设备操作与应急的短板，培养高素质的技术技能人才。

本课程是在"城市轨道交通行车组织""城市轨道交通施工组织与管理"等课程基础上，从设备操作与应急角度，利用项目化、任务化的教学组织形式全面培育人才技能素养，课程体系架构见图 1。

根据人才培养方案、行业企业规章、岗位工作流程确定人才培养目标，在站务"1＋X"技能标准、城市轨道交通服务员/行车值班员竞赛内容的基础上，确定知识目标、技能目标、素质目标（见图 2）。

建立教学目标的"四层次学习阶段"。基于职业能力分析过程，分析岗位需求，明确课程目标，制定知识结构的层次性，提出"四层次学习阶段"（见图 3）。"四层次"即设备认知、设备原理理解、设备操作与应用、故障及事件的应急处理；教学目标循序渐进，教学环节环环相扣，贴近学生实际，符合职业要求；培育精益求精的匠心精神、持之以恒的坚守精神、爱岗敬业的劳动精神、守正创新的追求精神。

（二）案例内容

1. 学习内容来源

根据《地铁设计规范》（GB50157—2013），线路分为正线、配线、车场线，其中配线分为折返线、渡线、出入段线等。

根据城市轨道交通企业标准《行车组织规则》《信号操作规范》，线路综合示意图是行车组织基础、信号操作的基础。

2. 任务内容提炼

根据各企业上岗考证标准，线路图是站务、司机、调度岗位的上岗标准之一，是必备的基础技能。

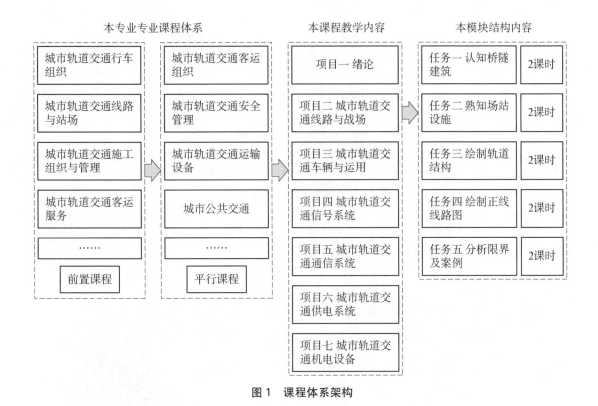

图 1　课程体系架构

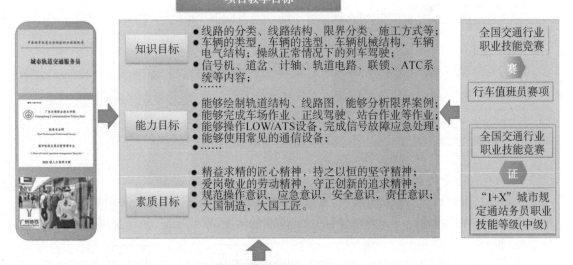

图 2　确立教学目标的过程

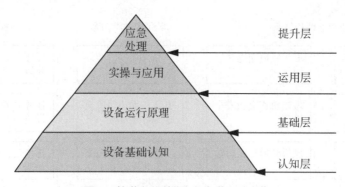

图3 教学组织的"四层次学习阶段"

根据"1+X"证书制度、《城市轨道交通服务员》职业标准,熟知线路图是行车值班员必备的岗位技能。教学任务提炼见图4。

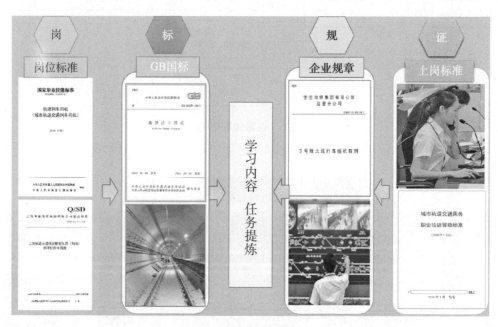

图4 教学任务提炼

3.教学任务分析

熟知线路综合示意图是站务员、行车值班员、值班站长、司机、调度员必须掌握的基础技能。地铁员工在应急情况下,能够根据正线线路图的情况,紧急反应、快速决策,做出正确的应急处理。

为了充分掌握线路综合示意图的绘制,教学设计了"识律、穿线、标号、强用"的有料、有趣、有用的教学环节,设计了"纠图、拼图、补图、默图"的动手、动脑、动笔的实操环节,课后组织第二课堂活动,通过多层次、多环节培育"地铁活地图",使学生能够掌握上岗实操的必备技能和职业素养,培养精益求精的匠心精神、持之以恒的坚守精神、爱岗敬业的劳动精神、守正创新的追求精神。

4. 教学重难点

该课程的教学重点和难点见表1。

表1　学习重难点分析

教学重点	线路综合示意图的要素及规律
	1. 巧设真实的地铁工作场景,将企业真实线路图引入课堂,提升教学内容的实效性; 2. 设有"识律、穿线、标号、强用"的有料、有趣、有用的教学环节;把复杂的线路图抽丝剥茧、化繁为简

	识律	穿线	标号	强用
重点解决策略	识图规律:提炼地铁线路综合示意图的规律,穿插"地铁活地图"案例	穿插引线:结合地铁职业技能需求和识记规律,提出重点的解决方法——绘图方法	标注序号:①规律性,道岔、信号机、站序等;②非规律性,距离、弯道、通道等	强化应用:配线在救援中的作用,信号机道岔的基础作用,联络通道在疏散的作用等

教学难点	线路综合示意图的绘制及默写
	1. 结合地铁上岗需求、培训需求,独立开发学习软件,游戏化场景,诠释绘图过程; 2. 设计了"纠图、拼图、补图、默图"的动手、动脑、动笔的实操环节; 3. 开展第二课堂活动,组织"地铁正线线路图技术比武"竞赛

	纠图	拼图	补图	默图
难点解决策略	纠正错误:通过手游软件设定错误的类型,查找线路图中的错误,并改正	拼接成图:给出不同的要素,在正线基础上,不断地进阶拼图,完成线路图的拼接	补齐整图:线路图中缺失部分配线、信号机、道岔等要素,补齐要素,即挑战成功	默写线路图:把正线、配线、道岔、信号机及编号、站间距等要素默画出

5. 课程思政融入分析

1) 方法

课程教学团队在借鉴职业能力分析法、目标导向教学法等教学设计、教学方法的基础上,探索和实践了"四维五解六步法"课程思政实施路径。

2) 思政设计

课程思政设计具体内容见表2。

表2　课程思政设计

序号	知识点	切入点	思政元素
1	地铁/铁路活地图案例	课前任务、汇报	精益求精的匠心精神; 持之以恒的坚守精神
2	线路图各要素内容	"识律、穿线、标号、强用"	精益求精的匠心精神; 爱岗敬业的劳动精神

（续表）

序号	知识点	切入点	思政元素
3	线路图的绘制	"识律、穿线、标号、强用"	爱岗敬业的劳动精神； 守正创新的追求精神
4	线路图的默写	教师5分钟绝活展示	精益求精的匠心精神； 持之以恒的坚守精神； 爱岗敬业的劳动精神； 守正创新的追求精神

二 案例解析

（一）设计思路与理念

基于产教融合、工学结合的理念，以地铁订单合作为基础，以岗位职业能力培养为目标，融入"1+X"考证、订单企业需求、职业资格标准、国家技能大赛设计，以学生为主体，采用工学结合的方式，把各知识点模块化、项目化、情境化、信息化，达到知原理、会运用、可实操、能应急的学习目标。课程设计思路见图5。

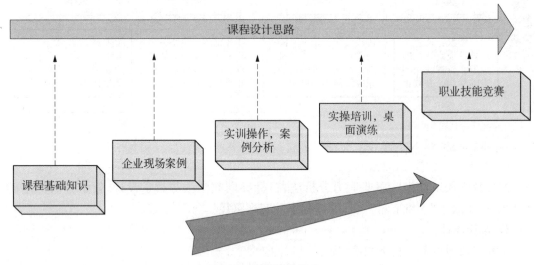

图5　课程设计思路

课前导学，布置"地铁活地图"案例作业，引入线路图绘制的情境，激发学习兴趣与动力。

课中互动，设计"识律、穿线、标号、强用"的有料、有趣、有用的教学环节；设计开发"地铁活地图巧育技"手游软件，设计"纠图、拼图、补图、默图"的动手、动脑、动笔的实操环节。

课后拓展，组织第二课堂活动对接企业技术比武竞赛，拓展提升技能，通过多层次、多环节培育技术技能人才。

(二) 设计与实施

1. 教学方法与手段

线上线下混合式教学法：利用线上教学平台，课中通过现场演示操作让学生掌握重点、难点。

任务驱动教学法：以学习软件设计的任务为驱动，以完成阶段性任务为学习目标，以完成线路图的默写为最终任务。

竞赛学习法：每个教学组织环节，组织各个小组在学习软件上独立完成，小组间PK后得到最终结果，成绩计入课堂平时成绩。

2. 信息化教学资源

教学信息化资源应用见图6。

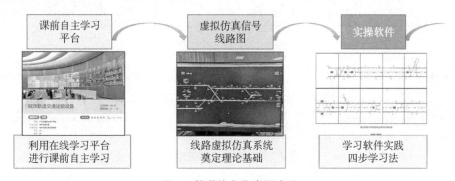

图6 教学信息化资源应用

(1) 课前自主学习平台：课前学习、预习。

(2) 虚拟仿真信号线路图：地铁真实线路图仿真。

(3) 实操软件："纠图、拼图、补图、默图"绘制线路图。

3. 教学实施过程

具体的设计实施内容与过程见图7。

4. 考核与评价

本案例注重过程控制的多元化教学考核评价，采用教师评价、学生自评、成员互评、实训系统评价、学习平台评价相结合的方式(见图8)。

尝试开展增值性评价，以第二课堂活动为抓手开展增值性评价，根据技能竞赛结果合理给予评价。

注重信息化手段的运用。自主开发的"活地图巧育技"学习软件，可实现线上评测、一键导出，将数据导入学习平台(见表3)。

巧设课程思政评价，思政元素对应可评可测的考评点。一是注重点式评价，比如案例汇报、课前预习测试；二是注重链式评价，比如练习时间、评价结果等。

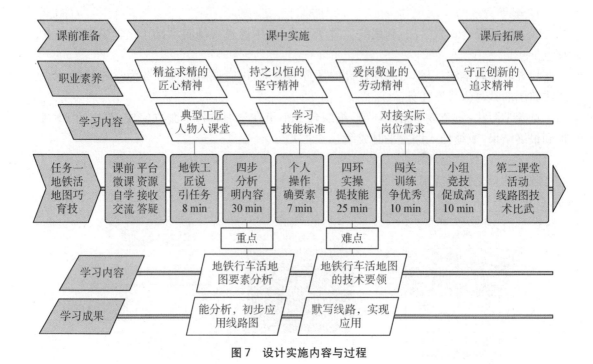

图7 设计实施内容与过程

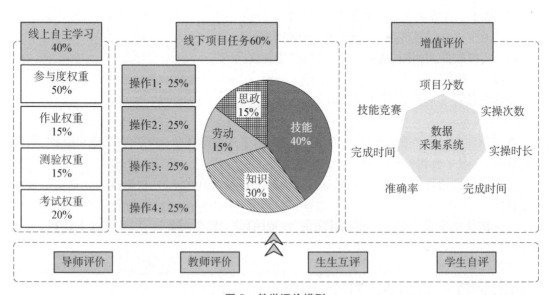

图8 教学评价模型

表 3　教学评价细节

评分内容		评价目标	评价权重	评价方式	评价数据来源
线上学习	参与度	学习次数和时长	占任务分值40%	以 100 分为基础，按教师评价 40 分、组内互评 20 分、组间互评 30 分、学生自评 10 分评定成绩	超星学习平台
	作业	学生掌握知识与技能的程度			
	测验、讨论	学生参与讨论的程度和能力			
	案例作业	案例查找			
线下实操任务	任务	"识律、穿线、标号、强用"小组展现；学习软件，绘图梯级游戏设计；	占任务分值60%	学习软件后台评价测评、教师人工评分	学习软件数据采集系统
学习增量	参与度、完成度、达成度、成绩	第二课堂等	附件分：10分	竞赛等	数据采集系统

（三）实效与经验

（1）开发"地铁活地图巧育技"软件，提高学生技能水平。一是教学设计了"识律、穿线、标号、强用"的有料、有趣、有用的教学环节，二是设计了"纠图、拼图、补图、默图"的动手、动脑、动笔的实操环节，通过多层次、多环节培育"地铁活地图"。这两个教学环节突破了教学中的重点、难点。

（2）利用安装在手机上的自主开发的学习软件，实现线上实操、任务发布、在线评测、信息收集，生动呈现单一且复杂的线路综合示意图，解决了呈现效果差、绘图效率低、关键信息遗漏的教学问题。

（3）通过案例视频、教师绝活展示、第二课堂技术比武活动、默写线路等教学环节及素材，体现勤学苦练、精益求精、追求卓越的精神，培养学生精益求精的匠心精神、持之以恒的坚守精神、爱岗敬业的劳动精神、守正创新的追求精神。

（4）教师设计的"识律、穿线、标号、强用"的教学环节、"纠图、拼图、补图、默图"的实操环节，在地铁企业得到一定的推广和应用，职工能够快速掌握线路图绘图要领，精确掌握线路图元素的序号，在应急情况下加以准确应用。

三　案例反思

（一）创新之处

教学团队在借鉴职业能力分析法、目标导向教学法等教学设计、教学方法的基础上，探索和实践了"四维五解六步法"课程思政实施路径（见图 9）。

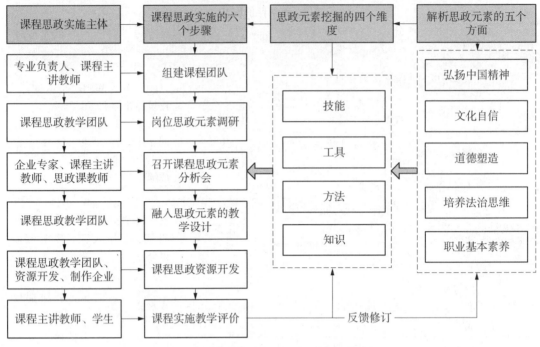

图9 "四维五解六步法"课程思政实施路径

"四维五解六步法"中,"四维五解"是课程思政元素挖掘的基础,"六步"是课程思政实施的关键步骤,具体实施过程包括:

(1)组建课程思政教学团队。构建模块化课程教学团队,团队成员主要是企业人员、专业教师、思政教师。

(2)开展岗位思政元素调研。教学团队通过访谈或座谈、毕业生调查反馈等途径,确定城市轨道交通行车组织课程对接的岗位职业特征。

(3)组织课程思政元素分析会。教学团队以头脑风暴形式挖掘课程思政元素。

(4)课程思政教学设计。教师通过探究式学习法、任务驱动法等教学方式,突出思政元素的隐性特征、注重学生对思政元素的感知和自我认识。

(5)课程思政教学资源开发。教学团队建设了以课程教材、在线课程、虚拟仿真实训中心等为载体的系列教学资源。

(6)课程思政教学评价。教学团队围绕理论知识评价、技能水平评价、思想道德评价三个维度,从定性和定量两个方面开展评价。

(二)下一步改进措施

1. 进一步深化"地铁线路图巧育技""地铁活地图"的工匠精神

教学团队将拓展"凡世之所贵,必贵其难"的吃苦精神,干一行、爱一行、专一行、精一行的坚守精神,精雕细琢、追求极致、行行出状元的专注精神。

2. 开发"地铁线路图巧育技"学习软件,优化考评模型

教学团队将深度开发"地铁线路图巧育技"学习软件,添加更多的活动和功能;添加更为合理的考评模型,注重探索增值评价、健全综合评价。

3. 现场教学需求无法满足,需进一步优化教学资源

地铁线路图作为行车过程中最为基础的工具之一,是无人驾驶线路司机必须掌握的基本技能,在学习过程中需要辅助真实线路,是实现教学效果最大化的方式,也是理实一体化、工学结合的方式。由于地铁运营线路涉及重大公共安全事项,严禁非直接相关人员进入线路,无法实现现场教学。在此种具有限制的教学背景下,为丰富学生的实践知识,教学团队可在得到校外实践基地允许、确保地下线路安全、相关信息不泄露的前提下,录制部分地铁线路的视频,放于学习平台供学生在线学习。

宋以华　彭育强　熊　律　李俊辉　吴　静(广东交通职业技术学院)

修匠心　练技艺

——"汽车涂装技术"课程思政案例

一　案例综述

（一）课程介绍

"汽车涂装技术"由我校与上汽通用五菱汽车股份有限公司共同开发，是汽车运用与维修专业现代学徒制班的核心课程。课程共分为走进汽车涂装、底材损伤处理、面漆前处理、调色、汽车喷涂和汽车彩绘六大项目，共120课时，在第四学期授课（见图1）。前导课程为"汽车钣金技术""汽车装饰与美容"等，在本课程学习之后，将安排为期5周的汽车修理工（四级）认证培训。课程以立德树人为育人根本任务，落实"三全育人"，推进"三教改革"，依托国家级现代学徒制教学改革试点项目，对接上汽通用五菱汽车股份有限公司总装厂汽车涂装岗位标准、技能大赛标准和"1＋X"汽车涂装职业技能等级标准，实现"岗课赛证"融通。课程的教学运行以工作任务为载体，采用"产教融合、四真四共"的教学模式，在课程思政目标的设计、实施和评价等方面，将"修匠心，练技艺"的工匠精神润物无声地融入技能学习之

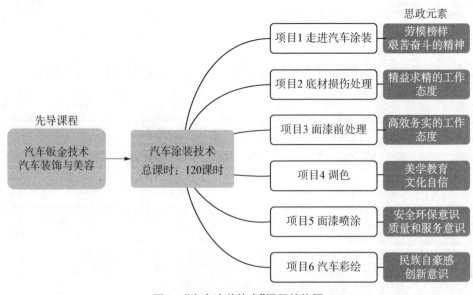

图1　"汽车涂装技术"课程结构图

中,使职业素养的形成与岗位技能的学习相同步,达成校企共育具备"工匠素质"的复合型人才的课程目标。

(二) 案例概况

1. 实施背景与存在的问题

2019年《国务院关于印发国家职业教育改革实施方案的通知》(国发〔2019〕4号)发布,明确提出要以习近平新时代中国特色社会主义思想特别是习近平总书记关于职业教育的重要论述武装头脑、指导实践、推动工作;加强党对教育事业的全面领导,指导职业院校推进职业教育领域"三全育人"综合改革试点工作,使各类课程与思想政治理论课同向同行,努力实现职业技能和职业精神培养高度融合。

广西理工职业技术学校在国家政策和自治区政策的号召下,2016年开始在汽修专业尝试开展现代学徒制人才培养模式的探索与实践,2018年8月成为全国第三批现代学徒制试点院校。学校联合上汽通用五菱汽车股份有限公司实施现代学徒制产教融合,在共育人才、共建基地、课程改革、师资培养和技术服务等方面开展了深度校企合作。经过数年的项目建设,专业的办学质量和规模大幅提升,学生的技术技能水平显著提高。到2020年汽修专业在校生已超2000人,而专业的发展面临着从"量"到"质"的提升,人才培养目标也将从培养"技术技能人才"转变为培养"高素质工匠",这就对思想政治教育提出了更高的要求。

2. 主要目标与做法

"汽车涂装技术"课程根据现代学徒制人才培养具有校企双主体、工学交替实施的特点,紧抓产教融合"大平台"、课程建设"主战场"、课堂教学"主渠道"和教师队伍"主力军",形成协同效应,构建全员、全程、全方位育人大格局。

在课程思政的设计与挖掘上,学校教师团队负责整体设计,重点负责理论教学部分的思政元素挖掘,以企业专家为主组成实践教学团队,挖掘企业文化注入的思政元素,同时聘请教学名师和劳动模范担任课程思政顾问,把握政治方向的正确性。最终由校企联合设计了"修匠心,练技艺"为课程思政主线,以爱党爱国、工匠精神、爱岗敬业、职业自信、劳模精神、文化自信为六大思政目标。通过"平台推动、教学渗透、匠师引导、环境影响"四个手段将思政教育融入学习的全过程,培养学生综合职业能力,提升服务、质量、创新、安全、环保、合作六大意识,促进学生养成良好的职业素养,使职业素养的形成与岗位技能的学习相同步,提升学生对民族品牌的认同感,让学生能够学以致用,实现校企共育具备"工匠素质"的复合型人才,服务区域经济发展(见图2)。

二 案例解析

(一) 设计思路与理念

"汽车涂装技术"在汽车运用与维修专业课程体系中起着夯实专业基础和培养岗位基本职业素养的作用。现代学徒制模式下培养技术技能型人才,既要推进习近平新时代中国特色社会主义思想进教材、进课堂、进头脑的思政目标,又要根据专业人才培养目标和学生职业发展需要,设置由社会主义公民基本素养和行业职业素养组成的职业素质目标,体现现代

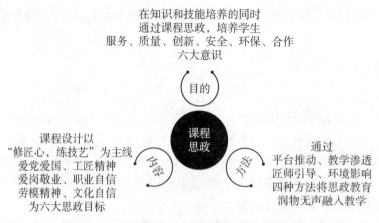

图2 "汽车涂装技术"课程思政主要目标、做法

学徒制的中国特色。课程思政主要分为行为塑造和内化践行两个层次,结合课程目标和教学内容,深度挖掘各知识点与社会主义核心价值观、名师与劳模、职业操守与道德、国内外时事热点、应用及发展前沿等方面的联系。

(二) 设计与实施

1. 思政元素的发掘设计

根据现代学徒制人才培养具有校企双主体、工学交替实施的特点,学校教师团队负责整体设计,重点负责理论教学部分的思政元素挖掘,以企业专家为主组成实践教学团队,挖掘企业文化注入的思政元素,同时聘请教学名师和劳动模范担任课程思政顾问,把握政治方向的正确性。

1) 把好政治方向,讲好中国故事

教学团队将习近平新时代中国特色社会主义思想融入课程,挖掘与课程任务内容关联度高的党史故事、英雄人物、劳模故事等思政元素,并将其融入每个教学任务,邀请教学名师、劳动模范担任思政顾问,把握政治方向,宣传社会主义核心价值观,增强"四个意识""四个自信",引导学生树立理想信念,做有为青年。项目六汽车彩绘中,课前组织学生到爱国主义教育基地参观,为汽车彩绘作品的创作汲取灵感,将红色教育融入课程的实际任务中(见图3)。

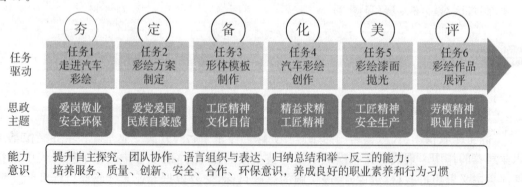

图3 "汽车涂装技术"项目六 汽车彩绘课堂思政主线

2）结合中华艺术，弘扬传统文化

教学团队将中国传统艺术、绘画构图技巧和色彩搭配等美学知识融入车漆调色、汽车车身彩绘的教学中，普及传统文化和艺术理论教育，解决了中职工科学生艺术素养薄弱的问题，在学习专业知识的同时提升学生的文化自信。如，在彩绘方案制定的教学中，教师将中华传统剪纸技艺，融入了彩绘形体模板制作的教学中，在专业教学的同时提高了学生的文化素养（见图4）。

图4　将中国传统剪纸技艺融入教学

3）对接区域产业，融入企业文化

教学团队通过与上汽通用五菱有限公司展开深入的校企合作，将现代学徒制教学落到实处，由校企双导师组成"匠师"团队，通过组织学生参观企业一线生产环境、校企合作共建生产型实训教学基地等方式，将"人民需要什么，五菱就造什么"的企业文化融入课堂教学中，树立劳模、技术能手等榜样典型，培养学生精益求精、敢于创新、爱岗敬业的职业素养。

4）树立先进榜样，锤炼工匠精神

在专业层面，凸显专业群的特色文化和专业文化，根据校企合作办学的特色和现代学徒制下校企联合培养的特点，共建"工匠学院"育人平台，营造合作企业特色文化、中国制造行业的文化氛围，宣传各专业的学习目标和培养方针。我校广泛邀请全国五一劳动奖章获得者、全国道德模范谢评周等大师名家到校宣讲，以自身经历为广大学徒树立榜样，领略技能大师风采，感悟大国工匠精神。

5）联合第二课堂，传承校园文化

在课程思政设计中，教学团队跳出课堂，将学校的第二课堂活动与主课堂有效衔接，融入校园文化，将校园文化与课程内容有机结合，使学生在学本领、练技能的同时能坚持做志愿服务、体育锻炼，接受艺术熏陶和劳动教育，促进学生德智体美劳全面发展。在校企双导师的共同引领下，学生在课后利用上汽通用五菱生产性实践基地的场地，积极参加汽车美容党团志愿服务岗志愿服务和汽车工匠社社团活动，做到了劳动教育与专业教育的高度融通。

2. 课程思政的实施路径

1）校企合作，搭建工匠平台

推进校企深度融合，在互惠互利的基础上，整合双方资源，校企共建汽车"工匠学院"育

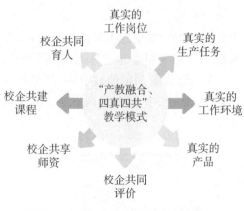

图5 "产教融合、四真四共"教学模式图

人平台,以课程与岗位的对接融通为核心,校企共建现代学徒制下"产教融合、四真四共"的教学模式(见图5),以平台的整体力量推动教学改革。

2)"匠师"引领,塑造工匠榜样

依托"工匠学院",对应汽车喷涂等5个工作岗位,团队聘请国家级技能大师、企业首席技能专家谢评周等大师,组建了"匠师"团队助力课程教学,以"匠师"的榜样影响力,引领学生感悟工匠文化。

3)重构课程,教学内容与思政元素有机融合

教学团队将合作企业汽车涂装岗位技能标准与汽修专业核心课程"汽车涂装技术"教学内容进行对比分析,采用企业真实工作岗位的生产任务,融入汽车涂装国家"1+X"证书标准和世界、全国职业技能大赛标准,重构"以岗位标准为基础,融合课赛证为一体"的项目化课程(见图6)。在"修匠心,练技艺"的思政主线下,挖掘每个项目的思政元素,将课堂思政网格化和碎片化,将思政教育润物无声地融入课程的教学当中(见表1)。

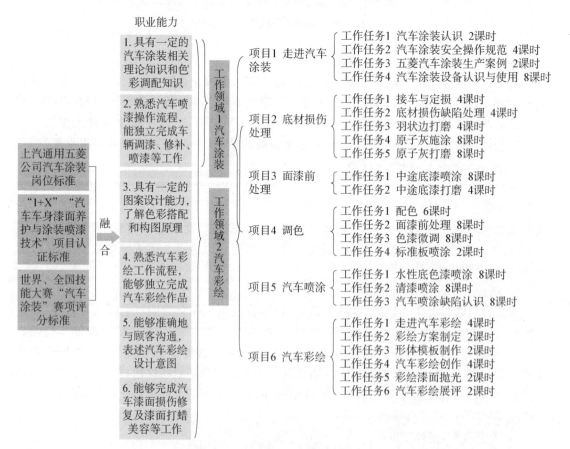

图6 "汽车涂装技术"项目化重构图

表1　"汽车涂装技术"课程思政元素

项目名称	工作任务	思政元素
项目1　走进汽车涂装	涂装基础知识	劳模榜样、艰苦奋斗的精神
	工具设备的使用	安全、规范、高效的工作态度
项目2　底材损伤处理	羽状边打磨	井然有序、认真细致的工作态度
	原子灰工艺	精益求精的工作态度
	底漆喷涂前处理	认真细致的工作态度
项目3　面漆前处理	中涂底漆喷涂	高效务实的工作态度
项目4　调色	颜色、颜料基础知识	培养艺术素养,树立文化自信
	色漆调色	工匠精神:精准操作,分秒秒争
项目5　面漆喷涂	面漆喷涂	安全环保意识
	面漆喷涂缺陷处理	追求完美,增强质量意识
项目6　汽车彩绘	汽车彩绘基础知识	人民对美好生活的向往
	汽车彩绘创作	创新意识,讲好中国故事,树立民族自豪感

思政主线:修匠心、练技艺

4)任务驱动,工作流程与教学过程相对接

教学团队引入企业生产任务,采用任务驱动法,依照学情分析学生学习情况和认知规律,构建基于工作流程,以"储知识""引任务""探新知""练技能""精技艺""评成果""践生产"为七大步骤的实训教学模式,提升教学质量,提高学生的综合职业能力和素养。

5)双线并举,将思政延伸到课前、课中、课后

教学团队以"课上课下双线并举,企业学校工学结合"为教学策略,发挥现代学徒制校企共育共培的优势,整合校企合作实践教学基地、线上学习平台、虚拟仿真等教学资源,从教学方法、教学手段和资源建设三个方面进行优化。从课前的参观"百色起义纪念馆"感受韦拔群等烈士为人民解放舍生忘死、不怕牺牲的革命精神,到课中将企业技能大师王业嵩请进课堂讲述顽强拼搏、攻克技术难关的匠师故事,再到课后组织学生参加志愿服务回馈社会,将思政贯穿课前、课中、课后,落实"三全育人"。

3. 考核评价

教学团队根据课程标准,通过将上汽通用五菱公司汽车涂装岗位技能标准、国家级汽车涂装"1+X"等级证书的考核标准与世界及全国技能大赛汽车涂装项目的评分标准相融合,创新出"校企家生四方参与、岗赛证三标融合"的评价模式,对学生在课前、课中和课后全过程的表现进行评价。特别在各项目综合评价指标中,设置10%的权重来评价学生的政治表现、职业素养、个人修行等方面的达成度。如,将"汽车美容党团志愿服务岗"工作时长、体育锻炼打卡情况等列入学生职业素养成长积分中,设置奖励机制,培养学生勤于实践、乐于奉献的优良品质。

(三) 实效与经验

在课程思政作用的推动下,整个专业群形成了良好的"工匠"氛围,勤学技术、苦练技能蔚然成风,人才培养质量成效显著,企业满意度大幅提升。

1. 人才培养质量稳步提升

教学改革促进了汽修人才培养质量大幅度提高,2019 年至 2021 年,学徒制班学生参加"汽车维修工(四级)"职业资格认证通过率达 95% 以上,参加"1+X"职业技能等级考核通过率均为 100%(见表2)。学生参加全国、全区技能大赛共获国家级奖项 17 项,省部级奖项 154 项,地市级奖项 8 项的优异成绩。

表2 学徒制班级与普通班级培养成效对比表

项目	学徒制班			普通班		备注
	18级五菱班	19级五菱班	20级五菱班	19汽修6班	20汽修6班	
企业认证通过率/%	100%	无认证(企业已认可"1+X")	无认证(企业已认可"1+X")	不参与认证	不参与认证	企业内部初级技师
职业资格认证通过率/%	95%	96%	97.5%	78.1%	81%	四级(中级工)
"1+X"认证通过率/%	100%	100%	100%	82.3%	84.8%	初级
参加技能大赛获奖/人次	17	15	22	2	1	区级以上
获奖学金/人	5	4	4	1	2	区级以上

2. 专业教学质量显著提升

通过课程改革,汽修专业教学质量显著提升,专业教学团队的教学能力和科研水平也得到了提升。2019 年至 2021 年,课程教学团队完成相关的区级以上教改课题 5 项;2022 年,课程教学团队参加"全国职业院校技能大赛教学能力比赛"获三等奖。课程有关改革成果辐射到汽车装饰与美容、新能源汽车维修等专业,推动我校汽车专业群的产教融合建设。

3. 企业满意度大幅提升

通过课程改革,学生在提升技术技能水平的同时,职业素养也得到了显著提升,毕业生能够快速地适应岗位要求,为企业缩短了新员工培训的成本,企业满意度从原来的 85% 提升到 95%。以此激发了企业的合作热情,并吸引了更多的企业参与到学徒制人才培养的合作中来。截至 2021 年,我校汽车专业群与上汽通用五菱汽车股份有限公司、广西汽车集团、南宁德联车护汽车科技有限公司三家企业成立了现代学徒制班,获得行业内一致好评。

三　案例反思

(一) 创新之处

1. 红色引领,专业教育与劳动教育有机融合

利用爱国主义教育展馆、上汽通用五菱生产性实践教学基地、汽车美容党团志愿先锋服务岗三方阵地,打造有机融入爱国教育、无缝对接企业生产、劳动教育回馈社会的教学环境,借助信息化手段,构建"双线并举,工学结合"的教学模式,实现了职业技能和职业精神培养的高度对接,引导学生树立正确的人生观、价值观和职业观。

2. 特色文化注入,树立职业自信,提升文化自信

教学团队坚持将"五育并举、全面育人"融入教学活动,将"人民需要什么,五菱就造什么"的企业文化注入思政教学中,打造以企业文化为特色的项目课程,引导学生树立职业自信。

将中国传统剪纸艺术、绘画构图技巧和色彩搭配等美学知识融入汽车涂装的教学中,普及传统文化和艺术理论教育,解决了中职工科学生艺术素养薄弱的问题,在学习专业知识的同时提升学生的文化自信。

(二) 下一步改进措施

1. 多方协同,不断完善课程思政资源建设

在校企协同的基础上,教学团队将联合行业及兄弟院校共同挖掘课程的思政元素、收集整理思政案例,拓展课题思政的方法手段,逐步丰富课程思政资源库。通过课程思政资源库的开发共享,为同类课程的开发提供思政资源,提高课程开发效率和开发水平,同时将其作为学生网络学习的平台供学生学习使用,提高学习效果。

2. 建立更为细化的课程思政教学评价体系

教学团队将建立包括校企授课教师自评、学生评价、督导听课评价、思政专家评课、学生职业素养成长积分的思政评价体系;设置评价项目的权重,重视学生、企业意见,体现以学生为中心的思想。例如,在课程思政实施评价,各主体的权重占比为校企授课教师自评占10％、学生评价占20％、督导听课评价占10％、思政专家评课占20％、学生职业素养成长积分占40％。评价结果中反映出的问题,可及时反馈给课程教学团队,课程教学团队根据反馈意见进行改进。

周宝誉　黄启敏　莫耀炜　王俪颖　刘国灿(广西理工职业技术学校)

传承青藏铁路精神　践行"四心"新征程
——"隧道施工技术"课程思政案例

一　案例综述

（一）课程介绍

"隧道施工技术"课程是广西高水平专业群道路桥梁工程技术专业的核心课程，先修课程包括"工程材料""工程制图""土质学与土力学""应用力学"等，后继课程包括"毕业综合训练""顶岗实习"等。课程的教学目标是让学生熟悉隧道结构基本构造，了解隧道工程基本内容，掌握隧道建设各阶段施工流程和技术要点，致力于将学生培育成"德技双修、知行合一"的复合型优质人才。

该课程对接"桥隧工"国家职业技能标准，深化产教融合，依托广西壮族自治区内多条高速公路、高速铁路隧道群等真实生产项目，以任务驱动为引领，将教学内容重构为三个版块，即基础模块、应用模块和拓展模块，由浅入深，循序渐进。该课程对接路桥工程无损检测标准，将隧道工程检测技术作为拓展模块，融于课程与教材中，定期开展教师培训与组织学生考证，实现岗课赛证综合育人。该课程以"青藏铁路"精神为价值引领，确立"家国情怀、工程伦理、坚守职业道德、工匠精神"为课程思政主线，树立"爱国主义精神、辩证思维、安全责任意识、精益求精"的素质目标。

该课程依托国家课程思政示范课、省部级专业教学资源库，以及校级"隧道施工技术"在线开放课程，组建由国家课程思政教学名师、技能大师、专业骨干教师、思政课教师、企业兼职教师构成的专业教学团队，挖掘隐性的思政元素，践行"德技双修、知行合一"的培养理念。

（二）案例概况

1. 校企共研重构教学内容，课程思政融入典型案例

教学团队基于企业真实隧道建设项目全过程，将教学内容重构为三大模块：基础模块主要为隧道的基本概念等内容，应用模块主要为隧道施工阶段的方法、技术等内容，拓展模块为隧道维护检测等内容。各项目均为一个完整的工作过程，专业教师与企业导师遵循能力培养递进原则。专业教师与思政教师集体备课，共研代表性思政典型案例，包括正面典型案

例,如"国产盾构机从进口到自主研发""港珠澳世界最长公路沉管隧道";反面典型案例,如"9·10百色乐业大道坍塌事故"。将案例融入章节、知识点和教学环节中,理论与实践相结合,在丰富教学内容形式的同时,以"润物无声"和"盐溶于汤"的方式将安全意识、家国情怀传递给学生,提高学生的专业认同感(见图1)。

2. 创新教学模式,将课程思政融入教学全过程

教学团队将教学资源与思政元素有机融合,构建教学新模式。依托省部级专业教学资源库,将榜样力量、安全警示、技术创新等"专业+德育"专题,分门别类加入思政教学案例库中,将思政元素融入"隧道施工技术"在线开放课程的微课视频中,形成思政典型案例。通过"隧道工程技术虚拟仿真实训中心"解决隧道施工安全、隧址偏远和围岩变形量测难等"三高三难"痛难点问题,强化学生的安全责任意识。借助省部级实训基地隧道教学模型,真实模拟隧道施工场景,学生扫描隧道结构二维码即可了解工艺流程,提升学生对专业的兴趣度。

3. 党建引领丰富教学活动,将课程思政融入第二课堂

为深入推进习近平新时代中国特色社会主义思想进教材、进课堂、进头脑的工作,路桥工程学院教工第一党支部作为"领路人"党建示范品牌,开学第一课由党支部书记讲思政主题党课,通过讲述百色起义、本土"时代楷模"黄大年等榜样事迹,厚植学生的爱国主义情怀。学生第一党支部"铺路石"行动团结合课程特点,积极开展"党史学习+测量比赛""学四史+隧道发展史"知识竞赛、"修路选线"假期下乡社会实践等第二课堂系列活动,传递国家交通强国建设逢山修隧、遇水架桥的精神内涵,提升学生的专业认同度,让专业知识内化于心、外化于行(见图2)。

二 案例解析 --

(一) 设计思路与理念

隧道施工属于隐蔽工程,施工安全、施工环境、施工技术是影响隧道建设是否可以有序行进的重要因素。这就需要隧道施工技术人员树立安全责任意识和发扬吃苦耐劳、精益求精的精神。基于学生的情感认知规律,课程以隧道施工安全、责任意识等共性认知为引导,与学生在爱国主义情操、工程伦理、职业道德和工匠精神等形成共情,进而规范其言行,提高学生正确认识问题、分析问题、解决问题的行为能力。

教学团队确定了"一主线、双主体、三协同、四融入、全过程"的课程思政建设模式,即遵循"挑战极限、勇创一流"的"青藏铁路"精神为核心的思政主线;按照教学目标紧贴岗位职业能力要求,突出教学为生产服务的理念,学校和企业"双主体"共同建设;专业课教师、思政课教师、企业兼职教师"三协同"育人;对接素质目标,将"爱国之心、思辨之心、守信之心、工匠之心"思政元素有机融入教学目标、教学内容、教学活动和教学评价中,达到"四融入";以党建引领课程思政,贯穿线上线下,课前、课中、课后,理论、实训的整个教育教学全过程,践行"德技双修、知行合一"的培养理念(见图3)。

有序学习层层递进

"挑战极限，勇创一流" 的 "青藏铁路" 精神

由基础到综合 简单到复杂

模块	章节安排	知识点	课程思政元素	思政典型案例
隧道基础知识模块	项目1 隧道概论知识	隧道发展历史与基本概念	由古代劳动人民敢为人先、勇于创新，引出工匠之心、爱国之心	詹天佑主持修建京张铁路的事迹；石门隧道的修建
	项目2 围岩分级与围岩压力知识	围岩分级及围岩压力计算	由爱护围岩、人与自然和谐共生，引入人与自然和谐共生	坚守岗位42年铁道老人张生林；"9·10"百色隧道坍塌事故
隧道施工应用模块	项目3 隧道构造知识	隧道衬砌、主体建筑物、附属建筑物	由隧道结构设计的规范要求，引出守信之心	某隧道段的施工方案、设计图纸实例
	项目4 隧道施工方法	新奥法施工、全断面法、台阶法、分布开挖法	由全部施工条件恶劣、分部开挖不能控进度的情况，引出思辨之心、工匠之心	国内著名"大瑶山道"、"终南山隧道"等代表性工程介绍
	项目5 浅理及软土隧道施工方法	明挖法、盾构法、沉管法施工	由基坑施工周期长、可以控制地表沉降，引出守信之心、工匠之心、爱国之心	国产盾构机、港珠澳大桥沉管隧道技术的发展
	项目6 初期支护与二次衬砌技术	喷锚支护、二次模筑混凝土支护	由喷射混凝土易产生粉尘、工作面小、施工不宜昼夜的情况，引出守信之心、工匠之心、思辨之心	锚固技术工程应用于乌鞘岭铁路隧道建设实例
	项目7 辅助工作业技术	防排水、通风防尘、辅助坑道、出渣运输	公路隧道保证24h时持续通风，引出工匠之心、守信之心	纪录片《大国重器》中记录的8万吨级锻液压机的设计开发
	项目8 监控量测与不良地质处治技术	监控量测、超前地质预报	由北斗GPS卫星定位系统的采用，引出爱国之心、工匠之心	北斗GPS卫星定位系统在隧道监测中的应用
	项目9 超前支护与爆破技术	超前锚杆、管棚、光面爆破、预裂爆破	由隧道前支护不及时易导致隧道明塌爆破，引出守信之心	"5.19"湖南炎陵隧道爆炸事故
隧道维护拓展模块	项目10 隧道支护结构检测技术	支护结构无损检测	由百年大计、质量为先，引出守信之心、爱国之心	纪录片《大国质量》

思政元素内涵

爱国之心：深厚的爱国主义精神、勤劳勇敢、提高专业认同度。坚定科技报国信念，坚定问题、分析问题的能力、学思结合
思辨之心：工程伦理、辩证思维、诚信可靠、敬畏规范标准、解决问题的能力、具有安全意识、有责任、有担当
守信之心：坚守职业道德、诚信可靠、敬畏规范标准、具有安全意识、有责任、有担当
工匠之心：工匠精神、爱岗敬业、精益求精、耐心专注、勇于创新

图 1 课程思政总体设计示意图

图 2　党建引领思政入第二课堂示意图

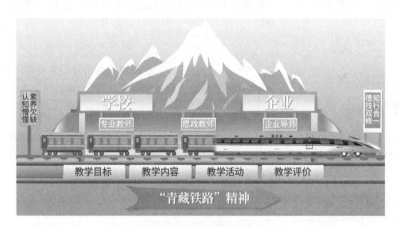

图 3　课程思政建设模式

（二）设计与实施

表 1　"隧道施工技术"课程总体设计

课程名称	隧道施工技术	授课项目	隧道围岩	授课地点	B203 智慧教室
授课任务	围岩压力与成拱作用	授课对象	铁道 2020－2 班	授课时间	2022 年 4 月 2 日（1 学时）

（续表）

使用教材	1. "十二五"职业教育国家规划教材《隧道工程》（主编为张丽,由人民交通出版社于 2022 年出版）; 2. 现代学徒制校企合作成果资料:《隧道施工工作手册式教材》
教学内容	1. 围岩与围岩压力; 2. 围岩压力类型; 3. 围岩成拱作用; 4. 围岩压力的影响因素
学情分析	1. 知识与技能基础:85％的学生了解围岩分级的基本元素,但缺乏综合判断能力;95％的学生能根据我国《铁路隧道设计规范》区分围岩等级,但对围岩等级修正的判断不足; 2. 思维素养:总体来说,学生具备一定的自主学习和查阅资料的能力,但是归纳总结和运用信息的能力欠缺;具备一定的语言表达和团队协作能力,但逻辑思维和语言文字功底一般,学习热情高但专业敏感性不强,具备民族自豪感和自信心; 3. 课前任务完成情况:100％的学生完成了围岩压力预习作业,95％的学生完成了"9·10乐业隧道"坍塌事故视频的观看,职教云数据表明大多数学生较好地完成了课前任务

	知识目标	能力目标	素质目标
教学目标	掌握围岩压力概念; 掌握围岩成拱作用原理; 掌握围岩压力影响因素	能区分围岩压力的不同类型; 能准确表达围岩成理; 能解释常见隧道坍塌的可能原因	培养学生的安全和责任意识; 培养学生良好的语言表达能力和团队协作能力; 提升学生分析判断和解决问题的能力

	教学重点	解决方法
教学重难点	掌握围岩压力概念	结合"9·10百色乐业大道隧道塌方事故中落石破坏支护结构的现象,让学生了解施力物体和受力物体,突破教学重点
	教学难点	解决方法
	围岩成拱作用	通过"隧道施工技术"在线开放课程动画演示成拱原理,组织学生讨论并在白板上绘制受力图,教师点评,帮助学生形象理解成拱作用,突破教学难点

教学资源	职教云平台、PPT 课件、"隧道施工技术"在线开放课程动画、"9·10百色乐业隧道坍塌事故报道视频、《青藏铁路》纪录片片段
教学方法	1. 案例教学法:以"9·10"乐业隧道坍塌事故为典型案例,在课前发布,引导学生思考;在课中通过分析事故发生原因,关联课程内容——围岩压力;组织学生分析讨论,找出事故发生原因; 2. 讨论式教学法:将学生分为 4 个小组,教师分配讨论任务后,组织学生以小组为单位相互讨论,并将讨论结果向教师汇报,教师鼓励学生并提出改进方法; 3. 讲授、演示法:教师对难点知识进行系统性讲解,在黑板上绘制隧道受力图,帮助学生形象理解围岩压力和围岩"成拱作用"
思政元素	1. 结合青藏铁路隧道沿线围岩条件差、海拔高、施工条件简陋的情况,培养学生坚守岗位、扎根铁路、坚定信仰、吃苦耐劳的爱岗敬业精神; 2. 围岩压力"看不见、摸不着",但对衬砌结构与隧道稳定起决定性作用,关系每个人的生命安全,要教育学生树立安全意识和责任意识,勇担使命,不忘初心;

（续表）

3. 围岩吸水会膨胀,在高海拔寒冷地区会结冰导致体积增大,隧道围岩压力增加,钢轨和路基被冻土顶起而产生行车危险,要教育学生学习工程师们攻坚克难、勇于创新、一丝不苟的工匠精神;

4. 工程地质条件是影响围岩压力的内因,但外因有时也起关键作用。要引导学生们扩展解题思路,找到解题关键,领悟解题方法,教育学生用一分为三的辩证思维分析和解决问题

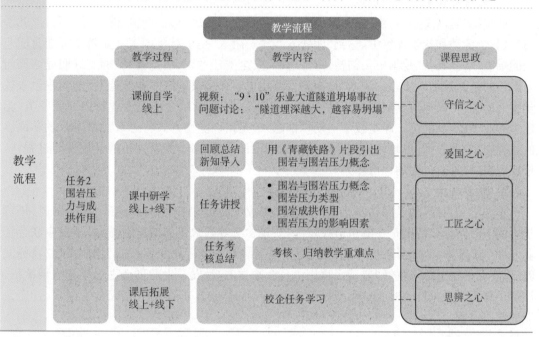

（三）实效与经验

教学团队将思政元素以隐性方式融入专业课程考评,企业导师与专业教师协同设计考核评价(包括课堂汇报、讨论、课后作业和期中、期末测试等),企业导师提供丰富的一线施工设计资料和第二课堂社会实践条件,考评设计专业与思政兼具的开放性问题,考查学生是否理解、认同并接受教学中传递的思政信息,进而培养学生的创新发散思维,以及自主学习、流畅表达、协作沟通、分析问题、解决问题的能力,将考评的重点落在学生课后研讨、答疑与表达等过程性评价上,同时组织学生以小组为单位进行互评,让课程思政教学评价更具客观性、真实性,更有效。

例如,根据《铁路隧道设计规范》(TB10003－2016)和《公路隧道设计规范》(JTG 3370.1－2018),围岩等级至今尚无统一的分级方法。基于此背景,课上教师发布学习任务:让学生查阅资料,结合广西岩溶地区隧道围岩情况,从本专业的角度科学地给出定性定量围岩分级方法。通过该学习任务,培养学生分析问题时查阅资料的学习习惯,也考查学生从专业角度定量定性分析问题的能力;关注学生思维能力、语言表达能力,对思政信息的埋解和接受度。同时,本次教学还提升了学生主动参与教学活动的次数,学生学习兴趣提升明显;运用信息化教学手段帮助学生掌握隧道围岩压力特点等专业知识与技能,大大提高了教学质量。

三 案例反思

(一)创新之处

1. 创新与特色

课程将"爱国之心、思辨之心、守信之心、工匠之心"的思政元素有机融入教学目标、教学内容、教学活动和教学评价中,达到"四融入"。"一融入"是指对接国家专业教学标准及职业技能标准,培养具备"爱国主义精神、辩证思维、安全责任意识、精益求精"的良好职业道德与高素质的技能技术人才;"二融入"是指将专业化思政典型案例、"专业+德育"的课程思政教学案例库、线下虚拟仿真实训融入教学内容;"三融入"是指结合隧道专业特色开展各类"党建+专业+思政"的第二课堂教学活动;"四融入"是指以隐性方式将思政元素融入教学评价的过程中,专业教师、思政教师和企业导师共同设计评价模式,侧重评价的开放性与过程性,形成课内、课外全过程的评价体系。

2. 教学反思

本教学结束后,教学团队基于本专业就业形势,需推动课程"岗课赛证"深度融通,拓宽学生的学习路径。特别是在隧道监控量测、质量检测等稀缺热门的就业方向,学校应联合企业开展"1+X"职业技能等级证书培训,指导学生参与各类行业职业技能大赛,实现"以赛促教、以赛促学"的目标。教师要善于运用语言激励学生,激发学生的创造性思维和表现欲望,让学生勇于尝试,敢于独立思考,鼓励学生在强烈的认知需求驱使下完成自主探索、合作交流的学习过程。

(二)下一步改进措施

1. 坚持立德树人,深化"三教"改革

在具体的教学改革中,课程团队要以学生为中心,以能力为本位,以育人为向导,开发一本能对接产业发展新技术、新工艺、新规范,又能隐性融入社会主义核心价值观、工程伦理的活页式专业教材,同时对接职业技能标准,满足培养学生综合能力的需求。

2. 加强学科专业建设,培养专门人才

学校应统筹规划专业发展方向,扩大招生规模,培养更多的专业人才,加强对专业相关的科研项目的基金扶持力度,创办具有权威性、影响力的隧道施工技术领域的学术刊物,定期举办学科专业领域的学术会议。

孙宗丹 杨 洋 黄乐乐 磨巧梅 李思祁(广西交通职业技术学院)

话服饰之美　扬民族之光

——"实用英语"课程思政案例

一 **案例综述**

(一) 课程介绍

"实用英语"是面向全校大一学生的公共基础课程,针对不同专业设置不同的内容和课时。本案例所述内容适用于商务管理专业大一学生,课程主题为"用英语,说广西",对接本专业人才培养方案中的"跨境电子商务平台操作专员岗"和"跨境电子商务客户服务专员岗"。课程的课时安排为上学期28课时、下学期32课时,共60课时。

本课程衔接高中英语课程,在学生已经具备了简单的"听、说、读、写、译"的英语语言能力的基础上,侧重于提高学生与工作岗位相关的英语语言能力,让学生能够掌握并灵活运用与工作岗位相关的简单词语、固定表达和简短文章,为大二的"跨境电商专业英语"课程打下基础。

本课程根据岗位需求,以"词—句—篇"循序渐进的语言学习规律为主线,分为民族服饰、传统美食、风情民俗、红色之旅四大模块(见图1),旨在让学生在以后的工作岗位中,通过跨境电商,从"衣、食、住、行"四个方面推荐广西的产品与文化。

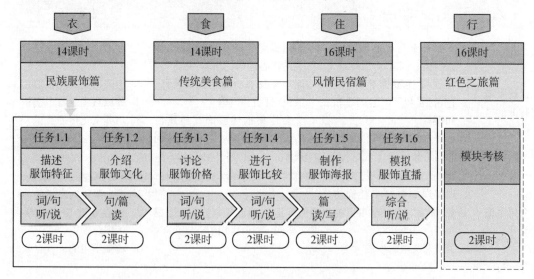

图1　课程内容及课时安排

（二）案例概况

本案例选用的是模块1"民族服饰篇"的教学内容,分为描述服饰特征、介绍服饰文化、谈论服饰价格、进行服饰比较、制作服饰海报和模拟服饰直播6项任务(见图1)。主要要求学生能够掌握和岗位需求相关的职业技能,以及简单的英语词语和固定句型,侧重培养学生对这些词句的听、说能力;同时教学内容也包括带领学生阅读关于服饰文化的文章、观看服饰介绍视频、制作服饰销售海报等内容,培养学生的读、看、写、译能力(见图2)。

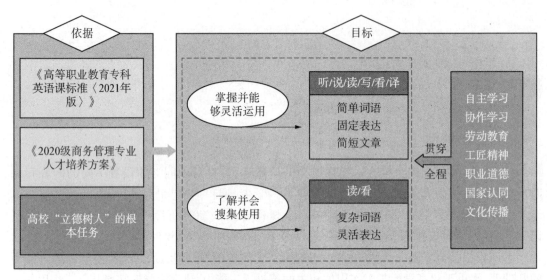

图2 本单元整体目标

各任务的具体教学内容如表1所示。

表1 各任务教学目标

任务	知识目标	技能目标	素质目标
描述服饰特征	1. 掌握8个与民族服饰相关的核心词语; 2. 掌握描述服饰名称、颜色、材质和尺码的词语和句型; 3. 了解描述服饰其他属性的词语和句型	1. 能熟练使用8个和民族服饰相关的核心词语; 2. 能口头及书面描述服饰名称、颜色、材质和尺码; 3. 学会搜集描述服饰其他属性的词语和句型,并添加到词条库	1. 增强民族文化自信; 2. 养成自主学习习惯; 3. 培养文化传播意识
介绍服饰文化	1. 理解课文中对于壮锦历史、图案、制作等知识的介绍; 2. 了解课文中的生词	能熟练运用阅读理解技巧,把握课文架构,读懂课文内容	1. 提高学生的自学能力; 2. 培养学生协作的学习习惯; 3. 增强学生的民族自豪感

任务	知识目标	技能目标	素质目标
谈论服饰价格	1. 掌握谈论价格、售后的固定套路； 2. 了解商品交易的灵活表达	1. 能按固定套路谈论价格、售后； 2. 会更新关于商品交易的语料库； 3. 会借助语料库和词典使用自己不熟悉的表达方式	1. 增强民族文化自信； 2. 养成自主学习习惯； 3. 培养文化传播意识
进行服饰比较	1. 掌握形容词/副词比较级、最高级的规则和不规则变化的内容； 2. 掌握比较结构	1. 能听懂包含比较等级(原级、比较级、最高级)和比较结构的英语对话，完成角色扮演任务； 2. 能运用形容词/副词比较等级(原级、比较级、最高级)和比较结构，进行物件之间比较，完成问卷调查数据说明任务	1. 培养学生协作的学习习惯； 2. 灌输学生商品营销调研意识
制作服饰海报	1. 掌握英文销售海报常用句型和正文写法； 2. 理解英文海报制作的要求； 3. 了解英文海报制作的格式、时态	1. 能用所学句型制作英文销售海报； 2. 学会英文海报内容表达的完整性、行文的连贯性和遣词造句的准确性	1. 提高学生观察与分析问题和归纳文本的能力； 2. 培养学生自主学习和协作学习的习惯； 3. 灌输学生诚信宣传意识
模拟服饰直播	1. 掌握用英语描述民族服饰的词句和直播间常用的销售用语； 2. 了解电商或直播带货的基本流程	1. 能用学过的词句准确、流利地介绍至少三种民族服饰； 2. 学会使用销售用语推销民族服饰	1. 培养学生在商品交易中的诚信意识； 2. 培养学生体验式营销意识

二　案例解析

(一) 设计思路与理念

本课程的设计理念是响应政策、对接岗位、因材施教、思政无声。

首先，依据《中华人民共和国乡村振兴促进法》和《高等职业教育专科英语课程标准(2021 版)》，我们将商务管理专业"实用英语"课程的主题定为"用英语，说广西"。

其次，根据本课程对接的"跨境电子商务平台操作专员岗"和"跨境电子商务运营与推广岗"的主要日常工作任务为答复产品的售前咨询，以及售中和售后的跟踪服务，我们以"词—句—篇"循序渐进的语言学习规律为主线，以"衣、食、住、行"四个篇章的内容为载体，对教学内容进行重构，培养学生在工作岗位中所需的英语听、说、读、写、译能力。

再次，我们通过问卷调查、在线测试、查验入学成绩、结合平台数据、观察访谈等渠道进行学情分析,确定教学的重难点和所采用的教学理念、模式、方法、手段与资源。

最后,我们通过一种润物细无声的方式将思政教育融入教学目标、教学内容和教学全过程。

(二) 设计与实施

1. 教学理念、模式、方法、手段与资源

课程以支架式教学理论(scaffolding)为依据,采取混合式教学模式,将以培养学生自主协作学习能力为目标的"词条库"作为"支架",贯穿整个教学过程中。主要的教学方法有合作学习教学法、任务驱动法、角色扮演、情景教学法和分组讨论法(见图3)。

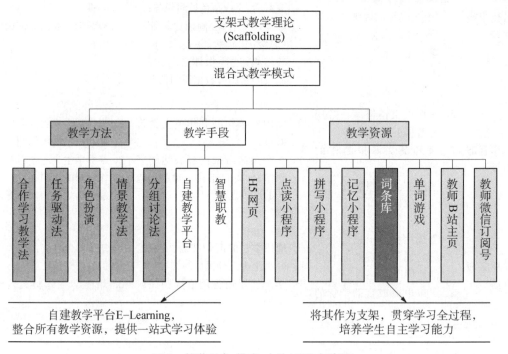

图 3　教学理念、模式、方法、手段与资源

所有教学环节都依托于 E-Learning 和智慧职教两大教学平台。E-Learning 用于整合八大主要教学资源,智慧职教用于组织教学活动。八大教学资源及其功能见表2。

表 2　八大教学资源及其功能

教学资源	功 能 说 明
词条库	每个人都可以创建、删除、修改词条,用于师生一起共建课程资料库,有利于提高学生的自主学习能力
点读小程序	以单词卡的形式呈现,正面为"图片＋中文"的形式,背面为"图片＋英文＋音标"的形式,学生可以点读。用于辅助学生掌握单词的读音及其意思,寓教于乐,有利于解决同班学生学习情况分层明显和学习积极性差的问题

（续表）

教学资源	功 能 说 明
拼写小程序	以看图识字形式呈现,能自动批改学生拼写的单词。用于辅助学生掌握单词的拼写,寓教于乐,有利于解决同班学生学习情况分层明显和学习积极性差的问题
记忆小程序	利用遗忘曲线帮助学生定期回忆和巩固单词。用于辅助学生根据自身情况进行自主学习。有利于解决学生基础较为薄弱和自主学习能力较差的问题
H5 网页	包含文字、图片、音频、视频,并嵌入了学习过程中需要用到的所有小程序
单词游戏	单词消消乐:将相应的中英文拖放到一起就会消失,游戏时可即时 PK,寓教于乐,有利于提高学生学习的积极性; 分组 PK:以小组为单位,组内任何一个人答错了,本组答题进度都会归零。寓教于乐的同时,有利于培养学生的团队合作能力
教师微信订阅号 教师 B 站主页	解决自建网站宽带的带宽小、无法承受高并发数的问题;同时有利于教师推广教学成果并对学情进行大数据分析

2. 考核说明

课程采取教师评价、小组互评等多种方式结合的多维评价体系,详情见图 4。

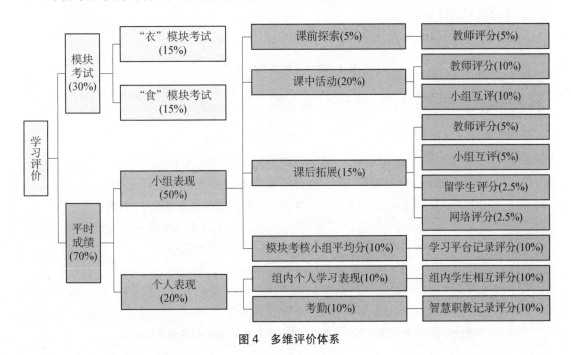

图 4 多维评价体系

3. 教学实施总体安排

教学团队采用一、二、三课堂结合的方式授课,即"真实课堂＋第二课堂＋虚拟课堂"。课前,学生在虚拟课堂进行预习;课中,教师引导学生学习,突破重点难点;课后,学生按要求创建完善词条,同时可以参加和课程内容相关的第二课堂活动,将理论知识应用于实践。在整个教学过程中,教师都注重培养学生的自主学习能力、团队协作能力,并对学生进行思政教育。

教学团队对学生自主学习能力和团队协作能力的培养主要以"词条库"为"脚手架"。教师在课前创建了和本次课程内容相关的词条,学生可以用于课前预习、课中参考和课后复习。任何人都可以创建新词条及对任何词条进行补充。此外,教师也会对所有词条进行审核及评价,最终实现师生一起共建本课程的语料库,并将其融入活页教材中的自定义内容部分。

教学团队将思政教育融入教学目标、内容和教学全过程之中。课程以销售民族服饰和介绍民族文化为载体,练习学生英语的听、说、读、写、看、译能力,带领学生参观民族博物馆、学习习近平总书记的讲话精神、穿戴民族服饰切身体会民族服饰之美等教学设计都以一种润物无声的方式对学生进行思政教育。

4. 教学重点难点的确定和突破

首先,学生的口语表达能力较差、大班人数较多、同班学习情况分层明显、语音室等设备不足,教学的难点之一就是如何提高学生的口语水平,增强互动能力。

其次,很多学生缺乏对自己国家文化的了解和自信。因此,教学的难点之二就是让学生了解中国文化的内涵。

最后,学生的学习动机不明,学习积极性差,同时长期受应试教育的影响,自主学习能力差。因此,教学的难点之三就是让学生明确学习的动机,提高学习积极性,从而停止被动学习,主动构建知识体系。

上述重难点的解决方法见表3。

表3　教学重难点和突破方法

	重点/难点	突 破 方 法
重点	掌握简单的词语、固定句型	利用多种小程序强调教学内容; 教师课上反复引导; 创建情景反复练习
	能够用英语讲中国故事	所有教学内容均以中国元素为主
	能够自主学习、进行团队合作	利用词条库,师生共建本课程的语料库
难点	提高口语水平,增强互动能力	点读小程序、角色扮演、情景模拟、二课活动(英语演讲比赛、晨读、英语讲故事比赛)
	加深对文化的了解	参观民族博物馆; 观看民族文化视频; 浏览相关网站
	停止被动学习,主动构建知识体系	利用词条库,师生共建本课程语料库

(三) 实效与经验

1. 对接岗位,教学目标得以实现

通过多维评价和专业课教师的反馈,学生已经积累了与本专业岗位相关的英语词句,同时与岗位需求相关的英语听、说、读、写、译能力也得到了极大的提高。学生能够用英语描述服饰特征、介绍服饰文化、谈论服饰价格等,也能够阅读关于服饰文化的英文文章、观看服饰介绍视频、制作服饰销售海报。

2. 三课并进,参与程度大大提升

通过虚拟课堂各种寓教于乐的小程序以及第二课堂各种和第一课堂相关的活动,学生线上线下的参与度都得到了极大的提升,如参与线上讨论、每日参加英语晨读、积极参加第二课堂竞赛活动等。尤其是学生和老师一起到对点扶贫村进行的"直播带货"活动,一方面推动了当地的经济发展,助力乡村振兴;另一方面为在全世界树立"壮美广西"的形象贡献了一份力量。

3. 言传身教,思政教育潜移默化

通过介绍我校教师从小向非物质文化遗产壮族织锦技术传承人学习传统文化,长大后和同事一起在定点扶贫村进行各种助力乡村振兴活动的事迹,对学生言传身教,加深了学生对广西产品和文化的了解,让学生增强国家认同,坚定文化自信,提升民族自豪感,同时形成了文化传播意识,培养了爱岗敬业、热爱劳动的良好职业道德。

三　案例反思

(一)创新之处

1. 转变课程性质,思政由内而外

将英语课的性质从"听懂外国故事"转变为"说好中国故事"。以往英语课是"文化输入"的工具,本课程将英语课变成"文化输出"的工具,侧重培养学生向外国人介绍在中国旅游、生活、工作所需要的语言技能以及用英语介绍中国的历史和文化的能力。教学内容的转变,有利于加深学生对中国文化内涵的理解,增强文化自信,培养学生的民族自豪感,全面落实高校"立德树人"的根本任务,为国家培养专业人才,服务国家文化输出的战略布局。

2. 教师变身网红,思政无处不在

课程团队录制了 32 个微课视频,并且上传到了各主流视频平台。截至目前,在哔哩哔哩平台上发布的视频总播放量近 100 万,微信订阅号用户数超过 4.5 万,抖音最高单视频播放量超过 20 万。全国各地均有学生在这些平台观看视频,并且留言互动。教师变身"网红",一方面使得教师的思政教育范围不再局限于本班、本校,而是在全国范围内得到了推广;另一方面,教师可以设置具有思政元素的话题供全国学生进行讨论,这样就在全国范围内形成了热烈讨论思政话题的氛围。

3. 自编活页教材,思政与时俱进

本课程的活页教材为 H5 网页格式,易于更改,因此在教学过程中,教师可以随时根据最热点的政治事件与话题,融入最新的思政元素。

(二)下一步改进措施

目前的"课程思政"和"思政课程"的结合程度还不高。虽然英语课教师在对教材内容进行重构的时候,充分听取了思政教师的意见,最大限度地保证了课程思政内容的准确性和适

合性,但仍缺少以下功能:

(1)"英语课学生—英语教师—思政教师"三方实时互动及反馈。

(2)"AI智能思政"。教师将所需的思政元素录入系统,并设置相应的关键词。学生在学习的全过程中,只要触发了关键词,系统都会自动推送相应的思政内容。

下一步将对 E-Learning 教学平台进行升级,从而实现上述功能。

陈国川　陈　予　谢　婵　苏冬娜　周婧婧(广西交通职业技术学院)

交旅融合设计　匠心构造良品

——"建筑施工图设计"课程思政案例

一　案例综述

（一）课程介绍

"建筑施工图设计"作为建筑设计专业十分重要的专业核心课，是一门理论和实践紧密结合的职业核心能力培养课程。其主要讲授建筑构造设计原理和设计方法，包括建筑物的组成、功能、各构件和节点构造。本课程开设于学生在校学习的第四学期，是贯穿专业学习整个过程的重要课程，它以"建筑制图"为基础，使学生掌握房屋的构造组成和做法，能识读一般建筑的建筑施工图。通过理论结合实践的学习，结合对有关构造设计图集、施工现场的调研，学生完成各个板块的构造详图设计，并完成广西某高速服务区游客服务中心建筑施工图的设计方案。扎实的理论基础和过硬的实践本领，实现了学生就业与专业学习的零对接，本课程可以为学生从事建筑工作打下坚实的理论和实践基础（见图1）。

"建筑施工图设计"课程以工作过程为导向，以学生为主体开展教学。本课程由学校和企业共同确定项目或任务内容，再根据任务组建项目小组直接参与建筑施工图设计，学生在运用已有知识去解决问题的同时，加强学习新的专业知识，以多样化的策略去解决问题和完成任务，从而提高学生在实践第一线解决实际问题的能力，增强学生的综合职业能力。

（二）案例概况

1. 案例背景：公路驿站、交旅融合

本次案例选自项目一的子项目四。本课程依托交通强国战略，以高速公路服务站打造交旅融合，以"游客服务中心"建筑设计真实项目为载体，开展运用 PDCA 项目教学法的专业教学。基于助理建筑师岗位工作流程，教学团队对教学内容进行组织与重构，依托建筑施工图设计的典型工作流程，融入乡村振兴战略背景下的装配式建造项目，将单元教学分为 8 个任务，共计 16 学时。

2. 思政设计：匠心设计、构造良品

本案例的思政整体设计以"匠心设计、构造良品"为主线，以乡村振兴战略背景下的装配式农房建造项目为载体，通过建筑施工图构造详图设计将工匠精神与标准质量意识贯穿教学始终，并将乡村振兴、创新精神、生态文明、文化自信、家国情怀等思政元素融入教学，做到

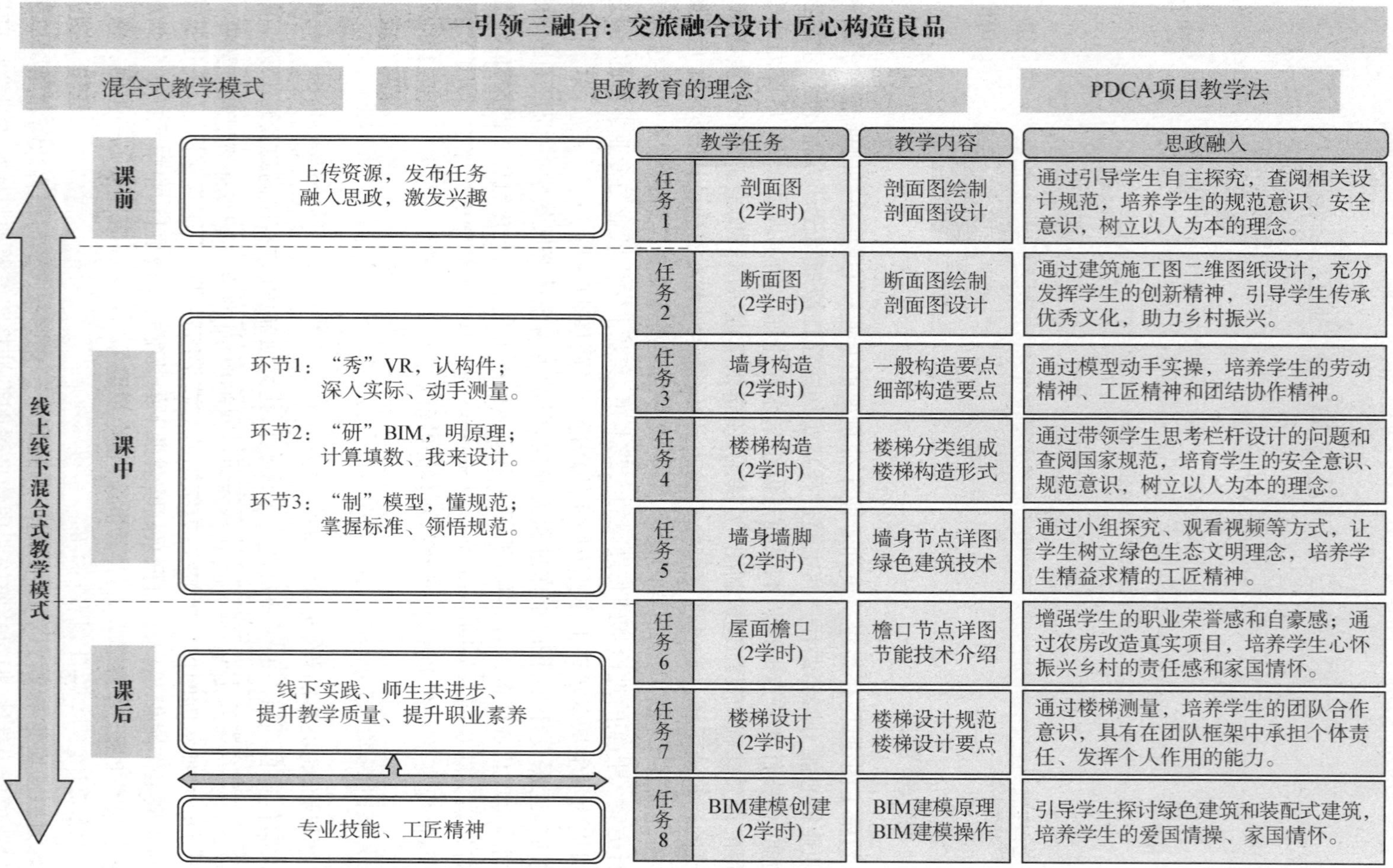

一引领三融合：交旅融合设计 匠心构造良品

混合式教学模式　思政教育的理念　思政融入　PDCA项目教学法

教学任务	教学内容	思政融入
任务1 剖面图（2学时）	剖面图绘制 剖面图设计	通过引导学生自主探究、查阅相关设计规范、培养学生的规范意识、安全意识，树立以人为本的理念。
任务2 断面图（2学时）	断面图绘制 剖面图设计	通过建筑施工图一维图纸设计，充分发挥学生的创新精神，引导学生传承优秀文化，助力乡村振兴。
任务3 墙身构造（2学时）	一般构造要点 细部构造要点	通过模型动手实操，培养学生的劳动精神、工匠精神和团结协作精神。
任务4 楼梯构造（2学时）	楼梯分类组成 楼梯构造形式	通过带领学生思考栏杆设计的问题和查阅国家规范，培养学生的安全意识、规范意识，树立以人为本的理念。
任务5 墙身墙脚（2学时）	墙身节点详解 绿色建筑技术	通过小组探究、观看视频等方式，让学生树立绿色生态文明理念，培养学生精益求精的工匠精神。
任务6 屋面檐口（2学时）	檐口节点详解 节能技术介绍	增强学生的职业荣誉感和自豪感；通过农房改造真实项目，培养学生心怀振兴乡村的责任感和家国情怀。
任务7 楼梯设计（2学时）	楼梯设计规范 楼梯设计要点	通过楼梯测量，培养学生的团队合作意识，具有在团队框架中承担个人体责任，发挥个人作用的能力。
任务8 BIM建模创建（2学时）	BIM建模原理 BIM建模操作	引导学生探讨绿色建筑和装配式建筑，培养学生的爱国情操、家国情怀。

线上线下混合式教学模式

课前：上传资源、发布任务 融入思政、激发兴趣

课中：
环节1："秀" VR、认构件；深入实际、动手测量。
环节2："研" BIM、明原理；计算填数、我来设计。
环节3："制" 模型、懂规范；掌握标准、领悟精范。

课后：线下实践、师生共进步、提升教学质量、提升职业素养

专业技能、工匠精神

图 1 课程思政整体设计

将技能培养、价值塑造和文化传承有机结合。

3. 内容分析：校企融通、育训共享

依据建筑设计技术专业人才培养计划、专科教育专业定位，对接建筑设计专业人员职业标准和岗位要求，教学团队制定"建筑施工图设计"课程标准，将本门课程分为三大教学模块，共13个教学单元。教学团队结合行业新技术、新动态、新标准等对课程进行梳理、整理，得出内容模块结构图(见图2)。

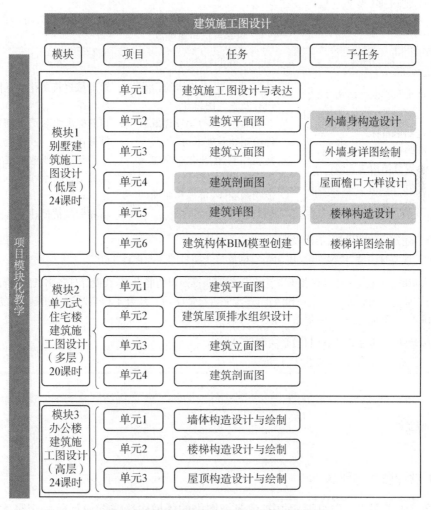

图2　建筑施工图设计课程知识体系结构图

4. 学情分析：识构造、懂设计、能创新

本课程的授课对象是2020级建筑设计专业二年级学生。前置项目学习了《民用建筑设计统一标准》(GB 50352－2019)有关建筑设计的相关规范。在认知和实践能力上，学生具有了一定的建筑方案设计与表达的能力。学生已经有　定的在线学习能力和团队协作能力，但部分学生主动学习意识不强，对基本理论学习兴趣不浓，喜欢动手实际操作、体验与互动。高职学生虽然能识读建筑方案图，但是对建筑施工图的理解不够，因而对建筑细部节点构造的概念理解不清晰。

5. 教学目标:懂技术、有温度、会思考

通过理论结合实践的学习,学生完成了各个板块的构造详图设计,完成了小型建筑施工图设计设计方案。前置课程的学习,让大部分学生已经学习并掌握了居住建筑的设计方法,具备第一阶段建筑方案设计的能力,需要在第二阶段重构立体三维模型到平面二维图纸实际施工过程。学生缺乏真实的项目经历和处理复杂问题的综合能力。基于以上分析,教学团队确定了教学目标:要求学生识构造、懂设计、能创新,逐步培养成为懂技术、有温度、会思考的新时代建筑师(见表1)。

表1　教学目标与重难点

	知识目标	技能目标	素质目标
教学目标	1. 根据"技能培训为主,知识够用为度"的原则,制定知识目标; 2. 准确识读建筑施工图,初步识读结构施工图; 3. 掌握外墙身和楼梯详图的设计方法	1. 能够进行建筑单体的深化设计及施工图设计; 2. 熟练运用天正CAD建筑软件绘制建筑施工图; 3. 能运用规范图集查找建筑施工图设计做法; 4. 能绘制墙体、楼梯和屋面的构造详图	1. 对地域建筑文化的认同感和创新思维; 2. 培养能力强和严谨细致的工匠精神; 3. 培养建筑师职业标准意识和规范意识、社会责任心和质量意识; 4. 培养劳动精神、团队合作精神
重点难点	重点:建筑施工图设计、剖面设计; 难点:外墙身构造、楼梯构造、屋面檐口构造三个项目的详图设计		
	解决策略:利用任务驱动法提升学生在任务中获得知识的能力,结合设计任务书、建筑构造模型等教具,通过小组合作的方式互相纠正,逐步完善技能学习。结合工程实际进行讲解,反复进行"学生练习—老师指导—学生修改"的学习模式		
教学方法	教师教法:任务驱动法、项目教学法(PDCA); 学生学法:小组合作法、实践法、讨论法		

二　案例解析

(一) 设计思路与理念

在"建筑施工图设计"这门课程中,建筑详图中的楼梯构造详图设计是一个最大的难点,也是本门课程的技能点。由于楼梯和外墙身构造组成复杂,尺度涉及数多,楼梯的净高尺寸要求、平面图的上下关系、平剖面图对应吻合等构造抽象、数据复杂。传统教学中,老师往往对着图片向学生分析楼梯的组成、讲解每一部分的尺寸,抽象无动感,对于喜欢动手、不喜欢理论讲授的高职学生来说,缺乏施工现场实践经验、没有现场感,单凭知识讲解、无法调动学生学习的积极性,教学效果不理想。实施PDCA项目教学法,将最大限度解决以上问题。

教学团队从建筑设计专业核心技能出发,以完成实际工程项目建筑施工图设计图纸为主线,利用PDCA项目教学法,借助"BIM模型信息化"、VR、AR三种典型的信息化教学手段应对"建筑施工图设计"在传统的教学方法中抽象难懂的问题。

在整个教学活动中,教师使学生经历、认知、掌握专业知识与技能,有效实现教学目标。实践环节的项目化教学,组织学生以小组形式完成实践任务,并汇报讲解任务过程和完成情况,讲解后由教师根据汇报情况进行补充,再由学生提出疑问,小组与教师最后协同解答,进而完成交叉式评价。交叉式评价包括教师对小组的评价、小组组员互评、各小组之间的互评。

(二)设计与实施

1. 教学组织和方法

课程依托交通强国战略,以高速公路服务站打造文旅融合,以小型公共建筑"游客服务中心"项目为依托,开展运用PDCA项目教学法的专业教学。在教学过程中,教师注重培养学生的学习能力、合作能力、独立自主能力、责任意识,强调学生"学"的重点在"过程"而非"结果",使学生在过程中锻炼各种能力,让学生通过完成项目任务掌握知识、技能,实现教与学的方向性转变。

(1)课程开发上,课程采用校企合作的方式进行以能力培养为核心的设计理念。能力培养过程是一个由简到繁的过程。

(2)多种教学方法与手段综合运用。课程依托智慧职教平台,采用混合式教学模式,方法有任务驱动、案例教学、小组讨论、模型制作、规范、图集的查阅与运用等。

任务驱动教学法:通过"教师布置任务→引发学生思考→教师引导学生探究、进行实践作业等"方式,教学团队组织学生以小组为单位,借助多种信息化手段,帮助学生掌握重点知识。

小组合作探究法:教学团队组织学生以小组为单位实施任务,通过"课前自学→课中探究→分组完成学习任务"的方式,帮助学生掌握知识技能和获得丰富的情感体验。学生互评取长补短,共同学习,共同进步。

(3)培养学生可持续性发展的能力。教学团队将国家注册建筑师考试内容融入教学内容中,使学生具有较强的可持续发展潜力。此外在教学过程中还必须有意识地培养学生的自学能力、分析问题和解决问题的能力,以及认真负责的工作态度和严谨细致的工作作风,为学生就业打下坚实的基础。

2. 教学资源与手段

教学团队充分利用公众号、智慧职教平台教学资源,开展"课前预习、课中导学、课后拓展"的教学活动。我们将此次课教学设计为"课前自学—课中导学—课后巩固与拓展"。

(1)课前自学:要求学生将调研的楼梯类型图片上传到职教云,旨在培养学生的自学能力,提高信息素养。

(2)课中导学:教师先借助Revit、3Dmax、VR技术手段,引导学生进入本次教学;接着带领学生进入岗位角色,营造积极探索的课堂氛围;随后组织各小组进行实地测量,增加感性认知,培养认真细致的工匠精神、团队协作意识;引导学生对照标准,将测量到的数据进行合理调整后填入图内,并计算楼梯间的开间和进深及层高,完成楼梯尺度的设计,意在培养学生的"标准意识";教师对本次教学进行梳理总结,并布置课后作业。

(3)课后巩固与拓展:学生将完成的作业提交到平台,并就学习中的问题与教师讨论。

(4)教学评价:总评成绩＝课前问卷调查10%＋线上楼梯类型测量10%＋线上学习进度20%＋线下线上活动30%＋设计结果楼梯模型30%。

(5)项目化教学形式:以小组的形式展开,便于学生开展合作学习,培养团队协作能力。

课程的项目设置和学时安排如下。

任务一：目录及设计说明编写（5学时）；

任务二：总平面图部分图设计（12学时）；

任务三：建筑各层平面图设计（12学时）；

任务四：建筑立面图设计（12学时）；

任务五：建筑剖面图设计（8学时）；

任务六：建筑详图设计（12学时）；

建筑施工图设计出图及成果讲评（2学时）。

3. 思政融合与创新

本课程的思政素质培养设计方案见表2。

表2　思政素质培养设计方案一览表

思政元素	序号	思政素养项目	教学知识点、技能	训练方式手段及步骤
法律法规	1	建筑法律法规	1.1.2　建筑施工图设计	结合建筑施工图设计不当引发安全事故的案例，以及建筑规范在设计行业的重要性，培养学生严谨的规范意识和制图习惯
社会主义核心价值观（必选模块）	2	爱国	2.1.2　建筑设计行业动态 2.1.3　施工图首页	展现新中国成立以来经济社会发展和技术进步所带来的建筑行业发展、设计趋势变革，激发学生的爱国热情和主人翁意识
	3	敬业		组织学生分组在实训地点对照图纸查找建筑构件，培养善于合作的职业态度和创新能力；培养专业技能人才团结、互助、友爱的精神，共创行业美景
	4	诚信	3.2.3　建筑施工图平面设计	一切从实际出发，理论联系实际，实事求是，在实践中检验真理和发展真理，树立学生诚信做人的价值观
	5	友善		在设计过程中设立小组讨论、教学互评等环节，形成互帮互助的学习氛围，树立和谐友善的价值观
优秀传统文化（自选模块专业特色）	6	中国传统民居建筑文化	4.1.1　建筑施工图立面设计	系统讲述，使学生掌握中国传统民居的发展脉络和风格特征；引导学生在建筑风格中体现中国传统建筑文化，传承中国传统建筑文化
	7	标准、规范意识	5.1.2　建筑施工图剖面设计	通过对比剖面图教学，组织学生以小组合作的方式探究学习，引导学生运用对比思维思考问题
	8	工匠精神、谨慎细致	6.1.3　建筑施工图详图设计	通过发布任务、角色扮演等方式，培养学生的工匠精神和细致的职业素养
	9	广西地域建筑文化	7.1.6　广西地域建筑文化	选取代表性的广西民族地域建筑进行讲述，结合实地调研使学生对广西地域建筑文化产生浓厚兴趣，弘扬地域文化，树立传统建筑文化保护的观念和意识

（续表）

思政元素	序号	思政素养项目	教学知识点、技能	训练方式手段及步骤
	10	生态文明建设	8.1.3 建筑节能计算书	节约资源和保护环境为基本国策,完善生态文明制度,生态可持续发展战略;携手构建人类命运共同体;世界能源新格局将绿色环保节能放在首位
	11	一带一路	9.1.1 建筑施工图综合识图	在校外实训基地,运用师傅带徒弟的现教现学教学方法,企业兼职教师结合生产案例,训练学生识读建筑施工图,拓宽学生的视野,体验企业文化,促进学生职业素养的养成

（三）实效与经验

1. 学生学习兴趣提高,学习效果显著提高

真实项目驱动、深度参与式的教学形式,极大地激发了学生学习的兴趣,同时教师利用智慧职教课程平台开展多种形式的课堂活动,学生积极参与教学活动,学习兴趣有明显提高。

2. 学生职业能力提升,三维教学目标达成

1）懂技术,有温度,会思考

学生设计作品的质量普遍提高,建筑施工图设计水平在技术性和艺术性上均有提升,学生在设计中学会运用 ArchiCAD、Revit 等软件,注重节能技术和 BIM 等新技术的运用,设计的作品得到甲乙双方的一致认可,学生本阶段的专业知识、技能目标达成。

2）职业迁移性增强

学生积极参与课堂,深度互动,自主学习意识增强,问题引导肯动脑,自主探究肯钻研,小组协作能配合,任务参与度与完成度高,思辨能力、团结协作和沟通表达能力提升,学生职业迁移能力增强。

3）职业荣誉感增强

学生踊跃参与课后拓展任务,积极投身乡村振兴项目实践,岗位责任感增强;文化引领下师生全面成长,取得了一系列成绩,职业荣誉感增强。

三 案例反思

（一）创新与特色

1. 应用混合式模式开展单元教学

（1）目标达成度高。智慧职教平台数据显示,完成教学目标的学生所占比例达 92%。

（2）活动参与度高。由于活动设置得合理、有趣,提高了学生的学习兴趣,数据显示参与活动的学生所占比例达 92%。

2. 信息技术应用恰当

本案例充分应用了 BIM 技术、3Dmax、VR 眼镜等现代信息技术，使抽象的知识形象生动化，顺利达成教学目标。

3. 有机融入思政教育

融入课程思政教育，在传授知识、技能的同时，培养了学生认真细致的工匠精神，以及团队协作意识和标准意识。

（二）下一步改进措施

1. 完善 PSCA 评价体系，实现学习效果的动态评价

课程以实际工程项目为载体，采用以项目教学法为主的"行动导向"教学模式，实现了设计作品的全过程信息化多元评价。但课程的评价体系对学生个人作品的评价不够充分，系统随机分配的互评成绩的公平性无法完全保证。我们将进一步完善 PDCA 评价体系，考虑团队成果与个人成果评价的差异性，以及学生个体在团队中的贡献值和能力增值，充分体现学生动态的个体学习效果。

2. 二次开发教材，实现教学资源与教材的深度融入

教学团队将对教材进行二次开发，引入全国装配式建筑施工图设计，形成具有特色的活页式教材，后续将持续开发融媒体教材，实现教学资源与教材的深度融合。

傅艳华　魏赛楠　谢　军　陈钰婷　彭　来（广西交通职业技术学院）

高桥壮志升黔品　荷载试验保平安

——"桥梁工程试验与检测"课程思政案例

（一）课程介绍

1. 课程定位

"桥梁工程试验与检测"课程是道路养护与管理专业的专业核心课,对接交通强国战略背景下道路智能管养人才培养需求,落实立德树人,践行"三全育人",深化三教改革,弘扬工匠精神和劳模精神,厚植职业素养,实现"岗课赛证"融合,从桥梁试验检测与养护管理岗位必备的职业核心能力出发,纳入智能检测等新技术、新方法、新规范,校企双元制订标准、开发课程、实施教学与考核评价。课程以典型的真实生产项目和特色桥梁检测任务为载体,构建思政、劳动、技术技能融合同步育人模式,利用信息技术,实施任务驱动、模块化教学,培养德技双馨的高素质劳动者和复合型技术技能人才。

2. 先修课程与后继课程

与本课程有关的前续课程为"道路建筑材料""工程测量""工程岩土""桥梁工程"或"高架结构"等,后续课程是学生到桥梁检测和养护单位的跟岗或顶岗实习项目化课程。

3. 课程目标

通过课程学习,学生能掌握桥梁定期检查、专项检查等相关原理与方法;能够根据规范要求,熟练使用检测仪器设备,完成桥梁工程技术状况及承载能力检测,并根据检测结果进行分析判断,能够准确评定桥梁的安全状况;在教学实施中课程有机融入"爱党爱国、求真务实、拼搏创新"思政元素,推进精神内涵进教材、大国工匠进课堂、价值塑造进头脑,将价值塑造、知识传授和技能培养融为一体。

（二）案例概况

本课程主要讲授桥梁荷载试验。授课过程中教学团队结合桥梁荷载试验知识点、技能点有机融入思政元素,实现知识传授、能力培养和价值塑造的统一。具体教学目标、思政融入方式、教学过程、教学方法、教学评价如下。

1. 教学目标

通过学习,学生可以掌握桥梁荷载试验概论、测试原理、计算方法;能够进行荷载试验方案制订,能够准确粘贴应变片、布设百分表,能够准确采集桥梁静动态应变、挠度,能够进行桥梁自振特性测试,能够进行采集数据的整理、分析和评定;教学过程中有机融入思政元素,厚植学生爱国爱党的情怀,培养学生求真务实的职业道德,树立学生拼搏创新的职业精神。

2. 思政融入

教学团队将触目惊心的垮桥事故导入课程,树立学生"生命高于一切,安全重于泰山"的工程质量至上理念;通过对世界著名桥梁南京长江大桥、贵州平塘特大桥荷载试验方法的介绍,学生可以感受不同时期我国桥梁建造的科技实力和工程师攻坚克难、拼搏创新的职业精神,激发他们的民族自豪感,厚植爱国爱党的情怀;在世界最高桥缩尺模型荷载试验实操中,学生可以感受桥梁荷载试验真实生产环境,培养严谨求实的工作态度和团结协作的工作精神。

3. 教学过程

教学团队以学生为中心,依托职教云平台实施线上线下混合教学,充分拓展课前、课中、课后三个阶段学习时空,设计"知任务—明原理—探方法—练技能—强本领"五个教学环节,全程记录学生的学习行为。课前启动任务,发布桥梁荷载试验规范、荷载试验生产过程视频、虚拟仿真教学视频,让学生了解荷载试验基本过程,并通过线上小测试,掌握学生基本学情;课中讲解荷载试验任务,展示荷载试验方法,示范荷载试验操作,学生在世界最高桥缩尺模型中练技能;课后通过"技能学时打卡",进一步强化学生的技能。

4. 教学方法

教学团队立足桥梁荷载试验真实生产任务和工作过程,采用任务驱动,融合"三类课堂"教学。第一课堂课内推进启发式、探究式、参与式教学,讲授荷载试验相关知识、原理,树立学生工程质量至上理念,厚植学生爱国爱党的情怀;第二课堂课外创新"技能学时打卡"制度,在真实生产环境中强化技能训练,培养学生严谨求实的工作态度和团结协作的工作精神;第三课堂线上利用国家教学资源库和虚拟仿真实训特色资源,促进学生自主、泛在、个性化学习。三类课堂互补、互助、互促,破解教学重点、难点。

5. 教学评价

教学团队建立"多元"评价主体,围绕荷载试验知识、技能和素质目标设计多维度评价指标,运用信息技术构建立体化、全过程的综合考核评价方式。本课程的评价体系强化过程评价,助力每一个学生的持续进步,提升学习获得感。

二 案例解析

(一) 设计思路与理念

桥梁荷载试验是指在桥梁结构上施加荷载作用力,并用检测设备记录桥梁在荷载作用下的结构静动力响应,检验桥梁整体承载力是否达到设计文件和规范的要求。

桥梁的质量安全备受关注。桥梁荷载试验要求作业人员真实严谨地对大桥进行试验,试验现场场面壮观,试验检测设备安装操作要求精细精密,整个过程需要团队通力协作。我们围绕"爱国爱党、求真务实、拼搏创新"的核心育人目标,从"桥梁荷载试验"本身的专业知识和专业技能中挖掘思政元素,遴选加工教学资源,进行了本次课程思政教学设计,力求将价值塑造有机融入知识传授与能力培养各环节中。

桥梁的质量安全责任重大,教学团队以桥梁工程事故案例警醒学生,强化质量意识、责任意识,进行工程伦理教育;桥梁荷载试验要严谨求实,以过去的南京长江大桥案例和现在的贵州平塘特大桥案例,点明真实开展桥梁荷载试验的重要意义——这两座中国桥梁中的杰出代表也能自然激发出学生的专业自豪感、民族自豪感和国家自豪感;以学生分组的形式开展教学,在小组讨论中引导学生主动思考和探索,培养明辨善思的科学精神;在实践环节中采用角色扮演教学,让学生能够对桥梁荷载试验进行更深入的体悟和感受,孕育职业自豪感;小组共同完成应变片粘贴等任务,突出培养团队协作精神和追求卓越的工匠精神。

(二) 设计与实施

本次教学任务"桥梁荷载试验"共 4 个课时,要求学生掌握桥梁荷载试验概念、目的、依据、程序,了解桥梁荷载试验计算方法,掌握荷载试验方案的设计,掌握荷载试验加载、静动态应变、挠度采集、数据整理分析和评定方法,能够正确粘贴应变片、布设百分表,掌握静、动态应变采集仪使用方法,能够准确测试桥梁自振特性,能够按规范准确进行试验数据处理和结果评定。

教学团队分析教学的重点、难点发现,教学最困难的地方就是无法做到组织大量重车到桥上真实开展荷载试验实训。通过学情分析,我们了解到学生喜欢借助微课、动画、仿真软件等信息化手段学习,学生对新观念、新事物、新技能学习接收快,喜欢动手实践,渴望学习与未来工作岗位相关的知识和技能,对世界级桥梁真实案例表现出强烈的好奇心。所以我们运用学院实训厂房的智慧教室和桥梁缩尺模型,开展"理实一体化"教学。

1. 课前阶段——知任务

通过职教云平台,教师提前 3 天发布课前学习任务,推送学习资源,同时锻炼学生的学习能力。

(1) 学生看微课,查规范,了解桥梁承载力不足的主要原因和桥梁荷载试验的步骤;学生观看虚拟仿真教学视频,自主练习操作。

(2) 教师根据学生课前学习情况和作业完成情况,了解学生对基础知识的掌握情况,根据预习反馈及时调整课堂内容,并根据学生的课前表现进行评分。

2. 课中阶段

1) 环节 1——明原理(实训厂房智慧教室)

由于刚开始上课,很多学生的注意力是分散的,因而我们以震撼人心的事故案例,将学生注意力吸引到课堂上,完成本次课程主题的导入。选择的案例是印度一座临时桥梁被重载车辆压塌的事故。该案例中桥梁承载力不足是垮塌的主要原因,引入该案例可帮助学生认识到这项检测的重要性。该环节融入了工程伦理教育,有助于培养学生的生命意识、质量意识、责任意识、安全意识和社会使命感。

2) 环节 2——探方法(实训厂房智慧教室)

桥梁承载能力如何检测?我们先引入了许世友将军用坦克检验南京长江大桥的故事。新中国成立后,外国专家一直认为我国不可能在长江上建造跨江大桥,通过自力更生、艰苦奋斗,我国终于自主建造了具有里程碑意义的南京长江大桥。但对于桥梁是否牢固的质疑又如何打破？许世友将军直接让上百辆坦克驶过大桥，大桥无恙，全国欢腾！引入该案例在凸显这项试验重要意义的同时，也激发出了学生的民族自豪感。

之后用平塘特大桥（拥有世界最高、最美的桥塔）的现场静载试验视频让同学们感受现在的试验工作，挖掘贵州苦干实干敢干世界级高桥的精神内涵，在气势恢宏、科学严谨的荷载试验大场面中，激发拼搏创新精神，学生奋斗有我的荣誉感、责任感油然而生。

3）环节3——练技能（实训厂房的桥梁缩尺模型）

完成理论知识的学习后开展实践教学，桥梁荷载试验需要使用很多试验检测设备。学生分组进行应变片的粘贴、百分表的正确使用、静动态应变数据采集器以及控制器安装与调试等实训，在练习过程中教师要狠扣细节，磨砺学生追求卓越的工匠精神。

之后运用桥梁缩尺模型，模拟真实的桥梁荷载试验现场，采用角色扮演的方式，让学生作为项目的加载组、采集组、记录组成员，相互配合完成桥梁荷载试验综合实训。教师要以标准工作流程要求学生做事有始终、守规矩、团结协作，让学生能够对桥梁荷载试验有更深入的体悟和感受，孕育职业自豪感。实训课结束后教师组织学生收拾整理（劳动教育），便于下个班级使用（利他精神）。

3. 课后阶段——强本领

教学团队结合"技能学时卡"考核制度，课后让学生充分利用课余时间强化技能，通过项目实训考核。（实训厂房在课后及周末开放，且有值班教师和助教管理秩序、指导操作、考核技能，学生可自行选择时间和项目去开展练习、考核。）

教学全过程中我们围绕"爱国爱党、求真务实、拼搏创新"设立多个育人目标观测点，例如主动思考的学习态度、仪器操作的规范、数据填写的规整等，将其融入教学各环节；通过"技能学时打卡"制度进行增值评价，锤炼学生的工匠精神，即学生可自主申请技能重测，测试成绩持续提升或累积一定技能学时均可获奖励成绩。

（三）实效与经验

本课程全面推进课程思政建设改革以来，成效显著，2021年入选教育部课程思政示范课程。学生评价课程满意度均超95%，校内、校外督导专家听课评分均达90分以上。课程的教学质量提升，学生近三年参加全国高职院校学生无损检测技能大赛获奖42人次。团队成员以本课程思政建设改革案例为范本，每个学期都在校内开展课程思政讲座、教研学习，贵州装备职业技术学院等多所中高职院校到校交流学习，示范辐射作用凸显。

在本案例中，我们充分利用学院日益完备的教学条件大力实施教学改革，将过去在普通教室上课改为在实训厂房开展理实一体教学。过去只能通过视频的方式让学生观看学习现场的桥梁荷载试验工作，改革后利用厂房中的各种仪器设备，可以开展该试验的各项实训，演练该试验的各个流程。同时，不断挖掘课程中的思政元素，不断收集课程思政教学资源，不断优化课程思政教学设计，构建了"知识、能力、育人"三贯通的课程目标，实现知识传授、能力培养和价值塑造的统一。总的来说，教学效果有了明显提升，学生的学习注意力、学习兴趣被充分调动，达到了本次课程的知识目标和技能目标；同时，学生对行业专业有了更深入的认识体会，对于爱党爱国、求真务实、拼搏创新形成了共鸣，本次课程的育人目标达成。

三　案例反思

（一）创新之处

1. 精选多元属性案例，实现了思政、劳动与技术技能的融合培养

教学团队遴选贵州世界级高墩大跨桥梁案例、桥梁安全事故史料，开发校企共建、师生互动的"优秀校友说桥""点赞家乡高桥""我说责任担当"系列个性化特色教学资源。教学团队运用真实的桥梁工程检测项目、检测技术，深度挖掘并提炼其中所蕴含的思政元素，系统融入我国成为世界第一桥梁大国、技术世界领先得益于工程人不畏艰险、吃苦耐劳的劳模精神和追求卓越、精益求精的工匠精神，增强学生民族自信和热爱劳动、崇尚技能态度和对行业专业的认同感，达到了为国培养德才兼备的高素质劳动者和技术技能人才的目标。

2. 突出技能养成规律，构建了"任务驱动、五环渐进"的教学模式

教学团队遵循检测技能养成规律，契合学生特点，以真实生产项目为载体，坚持校企一体、传技育人一体、理实一体、虚实结合、线上线下结合、课堂内外结合，构建"知任务—明原理—探方法—练技能—强本领"五环节教学流程，形成了"任务驱动、五环渐进"的教学模式，开发寓教于情的课前、课中、课后教学资源，合理拓展课程的广度、深度、温度，推进精神内涵进教材、大国工匠进课堂、价值塑造进头脑。

（二）下一步改进措施

1. 进一步对接岗位工作标准，持续更新教学内容和教学资源

交通强国战略将催生更多智能化检测新技术、新设备、新规范，教学团队需要不断优化、开发更丰富的教学资源和思政案例，保证教学内容迭代快、技术融入好、思政案例形式新。

2. 进一步完善关注学生个体成长的增值评价

教学团队将持续完善大数据平台功能，增加自动采集指标数，修正学生增值评价指标和占比，增加评价结果可信度，调整分组方案、学习任务和教学方法，深度推进因材施教，促进学生人人出彩。

刘正发　林　林　向程龙　应江虹　周德军（贵州交通职业技术学院）

初心于方寸 咫尺在匠心

——"路基路面施工"课程思政案例

（一）课程介绍

1. 课程定位

本课程为我校道路桥梁技术专业核心课程,强调以就业为导向,以路桥行业所涵盖岗位群工作任务为依据,突出职业性要求,详细介绍道路路基、路面施工工艺、施工组织等内容;强调职业能力培养导向,着重培养学生对道路工程质量控制、施工规范标准的运用能力,以及在实际工程项目中解决问题和施工组织管理能力,满足道路施工的岗位需求。

2. 课程衔接

前导课程:"工程力学""道路工程识图""道路工程测量""基础工程材料与检测"。

平行课程:"基础工程 CAD""道路勘测设计""土方与基础工程施工""基础工程招投标与合同管理"。

后续课程:"隧道施工技术""路桥 BIM 建模技术""道路工程计量与计价""道路工程质量检测""道路工程资料编制与归档"。

3. 课程培养目标

1）知识目标

掌握道路路基、路面施工工艺、施工组织方法和内容,能够合理地应用相应规范,初步具备道路施工管理能力。

2）能力目标

（1）结合路基施工规范标准,能够完成道路主体、技术指标的质量检测控制工作;

（2）可以独立完成道路工程的施工组织设计编制,包括施工方案、现场布置、计划进度、材料计划、设备计划、人员分配等。

3）素质目标

（1）树立团队合作精神,增强交流沟通能力。

（2）具备优良的职业道德修养,能遵守职业道德规范。

（3）具有良好的心理素质和克服困难的能力。

（二）案例概况

1. 师德为先，组建课程思政模式下的教学团队

在传统的教学团队建设中，教学团队按照教师的年龄、职称、职级、教学水平等层级进行建设。而在课程思政建设模式下，对于专业教师的思想道德、政治水平、人文素养等方面需进行重点考量。在此基础上，教学团队多维度提升教师思政水平和人文素养，以路基路面施工课程思政建设为契机，通过加强思想政治理论学习，组织教师培训、参加教学技能大赛等方式综合提升思政和教学水平。

2. 结合道路与桥梁工程技术专业特色，发掘思政元素

《高等学校课程思政建设指导纲要》为专业课程中须渗透的思政内容提供了导向。交通运输行业是国民经济中基础性、先导性、战略性产业和重要的服务性行业，是可持续发展的重要支撑，"路基路面施工"作为交通运输类专业核心课，应体现道路工程发展与"可持续交通"的相关性，鼓励学生践行工匠精神和创新精神；将专业伦理与人文伦理相结合，要求学生遵守职业道德，提升其在专业领域的规范意识和行为标准。

3. 以点带面，开发课程思政体系架构

为保证课程育人效果，专业课程思政的教学体系构架要随着思政元素的融入同步升级。课程思政元素应保证实时性，与授课时的国内外时事热点保持同步，因此以"建构主义"学习理论为基础，开发具有发展性的课程设计模型，帮助任课教师理清课程设计思路，形成路基路面施工课程思政教案册，同时为其他课程的思政建设提供经验支持。

4. 创新课程思政教学模式，开发能力考核方法

目前我国高等教育发展的趋势之一就是缩减学分和学时，以给予学生更多的自主空间，实现人才培养模式和学生发展的多样性。依据工程教育专业认证的学生中心理念，课程思政建设应从学生自主角度创新教学模式。

因此，教学团队通过开发课程思政在线课程，实现课程思政线上线下的全覆盖；创造性开发专业课程的第二课堂活动，与学生团总支、学生会等部门活动有机结合，力求达到一举两得、事半功倍的效果，逐步完善路基路面施工课程思政特色标准和考评办法，并建立学分转换制度（见表1）。教学团队通过指导学生参加学生技能竞赛、挑战杯活动，三好学生、优秀班干部评比活动，以及毕业生追踪回访等多种途径，考评课程思政人才培养效果。

表1　路基路面施工课程学分转换表

级别													注：
国家级	一	二	三										① 学生职业技能竞赛类均按照第一完成人加分；
省部级		一	二	三									② 系部级别加分上限30分；
市厅级			一	二	三								③ 级别审核标准以教务处为准，与课程相关性由系部认定
院级				一	二	三							
系部					一	二	三						
第1完成人	期末各科成绩满分	50	40	30	40	30	20						
第2完成人		40	30	20	30	20	10	30	20	10	20	10	5
第3名以后		30	20	10	20	10	5						

5. 打破主观,建立科学的评价模式

课程思政建设效果评价的主观性较强,具有显著的模糊性,为有效衡量课程本身的教学和思政融入效果,设计科学的评价模式(见图1),教学团队定期对课程思政工作实施情况进行评估总结,同时发现问题并提出改进措施,形成课程思政背景下的教学反思。

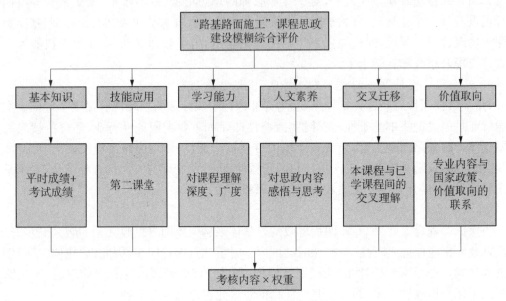

图1 课程思政建设模糊评价模型

二 案例解析

(一) 设计思路与理念

《高等学校课程思政建设指导纲要》指出,课程思政建设工作要围绕全面提高人才培养能力这个核心点;围绕政治认同、家国情怀、文化素养、宪法法治意识、道德修养等重点优化课程思政内容供给。

"路基路面施工"作为道桥、市政工程技术专业核心课程,应着重鼓励学生努力学习专业知识,践行工匠精神和创新精神,为城市基础设施建设和国家发展贡献力量;将专业伦理与人文伦理相结合,要求学生遵守职业道德,熟悉工程伦理,提升其在专业领域的规范意识和行为标准。作为施工类课程,要引导学生用科学的立场看待事物、分析问题、认识社会;要加深思政内容与时事热点的融合,保持思政元素的同步性,将社会主义核心价值观等元素融入教学当中。

为保证课程思政实效性,在挖掘思政元素的过程中,教学团队依据人本主义学习理论,关注学生成长历程,注重启发学习者的经验和创造潜能。因此,教学与学管部门的积极配合,有利于提前找出学生存在的不稳定因素和潜在问题,从学生家庭成长背景、日常同学关系、宿舍成员情况等方面进行统计,结合班级课堂学习整体情况,针对性分析学生思想素质提升方向,提炼思政元素。教学与学管工作相辅相成,形成"三全育人"格局。

（二）设计与实施

1. 如盐化水，无痕融入思政元素

目前在课程思政建设中，普遍认为"思政课程"为思想政治的显性教育形式，专业课程为隐性，所以目前对于专业课程中的思政元素，也普遍推崇以润物无声的方式将其融入课程。根据思政元素的类型及与知识点契合程度的不同，隐性融入方式可概括为参与式、格物式、案例式三种形式。

1）参与式

参与式融入就是指通过课程环节设计以及教师的言传身教，对学生的科学思维、学习态度、专业认知等加以提升。此方式的育人效果是多元化的，并不局限于某一方面，并且需要长期积累，因此课程主要在于习惯的培养。例如，路基路面施工技术教学中实施翻转课堂，让学生自主学习并展示成果，发现自身知识漏洞和现实施工中可能存在的要点、难点，以分组讨论的方式解决，并在课堂上进行汇报。此过程基于金字塔理论学习，将被动学习转为主动学习，由低级记忆、理解、应用思维提升至分析、评价、创造的高阶教育目标，培养学生自学习惯和敢于面对并解决困难的能力。在讨论过程中，学生可以体验与人沟通、分享成果、展示自我的乐趣和获得感，有利于学生树立正确的人生观和价值观，培养健康的心理和生活态度。

2）格物式

格物式融入是指将专业内容与思政内容进行类比，引发学生对思政元素内涵的讨论，做到格物致知。例如，在介绍路基材料的可靠度时，类比社会主义核心价值观中的诚信内容。《论语·学而》中有"吾日三省吾身"，其中一省便是"与朋友交而不信乎"。守时是评价一个人是否诚实可靠的基本条件之一。对于路基结构来说，能否在规定的时间内和条件下，完成预定功能，也是评价结构可靠度的标准。在提高学生诚信认识的同时，也可培养学生的发散性思维，通过建立联想，巩固专业知识记忆。

3）案例式

案例式融入主要指通过生动的故事、时事热点、科技发展历史等内容，引导学生讲好中国故事，弘扬中国精神。选取案例应为与专业内容相关，又有正确价值导向的例子。例如，在介绍道路工程发展过程中，教师通过介绍青藏公路人传承的"两路精神"来引发学生兴趣，提升学生文化认同度和增强文化自信。

2. 线上线下结合渗透，一二课堂全面发展

1）"互联网+"课程思政教学模式

目前，课程思政建设多着眼于课堂教学，对网络平台课程的开发和利用还不足。教学团队在线上课程中融入思政元素，结合"对分课堂"和"项目化"教学模式，实现课程思政线上线下全覆盖。大部分的高职学生基础知识较为薄弱，语言组织表达能力相对欠缺，因此教学团队采用翻转课堂模式，精细划分教学过程，课上精讲知识框架和重难点内容，其他内容组织学生以项目小组模式开展合作探究，利用在线资源进行项目化学习，给学生充分的准备时间，在下次课上通过演讲报告、小论文等形式表达对专业知识理解与思政元素的认知，择优上传在线课程平台评论区进行展示，提升学生的获得感和成就感，提高平时成绩在期末成绩中所占的比重。此外，还要注意利用"学习强国""青年大学习"等学习平台资源。

2）开展第二课堂活动，制定多元化考核方式

虽然目前已把考试成绩和第二课堂成绩综合作为评奖评优依据，但学习成绩高、二课拖后腿的不均衡现象依然普遍；并且由于在基础教育阶段的认知惯性，存在学生对素质教育重视不足、第二课堂开展困难等问题。再者，由于奖学金、三好学生等荣誉由辅导员、学管部门进行评选，导致部分学生，特别是学生干部，在思想上对专业教师发布的任务不够重视。为保证课程思政效果，在优化学生培养体系的基础上，创造性开发与专业课程相关的第二课堂活动，让专业课程与学生团总支、学生会活动有机结合，力求达到一举两得、事半功倍的效果。例如，开展道路工程技术、交通领域相关政策专题研讨，以及学生技能竞赛等活动，并根据取得的成绩和参赛级别进行学分转换，从而构建一、二课堂育人机制。

（三）实效与经验

1. 学习动机的提升

在过去一段时间新冠肺炎疫情防控的背景下，教学团队在课前、课后活动中结合"互联网＋"信息化手段，保障了思政教育停课不停学，同时丰富了教学活动和资源，以学生为主导，使教学过程持续激发学生的获得感、认同感、成就感；有机融合思政元素，便于学生理解知识内容，有效提升学生的学习动机水平，学生的参与度显著提升。

2. 专业自信的增强

课程中渗透了道桥行业大国工匠、领军人物、新技术等方面内容，教学团队在丰富课程内容的同时提高学生专业文化素养，潜移默化地提升学生对道路与桥梁工程技术专业的感性认识，提高学生对未来行业发展、有关政策的理解，增强了学生对所学专业和未来从事职业的自信。

3. 第二课堂表现突出

教学团队开展丰富多元的第二课堂活动，增强学生崇尚劳动、协同攻坚、勇于创新的精神，同时提高了学生的语言表达、团队协作、逻辑思维能力，提升了思想品质、文化自信、美学素养。教学团队制定了第二课堂的学分转换机制，提高学生对第二课堂活动参与的积极性，在专题研讨、辩论赛、演讲、学生职业技能大赛等活动中，学生表现突出。我校 2019 级道路与桥梁工程技术专业 6 名学生，在由全国交通运输职业教育教学指导委员会主办的"2021 年全国交通运输职业教育道路与桥梁工程施工技术应用技能大赛"中，分别获得团队二等奖、三等奖，以及个人二等奖，并在赛后进行学分转换，获得校级奖学金、三好学生等荣誉，有效提升了学生的自信心和获得感。

三 案例反思

（一）创新之处

1. 依据人本主义学习理论，实现"三全育人"格局

依据人本主义学习理论，专业教师与学生辅导员、班主任定期交流沟通，及时把握学生思想动向、心理健康情况，及时调整思政元素内容和教学手段，使教学与学管工作相辅相成，关注学生成长历程，注重启发学习者的经验和创造潜能，促进学生全面发展，形成"三全育

人"格局。

2. 混合式教学,推进课程思政的线上线下全面渗透

教学团队通过混合式教学,有效利用学习强国等资源,在学习强国官方平台挖掘思政元素,确保思政元素内容的方向性和正确性,融入在线课程任务,使得课程思政能够线上线下全面渗透,同时提高学生对学习强国平台参与程度,让思政学习成为学生日常习惯。

3. 开发第二课堂学分转换机制,提升学生的积极性

教学团队创造性开发第二课堂学分转换机制,在丰富学生日常学习和生活内容的同时,将思政教育行为化、具体化,在组织学生参与活动过程中,培养学生崇尚劳动、协同攻坚、勇于创新的精神,同时提高语言表达、团队协作、逻辑思维能力,提升思想品质、文化自信、美学素养。教学团队制定详细、具体的学分转换管理和评价办法,将学生竞赛、第二课堂取得成绩按照获奖名次、赛事等级、完成人排名等情况,合理进行学分转换,并在评奖评优方面予以参考,从而打通第一、第二课堂育人机制,有效提高了学生的参与积极性,达到以赛促学的目的。

(二) 下一步改进措施

1. 自主开发在线课程,推进思政育人

目前所用在线课程资源为智慧职教平台课程,教学团队下一步计划自主开发建设"路基路面施工"在线课程,并将课程思政元素有机融入在线课程教学内容,从而进一步提高思政育人效果。

2. 完善思政育人效果评价方法

课程思政建设模糊评价模型对学生的综合素质增值无法精确量化,对实践操作要求较高,应进一步完善课程思政育人效果评价方法。

3. 完善"1＋X"证书制度,实现"岗课赛证"全贯通

虽然课程通过"以赛促学"实现学生综合素养的提升,但对"1＋X"证书制度要求尚不明确,因此应进一步提高学生的岗位适应性,完善"1＋X"证书制度,实现"岗课赛证"全面贯通。

刘　勇　陈铁军(河北建材职业技术学院)

构建视觉美　感受心灵美　生成品德美
——"美术鉴赏"课程思政案例

一　案例综述

（一）课程介绍

"美术鉴赏"课程是高职高专院校公共基础必修课，面向全体学生开设。通过本课程的学习，学生可以提高审美素养，养成健康的审美情趣，温润心灵，在培育和践行社会主义核心价值观、塑造健全人格方面具有不可替代的作用。

课程内容设置遵循学生认知和情感规律，以课程融通的设计理念为指导，将"思想政治教育、美术教育、劳动教育"相互浸润，整合信息化资源，通过虚拟情境设定，打造虚实结合的主题课堂，浸润中外美术作品蕴含的贴合中国实际的时代精神和价值追求，对接工程测量技术专业"劳动精神"的人才培养目标，设置"奋斗精神、实干精神、创新精神"的核心素养，创新美术鉴赏课程教学模式，创设"三三四"教学策略，即"课前导学——发现美，课中实施——探索美，课后拓展——创造美"的"发现—探索—创造"三个教学阶段，采用情景教学模式，设置"问题导入、作品分析、答疑解惑"的"问—析—答"三个教学流程，对美术作品分析采用通感体验教学法，设置"感知、理解、体验、想象"四个鉴赏步骤，达到构建视觉美、感受心灵美、生成品德美的育人效果。

（二）案例概况

1. 以美育人、对标对表，重构课程内容

教学团队深入贯彻党的教育方针，落实立德树人根本任务，积极响应"弘扬中华美育精神"的美育方针，结合授课专业人才培养目标和美术鉴赏课程标准，对课程内容进行梳理、筛选和重构，组成四个教学模块，共30个学时。

第一模块从美术鉴赏基础知识开始，帮助学生了解美术的类别及美术的艺术语言；第二模块引入中国美术鉴赏部分，扎根传统文化，弘扬中华美育精神；第三模块选取世界上最负盛名的西方经典美术作品，开阔学生眼界，提升学生的审美能力和人文素养；第四模块带领大家感受美术与生活的关系，通过动手制作美术作品，培养学生的劳动精神，感受美术创作的乐趣与艰辛，意在阐述艺术源于生活、艺术高于生活、艺术是在劳动中诞生的理念。

本案例选自模块二中国美术鉴赏部分，按照中国美术的审美特征，设置"意蕴美、工艺美、造型美"三个专题，创设"笔墨、意境、民俗、技艺、结构、造型"六个主题课堂，课程内容涵

盖中国画、中国园林、民间美术、工艺美术、中国建筑和中国雕塑六个部分,共计 12 学时。

2. 以美培元、以学为基,确定教学目标

课程的授课对象为工程测量专业,开设在专业的第四学期。教学团队从学生的知识储备、认知能力、学习特点、专业特性、历年情况五个方面精准分析教学对象的情况,在此基础上,确定本模块的教学目标(见图1)。

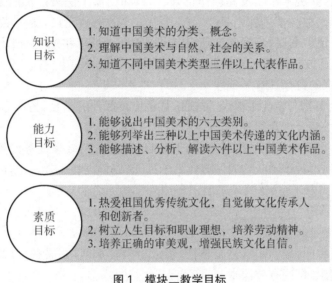

知识目标
1. 知道中国美术的分类、概念。
2. 理解中国美术与自然、社会的关系。
3. 知道不同中国美术类型三件以上代表作品。

能力目标
1. 能够说出中国美术的六大类别。
2. 能够列举出三种以上中国美术传递的文化内涵。
3. 能够描述、分析、解读六件以上中国美术作品。

素质目标
1. 热爱祖国优秀传统文化,自觉做文化传承人和创新者。
2. 树立人生目标和职业理想,培养劳动精神。
3. 培养正确的审美观,增强民族文化自信。

图1　模块二教学目标

3. 以美育才、学情监控,突重点解难点

结合学生特点和历届学生学习情况,教学团队归纳出的教学重难点如下。

1) 教学重点

(1) 美术作品的内涵解读。

(2) 美术作品的虚实互动体验。

2) 教学难点

(1) 美术作品的内涵理解。

(2) 美术与生活、专业的联系。

教学实施全程采用学习通进行实时学情监控,通过平台自动记录学习动态及其发展变化,教师根据学情变化灵活地选用教学方法,以学定教,顺势而导。教师教会学生用观赏、体验、联系、比较、讨论等方法,对美术作品进行描述和分析,借助信息化技术和实物进行作品制作和展示,发展学生艺术感知、审美判断、创意表达等艺术素养,提高学生解决学习、工作和生活中的问题的能力,培养学生的创新意识与劳动精神,突破重点,解决难点,达成教学目标。

二　案例解析

(一) 设计思路与理念

课程思政是与思政课程相对应的一个概念。习近平总书记在 2017 年的全国高校思想政治教育工作会议上指出："使各类课程和思想政治理论课同向同行，形成协同效应。"这明确了各类课程在思政教育中的协同作用。课程思政的提出极大地弥补了传统思政教育模式的不足，扩大了思政教育的阵地。

美术教育是美育的重要组成部分。"美术鉴赏"课程作为高职院校美育教育中重要的依托课程，对大学生进行思政教育具有鲜明的优势。首先，在漫长的历史长河中，人们创作了大量的美术作品，这些美术作品及其创作背景、题材和创作手法表达都源于热爱祖国、民族和人民的精神内涵。在教学过程中只要深挖其中蕴含的思政元素，便能使得这些优秀作品成为育人的优质资源。其次，美术鉴赏是一门以培养学生理解和感受美术作品为前提，将情感体验外化的课程。在教学过程中，通过优秀绘画作品培养学生"真、善、美"的高尚情操和品德，这与思政教育的目标具有一致性。

将思政元素融入美术鉴赏课程，一方面拓宽了思政课程的路径，另一方面丰富了美术鉴赏课程的教学维度，两者相互促进，实现了"1＋1＞2"的效果。

在课程思政教育教学原则的指导下，从课程目标确定，到教学任务设置，再到教学方法选择等各个教学环节，教学团队均遵循有效教学理念，以提高教学效益，达成育人目标。

（二）设计与实施

1. 寓美于教、遵循理念，打造有效课堂

在教学实施过程中，教学团队结合学情，将教材内容重组，拓展教学广度，寓美于教，遵循有效教学教育理念，打造有效课堂。

（1）扩展教学广度——"知识能力、思想政治、核心素养"三线融会贯通

教学团队以中国美术作品鉴赏为知识能力线，以中华优秀传统文化的时代价值为思想政治线，以劳动精神的培养为核心素养线，将思政元素浸润课程内容，对接工程测量技术专业人才培养目标设置核心素养，提高课程育人和服务专业的能力。

（2）提升教学温度——"专题教学、主题课堂、虚拟角色"情景教学模式

教学团队以中国美术审美特征——意蕴美、工艺美、造型美设置专题，创设六个主题课堂，以虚拟角色仙鹤贯穿六次情景，通过场景叠加的沉浸式体验，增强学习氛围，提高学生的学习兴趣，培养学生感受美、鉴赏美、表现美、创造美的能力，让美术鉴赏课程成为学生"听过真喜欢，学完有收获，心中被感动，经年留余温"的素质教育主阵地。

（3）挖掘教学深度——"资源有用、活动有趣、教学有效"打造有效课堂

教学团队依托学习通平台，筛选适合学生特点的优质教学资源和课堂活动，做到线上资源有用、课中活动有趣、课堂教学有效。教学团队将学习平台、教学资源与课堂教学充分结合，打造有效教学课堂。

2. 融美于学、教学结合，搭建教学框架

教学团队基于"以学生为主体"的教学原则，搭建教师的"调查·调度·调动"和学生的"设问·设计·设想"有机融合的"3D3S"教学框架，由浅入深、由易到难、由感性到理性，让难以理解抽象的美转化为通俗易懂具象的美，促进学生思维深度发展，培养其终身学习的兴趣和能力。

3. 以美化人、以情定教，制定教学策略

教学团队结合课程特点和教学情况，创设了"三三四"教学策略（见图2）。

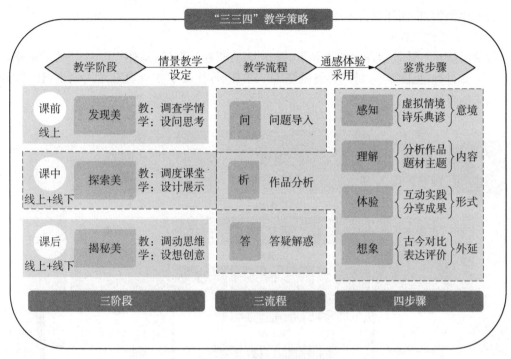

图2 "三三四"教学策略

（1）三阶段："发现—探索—创造"。课程设置"课前导学——发现美、课中实施——探索美、课后拓展——创造美"三个教学阶段。

（2）三流程："问—析—答"。课中采用情景教学模式，设置问题导入、作品分析、答疑解惑三个教学流程。

（3）四步骤："感—理—体—想"。作品分析采用通感体验教学法，设置感知、理解、体验、想象四个鉴赏步骤。

该教学策略的实施，能够提高学生的学习能力和升华学生的思想境界。

4. 以美为媒、虚实结合，改造传统课堂

教学团队在以学习通为主、校级美术鉴赏在线课程为辅的平台基础上，整合信息化资源，结合学生兴趣，运用3D动画、AR成像、虚拟导览、直播教学、名师进课堂等方式，将各类信息化技术运用到实物展示和操作中，增设各种丰富的课堂活动，打造虚实结合、身临其境的学习体验，改造传统课堂，提高学生的学习兴趣。

5. 以艺培优、对质对量，设计教学评价

课程采用量化评价和质性评价相结合的评价机制。

量化评价：学习通线上活动数据记录。

质性评价：学习过程中成就记录。

课程注重质性评价，即成长记录评定，学生在学习过程中收集学习资料，包括小组任务、学习记录、作品分析、文创作品设计等，以文档、PPT或作品等形式呈现。教师通过学生的美术学习成就记录册了解其学习状况，及时给予针对性的指导。该评价方式更加适合艺术类公共基础课的评价考核，更科学、更完善。

具体比例为:量化评价占40%,质性评价占60%。

6. 具体实施过程展示

教学团队在有效教学理念的指导下,搭建"3D3S"教学框架,运用"三三四"教学策略,完成教学实施过程(见图3)。"教"始终围绕着"学"开展,让教学变成更有效的输出,让学习变成更快乐的事情。

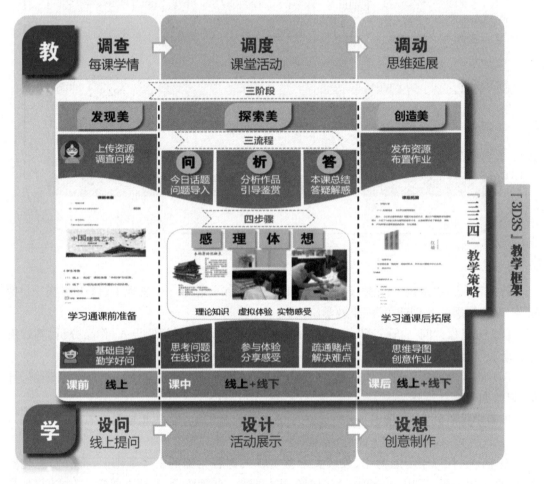

图3 教学实施过程展示

以中国建筑课为例:本次课程在教学场地的选择、教学目标的确定、教学活动的设置、教学资源的安排、课后作业的布置等方面,始终坚持根据学生学情制定。课中运用故宫虚拟导览、斗拱手机软件等信息化资源,结合斗拱构件、故宫拼图等实物资源,引导学生完成课堂活动,课程引申至"尚和合"的文化价值,以及技艺、理念和文化的传承,对接工程测量技术专业精益求精、执着专注、追求卓越的创新精神,引导学生树立职业自信。

(三)实效与经验

本模块学习成效的评判以学生"愿意学、学得会、学得好、学得通"为标准,通过课堂实践检验和课后反馈判断学习成效。

1. 愿意学——学习兴趣增强

调查问卷和数据分析显示,学生课前自主预习任务完成率大幅提高;课前"勤学好问"环节学生提出问题的积极性越来越高;学生平均到课率达到 99%、课堂抬头情况显著提高,平均课堂活动参与率达 99%,学生主动思考问题的能力提高,小组任务的课前准备充足,学习兴趣显著增强。

2. 学得会——知识目标达成

课堂测试结果显示,学生对模块二的知识掌握较好,测试合格率为 100%,优秀率为 87%;对美术作品的分析能力逐步提升,成就记录册的完成率达 98%,知识目标有效完成。

3. 学得好——能力目标完成

数据结果显示,学生线上活动完成率由模块学习开始时的 74% 提升至结束时的 99%,学生思考问题、解决问题的能力显著增强;六个学习小组的课堂活动全部完成,学生动手能力显著增强,能力目标有效达成。

4. 学得通——素质目标实现

学生在艺术感知力、空间想象力、逻辑思维能力、社会服务意识等方面显著提升,85% 的学生积极参加大学生艺术展演、工程测量手绘比赛,并取得优异成绩;83% 的学生踊跃参与社会实践,利用假期实地探访美术馆、博物馆等文化场所;20% 的学生积极参加文化服务志愿者活动,素质目标顺利实现。

三 案例反思

(一)创新之处

教学团队"以美润德、以情设境、以劳育美、以虚结实",打造独具匠心的美术课堂。

1. 以美润德的"思品课"

教学团队结合育人目标,不断优化教学内容,筛选教学主题,精心引入与课程深度融合的思政资源,将中华优秀传统文化时代价值的"思政营养"融入教学内容,恰如其分地对学生开展爱国主义教育和社会主义核心价值观教育,真正实现"以美育人"。

2. 以情设境的文化课

根据教学内容,教学团队运用情景教学模式,创设六个虚实一体的美术主题课堂,虚拟角色"仙鹤"贯穿课程始终,将中华优秀传统文化"诗乐典谚"融入作品鉴赏过程,引领学生一步一台阶进入美术领域,让美术作品借美传情,教师教学解美析情,学生学习以美悟情。

3. 以劳育美的通识课

教学团队根据专业特性,将工程测量技术专业"奋斗、实干、创新"的劳动精神核心素养融入教学,让学生通过课堂体验和美术创作感受艺术家和匠人们坚守与执着的精神,体会美术作品背后的艰辛与付出,弘扬劳动精神。

4. 以虚结实的美术课

教学团队依据学生特点,整合信息化资源进行线上线下美术作品展示和操作,打破时空限制,实现授课形式的灵活转变。

课程使学生在学习中获得身心的愉悦、知识的增长、智慧的启迪、情操的培养,唤起内心的真、善、美和对生活美好的向往与追求。

（二）下一步改进措施

本课程采用线上、线下两种教学模式进行实践探索，经过实践和反思，总结出以下问题及改进措施。

（1）针对授课课时较短、不利于深入开展教学的情况，教学团队将采取以下措施：将总学时扩展至 60 学时，模块二扩展至 20～24 学时。

（2）针对缺少整合的美术作品虚拟体验平台的情况，教学团队将采取以下措施：建议学校搭建平台，实现美术作品的仿真数字化，满足学生的体验与学习要求。

赵　萌　于卫雁　李　颜　史楠凯　冷商睿（河南交通职业技术学院）

小工匠 5G 云旅游　大情怀融筑红建魂

——"红色旅游建筑"课程思政案例

一 案例综述

（一）课程介绍

本课程是建筑装饰工程技术专业的一门基础课程，课程目标设置明确，定位中国建筑中主题性建筑——红色建筑，将传统文化、红色思想融合进专业学习，增强学生的民族自豪感与文化认同感。课程建立在"中国建筑史""地方导游—旅游建筑""建筑装饰构造与材料"等前导课程的基础上，是一门结合 VR 技术、BIM 技术开设的理论和实践一体化的课程。后继课程为"城市规划原理""风景园林建筑"等，深化学生对建筑构造和景观建筑的认识。

课程对接建筑专业人才培养目标，面向国家"十四五"规划提出的目标——"生态文明建设实现新进步"，对接"绿色建材，生态建筑，智能建造"建设产业；面向城市和乡村红色主题的建筑设计、室内装饰的施工、维修等工作岗位，培养学生的建筑装饰设计能力、建筑室内装饰施工能力。

1. 知识目标

（1）掌握红色建筑的设计方法。

（2）掌握红色建筑的施工步骤。

（3）熟悉有关国家制图标准及行业规范标准。

2. 能力目标

（1）培养学生的建筑装饰设计能力、建筑室内装饰施工能力。

（2）培养学生的方案讲解能力。

（3）培养学生从传统建筑文化中汲取设计元素的能力。

3. 思政目标

（1）培养学生的敬业、精益、专注、创新的职业道德。

（2）培养学生成为具备新时代中国特色社会主义核心价值观，具有良好的人文素养、职业道德和创新意识，较强的就业能力和可持续发展能力的新时代工匠。

（二）案例概况

2021 年 10 月，中共中央办公厅、国务院办公厅印发了《关于推动现代职业教育高质量发展的意见》，要求弘扬工匠精神，培养更多高素质技术技能人才、能工巧匠、大国工匠，为全面建设社会主义现代化国家提供有力人才和技能支撑。教学团队结合项目教学、情景教学、模块化教学方法，推动现代信息技术与教育教学深度融合，提高了课堂教学质量，达成"岗课赛证"综合育人机制。

本案例选取"红色建筑的设计与施工"，正是因为红色建筑既承载着厚重的革命历史和永恒的革命精神，又体现了建筑设计与结构之美，是我们传承红色精神的生动课堂。对于新时代的年轻工匠，完成红色建筑设计项目要求高、任务重，意义重大，需攻坚克难，匠心独运。作为新时代工匠的培育者，高职教育任重道远。从学生的职业发展角度来看，课程设计为带领学生游览红色建筑，引导学生完成设计、实操任务，做到思政元素、工匠精神的自然融入，促进了学生的职业技能发展，实现"岗课赛证"的融通。

为了增强学生的兴趣，教学团队化解建筑结构教学中的枯燥难懂的知识点，采取师生互动教学，老师担任"云导游"，学生担任"云游客"的方式，设置中国红色建筑旅游的虚拟场景。"云旅游"结合线上与线下，突破天气、场地等传统旅游活动的局限，能为游客带来全新的体验和认识。基于这种情况，本课程结合自身专业优势，将职教建筑课堂上的师生双方带入"云旅游"模式；在数字化技术的支持下，以"5G 互联网＋人文建筑旅游＋传统文化传播"新形式，结合旅游专业和建筑工程专业的特点与优势，扩展学生职业能力和就业渠道。

四位教师在本案例中承担"云导游"的角色，带领学生扮演的"云游客"畅游安徽省、海南省、北京市、河南省等不同地域，领略各地的代表性古建筑群落和红色建筑，如西递宏村古建筑群、毛主席纪念堂、红旗渠。利用 VR 仿真实训室，将"云游客"带入真实的建筑、园林中，从图文语音到虚拟现实再到动画演示，让"云游客"参与其中，"云导游"引领"云游客"层层递进，从建筑外部空间到内部，从建筑整体到局部，一方面讲解建筑历史背景故事，观看了解建筑内部的构造与材料及室内装饰绘画；另一方面以动画方式拆解建筑内部结构，引导"云游客"运用虚拟仿真软件自行操作，并且参与建筑内外装饰的创意设计，仿真施工，互动性非常强，为体验双方带来耳目一新的视听体验。最重要的是，学生在担任"云游客"的过程中，对建筑历史、构造材料等专业课程的重点难点内容实现温故知新，强化记忆，并通过教师指导虚拟操作实践达到反复练习的效果，从而熟练掌握专业知识、实践操作步骤，同时通过对传统建筑文化、红色文化的深入了解来培养学生的爱国主义情怀，增强学生的职业责任感。

二 案例解析

（一）设计思路与理念

1. 设计思路

课程案例设计以递推式开展，主要遵循如下思路。

（1）成为"云游客"——带领学生学习中国建筑文化、红色建筑历史背景，丰富学生的文化内涵，培养正确的审美观。

（2）"云游客"锤炼真功夫——教师介绍中国建筑与红色建筑的设计、结构、材料与局部施工过程,引导学生通过反复操作虚拟仿真软件,对专业知识温故知新,强化记忆,达到熟练掌握知识、施工步骤的效果。

（3）小工匠的大情怀,成为大国工匠——教师带领学生深入了解中国建筑和红色建筑设计与施工的专业知识和民族文化底蕴,引导学生养成精益求精、刻苦钻研的精神,实现从兴趣到热爱再到精研的培养目标,成为真正的大国工匠。

2. 设计理念

红色建筑承载着厚重的革命历史和永恒的革命精神,是我们传承红色精神的生动课堂。作为培养新时代工匠的教育工作者,培养具有高尚道德情操和高素质的职业人才是本课程案例设计的最终目标。"云旅游"结合线上与线下,突破天气、场地等传统旅游活动的局限,为游客带来全新的体验和认识。本案例在数字化技术的支持下,以"互联网＋人文建筑旅游"的新形式,进行跨专业融合,扩展学生的就业渠道。同时通过课程学习极大地拓展和提升了我校交通土建类专业学生的专业技能、素养及就业竞争力,为交通土建行业培养了大批新兴工程科技人才。

（二）设计与实施

1. 教学方法

基于建筑装饰专业学生学情,本案例采用角色扮演法与虚拟仿真法,学生分别扮演"云导游"和"云旅游"游客角色,双方采用线上交流模式。以红色建筑的设计与施工案例为依托进行分析讲解,由浅入深,有的放矢。设置虚拟场景,采用 VR 及最先进的虚拟仿真设备,让扮演"云导游"和"云旅游"的学生双方拥有真实操作体验和真实施工体验,保障学生施工安全,同时节约了实训耗材,符合节能环保的大趋势。教师起到示范讲解与从旁指导、点拨的作用,形成新的工匠师徒关系,指导针对性较强。

2. 学习方法

学生采取自主学习法、实践学习法、分组讨论、自我总结等完成课程内容的学习。

3. 教学资源

（1）画课堂平台:包括各类示范教学微视频,打破了时空界限,实现学习跟踪智能化。丰富的学习资源,帮助学生拓展旧知识、预习新知识,通过教学实时反馈,帮助教师及时调整教学环节,实现多元化评价。

（2）"1＋X"考核平台:课程对标国家职业技能等级"1＋X"室内设计考核标准,体现"岗课赛证"融通,帮助学生内化所学知识,学以致用,为学生考取"1＋X"装配式初级工做准备。

（3）仿真实训平台:课程依靠线上线下混合式教学实践平台,采用仿真实训操作,"理、实、虚、学、做"五位一体实训教学,提高教师的教学效率和教学趣味性。

（4）精品课程:搭设网络学习平台,培养学生自主学习的能力,同时高度整合信息资源,取代枯燥说教式教学方式,既帮助学生进行个性化学习,也有利于其养成终身学习的习惯。

4. 教学过程

1）课前准备

学生分组:学生分别扮演"云导游"与"云游客"。

自我学习:学生选取自己感兴趣的红色建筑、中国传统建筑,收集相关资料进行课下学习,达到预习效果。

测试反馈:学生观看教师示范微课,通过画课堂、超星学习通进入程序,对自己选取的章节知识点进行自测。

教学微调:教师根据画课堂、超星学习通等学习程序,搜集数据,找到学生学习中的困难点,进行教学调整。

2)课中研讨

第一,问题导入思政化。

设计中采用问题导入方式,融入思政元素,由小及大,由浅入深,由案例问题引申到生活和思想问题,培养学生的道德素养和爱国主义精神。

第二,导游讲解演示规范化。

教师讲解示范要强调规范化,在教师的实际讲解中提醒教师需注意关键点。

第三,分组讨论清晰化。

课程中将重要知识或关键问题以小组讨论的方式完成,可以让学生自学探究,理解更加清晰。

第四,线上小组模拟演练实战化。

组织学生分小组在旅游 VR 实训室演练,规范讲解,培养学生的团队协作能力。

第五,实训指导老师讲评总结落地化。

每个环节总结紧扣职业岗位技能,落地到实际带团模拟讲解中。

第六,评价考核过程化。

"以学生为中心"的教学评价侧重于反映全体学生的学习状态、素养状态、学习效果等指标,每个任务采用过程化评价体系,强化了学习效果;使评价体系贯穿全过程,时刻引导和监控学生的学习情况。

第七,教学过程信息化。

课程采用手机、超星学习通、旅游 VR 实训室、钉钉直播连线实训基地、网络在线课程、微课程等信息化手段,翻转课堂,解决学生学习中遇到的难题(见表1)。

表1 课程思政教学案例展示表

序号	课程模块	知识技能内容和要求	思政元素(案例)	教学方法或手段	思政教学考核
1	奋斗精神:红旗渠	了解红旗渠这类交通类建筑的修建设计。操作虚拟仿真软件掌握建筑施工过程	走进红旗渠,观看修建时的纪录片,引出工匠的吃苦耐劳、艰苦奋斗精神	案例分析法,分组实操法,隐性渗透式引入思政元素	谈谈红旗渠修建过程中工匠体现出的革命精神和奋斗精神
2	洁身自好:徽派建筑	了解徽派建筑这类群落型建筑的修建设计。操作虚拟仿真软件掌握建筑施工过程	游览徽派建筑群落,欣赏徽派建筑的一墙一瓦,感受中国古代文人高洁的气质修养	预习,互动讨论,隐性渗透式引入思政元素	谈谈如何在充满诱惑的社会保持自我,坚定理想信念

（续表）

序号	课程模块	知识技能内容和要求	思政元素（案例）	教学方法或手段	思政教学考核
3	模范领航：毛主席纪念堂	了解毛主席纪念堂这类纪念性建筑的修建设计。操作虚拟仿真软件掌握建筑施工过程	沉浸式步入毛主席纪念堂，听建设背后的故事，体会新中国建设的不易，感恩前人	互动讨论，混合式教学隐性渗透式引入思政元素	谈谈你的成长过程中都有哪些引领你做正确的选择
4	自然和谐：海南骑楼	了解骑楼这类具有民族特色的建筑的修建设计。操作虚拟仿真软件掌握建筑施工过程	做客海南，由骑楼的设计与构造，引出建筑应适应自然环境，因地制宜，如同人与自然的关系应和谐与共	分组讨论，案例分析法，隐性渗透式引入思政元素	谈谈你在生活中做过哪件保护环境的小事

注：本表格展示内容与教师微课视频对应。

5. 考核说明

本课程案例考核采取百分制，线上评价占比为 25%，线下评价占比为 30%，思政评价占比为 45%。将思政评价具体化，体现在图纸完成质量、施工规范程度等内容上，融入学生理论、实践学习的具体过程，使学生在学习中能够更清晰地找到评价依据。（见表 2）

表 2　学生课程思政评价考核表

考核内容	考核项目	占比（%）
线上评价	通过在线课程学习平台后台数据，直观清晰地了解学生课前、课中知识掌握情况，对其可做准确、针对性的辅导答疑（根据线上数据自动计分）	25
线下评价	在教学中，采用"师评""自评""互评"，关注学生学习成果，培养学生诚实守信的工作学习态度（"师评"10 分、"自评"10 分、"互评"10 分）	30
思政评价	（1）学生能否在学习过程中自觉践行工匠的严谨细致、精益求精，完成设计图纸一丝不苟，每一根线反型反复推敲。设计理念三观正确，体现社会主义核心价值观，弘扬中国传统文化；（15 分） （2）学生能否在实训操作过程中履行文明施工、安全施工准则；（15 分） （3）学生在课下能否严格要求自己，并监督和影响他人自觉遵守社会道德、维护法纪，主动宣讲中国传统建筑文化（15 分）	45

（三）实效与经验

1. 实施效果

（1）寓道于教：在有限的教学时间内，教学团队挖掘和精选案例资源中足以感染学生和触及灵魂的科学道理和人生哲理，画龙点睛式地引领大学生坚定理想信念，确立正确的价值取向和政治信仰，拥有社会责任感。

（2）寓德于教：教学团队结合专业知识点讲述中国工匠的榜样事迹，春风化雨般地激发学生的爱国情怀、奉献精神、责任感和使命感。

（3）寓教于乐：教学团队充分利用信息化教学手段，精讲红色建筑的文化内涵，课上巧妙设计互动环节，潜移默化地传授专业知识，同时对学生进行思政教育，充分发挥课程的协同效应。

2. 实施成果

（1）学生评价：这种代入感极强的体验式教学方法，我们能够很快进入角色，增强了对学习的兴趣和对知识的理解。所谓"书读百遍，其义自见"，通过这种案例教学方法，我们能很快明确自己的思路，能够用一种全新的方法学习知识。

（2）同行评价：2020年，由于新冠肺炎疫情的影响，在"停课不停学"和"课程思政"的要求下，该案例采用超星学习通和钉钉直播两种主要的线上学习方式，改变了传统的教学模式，线上进行分组，组织学生进行小组讨论，增强了学生学习的兴趣，也拓展了教师的教学方法和教学手段，推进高水平、结构化教师教学团队在信息化技术、团队协作等方面水平的提高。

三 案例反思

（一）创新之处

本案例对接"1＋X"证书制度，教师团队都具有硕士研究生毕业证书、导游证、建造师证，符合国家推进职业教育制度改革精神。学生毕业后具有大专学历证书、建造师、研学导师证，符合国家"1＋X"职业技能等级证书制度的指导政策。

案例中，让学生进行角色扮演，体验在玩中学的快乐课堂；加入实景讲解，让学生体验真实感，整个教学过程中学生自主性不断增强，在知识储备和能力水平方面都得到相应的提升。现场实训与线上超星学习通学习平台、线下旅游VR实训室教学相结合，师生共同化解红色建筑导游现场讲解时可能会遇到的难题，并在讲解中体现"课程思政"；融入职业化培养体系理念，增强学生的职业认同感，教学过程环节对应于学生职业生涯规划阶段，教会学生观察自己的成长。具体创新之处包括以下几点。

第一，选取"红色旅游建筑"作为案例课程，将"发扬工匠精神，弘扬中华文化"理念贯穿教学全过程，从而实现技能养成、课程思政与专业教学内容的充分融合。

第二，应用先进的教学资源强化学习要求，提高学习效率。

第三，采用双导师制，融合建筑工程与旅游专业，发挥各专业教师所长，培养学生多方面的能力，扩宽就业渠道。

（二）下一步改进措施

1. 加强课后的思政延伸教育

这需要教师加强对学生课后学习和实践活动的道德引导，通过多元化的隐性道德教育，让学生在更多实践过程中了解工匠素养和提升职业道德。

2. 通过多元渠道促进学生能力的提升

教学团队将通过多元渠道,如开发虚拟仿真操作软件的手机端,组织学生参加各类职业技能大赛,提高学生的表达和实操能力。

3. 设置考核以量化教学效果

课程的设置需要有相应的考核标准来检验。虽然专业教学中一直强调思政的教育不能刻意,只能潜移默化,但是并不意味着不需要对课程思政的效果进行评价。专业课程考核的很多指标是评价学生专业知识的掌握情况,但课程思政衡量评价更多的是让教师对教学过程进行反思,以改进以后的课程思政教学方案。如何量化课程思政的教学效果和学生效果,便于后期进行考核,还需教师进一步思考。

李　洋　范　璐　张奇磊　王阿戈　王　鑫(河南交通职业技术学校)

学史明志　献身交通　继往开来　再铸辉煌
——"运输管理"课程思政案例

一　案例综述

（一）课程介绍

"运输管理"是现代物流管理专业的专业核心课程。

现代物流管理专业的教学目标旨在培养热爱祖国，身心健康，具有良好职业道德，掌握物流职业知识与技术技能，具有职业适应能力、可持续发展能力和创新能力，能适应物流运营第一线需要的技术技能人才。

"运输管理"是物流管理专业课程体系中的核心环节，其前导课程包括培养人文、科学素养的公共基础课程和通识课程，以及奠定扎实专业基础的专业基础课程，其协同其他专业核心课程，为后续专业能力综合提升课程提供关键支撑（见图1）。"运输管理"课程目标为激发学生的家国情怀、投身交通事业和区域经济发展的使命担当，培养学生精益求精的大国工匠和劳动精神，培养学生成为德、智、体、美、劳全面发展的社会主义建设者和接班人。

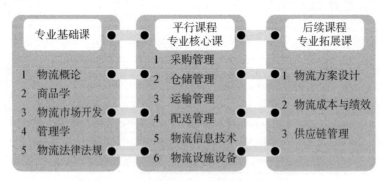

图1　物流专业课程体系结构

课程以立德树人的根本任务为指引，以"理念导航"的课程教学模式，深入挖掘思政教育资源，优化课程思政内容供给，将价值塑造、知识传授和能力培养三者融为一体。课程通过循序渐进式的"立心立言、铸魂培行、成才成功"三个阶段，将社会主义核心价值观、职业素质、劳动精神、工匠精神及创新、合作意识融入运输需求分析、系统构成、流程衔接、货物配运、安全管理知识的传授中,融入学生运输商务管理、调度组织、运营管理与绩效管理等职业能力的形成中,融入学生主动应变、乐于创新、安全负责等意识的养成中。

(二)案例概况

本案例属于"运输概念:历史、现状与发展"模块。

教学团队引导学生感受历史荣光,树立学生民族自豪感,增强民族自信心和责任心;带领学生深刻认识近代运输史的耻辱,激发学生勿忘国耻、居安思危;通过分析当前运输形势的严峻,激励学生积极参与发展竞争,坚定复兴担当的理想信念。

阶段1:"运输历史生自豪"。回顾历史,带领学生回顾2000多年前秦通过驰道的修建,统一交通规则、文字,规范交通工具等一系列措施;汉武帝时代的卫青、霍去病打通西域通道,张骞到东汉班超的西域开发经营出最早的"丝绸之路";郑和下西洋宣扬国威,世界首开与东亚、非洲商业往来的海上"丝绸之路"等,这些奠定了国家商业繁荣的基础,促进了文化的融合发展,体现了前人抵抗外敌、保卫国家的大无畏精神,彰显了中国对世界和平与发展的作用。本课程借史引导学生树立民族自豪感。而西方开发了新大陆,残忍地进行黑奴贸易、鸦片贸易和殖民地瓜分等,最终导致世界大战。同期,因为闭关锁国,我国沦为半殖民地半封建社会。从对各港口、路权和有关领事裁判权的分析,引导学生认识帝国主义通过运输线控制我国路权、矿权及对地理科研掠夺的深层次阴谋,激发学生的民族忧患意识。教师通过讲解抗日战争中的驼峰航线、中缅生命线和百团大战中战士们不屈不挠的民族精神,淮海战役"小车推出来的胜利"之艰难,我国詹天佑等工程师在诸多质疑之中第一次自主设计建造京张铁路的种种艰辛,使学生意识到我们一直在抗争,帮助学生树立民族的传承和担当意识。

阶段2:"运输现状激使命"。全球经济现状下,西方通过剪刀差、控制源头标准的各项运输便利更隐蔽地掠夺他国经济发展成果以满足本国需求。我国艰苦地打破西方列强的明封暗锁,完成全球领先的公铁网络建设、商用大飞机的设计制造、北斗及卫星网络的设置,聚焦运输助力脱贫攻坚等。运用以上案例,引导学生认识为了人类命运共同体的繁荣"一带一路"建设的必要性、成果和风险。通过将中国与西方的做法加以对比,学生可以清醒地认识中国的大国责任担当,困难、落后只是暂时的,以发展对抗掠夺,树立职业自豪感和民族自豪感,增强民族复兴的自信心。

阶段3:"运输展望强自信"。课上教师展示未来科技如无人技术、导航技术和各种智能远程控制技术在运输管理中的应用,介绍中美贸易战之芯片战争对我国装备制造业带来的桎梏,无人技术在军事运输、国防安全的应用,使学生明白"居安思危"的道理,树立投身国际竞争的勇气,坚定再创辉煌的信念。

二 案例解析

(一)设计思路与理念

案例要具有强烈的"代入感"。教学团队充分研究职业教育对象的成长背景、兴趣爱好、时代特征、情感倾向、学习习惯、学习能力等,选择背景时代性强、学生熟悉的、与行业贴近的素材,塑造与学生具有相似特征的案例的主角,促使学生产生强烈的"代入感",激发学生的兴趣。这样,在对教学素材主角的分析、讨论的过程中,就完成了对学生的思政教育。

案例从"微"入手,以"小活动"带动"大讨论,深思考"。根据学生的情感特征和学习习惯,从"微"入手,应用"微素材",观看"微视频",阅读"微资料",学习"微知识"。通过这些微小的活动,降低学生的学习畏难情绪,让学生慢慢进入学习的状态,在学生情绪高涨的时刻,可引入职业道德、公民素养、爱国情怀等讨论话题,并加以正确引导,从而形成以"小活动"引发大范围讨论,让学生深入思考自己的世界观、人生观、价值观。

本任务以时间轴为主线,以运输人器物法的变迁为脉络,案例穿插着"古今对比讲发展""中外对比述竞争"。教师讲述几千年来中华民族运输业的发展,展现中国运输的和平之路、富裕之路,并对比同期西方运输业的发展带来的商业掠夺、破坏,引导学生树立民族自豪感,增强民族自信心和责任心,激发学生勿忘国耻、居安思危,激励学生积极参与发展竞争,坚定复兴担当的理想信念。

(二) 设计与实施

我们将以"运输历史、现状与发展"为例,展现如何进行课程思政的融入(见表1)。

表 1　运输历史、现状与发展教案

教学课题	运输历史、现状与发展		学时	2学时	
选用教材	《公路运输管理实务》《运输管理实务培训活页手册》				
教学目标		素质目标(思政)	知识目标	能力目标	
		树立学生民族自豪感,增强民族自信心和责任心,激发学生勿忘国耻、居安思危,激励学生积极参与发展竞争,坚定复兴担当的理想信念	1. 了解运输的历史发展; 2. 了解"一带一路"的发展	1. 能够客观地理解我国的运输发展; 2. 能够客观分析运输与政治、经济、科技的关系	
教学内容	运输概念;运输历史(古代史、当代史、近代史);运输与政治、经济、科技的关系("一带一路"的必然性);中国运输现状及差距				
学情分析	知识基础	学生已初步了解运输概念			
	能力水平	具备一定的团队认知,但协作较弱; 具有历史、政治经济学的基本认识,但对运输历史认知少,运输与政经科结合的分析能力弱			
	行为特征	根据教学经验和调查数据分析,本专业学生喜欢体验、情境式代入学习,有主动学习意识			
教学重难点	教学重点	运输与政治、经济、科技关系			
	教学难点	如何以历史事件为例引导学生深化认识运输与政治、经济、科技等的关系			
教学策略	教学组织	以任务为导向,将教学内容进行结构化和学习化处理,整个教学过程分为课前探索、课中导学、课后拓展三个教学环节,将职业核心素养和文化素养贯穿整个教学过程,如下图所示:			

（续表）

教学方法	鉴于学生历史识记、分析能力较弱的特点,采用情境教学法、小组讨论法		
教学资源与手段	鉴于学生主动学习意识不足,教师借助微信公众号、学习强国等网络资源,自编视频,通过头脑风暴、情境创设等手段,激发学生主动性		
	微信公众号	微课	创作视频

教学准备	学生准备	学生搜集运输相关历史
	环境准备	多媒体教室
	资源准备	活页手册、课件、运输历史资料、考核评分表等

教学实施过程

教学环节	教学内容	师生活动	设计意图
课前探索	课前任务布置:学生观看大通道系列,尤其注意河南部分,思考我国运输的变化	1. 教师通过微信群发布任务; 2. 教师与学生交流互动,结合测试结果调整教学方法策略	教师借助视频网站等信息化手段和资源,引导学生认识运输行业的变化,激发学习兴趣,为课堂做知识储备
课中导学	运输历史引兴趣 (5 min)	1. 复习上节所学概念; 2. 课程导入:运输历史介绍	讲一讲: 教师由运输概念引出运输的历史	自创视频引起学生对历史的探究
	教学时长学分析 (40 min)	细讲运输历史: 情境1　古代、近代史; 情境2　现代史; 情境3　当代与未来	讲一讲: 教师分段讲解运输历史; 练一练: 教师学生进行互动答练,学生主动回忆历史事件	资源:视频; 设计:激发学生的民族自豪,让学生牢记肩头的使命担当
	勤学苦练提技能(15 min) 基于之前运输历史学习	1. 引导学生找出运输历史大事件; 2. 以时间为轴,从人器物法各方面变	析一析: 教师总结古代、近代运输历史大事件; 改一改:	资源:视频; 设计:引导学生认识发展的艰难;引导学生学会客观分析;标记(搜集、整理);

(续表)

教学环节	教学内容	师生活动	设计意图
的提升,突出要点,以史为鉴	化标记古代、近代史运输的发展	学生练习现代、当代史大事件的标注	分析(解释运输与政治、经济、科技的关系); 判断("一带一路"的必然性)
深入学习明事理 (10 min)	结合上述总结,解释"一带一路"历史背景。教师引导学生讨论分析:通过中欧铁路案例,两个大的经济体,为什么至今仍存在运输的不平衡	析一析: 引导学生政治、经济、科技与运输的关系,明确"一带一路"促发展的必然性	加深学生对运输与政治、经济、科技的关系的理解
课中导学	客观认知运输现状(6～10 min)	我国运输发展现状与发达国家的差距	看一看: 教师演示现状资料 练一练: 学生认知图表	引导学生客观分析信息
	结合家乡熟悉知识应用(5～10 min)	运用所学的政治、经济、科技与运输的关系,解释身边的现象	测一测: "记住乡愁":家乡运输行业的变化	培养学生的家国情怀,种下应用所学创新服务家乡的种子
课后拓展	课后拓展任务: 分析我省在"一带一路"中的表现	教师布置课后拓展任务	考查学生知识拓展和应用的能力,强化教学中培育的素养与意识
学生考核	1. 评价构成:由学生发言成绩构成。自评、学生互评、师评等多维角度,对学生进行全方位综合评价考核; 2. 评价要素:课前调研占10%、课堂签到占5%、课堂活动占65%～75%、课堂考核占10%～20%等; 3. 评价主体:智慧课堂平台、学生和老师		
评价教师	教师发布课后调研问卷,通过问卷数据分析,指引教师进行教学反思		

(三)实效与经验

案例教学实施效果从学习兴趣、效率是否提高和教学目标达成度是否提升两个方面进行评价。

本案例引发了学生共鸣,让学生有言而发,有心而思。在教学的过程中,课堂气氛热烈,学生参与意愿强烈,师生互动流畅,增强了学生的民族自豪感、自信心和责任心,激发了学生勿忘国耻、居安思危、复兴担当的信念。在课后调查中,98%以上的学生对所讲解的知识回顾脉络清晰,能成功复述教师讲解的知识点;100%的学生为历史上的伟大成就感到骄傲;97%的学生为落后挨打感到耻辱,对芯片受制于人而气愤;81%的学生认为,他们发现了西方一些误导性宣传数据;93%的学生认为,中国未来很快会引领世界;76%的学生表示他们将关注家乡的发展,投身家乡建设。

　　本案例所属课程(团队、成员)获得首批河南省职业教育和继续教育课程思政示范课程(省级教学团队、省级教学名师)称号,依托本案例参加的教学比赛获得河南省教师技能大赛二等奖、全国交通行指委大赛二等奖等荣誉。本课程组织示范讲课 5 次,参加者有 100 余人次,带动本院 90% 以上专业课程的课程思政教学研究与实践;开展专题教研活动研讨 6 次,参加者有 80 余人次,其中 30 余位教师申报了本年度课程思政方向的校内教科研课题;与外校专业院系专题交流 4 次,参加者有 80 余人次,并开展了深入的专题研讨、教师课堂思政教学示范活动。

三　案例反思

(一) 创新之处

1. 活化运输历史,营造"浸入式"课程思政氛围

　　教学团队通过营造情景,活化运输历史,潜移默化地影响、启发学生,将课程思政做到无处不在,又润物无声(见图 2)。课程再现古代史以树立学生的民族自豪感,对比近代史以激发学生的民族自尊,叙述现代史以坚定学生的理想信念。

图 2　运输历史

2. 丰富教学形式,强化课程育人效果

　　教学团队增加情景、讨论等生动有趣的教学形式的比重,鼓励学生提出自己的见解,重在塑造学生正确的世界观、人生观、价值观和培养批判思维方式。另开创学生参与制作案例素材及"记住乡愁"系列活动,学生在收集、整理中加深了理解,从中获得代入感、成就感、荣誉感,由此将课程价值塑造目标、知识传授和能力目标培养紧密融合,从而达到育人效果。

3. 对接建设目标和高职学情,采用双 PDCA 渐进式教学

　　教学团队采用双 PDCA 渐进式教学,将教学分为"课堂循环""课外循环"两部分,课堂循环为"课堂教学计划—实施—效果评价—课堂总结"。

　　(1) 课前舆论(信息)引导——引起学生的学习兴趣。

（2）课中教师分析案例导练、学生结合实际分析讨论——教师分析由浅入深，理清政治、经济、科技和运输的逻辑关系。

（3）教师小结点评，及时指出学生思想认识上的不足。运输行业的每一次进步伴随的是科技的进步、经济的推动和政治的发展，学生必须以史为鉴，认清运输行业现阶段面临的问题。

（4）课后教师引导学生改善分析，深化课堂思政教学效果。教师引导学生做好植根家乡、放眼全省的接班人的准备。

（二）下一步改进措施

本案例在实际实施中存在以下问题：学生关注点不同，案例引发的共鸣点不同；课堂气氛热烈，学生发言、讨论的时间不足。

对此，进一步改进措施如下：

一是依托网络课程教学平台，教学团队提前做好学情分析，针对学生特点制订教学方案；提升教师课堂掌控能力，适时引导学生的思考与讨论回归教学主线。

二是对于学生参与积极、能够产生良好教育效果的活动，教学团队要灵活调整教学设计和内容，给予学生充分表达和反思的时间。

刘奇锋　任　枫　夏　姝　李　丹　贺倩倩（河南交通职业技术学院）

传承红色基因 讲好绿水青山

——"地方导游"课程思政案例

一 **案例综述**

（一）课程介绍

"地方导游"是河南交通职业技术学院旅游管理专业的核心课程，主要面向地方陪同导游职业岗位，培养能够从游客的需求和利益出发、为游客提供专业的地方导游和讲解服务的高素质技术技能人才。课程组落实《国家职业教育改革实施方案》，依据旅游管理专业人才培养方案，落实立德树人要求，围绕"教师、教材、教法"改革，深化产教融合，更新教学内容，努力培养服务区域经济社会发展的高素质旅游技术技能人才。

"地方导游"课程在旅游管理专业课程体系中起承上启下的作用，开设在第一、二学期。本课程与前接课程"导游基础"、平行课程"导游业务"、后续课程"模拟导游"有机衔接，是提高学生职业能力的支撑性课程。

（二）案例概况

课程组选用全国导游资格考试统编教材《地方导游基础知识》，对接"1+X"职业技能等级证书和导游技能大赛标准，将课程内容重新建构为地方基本情况介绍、山水旅游资源讲解、红色旅游资源讲解、建筑旅游资源讲解、民俗风情旅游资源讲解五个模块。

本案例为课程整体五大模块中的第三模块，共计16学时。课程组设置了5个教学项目和16个教学任务，分别是："星星之火——沪浙赣红色旅游资源讲解""灯塔指引——豫湘陕红色旅游资源讲解""力挽狂澜——景区实训""日出东方——贵冀京红色旅游资源讲解""伟大复兴——校内实训"。

教学团队通过调查问卷、测试、投票等多种方式，立足学情分析，明确教学目标。

在知识技能方面，学生们已经掌握了各省市旅游资源的基本概况，掌握了山水旅游资源的概况及讲解技能。

在岗位认知方面，学生们对导游岗位有了基本的认知，但爱岗敬业的劳动精神还有待提高，分析不同类型的游客的心理的能力有待提高。

在学习习惯方面，学生们对传统课堂的学习积极性不高，更喜欢较为直观的教学方式和多样的课堂组织形式。

教学团队根据《2020 级旅游管理专业人才培养方案》,对接"地方导游"课程标准,参考学情,确定了本单元的教学目标和重难点(见图 1)。

教学目标和重难点

| 知识目标 | 能力目标 | 素质目标 |

1. 掌握不同类型红色旅游资源的基本概况;
2. 掌握在带团活动中提供心理服务的技巧和接待特殊游客的技巧。

1. 能够讲解红色旅游资源导游词,具备灵活应变能力、组织协调能力;
2. 能够分析游客心理,并针对特殊游客提供相应的心理服务。

1. 培养以游客为本的服务意识及服务技巧;
2. 培养团队协作能力,促进导游职业能力的形成;
3. 培养学生的爱国情怀、劳动意识。

重点
1. 红色旅游资源的基本概况;
2. 红色旅游资源讲解的技能;
3. 分析游客的心理能力和引导游客观光的方法与技巧。

难点
1. 红色旅游资源的历史沿革;
2. 红色旅游资源的个性化导游词讲解;
3. 对不同游客心理的把握。

图 1　教学目标与教学重难点图

"星星之火——沪浙赣红色旅游资源讲解"教学项目,共 4 学时,主要是在旅游 VR 实训室中让学生体验并练习讲解导游词,培养学生的讲解技能,为培养学生具备就业岗位所需技能奠定良好的基础。教师带领学生了解沪浙不同类型红色旅游资源的基本概况,掌握沪浙的红色旅游资源导游词的讲解,让学生具备能够讲解沪浙红色旅游资源导游词的能力。

"灯塔指引——豫湘陕地方导游讲解"教学项目,共 4 学时,主要是让学生了解陕不同类型红色旅游资源的基本概况,能够讲解红色旅游资源导游词。

"力挽狂澜——景区实训"教学项目,共 2 课时,主要是在刘邓大军渡淮纪念馆中让学生体验并练习讲解导游词,培养学生红色旅游资源的讲解技能,为培养学生具备就业岗位所需技能奠定良好的基础。

"日出东方——贵冀京红色旅游资源讲解"教学项目,共 4 学时,主要是让学生能够讲解贵州红色旅游资源导游词,具备良好的语言表达能力及组织协调能力。

"伟大复兴——校内实训"教学项目,共 2 课时,主要是在旅游 VR 实训室中让学生实训讲解导游词,掌握红旗渠景区的基本知识以及深圳锦绣中华景区的基本知识,能够讲解实景导游词,具备灵活应变能力、组织协调能力。

二　案例解析

(一) 设计思路与理念

党的十八大以来,习近平总书记多次到红色革命纪念馆参观考察,强调"发展红色旅游要把准方向,核心是进行红色教育,传承红色基因"。红色文化是红色旅游的灵魂,红色文化既是对中华优秀传统文化的继承与发扬,也是中国特色社会主义文化前进的指南针。发展红色旅游有助于增强民族复兴的精神力量。"地方导游"作为旅游管理专业的核心课程,设计出此案例符合旅游发展大方向,贴合习近平总书记基于全党和国家事业全局把握文化和旅游发展规律作出的指示。

根据《全国红色旅游经典景区名录》、旅游大数据分析和红色旅游资源类型,我们结合旅游管理专业人才培养方案,合理选取各地区红色旅游资源,着重体现红色革命文化内涵,培养学生的红色革命精神,提高学生讲解红色旅游资源的能力,创新了双语三赛、三方评价的课程构建模式。

基于"学校—企业—协会"三方育人格局,学生用汉语、英语两种语言进行实操训练,从校赛到省赛再到国赛,以岗建课、以赛促课、以证融课,最终由"专家—企业—社会"三方共建的评价机制检验学生职业技能达成情况,合力推进"岗—课—赛—证"的人才培养模式。

(二)设计与实施

本单元"传承红色基因　讲好绿水青山"的教学共计 16 学时。课程组设置了 5 个教学项目和 16 个教学任务,具体的设计与实施路径如下。

深化产教融合,制定教学策略。为了促进教育链、人才链与产业链、创新链的有机衔接,让人才培养精准匹配产业需求,为文化和旅游产业的创新发展提供有力支撑,教学团队制定了有助于达到以上目标的教学策略。

教学组织与方法。教学团队以"三全育人"为导向,培养新时代复合型旅游人才为目标(One Objective),融合 2 个职业证书即导游证和"1＋X"职业技能等级证书(Two Certificates)标准的内容,创设 N 个教学场景(N Scenes),打造"OCCNS"新型教学模式。基于学生学情及知识点掌握情况的变化趋势,教学团队灵活采用案例教学法、任务驱动法、活动教学法、角色扮演法等多种教学方法,各教学环节相互关联、紧密衔接,活跃了教学氛围,同时增强了学生的学习兴趣与成效。

教学手段与资源。教学团队为增加学生学习兴趣,实现基于虚拟现实的"教""学"相长,搭建了 VR 旅游虚拟现实资源库、AR 旅游应用场景、云旅游线路设计系统,构建了一套完整的虚拟仿真旅游资源平台,突破了特定旅游应用场景的限制,将现实场景进行虚拟再现,极大地增强了学生在学习过程中的沉浸感和娱乐感,降低了学习过程中的认知负荷,提高了学生的学习质量和优化了学生的学习体验。

线上线下课程的教学中,教学团队结合红色精神时代符号,通过聆听、足迹、记忆、叩问、作答、守护、传承等一系列课堂组织形式,将红色旅游资源以更加直观、形象的方式进行讲解和宣传,带给学生一种逼真愉悦的学习体验,在帮助学生掌握红色旅游文化内涵的同时,也激励他们不断完善自我。

使用多维度教学法,培养技能技能应用人才。多维度教学法能够实现教师与学生的双向交流,充分调动双方的积极性和能动性,达成教与学两个方面的最佳效益。教学团队将学生分成银发团、研学团、亲子团、商务团四个学习小组,采用目标教学法、合作学习教学法、行为导向教学法、情境教学法等多维度教学法,加深了学生对理论知识含义的理解,达到活学活用的目的。

运用信息化辅助教学,解决教学重难点。教学团队"线上"使用学习通、在线开放课程等资源,"线下"基于学生在导游岗位上所需各种技能的欠缺,利用旅游 VR 实训室、智慧教室、旅游综合实训室、电影小镇、刘邓大军渡淮纪念馆等校内外场地,创设虚实结合的多场景教学,让学生自己动手运用旅游虚拟现实资源库、AR 应用场景及云旅游线路设计系统等现代化教学资源自主学习,解决教学重难点,营造实战氛围,打造快乐体验的学习之旅,持续培养学生的服务意识和导游词的创作讲解能力。

着眼红色课程思政,照亮红色旅游之路。教学团队以中国共产党的百年历史为时间主线,以"传承红色基因 讲好绿水青山"为教学主题,5 个教学项目以"项目递进、技能发展和课程思政"的方式并行展开,在引领学生完成红色景区讲解、红色线路设计、红色文旅产品策划等知识目标的同时,深入红色景区、革命老区、爱国主义教育基地、红色乡村等地,让学生通过亲身体验观察思考中国共产党的启航之路、浴血之路、建国之路、改革之路、复兴之路,深刻领悟中国革命的奋斗历史、发展业绩,最终实现将技能形成、价值引领融入教学的全过程。

关注教学效果,实施教学评价。教学评价通过学习通实现全过程数据采集和即时评价,教学评价主要由课前、课中、课后三部分的评价构成,各项评价指标的评价主体和评价标准见表1。

表 1　教学评价指标表

评价构成	评价要素	评价主体	评价标准
课前 (20%)	资料准备(10%)	学习通	系统评价
	资源浏览(10%)	学习通	系统评价
课中 (50%)	课堂考勤(10%)	学习通	系统评价
	课堂活动(30%)(讨论、头脑风暴、角色扮演、小组活动、回答问题、发表评论、参考答疑)	学生自评、互评、教师评价	"1+X"研学旅行策划与管理中级标准、全国职业院校技能大赛导游服务赛项评分标准
	课中测试(10%)	学习通	系统评价
课后 (30%)	拓展任务(20%)	企业实训指导老师	"1+X"研学旅行策划与管理中级标准
	调查问卷(10%)	学习通	系统评价

教学团队采用面向线上线下的混合式教学方式,主要包括线上线下混合教学、智慧教学、价值观培养及实践教学等部分,利用现代化的创新技术,借助大数据的丰富资源进行辅助,为学生提供更加多元的选择,并借助信息化工具使教学资源得到深入开发,构建了全新的混合式智慧课堂。

(三)实效与经验

教学团队借助现代信息化技术,通过企业实训指导老师和教师观测点评、学生作业及课后反馈等多种评价技术手段层层递进,以"定性+定量"综合评价方式,整合、汇总了本模块线上学习、空中课堂、技能课堂的教学成效,逐个突破教学重难点,实现教学目标。

企业满意度明显提升,能力目标完成。旅游管理专业就业岗位主要集中于导游、计调、外联、景区服务与管理人员、旅游电子商务员等。企业对学生的理论知识能力、专业技能、接受能力、环境适应能力等方面给予了高度的评价和认同。

红色思政与红色旅游同向同行,素质目标完成。教学团队根据旅游管理专业特点,深入挖掘课程思政元素,以中国共产党的精神谱系图为课程主坐标,将红色精神、工匠精神、劳动精神等作为本课程的思政元素,根据不同工作任务的特点,以红促教、以红助劳、以红育人、以红带绿、以红兴村为主线,使得红色旅游与校园教育相融合,将劳动教育、工匠精神等思政元素,渗透每个教学实施环节,引导学生树立正确的劳动观念,增强作为未来的"民间大使"所肩负的责任、使命以及职业荣誉感,在劳动中践行工匠精神,在实践中传承红色基因。

三 案例反思

(一)创新之处

1. 采用"OCCNS"新型教学模式

教学实施过程采用了浸润式"OCCNS"新型教学模式(见图2),有效完成了本单元的教学目标,化解了教学重难点。

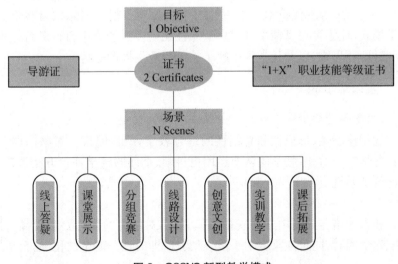

图2 OCCNS新型教学模式

2. 形成"点—线—面"红色课程框架

教学团队构建了"1+N"多元文化的旅游体系。"1"是以红色资源为基础的红色文化,"N"是以红色资源为基础的生态文化、民族文化、饮食文化、农耕文化、商贸文化等。本案例以"讲好绿水青山"为教学起"点",以红促教、以红助劳、以红育人、以红带绿、以红兴村教学主线为主轴"线",以"传承红色基因"覆盖"面",精心打造了"一节课、一段路、一面旗"的红色旅游课程,逐步形成了"点—线—面"相结合的课程思政体系(见图3),培养学生成为红色旅游和红色基因的承载者和传承人。

一段路

以"传承红色基因 讲好绿水青山"为主题,通过红色旅游景点串联,回顾中国共产党的百年路程。

一节课

通过课堂,针对性的讲解和互动问答,以满足学生对红色旅游文化的深度认知需求。

一面旗

让学生手持旗帜听课、实训讲解等,既增加了仪式感,其本身行为也是红色文化熏陶的过程,旗帜元素所蕴含的红色文化情感,与个人价值准则相互激荡,从而实现价值认同。

图3 红色旅游与红色思政并行图

3. 信息化新手段全过程融入

在"互联网+"的时代背景下,教学团队将智能化、智慧化的教育教学设备、方法、手段全方位融入课程。授课时利用旅游大数据信息系统,采用导游基础可视化教程、云旅游线路设计系统、旅游 VR+AR 等现代技术手段,完善了任务驱动、理实一体、混合教学、多元评价的"交互式"教学模式,让学生在真情境、信息化、人性化的多样场景中自行进行模拟导游,培养了学生的"互联网+"思维,以及让学生了解了旅游行业发展的趋势。

(二)下一步改进措施

1. 建立科学完善的评价子系统

整门课程运用诊断性、形成性和总结性的综合教学评价,但仅针对整门课程,没有将评价标准细化到各学时。对此,教学团队要运用更科学、严谨的教学评价方法建构和完善各单元各模块的评价子系统。

2. 合理分配教学用时

教学单元和人才培养计划中学时安排稍显紧凑,对学生的能力要求提高。因而教学团队要合理分配教学用时,同时注重教学手段,以实现"即时性"和"个性化"的教学效果。

范 璐 辛朝乾 盛 玥 王 芳(河南交通职业技术学院)

课程为核"修身 修技" 思政为魂"育德 育匠"
——"汽车电器系统检修"课程思政案例

一 案例综述

（一）课程介绍

"汽车电器系统检修"课程在整个专业课程体系中，是一门重要的专业核心课程，是"发动机结构与维修""底盘结构与维修""自动变速器结构与维修"的后续课程，在整个专业培养目标中起着承前启后的作用。"汽车电器系统检修"与其他课程旨在培养学生汽车专业相关岗位所需的知识和技能，为培养高端技术技能型人才提供保障。"汽车电器系统检修"课程是理论和实践性一体化的课程，可以培养学生的思维素质、创新能力、工匠精神和解决实际问题的能力，对学生后续学习专业主干和核心课程，具有十分重要的作用。

"汽车电器系统检修"课程遵循以学生为主体、知识为技能服务的理念，培养学生的自主学习能力、创新能力和团队合作的能力，让学生达到在短时间内掌握实际工作技能的要求，具备从事汽车类相关专业的技术人员必须拥有的基本素质和技能。

"汽车电器系统检修"课程以专业人才培养方案中的"六维育人"课程思政主线为指导，将爱国主义教育、职业素质教育、工匠精神教育、铁牛精神教育、安全教育和健康和法制教育等六个维度的教育贯穿课程始终，为学生后续的跟岗实习、顶岗实习和就业打下坚实的基础。

（二）案例概况

在课程思政教学中，团队始终贯彻学校"培养有社会责任感、有技能的人"的育人目标，把专业"立德""塑行""敦品""有为"的思政德育教育贯穿课程教学过程，结合"汽车电器系统检修"课程的特点，确立了"修身、修技、育德、育匠"的课程思政理念。

1. 深挖思政资源，完善课程思政"四面"内容体系

教学团队梳理了"汽车电器系统检修"课程6大内容，对现有和潜在的思想政治教育资源进行了深度挖掘和优化组合，从个人、团体、社会、世界四个层面确定了格物、致知、诚意、正心、修身、齐家、治国、平天下8大课程思政分类，28个课程思政主题，91个课程思政落脚点（见图1），形成"汽车电器系统检修"课程思政内容体系，将思政元素有效地融入课堂教学

中,促进学生思想政治品德的动态提高。

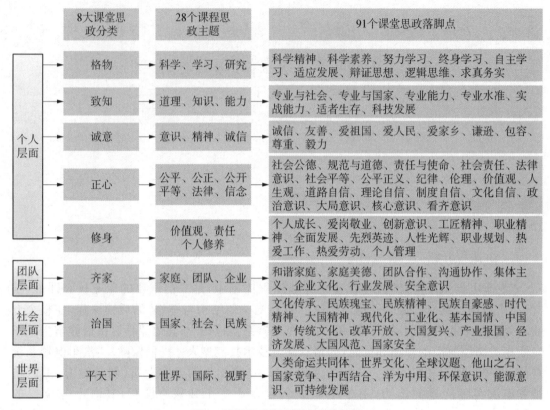

图1　课程思政"四面"内容体系图

2.改进教学实施方法

（1）混编思政团队确保教学高效开展,课程开发的人员处于动态管理中,打造结构合理、校企融合的专业思政团队,体现课程思政建设的协同性。

（2）融入校企项目实现岗位无缝对接,融合汽车维修企业的培训内容和授课形式,培养学生的岗位能力和职业精神,实现岗位无痕转换。

（3）创新"LASTERS"课程思政学堂,依托学习强国,把课程思想政治教育与专业知识、技术和技能有机融合,注重道德导向和价值引领。

（4）实现单向静态向多元动态的转换,体现课程思政发展的可持续性,以真实的汽车故障为载体设计实训项目,结合思政元素,学生在动态教学过程中实现学以致用、学以达用。

（5）角色转换与主动思考结合,引导学生完成向企业员工角色的转换,使课程思政落地。学生通过担任不同的角色,在分工与协作中感受职业精神（见图2）。

3.探索课程思政建设路径

团队把课程思政的实施摆在课程教学的首要位置,以龙江"四大精神"为标准,以新时代"工匠"精神为引领,探索了以"引领""宣传""培训""警示""服务"为载体的课程思政建设路径（见图3）。

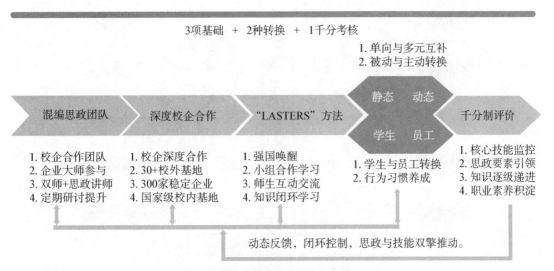

图2 六环五步课程思政教学实施方法

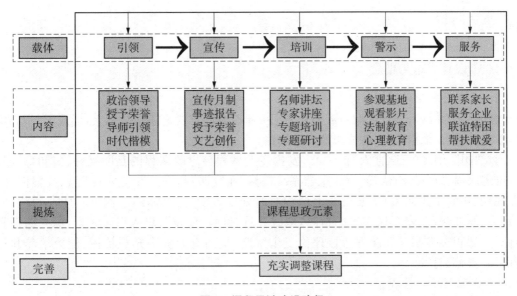

图3 课程思政建设路径

4. 课程考核评价方法机制建设

教学团队建立"岗位推进,人才驱动,四方协同,动态调整"的可持续发展测评机制,构建知识、能力与思政考核并重的"千分制"课程考核评价体系。教学团队注重企业导师精准评测、课程思政导向评价,强化学习过程管理等元素,依托教学评价、企业评价和认证评价保障人才培养质量的不断提升,协同政、行、企、校四方专家,进行专业规划和课程评估,持续优化课程育人功能(见图4)。

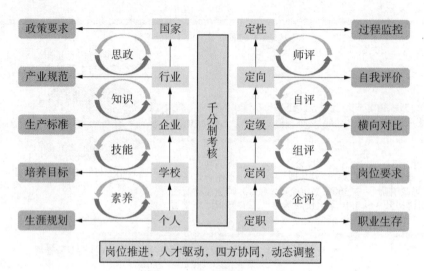

图4　动态多元考核评价机制

二　案例解析

（一）设计思路与理念

1. 课程思政设计思路

教学团队在深入学习贯彻习近平总书记关于教育的重要论述的基础上,形成了"中心推进,双线并重,三维构建"的课程思政设计思路。

教学团队围绕"三全育人"的中心,发挥专业课程与思政课程的互联互补、协同育人效应,推进课程思政建设;依托"汽车电器系统检修"在线课程,进一步充实课程思政案例、图片、视频、声音等思政素材,发挥线上课程时时处处可学的优势,线下侧重对职业道德、职业行为、职业规范、安全操作等的指导,双线并重"修身、修技";融入思政元素,深入课程教案修订、课程标准制定和课程考核评价三个维度,从而有力促进知识传授、能力培养和价值引领"育德、育匠"。

2. 课程思政设计理念

教学团队以"五爱"教育为主线,科学合理拓展课程思政的广度、深度和温度,以"修身、修技、育德、育匠"课程思政设计理念持续优化课程,形成可复制、可借鉴的课程思政建设模式。

在坚持三个"结合"基础上优化课程思政内容供给,推进习近平新时代中国特色社会主义思想进课堂、进头脑;培育和践行社会主义核心价值观;立足服务区域经济,加强四史、法治、劳动、心理健康和龙江"四大精神"等教育;依循专业特点,深入开展理想信念教育;结合实践教学,深化职业意识和职业道德教育。

（二）设计与实施

案例实施设计了详细的教学步骤、内容、方式方法和思政落点(见图5)。

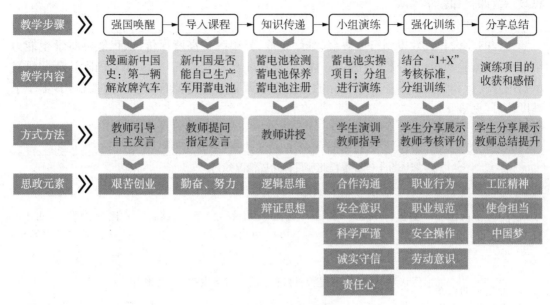

图5　教学设计实施导图

（三）实效与经验

1. 课程思政成果推广应用情况

"汽车电器系统检修"通过课程思政的教学改革,形成了较先进的课程思政建设理念和机制,在提升学习者思想政治水平、引导终身学习等方面效果明显;目前已带动三所学校的"汽车发动机电控系统检修""发动机结构与维修""底盘结构与维修"等十几门专业课程进行课程思政建设实践(见图6)。

图6　课程思政成果证明

"汽车电器系统检修"是高职汽车专业的核心课程。本教学团队积极推动课程思政与知识、素养、技能相融合。2021年12月,"汽车电器系统检修"课程获得黑龙江省高等学校课程思政示范课程和教学团队。

2. 校内外同行和学生评价

课程的建设和成效得到行业协会、维修企业、兄弟院校高度评价,课程能够将学生能力培养、思政体验和知识传授三者融为一体,实现育才与育人的统一。IEET 国际认证调研显示校内外同行和学生对课程思政目标的达成度和课程对自身德育的发挥重要作用,给予了高度认可(见表1)。

表1 "汽车电器系统检修"核心课程满意度调查统计表

1. 具备爱党、爱国、身心和谐、敬业诚信的汽车检修领域匠心型人才。	您认为本核心课程此项目标达成情况如何?									
	非常好		较好		一般		不好		非常不好	
	数量(个)	占比(%)	数量(个)	占比(%)	数量(个)	占比(%)	数量(个)	占比(%)	数量(个)	占比(%)
	16	70	5	22	2	8	0	0	0	0
2. 具备扎实的汽车检修专业知识、实践技能和解决汽车检修领域问题的实践型人才。	您认为本核心课程是否对自身能力的提高发挥了重要作用?									
	非常重要		重要		一般		不重要		非常不重要	
	数量(个)	占比(%)	数量(个)	占比(%)	数量(个)	占比(%)	数量(个)	占比(%)	数量(个)	占比(%)
	29	84	3	13	1	3	0	0	0	0

3. 课程思政教学改革实施成效

通过课程学习,学生的获得感得到了大幅度提升,学生获得省大学生创新创业大赛一等奖3个;团队教师课程思政实施能力提升显著,获评院级课程思政团队、思政名师荣誉。麦可思调研数据显示,汽车检测与维修技术专业毕业学生在德育、劳育、美育等方面的素质提升显著,位列全校前列(见图7)。

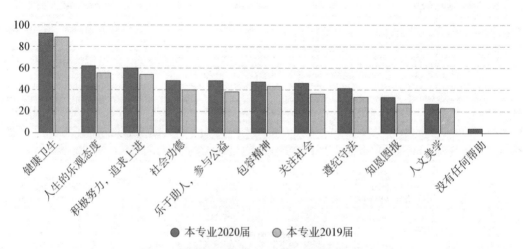

图7 麦可思调研报告素质分析

三 案例反思

(一)创新之处

1. 创新"L. A. S. T. E. R. S"课程思政学堂

教学团队依托"学习强国"平台,打造"L. A. S. T. E. R. S"课程思政学堂(见图8),通过"强国唤醒—早会活动—激励讲解—全身心参与—热情合作—现实性活动—课后求索"7个层面递进,把政治认同、国家意识、文化自信、人格养成等思政教育导向与课程固有知识、技能传授有机融合,整个课程注重知识传授、道德引领和价值引导,这种"吸引人、感动人、教育人"的课程思政学堂,促进了学生的全面发展,充分发挥教书育人作用,使学生在课程学习中体会到"劳动光荣、技能宝贵、创造伟大"的时代风尚。

(1)强国唤醒:在潜移默化中"敦品德"。

(2)早会活动:课前自学自测"知不足"。

(3)激励讲解:针对反馈讲解"思改进"。

(4)全心参与:采用多种形式"攻重点"。

(5)热情合作:小组合作实操"练技能"。

(6)现实活动:提出现实问题"克难点"。

(7)课后求索:通过课后作业"提素养"。

2. 课程思政教学反思

(1)厚植中间:课程思政课程是核心,因此课程中间的理论和实训内容应该强化职业精神和职业规范,增加职业责任感有关的思政内容。

(2)抓住两头:课程的开始和结束,应重点融入时政、社会等大思政内容,升华课程。

(3)一个关键:在课程思政实施过程中,教师的积极引导是上好课程思政的关键。

(4)正反两面:思政层面用正面案例,发挥对学生的道德引领和价值引导作用;课程层面用反面案例,深化对学生的职业安全、职业责任和职业规范教育。

(二)下一步改进措施

1. 持续建设课程思政教学体系

教学团队将持续优化课程思政教学体系,不断深化课程思政的主题和落脚点,挖掘更多的思政元素,建成在线课程线上课程思政资源库,积极推动省内专业课程的思政交流、经验分享、培训工作。

2. 提升团队课程思政建设水平

教学团队将进一步提高教师的思政意识和能力,加强团队课程思政培训学习,每年持续更新和充实线上课程思政资源;聘请学校、企业、行业专家,组建课程思政建设专家咨询委员会,按课程需求和团队发展开展个性化精准指导,全面提升团队的建设水平。

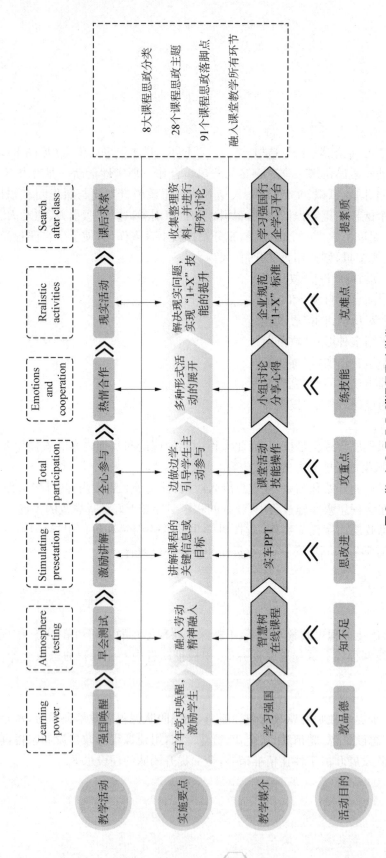

图8 "L.A.S.T.E.R.S"课程思政学堂

刘剑峰 刘德发 韩卫东 孙凤霞 刘家伟（黑龙江农业工程职业学院）

匠心培育公路人才　科教助力交通强国

——"路面施工技术"课程思政案例

一 案例综述

（一）课程介绍

"路面施工技术"课程是交通运输大类道路桥梁工程技术专业的核心课程，是专业必修课。本课程设在第四学期，在学生掌握先修课程如"道路建筑材料""工程测量技术""公路勘测设计""工程岩土""路基施工技术"的基础之上，以路面施工项目为线索，以设计、施工、试验检测、质量评定等公路工程技术规范为依托，与路面设计软件、Excel软件等软件进行深度融合，构建多领域学科知识交叉的课程体系，加深学生对公路路面工程施工全过程的完整认识，为"公路施工组织与概预算""顶岗实习"等后续课程的学习奠定良好的基础。

"路面施工技术"课程目标设置与新时代交通精神紧密结合，响应国家建设交通强国、积极主动服务"一带一路"发展的国家方针政策，结合绿色发展、交通协同乡村振兴、助力县域经济发展等具体战略实施举措对公路科技人才培养的需求，以真实的工程案例将已修课程的知识技能在路面施工中进行整合应用，构建知识、能力和价值观塑造三维目标：一是引导学生掌握路面识图、设计、测量、混合料配合比设计、施工机械配置、施工工艺流程及施工要点、施工质量控制、现场试验检测及质量评定等相关知识；二是着力于提升学生公路路面工程设计、施工组织管理、施工质量控制、试验检测及资料整理等专业能力；三是培养学生精益求精的工匠精神，甘于吃苦、乐于奉献的"两路精神"，塑造正确的价值观和良好的认知模式与行为习惯。

（二）案例概况

"路面施工技术"课程思政建设团队由名师领衔，依托中国大学慕课在线平台数字课程和课程团队编写的示范性高职院校精品课程教材《路面施工技术》，以"安全优质、兴路强国"为基本理念，以新时期的公路精神"团结合作、改革创新、艰苦创业、无私奉献"为指导思想，进行线上线下混合式教学，结合"翻转课堂""探究主体参与法"等创新教学方法，学生课上展示脱口秀、作品秀，校企合作评教评学，充分发挥学生的主观能动性。以"师"为导演、"书"为剧本、"课"为舞台，"秀"出交通学子的风采，"评"出优秀的学生及作品。以此"五环"形成思政建设的课程教学模式(见图1),不断提高教师团队的课程思政水平,实现教学相长。

图1 "五环"相扣研思政

1."师"为导演

为促进"路面施工技术"课程思政教学的改革和实践探索,课程的思政建设由教学名师领衔,协同专业教师、思政教师和辅导员教师共同组建课程团队,通过多途径、多角度不断地学习和研讨,共同提高团队思政水平,加强团队课堂掌控能力,确保教师能在课堂中当好"导演",引导学生响应国家建设交通强国、积极主动服务"一带一路"发展的方针政策,结合绿色发展、交通协同乡村振兴、助力县域经济发展等具体战略实施举措,聚焦工地一线及四新技术,在交通人的日常工作中挖掘思政元素,主动将课程与思政进行融合,有效提升学生的家国情怀,培养学生爱岗敬业、无私奉献的交通精神。

2."书"为剧本

课程主持人余继凤老师主编的由人民交通出版社出版的数字化教材《路面施工技术》为示范性高职院校精品课程教材。新修订的教材注重理实一体化,将我校校办产业公司真实的工程项目编制成各章节的案例及实训,同时在各章节知识点新增思政元素,用学习活动将课程资源、知识点、技能点、思政元素有效串联起来。

3."课"为舞台

本课程依托中国大学MOOC(慕课)及慕课堂等平台进行"线上+线下"混合式教学。

(1)教师引导学生线上自主学习专业知识点。学生观看视频,完成讨论回帖。教师及企业讲师不断更新线上资源。本课程已在中国大学MOOC(慕课)平台建成,线上资源丰富,包括"教师课堂""企业讲坛""施工现场"在内的视频资源,总时长超过1000分钟;另配有小节讨论题、单元测验及模块测验、线上期末考试题等完整题库。

(2)教师在线下的教学过程中实现知识点、技能点、思政元素的融合。教师引导学生完成大作业,讨论正反面工程案例的经验教训,进行实操训练。教学中教师提问、引导及答疑,企业导师提供现场图片、视频及工地现场的实操指导,在师生的互动中融入思政元素。

4. "秀"出风采

学生主动学习,积极思考,进行团队协作,在规定的学习时间内完成学习任务,由教师引导,将课程与思政主动融合,通过脱口秀、作品秀的形式进行展示。

5. "评"出精华

学生成绩的评定采用线上线下加权平均,将思政元素融入过程评价和期末考试中;校企合作评教评学,进行课中评价和就业问卷调查,综合评选出学生的优质脱口秀作品。教学团队从中反思课程思政建设的不足之处,不断挖掘更新课程思政元素的切入点。

二　案例解析

(一) 设计思路与理念

"路面施工技术"课程设计遵从"能力本位的质量观、过程导向的课程观、行动导向的教学观、校企合作的课程开发观"等现代职业教育理念。具体说来,本课程的设计坚持"学用一致,工学结合,培养学生的综合职业能力"的理念,选择源于实际的工程案例为载体,以学生为主体,注重学生专业能力、社会能力和方法能力等职业能力的培养,同时将思政元素融入专业课程的教学中,引导学生在学习专业知识、训练操作技能的过程中,关注国家的大政方针、社会热点,主动通过各种方式获取相关学习资源,促进学生形成正确的世界观、人生观、价值观,充分体现课程教学过程的教育性、职业性和实践性。

(二) 设计与实施

1. 名师导教兴团队

"路面施工技术"课程由交通教育优秀教师余继凤引领,以名师为领衔人,以课程为主导,以思政为着力点,新增思政教师提升团队思政能力,更开创性地吸纳辅导员教师,促进团队对当代大学生的了解,针对学生特性,共同研讨课程思政的改革与实践。

2. 项目导向融思政

本课程在思政教学目标和教学内容的设计上,以项目导向为线索,以专业知识技能目标为载体,聚焦工地一线和四新技术,在交通人的日常工作中挖掘思政元素,贯彻以"交通强国""一带一路"背景下的科技先行、绿色发展、交通协同乡村振兴、助力县域经济发展等各项战略实施举措,以盐溶于水的方式引导学生,将知识教育、能力教育和价值教育融为一体,培养学生的交通情怀、家国情怀,提高交通学子的责任和担当意识。

3. 模块细分掘思政

遵循高职学生的认知和成长规律,本着专业知识的学习需有明确任务驱动及线索,思政的融入要给学生充裕的思考和查找资料的时间的原则,"路面施工技术"课程以单元任务的形式组织教学。结合新时代大学生的特点(信息技术发达、网络信息畅通、普遍使用智能手机、学生思想活跃等),本课程以工程项目的实施过程为线索,组织学生完成单元任务,培养学生的团队协作能力、创新探究能力,引导学生结合人生历练,通过脱口秀和作品秀,在单元任务中实现知识点、技能点、思政元素的提升(见表1)。

表 1 思政元素融入单元模块的教学设计

项目模块	教学内容	思政元素提炼	思政元素融入方法	考核与评价
公路路面识图	认知路面结构层	爱国精神；沟通表达能力；严谨求实的工作态度和团队协作精神	线上视频法、案例法教学：用BIM动画将图纸绘制成美丽的路，引导学生思考如何在公路建设中推动绿色发展，促进人与自然和谐共生。 线下讲述专家沙庆林院士的成长道路，引导学生主动剖析交通学子在"一带一路"、交通强国、乡村振兴政策背景下的责任担当与美好职业愿景。 线上用工程案例引导学生认知某高速公路的路面结构层； 线上用行业规范引导学生归纳总结路面结构层，用任务驱动法引导学生掌握从特殊到一般的认知规律	作品秀10分：用Excel或WPS计算路面结构层宽度、校核路面工程数量表，考察识图能力、信息技术管理能力。要求：计算结果必须正确，根据分组演示的表现力和熟练程度打分。 脱口秀10分：要求必须传播正能量，根据公路路面识图与思政的融合度、个人表现力打分
	校核路面工程数量表	廉洁奉公的职业操守、严谨细致的工作态度	线上视频法：用BIM动画自上而下进行剖切，引导学生掌握路面计量规则，培养学生廉洁奉公、禁止偷工减料的职业素养。 线下使用软件校核该案例的路面工程数量表，培养学生严谨细致的工作态度	
	路面排水识图	精益求精的职业素养；一丝不苟工匠精神	线上用BIM动画引导学生认识路面排水设施和排水路径。 线下讲解工程案例如因路面排水设施失效，雪水下渗导致路基失稳路面纵向开裂，进行水毁处治施工要花费千万元，以此启发学生要求真务实，尝试学习解决问题的方法	
路面设计	交通荷载分析	爱国主义精神、正确的人生观	线上组织学生观看视频，进行案例法教学；线下组织学生利用软件完成交通荷载计算，根据满载车远远大于非满载车的设计轴载换算系数，引导学生用专业的角度思考有关超载治理的社会热点问题，爱护国有财产，珍爱生命	作品秀10分：查阅路面设计规范，用Excel或WPS，HPDS2017进行路面设计，培养学生理解设计意图、进行图纸会审的能力，培养学生按行业规范完成工程任务的习惯和能力，进一步强化严格按图纸施工的职业素养。要求：计算结果必须正确，根据分组演示的表现力和熟练程度打分。 脱口秀10分：要求
	路面结构组合设计	团结协作精神；三观塑造	线上用视频法、案例法教学； 线下按照示例进行路面结构组合设计实训，培养学生善于观察、勇于思考、查阅资料解决问题的能力。 路面结构组合设计要使路面各结构层扬长避短，整体受力，引导学生对个体与集体、整体与局部进行思辨，加强学生团队协作的意识，提高就业优势；学习在平凡岗位上实现自我价值	

（续表）

项目模块	教学内容	思政元素提炼	思政元素融入方法	考核与评价
	路面厚度设计	勇于担当、踏实进取的精神	线上用视频法、案例法教学； 线下进行路面厚度设计实训，引导学生思考沥青路面结构的疲劳破坏，通过介绍铁丝反复弯折而折断、滴水穿石、铁杵磨成针等蕴含的道理，鼓励学生要努力奋斗，厚积薄发；失败时要及时总结经验教训，修正目标，调整努力方向。 线下用榜样法：邀请学长讲述路面设计知识，引入工作经历，畅谈人生经验，引导学生扎根交通，于平凡工作中努力发光发热，做最好的自己	必须传播正能量，根据路面设计与思政的融合度、个人表现力打分
路面施工准备	路面施工机械设备的配置	马克思主义唯物辩证法；抓主要矛盾和矛盾的主要方面	线上用视频法、案例法教学； 线下组织学生用软件完成路面机械设备配置的实训任务，培养学生的路面施工组织、进度控制、质量管理能力，引导学生学习团队协作、协同管理，正确处理整体与局部、个人与集体的关系	作品秀10分：按路面施工的岗位群分工协作，完成分项工程开工报告中进场设备报验单、材料与混合料报验单、施工测量放样报验单的撰写和汇报要求；开工报告的内容填写必须正确；根据分组演示的表现力和熟练程度打分。
	路面材料准备	追求卓越、科学严谨、认真负责的工作态度	线上用视频法、案例法教学； 线下让学生撰写材料与混合料报验单。讲述反面案例，培养学生科学严谨、认真负责的品质	
	路面施工测量放样	事物之间联系与发展的规律	线上用视频法、案例法教学； 线下让学生撰写施工测量放样报验单。讲述反面案例，培养学生严谨求实的工作态度	脱口秀10分：要求必须传播正能量，根据路面施工准备与思政的融合度、个人表现力打分
基层和底基层施工	级配碎石底基层施工	逻辑思维、质量互变规律	线上用视频法、案例法教学； 线下按照示例，编制施工方案，进行技术交底，控制施工质量，整理内业资料。培养学生严格控制施工质量、严谨求实的工作态度	作品秀10分：按照级配碎石底基层、水泥稳定碎石基层的试验段总结，编制施工方案，进行技术交底，整理内业资料。要求：施工方案格式规范、内容正确；技术交底内容正确、逻辑清晰、重点突出；内业资料正确、规范。
	水泥稳定碎石基层施工	严谨求实、科学思维、可持续发展	线上用视频法、案例法教学； 线下按照示例，编制施工方案，进行技术交底，控制施工质量，整理内业资料。培养学生求真务实的职业素养和严谨认真的工作态度。 企业讲师：用工程反例法引导学生思考级配、与最佳含水率、最佳水泥剂量的关系，	脱口秀10分：要求必须传播正能量，根

（续表）

项目模块	教学内容	思政元素提炼	思政元素融入方法	考核与评价
沥青路面施工			体会其中所蕴含的"恰到好处"的人生哲学；引导学生思考水泥稳定材料延迟时间的控制方法，珍惜时间	据基层和底基层施工与思政的融合度、个人表现力打分
	热拌沥青混合料面层施工	坚持国家安全观；激发学生的民族自豪感	线上用视频法、案例法教学； 线下按照示例，编制施工方案，进行技术交底，控制施工质量，整理内业资料。 企业讲师用工程案例法，讲述应用北斗导航实现无人摊铺无人碾压的沥青路面人工智能施工技术的例子，激发学生的民族自豪感，引导学生坚持"民族复兴，科技先行"，坚持总体国家安全观，加强国家安全体系和能力建设	作品秀 10 分：按照沥青混凝土面层的试验段总结，编制施工方案，进行技术交底，整理内业资料。 脱口秀 10 分：要求必须传播正能量，根据热拌沥青混合料面层施工、水泥混凝土路面和路面附属工程施工与思政的融合度、个人表现力打分
	透层、黏层、封层施工	精益求精的工匠精神	线上用视频法、案例法教学； 线下按照示例，完成课程实训任务，培养学生在工作中严格控制施工质量，上道工序未验收合格不得进行下道工序施工的职业素养和严谨求实的工作态度	
水泥混凝土路面及路面附属工程施工	水泥混凝土面层施工	新时期"公路精神"	线上用视频法、案例法教学； 企业导师：用工程反例法引导学生思考水胶比、振捣、切缝时间中蕴含的"恰到好处"的人生哲学，引导学生扎根交通事业，学习"团结合作、改革创新、艰苦创业、无私奉献"的新时代公路精神	
	路面附属工程施工	科学思维、责任担当、严谨求实的工作态度	线上用视频法、案例法教学； 线下培养学生严格控制施工质量，上道工序未验收合格不得进行下道工序施工的职业素养和严谨求实的工作态度	

4. "五环"相扣研思政

团队以教师为引导，遵循教材划分的六个模块进行课程专业知识的编排，利用中国大学MOOC（慕课）和慕课堂进行线上线下混合式教学，以"五环"课程思政建设模式进行翻转课堂教学。全课程按"线上知识学习＋线下团队协作完成工程任务＋全新表演脱口秀＋翻转课堂总结和考核"的流程，教师引导学生自主将社会热点、价值观、人生观融入工程案例和工作内容，并对学生的"脱口秀"表演主题进行把关和指导，鼓励学生能提炼出更多思政元素并将其与自己的专业知识相融合。

以任务"5.1 沥青混凝土面层和沥青玛蹄脂碎石面层施工"为例，课程实施环节分为：中国大学MOOC（慕课）线上学习与线下分组学习讨论、脱口秀和作品秀展示、教学评价和反思。

1）线上自主学习专业知识点

本单元的专业知识线：以沥青混凝土面层的施工工艺流程为线索，学习"拌和—运输—摊铺—碾压—验收"五道工序的施工要点。（见图2）

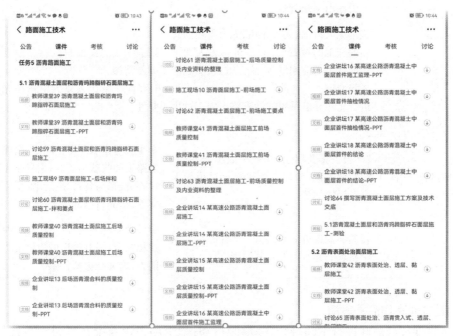

图2　完成单元任务的线上自主学习

2）线下分组学习和讨论

本单元课程思政融入路径，从国家的大政方针、社会热点、典型工程、典型人物、四新技术、学长的成才之路、企业讲坛、脱口秀和作品秀中进行切入与凝练（见表2）。

表2　任务5.1思政元素融入单元任务的教学方式

思政元素融入路径	思政元素融入方式	课程思政目标
国家大政方针："一带一路"、交通强国、绿色发展、乡村振兴	向学生展示"乡村振兴"案例——沥青路铺进示范村，串起新农村靓丽风景线，引出"沥青路面施工"的主题	带领学生感受国家城乡一体化发展进程，激发他们为交通强国添砖加瓦的自豪感
典型工程案例	呈现典型工程施工过程案例，突出交通人在艰苦条件下扎根施工一线的"两路精神"	培养学生不怕吃苦、甘于奉献的家国情怀
典型人物分享	讲述沙庆林院士的故事。沙庆林院士将一生奉献给中国公路，只要是他设计的公路，他都要亲自走一遍，检查路面质量。沙庆林对半刚性路面裂缝的成因和机理理论研究成果被用于编	引导学生关注沥青路面发展史，向沙庆林院士学习。以优秀交通人为榜样，培养学生真抓实干、严谨求实、不断创新的精神，走出交通人的交通强国之路

（续表）

思政元素融入路径	思政元素融入方式	课程思政目标
	制有关规范，为科研成果迅速转化为生产力作出突出贡献	
新技术分析	展示无人摊铺、无人碾压、无人驾驶沥青路面施工的视频和图片，讲解无人驾驶集群施工的应用场景、施工方式、实现功能等内容；讲解北斗导航系统在沥青路面施工过程中的应用	增强学生的民族自豪感和激发他们的创新精神。让学生了解民族复兴中科技先行的重要性。
学长领航，传承优良	"学长去哪儿"优秀毕业生故事分享；介绍专业考证、参加专业比赛等对个人未来发展的优势	学生感受学长学姐们在通往能工巧匠之路上的收获与感受；引导学生严格自律，积极参与各种创新创业活动和社会实践，培养自己的综合能力
企业讲坛	特邀学校校办企业专家，介绍现实工程中出现的异常问题及其原因	引导学生在专业学习上实现理论与实践相结合，提升他们的思辨能力和专业能力，增强社会责任感

3）脱口秀和作品秀表演

学生将课程与思政进行主动融合，表演脱口秀；学生和企业专家在慕课堂在线投票，选出优秀作品，在中国大学 MOOC（慕课）平台进行推广。

4）教学评价：过程评价与期末考试相结合

课程对学生的成绩评定方式为过程评价与期末考成绩相结合。校企合作进行单元教学评价的分值设置见表3，期末考试样题见图3。

表3　校企合作进行单元教学评价

脱口秀	技术交底	内业资料整理
1. 专业知识正确；（40%） 2. 思政元素结合巧妙；（30%） 3. 表演精彩（30%）	1. 专业知识正确；（30%） 2. 内容重点突出；（20%） 3. 思维条理清晰；（30%） 4. 语言表达准确（20%）	1. 及时；（20%） 2. 准确；（20%） 3. 真实；（20%） 4. 规范；（20%） 5. 完整（20%）

注：脱口秀不能传递负能量，否则为0分。

（三）实效与经验

1. 实效

（1）提高课堂时效。借助中国大学 MOOC（慕课）平台和慕课堂小程序的优势，教师提前集体备课，将教学资源和教学安排发在平台上，慕课堂自动记录考核成绩，将教师从传统

案例分析题（共30分）

某高速公路表面层 AC-13C 的设计厚度为 4cm，中面层 AC-20C 的设计厚度为 6cm，下面层 AC-25C 的设计厚度为 8cm，水泥稳定碎石上基层的设计厚度为 20cm，水泥稳定碎石下基层的设计厚度为 20cm，级配碎石底基层的设计厚度为 16cm。

事件一：铺筑试验段后，得到 AC-13C 上面层的松铺系数为 1.181，计算得到上面层的松铺厚度为 4.7cm。

事件二：AC-25C 下面层施工时，施工单位认为混合料的出厂温度越高越好，要求控制混合料的出厂温度高于 200℃，以免造成碾压温度偏低而影响压实质量。

事件三：级配碎石底基层试验段施工后，进行了 12 点的厚度检测，实测厚度分别是 134、164、162、159、161、164、159、160、157、161、163、158 mm。代表值的允许偏差为 -10mm，单点合格值的允许偏差为 -25mm。计算得出厚度的代表值为 152mm，合格率为 91.7%，认为厚度满足《公路工程质量检验评定标准》（JTG F80/1—2017）的要求。

问题1：在事件一中，松铺厚度是如何计算得到的？请列式计算。（4分）

问题2：在事件二中，（1）沥青混合料的出厂温度是否越高越好呢（2分）？（2）AC-25C 下面层采用 70 号 A 级沥青，有哪些工序需要控制温度呢？（10分）

问题3：在事件三中，（1）厚度是关键项目吗？（2分）（2）厚度的合格率应不低于多少？（2分）（3）本案例中级配碎石底基层试验段的厚度是否满足要求？（2分）

问题4：如果要使压实后的路面结构层厚度满足要求，需要在施工准备阶段进行试验段试铺，确定松铺系数，在施工过程中随时检测松铺厚度，发现问题要及时调整，如果在工程施工前不进行施工准备，不进行施工过程控制，而是仅仅依赖于事后检测，等发现问题时再进行返工处理会势必造成经济损失、进度失控。请结合自身或社会热点谈谈事前要做好准备，要提前谋划、关口前移的重要性。（8分）

图3 思政元素融入知识点的期末考试样题

课堂中解放出来，致力于设计并导演脱口秀节目，将课堂变为教师主持、学生主演、学生当观众评委的课程思政舞台。

（2）增强学习兴趣。"五环"课程思政建设模式的主体是学生，通过合理设计教学内容、选择教学方法、制定评价标准，加强了授课过程中师生互动的频率和强化了效果，打破了传统教师主观输出思政元素的方式，扭转对学生意识形态进行思政建设的原有沉冗性，通过引导和激励，不断激发学生自觉学习的欲望和兴趣。

2. 经验

本课程通过"五环"课程教学模式，结合多种教学手段，呈现了一个专业化的、严谨的教学课堂。教师在课堂上无须大量单一输出式讲授，而是在极富思辨性的讲述的基础上，通过列举工程实例、人物事迹、援引理论，丰富教学内容，引导学生主动学习和思考，在专业课程中潜移默化地融入思政教育理念，使青年学生在学习专业知识的同时，用精神武装头脑指导实践，促进公路工程高质量发展，加快建设交通强国。

三 案例反思

（一）创新之处

在设计思路上，教学团队以"五环"课程思政建设的闭环模式为指导，进行翻转课堂教学；以解决工程实际问题为思政元素的载体，将思政元素与专业知识溶盐于水。

在教学手段上，教学团队利用中国大学 MOOC（慕课）平台带领学生线上观看教师课堂、企业讲坛、工程案例等教学视频；应用"探究主体参与法"引导学生进行"脱口秀"表演，厚植思政意识；并让学生在线投票评选优秀作品，将优秀的作品上传平台并广泛宣传，利用作品传播正能量。

在课程考核上，教学团队将中国大学MOOC(慕课)平台记录的线上成绩、慕课堂考勤、慕课堂练习、慕课堂讨论、线下笔试成绩进行综合评定，在笔试中融入课程思政的论述题，巩固思政成效。

(二) 下一步改进措施

1. 促进交流，提高教学团队教学能力

教学团队要加强集体研课，不断学习交流，提高课堂掌控能力，当好"导演"，提升深度发掘学生潜力的教学能力。

2. 更新元素，将时代因子融入教学

教学团队要紧跟时代脚步结合新闻热点，聚焦行业热点问题，结合学生职业发展引导学生进行思政思考，与时俱进，不断丰富思政资源库。

3. 推广应用，进行可复制性建设

教学团队要立项开展"交通运输大类道路桥梁工程技术专业的核心课程'五环'课程思政建设推广路径研究"，跟踪评估教学效果，进行可推广性建设。

黄　梅　杨　帆　余继凤　徐　露　杨　辰(湖北交通职业技术学院)

厚植家国情怀 强化使命担当

——"公路勘测设计"课程思政案例

一 案例综述

（一）课程介绍

我校坚持"立足交通，面向社会，以服务发展为宗旨，以促进就业为导向，走产学研结合之路"的办学指导思想，为交通运输事业和社会经济发展提供重要人才保障，被誉为"湖北交通人才的摇篮"。道路与桥梁工程技术专业旨在培养具有路桥专业基础知识和实践技能，从事公路工程施工与现场管理等工作的技术人才。"公路勘测设计"课程是道路与桥梁工程技术专业一门必修的专业核心课程，主要讲授公路的规划、设计以及标准，着重培养学生的专业能力和探究精神。

课程按照"育人为魂、岗位为基、实践为要、能力为本"的理念建设。育人为魂，把"立德树人"放在首位，弘扬劳动光荣、技能宝贵、创造伟大的时代风尚。岗位为基，立足工作岗位能力要求，将公路勘测设计新技术、新规范、新方法纳入实战教学内容。实践为要，以公路勘测设计生产项目和经典案例为载体，组织实践教学内容，激发学生学习兴趣和创新潜能。能力为本，按照"四个模块，三层能力递进"编排教学内容，培养学生公路勘测和设计能力。

结合以上特点，教学团队设置了本课程的课程思政建设目标：一是厚植家国情怀，强化使命担当；二是提升职业素养，传承刚毅精神，弘扬劳动精神和工匠精神；三是坚持绿色发展，保护生态环境，人与自然和谐共生，以人民为中心，增强社会责任感。

（二）案例概况

本课程贯彻"育人为魂、岗位为基、实践为要、能力为本"四位一体的教育理念，探索实践"课程＋思政、理论＋实践、线上＋线下、课内＋课外"深度融合的"4＋"课程思政建设模式，开辟"空中课堂"特色实践教学环节，充分运用线上线下结合的教学手段，将行业文化引入课堂，融入教学，引导学生听党话，跟党走，立志扎根基层，奉献国家。

1. "课程＋思政"

教学团队结合专业特色和课程特点，从我国交通建设伟大成就、"一带一路"伟大倡议中深挖勘测设计思政元素，主讲教师在传授专业知识的同时，当好行业发展及先进事迹的主讲人、传颂人、传播人。结合工作岗位对职业素养和专业能力的要求，以我校优秀毕业生"全国交通工程技术人员的楷模"陈刚毅为榜样,传承爱国、敬业、拼搏、进取、创新、自律的"刚毅精神",在学习情境和教学任务中,找准映射点,设计科学合理的课程思政教学模式,让课程思政触发自然,润物无声,入脑入心。

2. "理论＋实践"

教学团队从公路桥梁建设对公路勘测的需要出发,以真实的公路勘测设计项目、典型工作任务为载体,设计10个实践学时,将《公路工程技术标准》《公路路线设计规范》《公路环境保护设计规范》等行业新标准有机融入平面设计、纵断面设计、横断面设计等实践教学环节,教育学生在设计中合理运用指标,减轻对环境的负面影响,践行绿色发展的理念,坚持人与自然和谐共生、以人民为中心的理念,提升学生的社会责任感。同时将施工员、测量员等职业技能等级标准与课程标准有效融合,引导学生在实践中理解并遵守职业道德与规范。

3. "线上＋线下"

教学团队围绕深化教学改革和"互联网＋职业教育"发展需求,运用文字、图片、视频、音频、动画和虚拟仿真素材等,多维度呈现讲义、指导书、案例、场景、题库等资源内容,开发建设了"公路勘测设计"省级精品课程网站,搭建线上线下自主学习、终身学习的网络平台。邀请公路建设领域的专家、教科研人员和能工巧匠通过"空中课堂"讲授职业素养、职业标准、行业发展、四新技术,将专业知识和思政元素立体、交互、联动呈现,让学生穿梭于"教、学、做"之间。

4. "课内＋课外"

教学团队在守好课堂教学"主渠道"的同时,结合路桥专业特色和本课程特点,充分利用第二课堂对课堂教学进行延伸和拓展。结合"五四"青年节活动组织参观沪蓉、杭瑞等高速公路建设展示馆,激扬青春志,建功新时代;开展"最美家乡路"手机摄影比赛活动,让学生运用勘测设计的专业知识点评公路设计之美,共筑振兴乡村之梦;举办工程测量竞赛,培养学生吃苦耐劳、严谨求实、团结合作的优良品质。通过第二课堂为学生的成长、成才提供丰富载体,培养其爱国情操、人文素养和科学精神,为学生在第一课堂外持续强化课程思政效果提供助推力量。

二　案例解析

(一) 设计思路与理念

课程坚持马克思主义指导地位,坚持正确的政治方向和价值导向,将马克思主义立场、观点、方法贯穿课程始终,以习近平新时代中国特色社会主义思想为指导,融入思政元素,贯彻绿色发展、以人民为中心的理念,将专业精神、职业精神、工匠精神融入教学内容,落实立德树人的根本任务。

(二) 设计与实施

1. 设计

1) 基于工作过程科学设计教学内容

课程基于工作过程任务驱动的理念,以真实的公路勘测设计项目为载体,以公路工程勘测设计任务为主线,由简单到复杂,从单项到综合,理论和实践相结合,实现对学生的基础能力、综合能力、拓展能力的培养。同时将丰富多彩的多媒体教学资源展示在数字课程网站,形成"纸质化教材＋数字化资源"并用的教学方式,丰富了教学内容。

2)按照"四个模块,三层能力递进"编排教学内容

课程遵循高职学生的认知和成长规律,对接国际职业教育标准,以实际工作任务为引领,注重公路工程勘测和设计能力的培养,融入最新的交通行业发展动态和标准规范,强化理论实践一体化,按照"四个模块,三层能力递进"编排教学内容(理论基础模块、单项技能模块、综合技能模块、拓展能力模块;基础能力、综合能力、拓展能力)。理论基础模块系统介绍公路勘测设计的基础知识和我国公路交通建设的巨大成就,激发学生从事公路交通建设的热情,引导学生传承交通人吃苦肯干的职业精神。单项技能模块包括平面设计、纵断面设计、横断面设计、公路交叉设计,帮助学生建立三维立体认知,启发设计思维,开展公路平纵横设计的单项技能训练,培养学生的基础能力。综合技能模块包括选线、定线、公路外业勘测,指导学生运用路线设计软件进行不同地形条件下公路选线与纸上定线,完成公路外业勘测任务,培养学生勘测和设计的综合能力。拓展能力模块为公路现代测设技术,培养学生公路路线计算机辅助设计、数字地面模型及 3S 技术在公路勘测设计中的应用能力。通过递进式编排,从平纵横设计到总体设计,从纸上选线定线到公路外业勘测,学生能力逐渐提升。

3)建设立体化、高质量的教学资源

围绕深化教学改革和"互联网＋职业教育"发展需求,教学团队编写了《公路勘测设计》教材,并不断认真学习、深刻领会教育部有关文件精神,结合高等职业教育发展和公路行业发展实际情况对教材进行修订。此外配套建设了课程标准、教学设计、授课计划、教学方案及 PPT、任务工单、公路勘测设计课程设计指导书、案例库、习题库、微课视频等教学资源,开发建设了"公路勘测设计"省级精品课程网站,搭建线上线下自主学习、终身学习的网络平台。

4)实施多元主题课程教学评价

课程教学评价由两部分组成,一是学生通过网络教学平台进行网上评价,二是教学督导与同行实行推门听课并进行课堂现场教学评价。学校大力推行课程思政建设,修订课程教学评价标准,加入思政评价因素,注重学生大国工匠精神的培养,把敬业爱岗、文明素养、教书育人、价值塑造等融入评价体系中,使思政教育与课程教学融为一体。

2. 实施

以综合技能模块中"公路在不同地形下的选线"学习任务为例,教学团队将学习任务解构为平原区选线、山岭区选线、丘陵区选线三个微模块,聚焦新时代中国特色社会主义生态文明建设,深入挖掘思政元素,引导学生成为新时代生态文明理念的弘扬者和践行者。融入《公路路线设计规范》《公路环境保护设计规范》等行业标准和规范,强化理实一体,教育学生深刻理解并自觉践行职业规范。在教学过程中,教学团队结合课程平台,发布教学资源和学习任务,开展线上线下教学,提高教学效果。课后开展第二课堂活动,巩固与加强教学效果。

1)学情分析

本节内容是在完成路线平面设计、纵断面设计、横断面设计等知识储备,能合理运用公路线形技术指标的基础上学习的。

从年级特点分析,学生所处学期为大二第一学期,多数学生的年龄在 19 岁左右。"公路勘测设计"是学生接触较早的专业课程之一,学生无论在知识结构上还是经验层面上,都没

有太多的基础,需要教师采用便于学生理解的方式进行讲解。

从思想观念特点方面分析,"零零后"是在网络中成长起来的一代,他们接触了大量的前沿知识和信息,知识面较宽;大多学生生活条件比较优越,对于艰苦奋斗和生活中的挫折没有太多的体验。学生正处于世界观和价值观的逐步形成阶段,他们有热情,积极向上,关注社会,对于现实中的问题,有独立看法,但不成熟。在教学过程中,教师需要格外强调社会责任、职业精神,提高学生的政治觉悟和素养,培养有责任、有担当的社会建设者。

2) 教学目标

本学习任务的教学目标从知识、能力和素质三个方面进行设置,并结合选线工作的特点,选择适当的思政元素融入教学中(见表1)。

表1 课程教学目标设置

授课内容	教学任务	专业教学目标	课程思政元素
公路在不同地形下的选线	平原区选线 山岭区选线 丘陵区选线	知识目标: 掌握平原区、山岭区、丘陵区选线的方法。 能力目标: 1) 能根据不同的地形、线形技术指标合理选择路线走向。 2) 能完成课堂练习,增加知识运用能力和合作学习能力。 素质目标: 1) 厚植家国情怀,强化使命担当。 2) 提升职业素养,传承刚毅精神,弘扬劳动精神和工匠精神。 3) 坚持绿色发展,保护生态环境,人与自然和谐共生,以人民为中心,提升社会责任感。	1) 山岭区选线地形复杂,条件艰苦,引出学生的环保意识,培养学生良好的职业道德和吃苦耐劳的劳动精神。 2) 沿溪(河)线受洪水威胁较大,测设和施工困难,防护工程较多。旅游公路多为沿溪(河)线,水土保护要求高,引出坚持创新、协调、绿色、开放、共享的新发展理念。 3) 山区公路是群众的致富路、乡村的振兴路,讲授山岭区选线时,提醒学生坚持以人民为中心,建设人民满意的交通,不断增强人民群众的获得感、幸福感、安全感。

3) 教学过程设计

根据本门课的课程特点和已有教学资源,团队总结凝练了本课程教学过程设计的"五步法",即在课前通过线上学习引讨论;在课中通过问题导入明概念,通过任务驱动学要点,通过案例分析攻难点;课后通过总结和第二课堂活动巩固学习成果(见表2)。

表2 教学过程设计安排

课前准备			
	教师活动	学生活动	课程思政
教学内容	在课程平台上传公路线形案例资料,并发布学习任务; 通过网络搜集自己家乡的公路建设成就	1. 登录课程平台,查阅老师提供的资料; 2. 通过网络收集公路建设成就,以图片、文字等方式提交	认真准备学习资料,按时提交作业,养成良好的学习习惯和遵规守矩的优秀品格

（续表）

课中导学

教学内容	教师活动	学生活动	课程思政
1. 课程导入	将学生收集的资料进行集中展示,引导学生对地形特点、公路线形特征进行分析; 导入我国幅员辽阔、地形多样,针对不同的地形采用不同的选线原则和选线方法	展示自己收集的公路资料并进行简单介绍,找出不同地形下公路线形的特征	展现中国公路建设成就,培养学生的爱国情怀,坚定道路自信、理论自信、制度自信、文化自信,传承交通人吃苦肯干的职业精神
2. 平原区选线分析	1. 讲解平原区地形特点; 2. 展示选型比选案例,提出讨论问题:平原地形特点在线形选择时如何取舍;  3. 对学生提交的讨论结果进行点评,综述平原选线要点	分组讨论不同特点对公路选线的影响,并查阅设计规范,对不同选线方案进行比对,最后提交讨论结果	引导学生深刻理解并自觉实践职业精神和职业规范,增强职业责任感,弘扬精益求精的工匠精神
3. 山岭区选线分析	1. 讲解山岭区地形特点 (1) 案例讲解沿溪(河)线:受洪水威胁较大;测设和施工困难;防护工程较多; (2) 案例讲解越岭线:山岭区选线地形复杂,条件艰苦;		

（续表）

课中导学

教学内容	教师活动	学生活动	课程思政

（3）案例讲解山脊线：线位选择如何兼顾技术与功能要求。

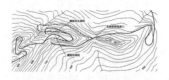

2. 发布山岭线选线案例比对任务，引导学生进行方案讨论并作最后结论综述

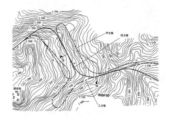

采用辩论式讨论，辩论双方对老师提出的山岭选线方案进行比选，各自提出选择不同方案的理由，由其他同学共同进行评判

1. 引导学生坚持创新、协调、绿色、开放、共享的新发展理念；
2. 增强学生的环保意识，培养学生良好的职业道德和吃苦耐劳的职业精神；
3. 在选线工作中要坚持以人民为中心，建设人民满意的交通，不断增强人民群众的获得感、幸福感、安全感。把公路建到老百姓的家门口，建幸福脱贫路，解群众心中忧

	1. 讲解丘陵区地形特点； 2. 发布丘陵选线比对方案：引导学生在比选方案多、地面因素复杂、方案差异不明显的情况下，多次细节讨论；		
4. 丘陵区选线		分组讨论不同细节差异对公路选线的影响，并查阅设计规范，对不同选线方案进行比对，最后提交讨论结果	引导学生养成客观严谨、认真负责的职业精神
	3. 对学生提交的讨论结果进行点评，综述丘陵选线要点		

课中导学			
教学内容	教师活动	学生活动	课程思政
5. 课程总结	对不同地形公路线型选择要点进行总结归纳		

课后拓展			
教学内容	教师活动	学生活动	课程思政
教学内容	1. 布置课后学习任务； 2. 发布第二课堂拓展任务：开展"最美家乡路"手机摄影活动	1. 完成课后学习作业； 2. 提交摄影作品	使学生厚植家国情怀,强化使命担当

（三）实效与经验

本课程受到校内外同行和学生的一致好评,认为本课程完成了设定的教学目标,突出了社会主义核心价值观引领,有效解决了实际教学问题,促进学生知识运用和专业能力的提高。课程思政内容融入自然,学生易于接受。信息技术与数字资源运用充分、有效,教学内容呈现恰当,满足了学生学习需求。教学策略得当,有效调动学生学习积极性,符合职业院校学生的认知规律和教学实际。

通过本课程思政示范建设的实践,调动了学院教师参与课程思政建设的积极性、主动性和创造性,将立德树人贯穿于教育教学和学生成长成才的全过程。课程团队主编教材入选"十三五"国家规划教材,获首届全国优秀教材二等奖,课程入选湖北省首批课程思政示范项目,形成参考性强、推广价值高并具有交通特色的典型案例,为提升课程育人效果提供参考借鉴。

三　案例反思

（一）创新之处

1. 厚植行业文化,挖掘思政元素,彰显交通特色

教学团队传承交通行业"刚毅精神"的优良传统,深入发掘爱岗敬业、拼搏进取的典型案例,将行业文化有机融入课程内容之中,让课程思政接地气。如"绪论"章节,讲授国家路网规划知识的同时,讲述中国公路建设伟大成就,展现交通强国宏伟画卷,激发学生的爱国情怀,坚定"四个自信";在学习"公路现代测设技术"章节中的"3S(GIS、GPS、RS)"技术时,讲述我国北斗技术自主发展历程,提升学生的开拓精神和责任意识。

2. 创新教学方法,适用信息技术,发挥榜样力量

教师在讲课中通过"空中课堂"连线公路建设领域的专家、教科研人员、能工巧匠和优秀毕业生等行业优秀人才,讲授职业素养、职业标准、行业发展、四新技术。通过虚拟仿真技术,重现精品工程、样板工程场景,带领学生学习先进技术和管理方法。搭建线上学习平台,

号召学生自主学习,树立终身学习意识。例如,在有关教学内容中,邀请我校优秀毕业生、中央电视台《向劳动致敬》"五一"专题节目受访者梁亚雄连线"空中课堂",展现其在"世界第一高桥"四渡河大桥巡检时的工作过程。由学长讲授专业内容,学生更容易被他艰苦奋斗的劳动精神和严谨认真的工匠精神所感召,实现课程思政的润物无声。

(二)下一步改进措施

本课程建设虽然取得了一些成效,也还存在一些不足,今后将持续如下建设。

(1)依据本课程知识点,全面分析思政映射点,进一步优化课程思政总体设计。

(2)运用 VR、AR 等虚拟仿真技术,进一步丰富课程思政资源,通过网络课程平台,将其推广到交通类高职院校,共享共用。

(3)以本课程为例,立项开展"道路运输实践类核心课程思政建设质量评价体系"课题研究,跟踪教学效果。

(4)创办校内思政示范课教学论坛,推进专业课课程思政全覆盖。每年至少组织一次典型经验交流、现场教学观摩、教师教学培训活动,邀请湖北省乃至全国交通院校的教师参加,实现共同进步。

陈方晔 沈 力 杨 帆 朱 婧 杨 榕(湖北交通职业技术学院)

公路"医生" 用"心"守护质量
——"公路工程检测技术"课程思政案例

一 案例综述

（一）课程介绍

"公路工程检测技术"课程是道路桥梁工程技术专业的专业核心课程，开设于大二第二学期，共56学时。先修课程为"工程制图与识图""结构设计原理""工程测量""工程材料"等，后继课程为"工程项目管理与监理""工程招标与投标""BIM技术""毕业设计""岗位实习"等。

本课程对接国家《道路桥梁工程技术专业教学标准》《公路施工现场管理人员（施工员）职业标准》、"1＋X"路桥工程无损检测职业技能等级证书（初级、中级）标准、"施工员""试验员"等初始就业岗位需求，以"智慧检测""无损检测""数字化检测"等新技术、新方法、新规范为引领，融合全国交通运输职业教育"升拓杯"学生无损检测技能大赛、湖南省职业技能大赛公路养护工赛项等学生竞赛内容，紧扣专业人才培养方案及课程标准，重构教学内容。以"公路'医生'用'心'守护质量"为主线开展课程思政。教学团队整合教学资源，采用"理实一体化""线上线下混合式"等教学模式，运用"项目载体、任务驱动、望闻问切"教学策略，突出教学重点、突破教学难点，将劳动教育贯穿全程。

通过本课程的学习，学生应掌握公路工程检测方法和结果判断标准，具备常规性公路工程检测能力，能适应公路工程检测的工作要求，具备家国情怀、哲学思维、工匠精神和职业操守。

（二）案例概况

该案例获得2020年湖南城建职业技术学院课程思政说课比赛"一等奖"、2020年院级优秀政研成果评选"二等奖"、2021年湘潭市职业院校"三全育人"案例征集活动高职组三等奖。教学团队在全国交通教指委路桥专指委2020年"系主任、教务处长论坛"、湖北城市建设职业技术学院作课程思政专题讲座、湖南省职业院校教师素质提高计划2021年度培训项目承接基地中职项目（课程思政教学设计与实施培训）等讲座培训中作专题报告，取得了良好的社会反响，具有较好的推广和借鉴价值。

二 案例解析

(一)设计思路与理念

教学团队结合"公路工程检测技术"课程特色,从"医生"的视角,以"公路'医生'用'心'守护质量"为主线,深入挖掘知识与技能点中的课程思政元素,组建公路"医生"之"爱心""良心""睿心""匠心"包,进行课程思政"四心并育、三全育人"教学主题设计(见表1)。团队以课程思政案例、技能操作、小组合作等为载体,以"专题嵌入式""隐性渗透式""亲身体验式""启发探究式"等方式将课程思政有机融入课堂教学。

表1 医者"心包"内涵

序号	医者"心包"	内　涵
1	爱心包	爱心强基:引导学生增强"四个意识",坚定"四个自信",做到"两个维护";激发学生科技报国的家国情怀,树立责任意识,强化担当精神
2	良心包	良心固本:强化学生工程伦理教育,树立不造假数据、不出假证明、不做假鉴定的职业操守和坚持标准、行为规范的职业准则
3	睿心包	睿心启智:培养学生用哲学思维分析公路工程检测中的问题并解决问题的能力,提高学生的情商,培养学生的团队协作能力,发挥团队效应
4	匠心包	匠心成才:培养学生精益求精、耐心细致、吃苦耐劳、严谨务实、专注执着和勇于创新的工匠精神,以及崇尚劳动、热爱劳动、辛勤劳动、诚实劳动的劳动精神

(二)设计与实施

1. 整体设计

1)学情分析

教学团队对学生的学习行为、思想状态等调研数据进行精准分析,得出学生存在四个不足,即理想信念不足、分析问题不全面、耐心专注力不足、数据诚信认识不足。

2)确定素质目标

基于学情分析,结合课程特点,教学团队确定本课程的素质目标,即"四心共育"以解决学生思想状况、学习行为等方面存在的不足(见表2)。

表2 素质目标

序号	学生思想状况、学习行为问题	课程素质目标
1	理想信念不足,对学校、专业热爱不足	培育"爱心",引导学生坚定理想信念,教育学生爱党、爱国、爱社会主义、爱人民,坚定技能报国信念;厚植专业情怀,引导学生热爱集体,提高专业忠诚度
2	数据诚信认识不足	引导学生坚守"良心",培育不造假数据、不出假证明、不做假鉴定的职业操守,加强责任担当

（续表）

序号	学生思想状况、学习行为问题	课程素质目标
3	分析问题不全面	塑造"睿心"，强化学生的哲学思维，提高正确认识、分析和解决问题的能力
4	耐心专注力不足	严守"匠心"，培养学生的工匠精神，融入劳动教育，树立精益求精、耐心专注、勇于创新的工作态度

3) 组建公路"医生"课程思政包

教学团队围绕素质目标，结合项目和任务的特点深入挖掘思政元素，将其与知识点有机融合形成典型课程思政案例，组建公路"医生"之"爱心""睿心""匠心""良心"包。团队深度挖掘了本课程的 25 个工作任务中的思政元素，构建典型案例，并将其汇编成册（见表3）。

表3　课程思政整体设计

序号	项目	工作任务	思政元素	融入点	融入方法	案例
				课程思政		
1		工作任务一："公路工程检测技术"课程认知	质量把关，人民至上	了解"公路工程检测技术"课程	专题嵌入式	让青春担当未来
2		工作任务二：认知公路工程质量检测原则	职业道德	公路工程检测原则	隐性渗透式	泉州欣佳酒店倒塌致29死、42伤，检测机构出具虚假报告，资质被吊销
3	项目一：公路工程检测基础知识认知	工作任务三：公路工程检测现场选点	以小见大，一叶知秋	公路工程检测现场选点	启发探究式	由点及线，由线及面，规范检测选点，反映公路质量
4		工作任务四：检测数据处理、统计计算与分析	严谨认真	进行数据修约	引导思考式	从"四舍五入"到"四舍六入五考虑"
5		工作任务五：填写现场检测表格	责任担当	规范填写现场检测表格	专题嵌入式	习近平总书记讲话：把使命放在心上、把责任扛在肩上
					隐性渗透式	规范填写公路工程检测表、报告
6	项目二：土方路基质量检验与评定	工作任务六：挖坑灌砂测试土方路基压实度	不怕脏，不怕累	用灌砂法测定土方路基压实度	自身体验式	灌砂法：小试坑里蕴藏大道理
			责任意识		专题嵌入式	工作就是责任——责任意识是华为企业文化的精髓之首；责任胜于能力——《华为基本法》第

（续表）

序号	项目	工作任务	课程思政			
			思政元素	融入点	融入方法	案例
						二条规定,认真负责和管理有效的员工是企业最大的财富
7		工作任务七:用贝克曼梁法测试土方路基回弹弯沉情况	认真细致	路基回弹模量检测读数	隐性渗透式	百分表——弯沉检测的放大器
8		工作任务八:用三米直尺测试土方路基平整度	耐心细致	三米直尺检测土方路基平整度	启发探究式	三米直尺:简单工作更彰显职业素养
9		工作任务九:土方路基质量评定	分工协作,团队精神	土方路基质量评定	隐性渗透式	土方路基质量评定:分工明确,协作完成复杂任务
10		工作任务十:用钻芯法测沥青混凝土面层压实度	认真细致	测试取芯试样密度	隐性渗透式	测试取芯试样密度:看似简单,但也要认真细致
11		工作任务十一:用连续式平整度仪测试沥青混凝土面层平整度	勇于创新,科技报国	国产连续式平整度仪缺乏自动识别特殊情况的功能	启发探究式	勇于创新,改进国产连续式平整度仪
12		工作任务十二:用渗水仪测试沥青混凝土面层渗水系数	耐心细致	密封区域密封圈的制作	隐性渗透式	耐心细致,方能致远:密封区域密封圈的制作
13	项目三:沥青混凝土面层质量检验与评定	工作任务十三:用摆式仪测试沥青混凝土面层摩擦系数	对立统一规律	保证沥青面层抗滑性与平整度的出发点与落脚点	提问探讨式	对立与统一,面层的平整度与抗滑性
			严谨细心	摆式仪调零	隐性渗透式	步骤烦琐,更需严谨细心——摆式仪调零
14		工作任务十四:用手工铺砂法测试沥青混凝土面层构造深度	勇于探究	量砂是否需要回收	引导思考式	手工铺砂法所采用的量砂测定后不需回收?是规范的遗漏吗?
15		工作任务十五:沥青混凝土面层几何尺寸测试	精益求精	中线偏位测试	隐性渗透式	使用全站仪,如何控制误差范围?
16		工作任务十六:沥青混凝土面层质量评定	分工协作,团队精神	沥青混凝土面层质量评定	隐性渗透式	分工明确,协作完成复杂任务

（续表）

序号	项目	工作任务	课程思政			
			思政元素	融入点	融入方法	案例
17		工作任务十七：用钻芯法测试水泥混凝土路面厚度	注重细节，防微杜渐	回填试坑	自身体验式	天下大事，必作于细——习近平总书记在考察中央办公厅时的讲话节选
18		工作任务十八：水泥混凝土路面横向力系数测试	辩证分析	对比不同抗滑性能测试方法	结合升华式	效率与测试结果的稳定性：对比不同抗滑性能测试方法
19	项目四：水泥混凝土路面质量检验与评定	工作任务十九：水泥混凝土路面相邻板高差测试	专注执着	任务引入	专题嵌入式	可爱的路桥人：一生只做一件事，便能做到极致
20		工作任务二十：水泥混凝土路面纵、横缝顺直度测试				
21		工作任务二十一：水泥混凝土路面强度检测	辩证观点，正确人生观	用回弹值换算混凝土强度	引导思考式	回弹值与强度——事物的关联性；付出决定收获
			科技报国	回弹法测试技术	提问探讨式	回弹仪测试系统的技术创新格局
22		工作任务二十二：水泥混凝土面层质量评定	不造假数据，不出假证明，不做假鉴定	数据处理与结果评定	专题嵌入式	荆楚工匠藕长洪：桥梁质检"医生"眼里揉不得一粒沙
23	项目五：水泥混凝土路面无损检测	工作任务二十三：水泥混凝土路面厚度无损检测	坚持不懈	厚度检测中激振锤的应用	隐性渗透式	细微之中见成功：厚度检测中激振锤的应用
24		工作任务二十四：水泥混凝土路面裂缝深度无损检测	辩证统一	混凝土开裂现象	引导思考式	混凝土的"裂"与"不裂"
			精益求精	裂缝深度检测的测点布置	启发探究式	点线之间显匠心
			讲诚信，有担当	裂缝深度检测的数据结果	隐性渗透式	数据背后的专业良知

（续表）

序号	项目	工作任务	课程思政			
			思政元素	融入点	融入方法	案例
25		工作任务二十五：水泥混凝土路面缺陷无损检测	严谨认真	波速标定的参数设置	启发探究式	一点之差，谬以千里——波速标定参数设置的0.25米和2.5米
			团结协作	缺陷检测操作过程	隐性渗透式	"换""敲"间的和谐

2. 教学实施

在课堂教学中，教学团队采用"课前"探路、"课中"诊路、"课后"护路三段式教学方式，并运用多种方式将思政元素有效融入。下文以"工作任务二十四水泥混凝土路面裂缝深度无损检测"为例，说明教学实施过程。

1）课前"探路"

课前，教师发布工作任务单，要求学生对校园道路的建设历史、建设资料进行调研，在调研期间拜访老教师、参与施工的人员，了解校园道路建造背后的故事，感受学校的发展历程。

2）课中"诊路"

课中，结合工作任务特点，按照望闻问切的思路进行。首先让学生观察路面裂缝的现象，知晓裂缝位置等基础信息；然后设置讨论题目：如何从辩证看待混凝土的"裂"与"不裂"的问题？引导学生在讨论过程中，认识事物的两面性，学会用对立统一的观点看待问题；接着，总结"望""闻"阶段的疑问，教师答疑解惑；最后，动手实践，引导学生规范操作，特别强调测点测线布置、激振锤敲击力度等方面的精益求精，同时培养学生不造假数据、不出假证明、不做假鉴定的职业操守。

3）课后"护路"

课后，开展"校园道路，我来守护"和"家乡道路，我来守护"等实践活动，组织学生对路面病害进行调研分析，激发学生对学校、对家乡的热爱，树立安全无小事的意识。

3. 考核评价

课程采用"三阶段、多维度、综合性"的评价方式，即"课前诊断性评价、课中过程性评价、课后形成性评价"等三个阶段，从学习态度、知识掌握程度、技能操作水平、课程思政等多个维度进行评价，并从学习过程、理论考试、技能考核等方面建立学生课程诚信档案，一生一档，作为学生入党、预备党员转正、评优评先的参考依据，与党务、学生管理等职能部门协同评价，践行"三全育人"。

教学团队将课程思政评价与个人学习、小组任务与技能考核相融合，与知识、技能考核同向同行，综合检验育人效果。如将学习主动性、规矩意识等融入个人学习考核中，将团结协作能力、劳动意识等融入小组任务考核中，将认真细心准备器具、精益求精操作仪器、严谨务实处理数据、实事求是出具报告的情况等融入技能考核中。

（三）实效与经验

（1）"良心"筑魂。学生在实训操作规范、实训报告撰写、实训成绩等方面均有提升。

（2）"匠心"引领。学生在省内外技能竞赛中成绩斐然,获得国家级奖项 30 余次,省级奖项 10 余次。

（3）"爱心"传承。近三年以来,自愿前往条件艰苦地区工作的学生越来越多。如主动去西藏墨脱,助力脱贫攻坚;参与港珠澳大桥建设,助力交通强国;前往刚果等亚非拉国家,助力"一带一路"。

（4）培养学生,成就教师。课程团队坚定"师德"至上,获得多项荣誉;用心诠释教师使命的事迹被报道在《中国建设报》、"红网"等主流媒体上。

三　案例反思

（一）创新之处

1. 组建医者"心包",创新课程思政

教学团队深入挖掘工作任务中蕴含的思政元素,结合知识点形成典型课程思政案例,组建公路"医生"之"爱心""良心""睿心""匠心"包,构思独特,设计新颖,体现了课程的特色,针对性强。

2. 实施课程思政,推动课堂革命

教学团队实施课堂思政,改变传统的课堂教学模式,采用"望、闻、问、切"的医生视角,主题鲜明、脉络清晰,以推动教学改革,形成课堂革命新生态。

3. 建立诚信档案,推进"三全育人"

教学团队根据课程特色,以课程思政评价为抓手,从学习过程、理论考试、技能考核等方面建立学生课程诚信档案,将其作为学生入党、预备党员转正、评优评先的参考依据,与党务、学生管理等职能部门协同评价,践行"三全育人"。

（二）下一步改进措施

（1）课程思政实施与信息化教学融合不够,有待进一步深入。下一步团队将利用信息化手段收集学生行为数据,动态调整教学方法。

（2）针对部分学生的个性化课程思政育人模式存在不足,有待进一步探究。教学团队应充分发挥知识、技能点的内生式课程思政元素作用,动态调整课程思政融入方式,进一步深化课程思政建设。

李和志　周文芳　黄美燕　谭　旭　洪　阳(湖南城建职业技术学院)

起动检修练技能　精益求精塑匠魂

——"汽车发动机装配与检测"课程思政案例

一　案例综述

（一）课程介绍

"汽车发动机装配与检测"课程为国家级专业教学资源库建设课程、国家级课程思政示范课程、省级精品在线开放课程。课程教学立足"德技双修"高素质技术技能人才的培育，根据汽车维修企业岗位人才需求，对接"1+X"汽车运用与维修职业技能等级（中级）证书标准，传承楚怡精神"爱国、求知、创业、兴工"的精髓，培养爱岗敬业、精技创新、技能报国和匠心传承的技术技能人才。

以楚怡精神为引领，重构课程内容。课程以汽车机电维修岗位工作任务为载体，对标"1+X"汽车运用与维修职业技能等级（中级）证书标准，重构基于工作过程要求的岗位职业核心能力模块，设计学习项目7个，工作任务22个，共计48学时（见图1）。基于"懂流程、能

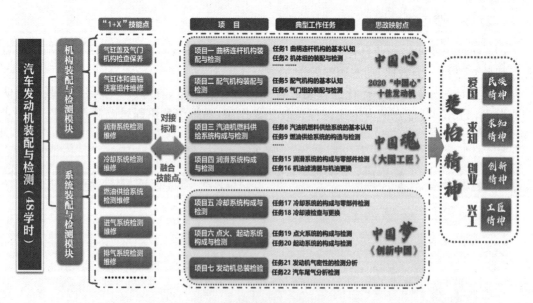

图1　课程内容重构框架

190

装配、会检修"的课程教学要求,教学团队深挖"楚怡富矿",将民族精神、工匠精神等融入教学内容,重构课程内容体系。

以内隐外显互化为手段,完善教学方法。教学团队采用理实递进式教学法、混合式教学法和演示法突破发动机装配与检测中机、电、液系统原理分析、故障排查等教学难点;将楚怡精神充分融入教学内容、教学方法和教学育人全过程。

以技能培养为主线,构建"双递进、三融通"模式。按照"德技双修、工学结合"育人理念,根据人才培养目标,结合学生学情,校企共同制订课程思政"双递进、三融通"的教学模式(见图2)。

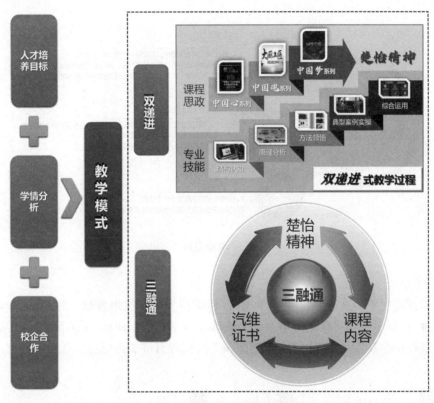

图2 "双递进、三融通"教学模式

(二)案例概况

案例实施过程中,教学团队深挖"楚怡富矿",将民族精神、工匠精神等融入教学内容,结合学生学情,重构课程内容体系。按照"德技双修、工学结合"育人理念,构建"双递进、三融通"教学模式;营造"理、虚、实、考"四位一体学习环境;实行"课证融通、思政融合"的多维评价模式。

1. 内容分析

以项目六"点火、起动系统构成与检测"中的第二个学习任务为例,课程内容对接汽车运用与维修职业技能等级标准(中级)"汽车动力与驱动综合分析技术"模块——职业技能1.8 "起动系统检测维修"。通过该任务的学习,学生可以掌握起动系统零部件的安装及连接关系,理解起动系统工作过程,具备起动系统控制电路检修的职业能力。教师带领学生观看微课视频《中国制造:复兴号》,激发学生技能报国的使命感和求知意识;结合起动系统功用的理论讲解,融入习近平总书记提出的大局意识的新思想,并将细致严谨、精益求精的工匠精神有效渗入教学内容;在起动系统电路连接、起动无反应问题排查等实践活动中,结合职业素养的培育将责任意识、安全意识、团队意识有效渗透实操过程。

2. 教学目标

教学团队依据专业人才培养方案与课程标准,参考国家职业标准、"1+X"证书标准,结合企业岗位能力需求,以综合职业能力培养为导向、德技双修人才培育为核心,确定教学目标(见图3)。

图3 教学目标

3. 学情分析

课程的授课对象为高职汽维专业学生,目标岗位为汽车机电维修。通过对学生就业单位走访调研、往届学生学习数据分析及学生在线学习平台数据跟踪,团队发现本专业学生在任务学习过程中存在不足,学生的求知精神和工匠精神有待加强(见图4)。

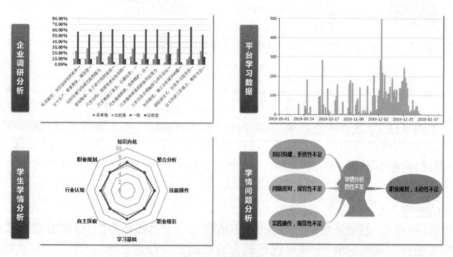

图4 学情分析

4. 教学重难点

1）课前自学测试分析

总体情况：课前测试总体正确率为58%，基础性知识正确率为67.5%，表明学生通过微课视频学习，已经基本掌握了起动系统零部件工作过程；起动系统电路工作原理分析正确率低于55%，说明学生对该知识点的自学难度较大（见图5）。

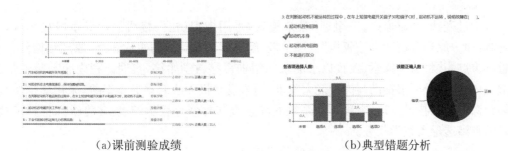

（a）课前测验成绩　　　　　　　　（b）典型错题分析

图5　课前自学测试分析

典型错题：本题需要学生正确理解起动系统端子作用与系统整体控制策略和工作过程，综合性较高，正确率为45%（见图5）。

此外，"汽车发动机装配与检测职业素养调查问卷"关于起动系统构成与检测部分的调查数据显示，89.3%的学生缺乏6S管理意识，85.7%的学生工匠精神有待提高。

2）确定教学重难点

教学团队依据专业人才培养目标，对接"汽维证书"标准的教学与培训要求，紧扣课程标准，结合学情分析结论，确定如下教学重难点（见图6）。

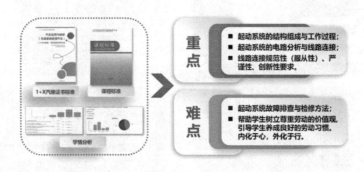

图6　教学重点、难点

5. 教学实施调整

（1）学生理解难度较大，需要综合运用微课视频、动画、虚拟仿真等教学手段，降低学生理解难度；

（2）结合起动系统电路检修必须全面检测、通盘考虑的要求，引导学生认识工作中有大局意识的重要性；

（3）培养学生细致严谨、精益求精的职业素养，解决学生认知不深、系统性认知不足的问题。

二 案例解析

(一) 设计思路与理念

1. 践行"双递进、三融通"教学模式

教学过程践行"双递进、三融通"教学模式,采用虚拟仿真、接线演示等手段相结合,从"结构认知—原理分析—方法领悟"逐层击破,解决起动系统结构组成、工作原理和检修方法等教学重点,并将勇于探索、孜孜以求的求知精神贯穿教学始终,实现课程内容与楚怡精神相融通;对接汽维证书标准与岗位能力需求,引入发动机无法启动典型案例,采用虚拟仿真、视频跟踪等信息技术手段,突破起动系统故障排查与检修等教学难点,并将求知精神培植、工匠精神渗透融入教学任务。

2. 营造"理、虚、实、考"四位一体的学习环境

针对起动系统结构与检测的重点,为提高课堂教学效果,教学团队充分运用资源库在线课程平台开展线上、线下相结合的理论教学。针对起动电路分析与检测的重点、难点,借助VR虚拟仿真软件、一体化数字教材让学生领会检测方法;并利用实训台架进行演练学习;再结合"1+X"职业技能考核要求,设置标准考核工位进行检验,构建"理、虚、实、考"四位一体学习环境(见图7)。利用理、虚结合的学习环境,将知识进行可视化转化,激发学生的求知欲;借助理、实结合的学习环境,开展理实一体教学,将安全意识、探究意识等融入教学内容,实现求知精神、工匠精神内化于心;通过"1+X"考核工位设置,对学生进行检验与评价。

图 7　四位一体学习环境

(二) 设计与实施

教学总体设计,以求知、工匠精神培植和职业技能培育为主线,构建三时段、四层面学习体系,强化楚怡精神的培植,激发学生技能报国的家国情怀和匠心传承的使命担当;教学实施过程,采用理实一体递进式教学,分为引、识、明、晓、练等环节,使学生在掌握理论知识后进行实操检验,促进专业知识与技术技能的融合互通(见图8)。

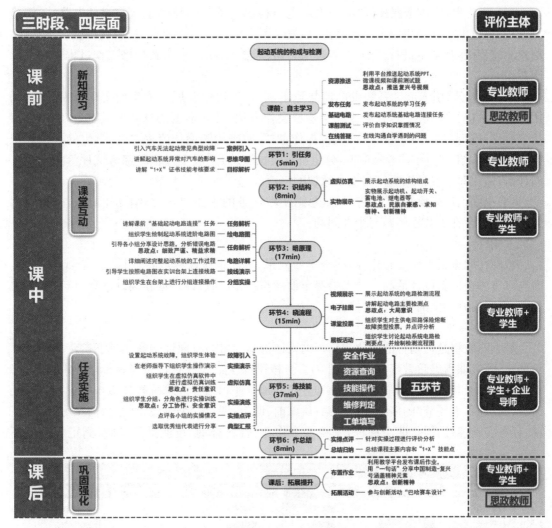

图 8　教学实施总体设计

1. 课前

自主学习:发布课前学习任务,学生自主认知起动系统,了解有关检修方法,建构知识体系;利用智慧职教平台,拓展学生的学习时间与空间,强化学生自主学习的能力;通过自学测验分析,进行有针对性的教学,提升学生的学习效率和学习效果;开展思政教育,组织学生观看复兴号视频,激发学生技能报国的使命感和创新意识。

2. 课中

(1) 引任务:引入汽车无法起动案例,激发学生的学习兴趣;解析"1+X"证书对起动系统检测维修的技能要求,让学生有效领会学习任务目标。

(2) 识结构:利用汽车 VR 智慧课堂,虚拟展示起动系统结构组成;通过实物展示讲解零部件结构,激发学生的求知欲,培育学生的求知精神;播放复兴号视频,增强学生的民族自豪感和创新精神。

(3) 明原理:培养学生细致严谨的工作态度,强化精益求精的工匠精神。

（4）晓流程：播放微课视频"起动系统电路检测流程"，引导学生认识起动电路，了解检测流程；通过电子挂图讲解电路检测点，启发学生主动思考实操要点；利用展板设计活动，绘制检测流程图，让学生进行归纳总结，理清思路、通盘考虑，培育实践检修工作过程中的大局观意识。

（5）练技能：引入起动系统继电器故障案例，师生协同开展故障案例实车诊断分析，利用同屏技术进行实操演示，让学生领会检修操作方法，强化学生的自主学习能力；使用虚拟仿真软件，进行起动系统电路检修模拟操作考核，明确检测操作流程，夯实学生的规范意识与责任意识；结合"1＋X"考核标准，分组进行实操演练，开展全过程跟踪考核评价与学生自纠评价，强化对学生分工协作与安全意识的培育。

（6）做总结：实操点评、总结归纳，总结学习任务的主要内容，归纳操作要点，分析学生学习过程中存在的共性问题与个性问题。

3. 课后

教师在职教云平台发布作业，检查学习效果，巩固本次课程内容；引导学有余力的学生参与汽车协会创新设计活动——巴哈赛车设计与制作，通过课外创新设计活动，培育学生的创新精神，提升学生的创新设计能力。

4. 考核评价

教学团队将楚怡精神的内化与笃行纳入评价指标，构建"课证融通、思政融合"的多维评价体系，落实课程思政教育要求（见图9）。考核评价参照"1＋X"证书考核标准要求，校、企、培多方共同参与，学生互评、教师考评和企业导师点评相结合。思政教师参与共建，制定"三时段、四层面、五环节"的多维评价体系；从课前、课中、课后三个时段，结合课前预习、课堂互动、任务实施、巩固强化四个层面，围绕安全作业、资料查询、技能操作、维修判定等五个环

图9　多维考核评价体系

节,对学生的责任意识、安全意识、创新意识进行综合评价。

在教学过程中,师生借助职教云平台进行线上适时评价;实操环节中利用"1+X"模拟考核平台,全程用视频记录,第三方评价组织对技能操作进行点评(见图10)。

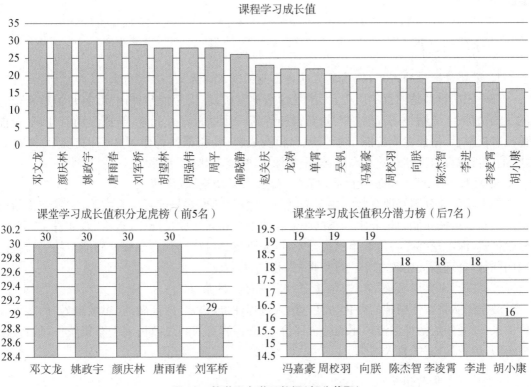

图10　教学平台学习数据(部分截取)

(三) 实效与经验

坚持楚怡精神引领,开展课程体系改革与教学模式创新,实现育人成效与课程质量双向提升,具体实施成效与成果如下。

1. 师生技能双向提升,竞赛成果丰硕

通过课程思政融合探究,课程教学成效显著提升。团队教师获省级以上教学成果奖3项,获全国职业院校教学能力比赛一等奖2项,获省级课程思政竞赛一等奖1项等;"课证融通"教学范式案例被推荐为国家优秀参赛作品,在中国教育电视台等平台报道;学生获技能竞赛、挑战杯、互联网+等国家级奖项10余项;涌现了创新典范张江杰等优秀学子,相关事迹在《人民日报》《中国青年报》等媒体上报道。

2. 课程质量迭代优化,辐射成果显著

"汽车发动机装配与检测"课程先后立项为首批职业教育国家级课程思政示范课程与省级课程思政示范课程、湖南省职业教育精品在线开放课程。依托智慧职教 MOOC 学院开展线上教学,累计学习人数达8 100 余人;互动总量近155 万次,生成学习日志80 多万条,获评同心抗疫"十大优质课堂",相关事迹在《三湘都市报》等省级媒体上报道。课程资源成果与教学改革范式,多次在我校组织的"1＋X"国家级培训项目、军民融合培训、中泰师资培训等项目成果范例中进行培训、推广。

三 案例反思

(一) 创新之处

1. 深挖楚怡精神富矿,构建楚怡精神引领的育人体系

教学团队重温楚怡百年历程,深挖楚怡精神富矿,彻悟楚怡精神内涵,将楚怡精神蕴含的民族精神、工匠精神、劳动精神、创新精神等新时代思政育人元素,与课程固有知识、技能传授有机融合,搭建专业技能与思政理念相映成趣、互相增益的学习体系,实现"育人＋育才"的有机融合,打造"思政有高度、知识有深度、技能有热度"的课堂。

2. 对接"1＋X"汽维证书标准,构建"双递进、三融通"教学模式

教学团队充分用好课堂教学主渠道,创新课堂教学模式与课程思政实施路径,将价值塑造融入知识传授和能力培养中。根据职业技能培育和人才成长规律,重构"双递进、三融通"教学模式,深度挖掘匠心传承等思政元素,以德驭技、以技育德,实现修德砺能与精工铸艺的同向同行,合理衔接思政之"道"与专业之"术"育人主线。

3. 实行"课程＋思政"考核,构建多维同向评价体系

教学团队将楚怡精神的内化与笃行纳入过程评价,构建"课证融通、思政融入"的多维评价体系,开展楚怡精神渗透转化的综合评价,实现课程育人与思政铸魂的有机统一,践行"培根铸魂,启智润心"的育人理念。

(二) 下一步改进措施

1. 课程思政教学资源待丰富,辐射效应有待加强

教学团队要进一步挖掘精技创新、匠心传承的课程思政典型案例,丰富课程思政育人载体,加强教学成果凝练,让楚怡精神薪火相传。

2. 扎根"楚怡"沃土,探索"四融入"综合育人模式

下一步要开展楚怡大讲堂、楚怡故事会等系列活动,引导团队教师追寻楚怡职教奋斗历史,深刻领会楚怡精神内涵精髓,将楚怡基因分别融入"岗""课""赛""证",推动"岗课赛证"综合育人。

龚艳丽　邹洪富　戴继明　王艳艳　李　琼(湖南工业职业技术学院)

立足交通　服务区域　培育新时代会计信息化人才
——"会计信息系统应用——财务链"课程思政案例

一　案例综述

（一）课程简介

湖南交通职业技术学院的"会计信息系统应用—财务链"是湖南省教育厅2019年认定的精品在线开放课程，自2019年以来，持续探索与实践课程思政教研教改，团队教师曾荣获2019年湖南省职业院校教师教学能力大赛一等奖、2021年湖南省职业院校课程思政说课比赛一等奖、2021年湖南省职业教育教学成果奖三等奖。本课程团队由全国五一巾帼标兵、全国交通职业教育专业带头人、湖南省芙蓉名师带领，会计专业教师主导，思政课教师、运输企业高级会计师协同，共同研究实践课程育人，获评2021年湖南省课程思政优秀教学团队。

1. 课程基本信息

"会计信息系统应用——财务链"是高职大数据与会计专业的核心课程，开设在大二第一学期，共68学时，3学分。通过"会计基础""财务会计实务"等前导课程，学生具备了会计核算基本技能。本课程旨在让学生掌握利用会计信息系统进行会计核算的ERP操作技能，并为大数据财务分析等技能应用打基础。

2. 以"校情省情、专业特色"为基础，明确课程定位

教学团队立足学校服务交通运输行业及该行业相关机械制造业的办学定位，根据湖南"三高四新"打造先进制造业集群战略，结合湖南自贸区构建"粤港澳新通道"的现代交通物流体系发展目标，以及会计行业大数据、人工智能新技术的应用，根据本课程会计核算技能与ERP操作技能并重的特点，将课程培养目标定位为：培育诚信守法、精准操作、求知创新、责任担当的新时代会计信息化人才。

3. 以"立信担当、精技四会"为中心，确定教学目标

本课程依据国家职业标准、人才培养方案、课程标准、"1＋X"业财一体信息化应用证书标准，结合企业调研报告，对接交通行业会计岗位需求，确定教学目标。知识目标为掌握会计核算原理、会计信息系统的操作方法、财务分析的指标计算与分析方法；能力目标为会处理、会操作、会分析、会优化。课程旨在培养诚信守法、坚持准则、精准操作、求知创新、责任担当、共创共赢的新时代会计信息化人才，帮助学生实现"立信、精技、担当"的素质目标（见图1）。

图 1 "立信担当、精技四会"教学目标

（二）案例概况

1. 以"德技并修、相融共进"为目标，重构教学内容

依据国家专业教学标准，对接财务数智化对人才培养技能进阶的要求，对接会计岗位职责，结合国家职业标准、"1＋X"业财一体信息化应用证书标准、会计技能竞赛标准，课程团队按会计工作过程重构课程内容，将课程内容分为企业创设、经营核算、财务分析三大模块，全程融入立信、精技、担当的思政元素，实现学生会计核算技能、ERP 技能、数智技能的进阶式提升，实现技能进阶与价值追求的相融共进。

2. 以"三维三层、可评可测"为导向，挖掘思政元素

教学团队从省情（先进制造业集群、"粤港澳新通道"现代交通物流）、校情（立足交通、服务交通）、专业与课程特点（核算技能与操作技能并重）出发，从立信、精技、担当三个层次，提炼出六大思政元素，将六大思政元素从诚信守法、精技创新、价值共创三个维度系统地融入课程三个模块的教学内容，在企业创设模块侧重赋予诚信守法的精神底色，在经营核算模块侧重实践精技创新的价值追求，在财务分析模块侧重体验价值共创的使命担当。根据工作任务要求，将思政元素分解为可评可测的具体指标，纳入评价体系，形成"三维三层、可评可测"的课程思政内容体系（见图2）。

契合	思政资源三维度	模块融入三层次	具体体现六要素	评价内容
省情 自由贸易试验区	**企业创设：** 诚信敢为的精神底色	**立信**	诚信守法	能遵从内控制度，自我约束，传承和发展湘商诚信文化
			坚持准则	能依据国家财税政策、会计准则，合理合规处理会计业务
校情 服务交通	**经营核算：** 精技创新的价值追求	**精技**	精准操作	能熟练、精准操作会计信息系统，处理会计业务
			求知创新	能归纳操作技巧、优化方法，使用财务大数据新技术
专业与课程特点 核算与操作并重	**财务分析：** 价值共创的使命担当	**担当**	责任担当	能学以致用，为校企合作企业提供财务服务
			共创共赢	能提出合理的财务管理建议，实现企业社会价值共创共赢

图 2 "三维三层、可评可测"课程思政内容体系

基于课程思政教学体系，教学团队通过市场调研，选择校企合作企业"湖南映晟交通建设工程公司"为会计核算对象，将思政元素融入教学内容，整体设计见图3。

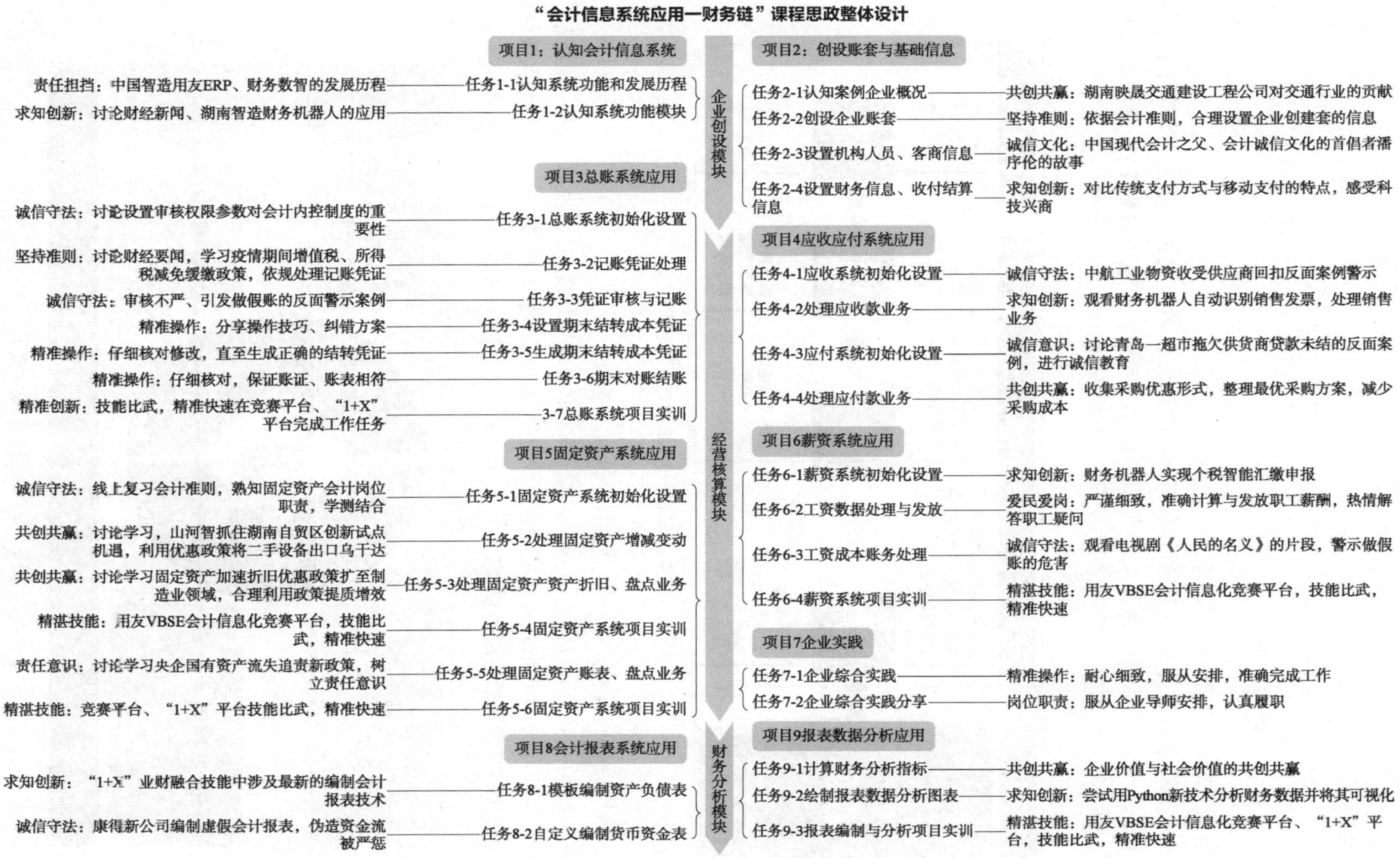

"会计信息系统应用—财务链"课程思政整体设计

企业创设模块

项目1：认知会计信息系统
- 任务1-1认知会计系统功能和发展历程
- 任务1-2认知财务功能模块

责任担当：中国智造用友ERP，财务数智的发展历程
求知创新：讨论财经新闻，湖南智造财务机器人的应用
诚信守法：讨论设置审核权限参数对会计内控制度的重要性

项目2：创设账套与基础信息
- 任务2-1认知案例与企业概况
- 任务2-2创设企业账套
- 任务2-3设置机构人员、客商信息
- 任务2-4设置财务信息、收付结算信息

共创共赢：湖南映晟交通建设工程公司对交通行业的贡献
坚持准则：依据会计准则，合理设置企业账套
诚信文化：中国现代会计之父，会计诚信文化创生的首信者潘序伦的故事
求知创新：对比传统支付方式与移动支付的特点，感受科技兴湘

经营核算模块

项目3总账系统应用
- 任务3-1总账系统初始化设置
- 任务3-2记账凭证证处理
- 任务3-3凭证审核与记账
- 任务3-4设置期末结转成本凭证
- 任务3-5生成期末结转成本凭证
- 任务3-6期末对账结账
- 3-7总账系统项目实训

坚持准则：讨论财经要闻，学习疫情期间增值税、所得税减免缓缴政策，依规做账
诚信守法：审核不严，引发做账风险案例警示
精准操作：分享操作技巧、纠错方案
精准操作：仔细核对修改，直至生成正确的结转凭证
精准技能：仔细核对，保证账证、账表相符
精准创新：技能比武，精准快速在竞赛平台完成工作任务"1+X"平台

项目4应收应付系统应用
- 任务4-1应收系统初始化设置
- 任务4-2处理应收款业务
- 任务4-3应付系统初始化设置
- 任务4-4处理应付款业务

诚知创新：中航工业物资接收受收获开具收对返商回扣反面案例警示
求知创新：观看财务机器人自动识别销售发票，处理销售业务
诚信意识：讨论客商——超市冲欠供货商货款未结转的反面案例，进行诚信教育
共创共赢：收集采购优惠形式，整理最优采购方案，减少采购成本

项目5固定资产系统应用
- 任务5-1固定资产系统初始化设置
- 任务5-2处理固定资产增减变动
- 任务5-3处理固定资产折旧、盘点业务
- 任务5-4处理固定资产账表、盘点业务
- 任务5-5处理固定资产账表、盘点业务
- 任务5-6固定资产系统项目实训

诚知守法：线上复习固定资产会计岗位工作职责，熟知固定资产会计岗位联责，学赛结合
共创共赢：讨论学习，山河智能在湖南自贸区创新试点机遇，讨论装备成湘案例备的出口乌干达二手装备变强
共创共赢：讨论学习固定资产——加速折旧优惠政策扩至制造业领域，合理利用政策提质增效
责任意识：讨论学习大企国有资产流失追责政策，树立责任意识
精准技能：用友VBSE会计信息化竞赛平台，技能比武，精准快速
精准技能：竞赛平台，"1+X"平台技能比武，精准快速

项目6薪资系统应用
- 任务6-1薪资系统初始化设置
- 任务6-2工资数据处理与发放
- 任务6-3工资成本账务处理
- 任务6-4薪资系统项目实训

求知创新：财务机器人实现个税智能缴费申报
爱民爱国：严谨细致，准确计算与发放退职工薪酬，热情解答民疑问同
诚信守法：观看电视剧《人民的名义》的片段，警示做账的危害
精准操作：耐心细致，服从安排，准确完成工作
岗位职责：服从企业导师安排，认真履职

财务分析模块

项目7企业实践
- 任务7-1企业综合实践
- 任务7-2企业综合实践分享

项目8会计报表系统应用
- 任务8-1模板编制会计报表
- 任务8-2自定义编制货币资金表

求知创新："1+X"业财融合技能中涉及最新的编制会计报表技术
诚信守法：康得新公司编制虚假会计报表，伪造资金流故事的危害

项目9报表数据分析应用
- 任务9-1计算财务分析指标
- 任务9-2绘制报表数据分析图表
- 任务9-3报表数据编制与分析项目实训

共创共赢：企业价值与社会价值的共赢
求知创新：尝试用python的新技术分析财务数据并将其可视化
精准技能：用友VBSE会计信息化竞赛平台，"1+X"平台技能比武，精准快速

图3　课程思政整体设计

201

二 案例解析

(一) 设计思路与理念

1. 以"三位一体、协同育人"为理念,构建育人机制

专业教师、思政教师、企业导师从调研分析、设计制定、教学实施和考核评价等环节协同开发课程,以学校、企业课堂为育人主阵地,以湖南制造业经济业务为载体,实现线上线下、校内校外联动互补,构建"三位一体、协同育人"机制(见图4)。

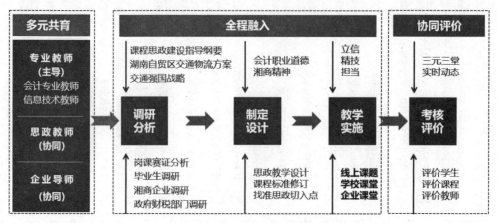

图4 "三位一体、协同育人"机制

2. 以"亲和时效、形式多样"为原则,建设教学资源

思政资源内容的选取贴近学生就业环境、国家财税政策环境、日常生活。教学团队结合课程重操作的特点,建设形式多样的特色思政资源(见图5),提高资源的易接受性和实效性,同时为"三课堂"多场景应用提供支持。

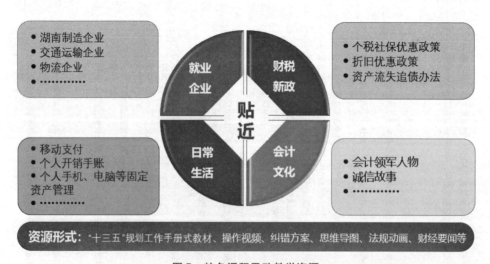

图5 特色课程思政教学资源

（二）设计与实施

1."数字画像＋个体定位"信息手段,分析学情

课程授课对象是高职会计专业一年级学生,基于在线课程等多平台数据构建学习者数字画像,用调查问卷等方式对学生前导课程学习情况进行分析(见图6)。

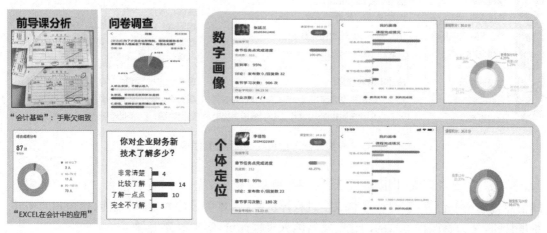

图6　信息化手段精准分析学情

教学团队根据学情分析,总结学生特点与不足。学生已具备基本的会计信息素养,熟知讲诚信、守准则等会计核心职业道德,对新技术充满好奇。但学生对如何坚守诚信把握不准,严谨细致、精益求精、创新的职业精神欠佳;辩证分析企业价值与社会价值共创共赢的能力不足。团队确定教学重点为会计业务信息化处理流程和操作方法,依法、依规、依流程操作信息系统,教师通过操作演示、指导答疑、思政案例解决重点;教学难点归纳为会计信息系统工作原理理解难、系统操作精准快速难、查错纠错方法创新难,采用任务驱动、平台训练、技巧分享、思政案例讨论攻破教学难点。

2."一线三堂＋虚拟现实"混合教学,解决教学重点

课程全程贯穿"立信、精技、担当"一条思政主线,创设三个课堂,借助信息化教学手段和丰富的课程思政资源,构建线上线下混合教学模式。通过"3主体—3课堂—4平台考核评价",实现实时评价,及时反馈,有效促学,解决教学重点。构建"一线三堂"混合教学模式,与湖南映晟交通建设公司、京东物流等企业合作,创设三个课堂,实施线上课程平台学理论、线下仿真平台练技能、企业实践育情怀的混合教学(见图7)。

3."教学平台＋任务驱动"教学策略,攻破教学难点

教学团队与湖南映晟交通建设公司共同开发仿真工作任务,借助用友软件、新道虚拟教考平台、"1＋X"业财一体信息化应用平台、在线课程平台、多媒体教学软件等进行实操任务的演示和训练。采用任务驱动法,解决工作原理理解难;通过操作演示、指导答疑、强化训练等方法,解决精准操作难;借助技能比武、讨论纠错方案、分享思维导图,解决方法创新难。

4."三元三堂＋实时动态"评价体系,以评促学

教学团队根据课程标准、技能竞赛、"1＋X"证书制度及会计岗位要求,融入"立信、精技、担当"的思政主题,构建"三元三堂"全程全方位实时评价体系。教师、企业、学生通过线上课

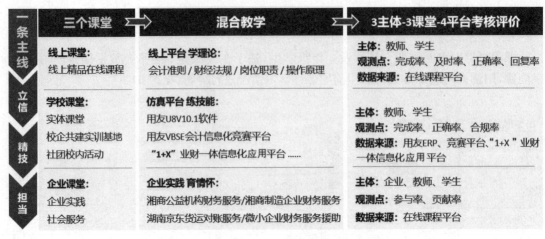

图7 "一线三堂＋虚拟现实"混合教学模式

堂、学校课堂、企业课堂，借助在线课程平台、用友 ERP 系统、新道竞赛平台、"1＋X"业财一体信息化应用平台等，实现动态获取全过程评价数据，对学习行为、知识技能、价值追求等多维度评价，努力将课程思政的内化与笃行纳入过程评价，实现以评促学。

5. 以"固定资产系统应用"项目示例，展示实施过程

以固定资产系统应用项目为例，介绍"一线三堂"混合教学的具体实施过程。本项目包括 6 个教学任务，教学重点为：依据固定资产会计准则和岗位职责，利用会计信息系统科学设置初始参数；精准处理固定资产的增加、减少、调拨、折旧、盘点等会计业务；快速获取和分析固定成本数据。

教学团队通过线上课前小测、问卷调查分析发现，本项目教学难点为：价值共创理念树立难，要让学生树立成本管控意识，追求企业和社会价值共创；精准操作难，要带领学生探索信息系统数据处理的关联性，纠正学生的操作错误；方法创新难，要鼓励学生使用 Power BI 等新技术分析固定资产数据。

1）线上课堂

课前学理论。通过线上课程等平台，学生学习理论微课、操作演示视频；教师带领学生调研 RFID 固定资产盘点新技术，尝试设计固定资产折旧计算器，计算自己的手机价值。教师提供在线学习资源，带领学生探索大数据财务分析新技术，培养学生求知创新的精神。

2）学校课堂

课中析案例。在学生学习固定资产增加方式时，引入交通行业固定资产建设年投资 36 万亿元的财经要闻，以及中建五局夜以继日承建长沙方舱医院的时政热点，让学生铭记交通强国、制造强国的使命担当；在学生学习固定资产盘点时，组织讨论央企国有资产流失追责新政策，帮助学生树立责任意识；在学生学习资产处理时，组织讨论妥善合理的处置方案，如抓住湖南自贸区出口退税优惠政策，将二手设备出口乌干达，实现企业闲置资产变现和援助非洲的双赢。

课中做中学。学生操作练技能，教师指导答疑；组织学生分组 PK，组间诚信监督，多媒体平台实时监控，系统设置内控参数，构建他律与自律的诚信氛围。

课中享收获。教师分享优秀思维导图,解决教学重点;分享操作技巧与优化方案,鼓励学有余力的学生利用 Python 等新技术处理财务数据。

课后精技能。借助竞赛平台、"1+X"业财一体信息化应用平台开展技能比武,解决学生精准操作难的问题。

3)企业课堂

在企业创始、经营核算两大模块之后,安排学生分组分批到交通建设公司了解经营范围、会计信息系统使用状况,到物流运输公司、校财务等企业实践,参与资产盘点工作,引导学生树立保护企业固定资产安全完整的责任意识。

4)项目评价

借助在线课程平台、用友 ERP 系统、新道竞赛平台、"1+X"业财一体信息化应用平台等教学平台,教师、企业、学生多主体,对学生的学习行为、知识技能、价值追求等维度进行评价。团队动态获取全过程评价数据,将"立信、精技、担当"的思政主线贯穿每个任务点的评分标准。

(三)实效与经验

1. 思政育人,促成长

课程思政教学实施已有三年,学生的技能水平、学习主动性、会计职业素养、社会担当意识均有提升,促使德技并进,"立信担当、精技四会"的教学目标有效达成。学生会计法规、会计准则的线上测试均诚信完成,获得不错的成绩;会计信息系统的操作精准高效,高分段人数明显增加,并且不再有代做拷贝等舞弊现象;学生乐于探索新方法,探索批处理、筛选替换、快捷键等简便快捷方法,创新使用个税计算器、折旧计算器提高处理速度,勇于尝试用 Power BI 进行财务数据分析;参与本课程对接的"1+X"业财一体信息化证书考试,学生通过率达 100%;有学生获全国职业院校技能竞赛"智能财税"赛项一等奖;在实训报告、思政案例讨论中,学生表达出企业价值与社会价值共创的理念,意识到交通强国的使命担当;学生积极参加企业实践和志愿者服务,认真履职,责任意识强。

2. 教研教改,提质量

本课程于 2019 年被认定为省精品在线开放课程,深受学生喜爱,学生对教学资源的满意度高。本课程已累计被省内外高校 45 个教学班级作为教学资源使用,选课人数达 4 400 多人,资源利用率达 90%以上。2020 年新冠肺炎疫情防控期间教学团队全程公益直播,课程被评为省级线上优秀教学案例;教学团队持续教研教改,获评省级课程思政优秀教学团队,多次参加省教师职业能力大赛并获奖。

3. 经验推广,共育才

通过三年的课程思政教学研究与实践,团队总结了三点经验:一是研究教学策略,创新教学模式;二是契合职业需求和课程特点,找准课程思政建设的方向和重点,创新适合职业教育的教学模式,灵活应用教学策略,培育新时代的建设者;三是持续更新思政资源库,提升课程吸引力。课程思政的资源可以来自国家、区域、行业发展战略,也可以来自时政要闻、日常生活、人文历史,尽可能多地让学生产生共情,进而内化践行。团队构建了多元多维评价体系,将课程思政的内化与笃行纳入过程评价,实现以考促学。

课程思政设计理念、教学模式在本校会计专业得以推广,助力"Excel 在会计中的应用"

"会计信息系统应用(供应链)"建成湖南省精品在线开放课程,累计为 7 000 多人提供教学服务。

团队成员多次受邀在湖南省教师教学能力国培班交流,推广"一线三堂"课程思政教学模式和实施方法。在线课程被江西交通职业技术学院、武汉城市学院等多所院校选用,课程资源的使用率、思政案例的讨论参与率达 90%以上。

三 案例反思

(一) 特色创新

1. "一线三堂+虚拟现实"混合教学,三全共育

教学团队将立信、精技、担当的思政主线贯穿三个课堂,学校课堂的操作演练与线上课堂的理论知识相结合,使学生的系统学习与碎片学习互补;利用学校课堂的实训平台与企业课堂的实训基地,将仿真学习与课外体验相融合;开展线上课堂的技能比武与企业课堂的工作实践,实现虚拟空间与现实生活共振,合力实现学生的德技共进。

2. 课程思政资源丰富,亲和时效

依托在线课程,建设丰富的课程思政教学资源。教学团队从交通行业动态、生活常识、人文历史等方面挖掘思政元素,学生喜闻乐见,亲和力强;为提升学生操作技能,使用工作手册式教材、操作演示视频等教学资源,针对性强;引入大量财税新规、财经要闻,实时更新视频资源,时效性强。

(二) 下一步改进措施

1. 丰富企业课堂的思政育人形式

目前教学团队利用企业课堂进行课程思政育人的教学模式还处于摸索尝试阶段,下一步将进一步发挥湖南交通职业技术学院与路桥建设公司、山河智能、京东物流等企业的联合办学优势,请劳模进校园,让学生入企业,拓宽校企协同育人渠道。每学期将邀请 1~2 名企业导师、企业劳模进校园,介绍湖湘企业诚信文化等。在经营核算教学模块完成之后,安排学生分批分组进入交通建设工程公司、交通物流企业观摩和顶岗,参与货品盘点,要求做到账实相符、如实反映;核对应收应付往来明细账、工资明细,培养严谨细致的职业素养;核对固定资产档案,树立保障资产安全完整的责任意识。

2. 提升思政资源与交通行业的契合度

教学团队立足学校培养交通运输行业技术技能人才的办学定位,服务湖南省建设现代交通物流体系发展战略,尽量选用与交通行业契合度高的课程思政素材,贴近大多数学生毕业后在交通行业和湖南区域就业的需求,提升课程的吸引力。选用山河智能援建非洲、交通强国战略投资、智慧物流、智能财税等企业案例,通过财经新闻、财政官网、湘商文化故事等形式融入,并及时更新,为"三课堂"多场景应用提供支持。

宁靖华 罗 勇 谢宗梅 邹 敏 朱 玮(湖南交通职业技术学院)

新政助推加速折旧　数据赋能交通强国
——"Excel 在会计中的应用"课程思政典型案例

一　案例综述

（一）课程介绍

"Excel 在会计中的应用"课程是大数据与会计专业技术课程、省级精品在线开放课程。课程融会计科学、计算机科学、管理科学、信息科学等多学科为一体，具有很强的实践性和操作性。依据省级优秀人才培养方案，课程开设在大二第二学期，共 54 课时，3 学分。前导课程有"财务会计实务""财务管理实务""成本会计实务"等，同步及后续课程主要有"会计信息系统应用""大数据财务分析与应用""会计综合实训"等课程。课程以 Excel 软件为载体，以省级课程思政教学团队为支撑，以交通运输企业真实经济案例为任务导向，依据《高等职业学校专业教学标准（2022 年版）》，根据省级优秀人才培养方案，基于业财融合新业态，开展会计数据处理与设计，助力交通运输企业数智赋能和企业价值增值，培养经济管理技术技能型人才。课程旨在帮助学生全面掌握 Excel2013 在账务管理、会计报表管理、工资管理、成本管理、固定资产管理、往来账款管理、投资管理等系统的应用，培养学生严谨细致、客观公正的专业精神，爱岗敬业、德法兼修的职业精神，精益求精、敢于创新的工匠精神，强国自信、敢于担当的爱国精神；培养会核算、会流程、会操作、会设计的德技双馨复合型人才。

（二）案例综述

1. 案例背景

本案例选自"Excel 在会计中的应用"项目五"成本管理系统建立"中的子任务 3"编制固定资产折旧费用分配表"，教学学时安排为 1 学时。案例以培养服务"交通强国""德技并修"高素质技术技能型人才为宗旨，以"固定资产不同折旧函数设置与计算"为任务驱动，以国家推动固定资产加速折旧税收政策为背景，带领学生分析政策给交通运输制造业带来减轻税负、加快设备更新、促进制造业转型升级等红利，借助 Excel 软件完成固定资产折旧函数设置与自动计算，为编制固定资产折旧费用分配表打基础。通过"高铁：'中国制造'的'世界速度'"等视频、新闻，正面引领和启发学生作为新时代的财务人员应德法兼修、经世济民，掌握专业核心技能，实现数据赋能，促进企业价值增值，培养爱国情怀和使命担当。同时，借助 5G 网络、希沃云平台、腾讯会议和学习通等信息技术，开展"线上＋线下"混合教学（见图 1）。

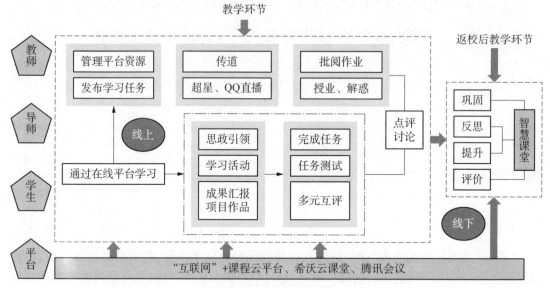

图 1　线上＋线下教学组织

2. 案例内容

1）学情分析

教学团队根据课前测数据分析、学生在线学习数字画像、调研方案与任务反馈等开展学情分析发现，学生对固定资产折旧函数核算内容，"知"不深，基本掌握固定资产折旧专业知识，但是对行业产业和国家政策关注不够，对"交通强国"概念认知模糊；对 Excel 的操作，"技"不精，具备一定的 Excel 操作技能，但是对 Excel 财务函数理论和应用不深，综合运用能力有待提升，职业操作有待进一步规范；对任务提交，"果"不实，存在诚信意识不足，产生"搭便车"，随意复制、粘贴任务成果等现象。

2）教学目标

教学团队根据"编制固定资产折旧费用分配表"任务，结合学情分析，确定教学目标，主要包括知识目标、能力目标和思政目标。在实现知识与技能传授的同时，将"守初心、练专心、记诚心、铸匠心"融入教学内容，潜移默化地推进课程思政育人（见图 2）。根据教学目标与学情分析，教学团队确定本任务的教学重点是折旧函数公式设置，教学难点是折旧函数逻辑判断与设计。

3）教学内容

依据新建构主义理论、OBE 教育理念，结合学情分析，根据工作任务与岗位工作标准，教学团队将教学过程分解为课前预热、课中聚焦、课后提升三个阶段，将"四心"元素"基因式"融入课程内容，实现思政教育的润物无声（见表 1）。

图2　课程思政教学目标设计

表1　案例课程设计与思政元素融入一览表

阶段	教师活动	学生活动	思政元素
课前预热	1. 发布任务工单与课前测； 2. 发布调研任务； 3. 根据课前测结果调整教学策略	1. 观看微课； 2. 完成课前测； 3. 制定调研方案	1. 爱岗敬业（初心） 2. 勤学苦练（专心） 3. 责任担当（初心）
课中聚焦	1. 导：正面引领——"高铁：中国制造的世界速度"； 2. 探：重点解析——固定资产折旧函数设置与计算； 3. 做：名师示范——精准示范，游戏通关； 4. 评：作品点评——多元点评，巡回指导； 5. 拓：能力拓展——不同情境，完善设计； 6. 享：课程小结——思维导图，反思提升	1. 观看视频； 2. 积极思考； 3. 实际操作； 4. 积极参与； 5. 反思改进； 6. 举一反三	1. 爱国情怀（初心） 2. 德法兼修（专心） 3. 勤学善思（专心） 4. 客观公正（诚心） 5. 精益求精（匠心） 6. 开拓创新（匠心）
课后提升	1. 必做任务——预习微视频、完善调研方案； 2. 拓展任务——模拟商战第二年固定资产经营管理	1. 完成任务工单； 2. 模拟商战	1. 精益求精（匠心） 2. 开拓创新（匠心）

　　课前预热，通过学习通平台向学生推送学习任务和学习资源。课前学生学习微视频，完成课前测；通过线上电话、网络查询、数字画像与线下走访、询问等方式开展交通运输企业固定资产折旧政策调研，小组合作完成调研方案；通过角色扮演在线模拟"约创"商战第一年固定资产与企业经营管理，增强职业归属感、责任感。教师实时了解学生的学习进度及学习中存在的问题，根据任务完成情况调整教学内容，确定课堂教学重点和难点。

　　课中聚焦，创新"四心六步"课程思政教学模式。即采用"导—探—做—评—拓—享"六步骤，基于交通运输行业视角，结合大数据与会计专业特色，挖掘固定资产折旧知识点蕴含的思政元素,开展"线上+线下"混合教学,助力培养"守初心,会核算;练专心,会技能;记诚心,会分析;铸匠心,会设计"的"四心四会"新时代财务人才(见图3)。

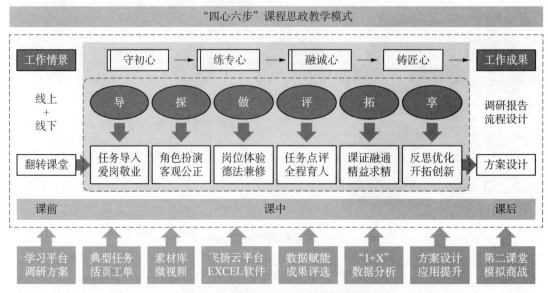

图3 "四心六步"课程思政教学模式

(1)导环节。选择交通运输行业固定资产折旧典型案例,结合新技术在交通运输行业的应用,发布"5G站点固定资产折旧函数设置与计算"任务工单,帮助学生建立对交通运输行业企业采购固定资产业务的直观认知,培养学生爱岗敬业的职业精神。

(2)探环节。讲授固定资产加速折旧函数设置原理与计算技巧,引导学生养成德法兼修的专业精神;通过"约创"商战,学生可以掌握加速折旧函数处理流程与操作技巧。

(3)做环节。演示"5G站点固定资产折旧函数设置与计算",通过名师示范,进行精准演示。通过角色扮演完成操作训练,培养学生一丝不苟、勤学苦练的职业精神,并借助自创交互式"线上+线下"互动游戏突破教学难点。

(4)评环节。通过飞扬实训平台评分、学习通数据评分和师生互评等方式,进行成果检测,引导学生诚实守信、实事求是,不随意复制、粘贴盗用他人成果,勿以恶小而为之,坚持客观公正。

(5)拓环节。根据学生学习能力开展差异化教学,发布课证融通任务、不同情景的典型工作任务工单,让学生举一反三完成固定资产加速折旧函数公式设计与实际应用,培养学生精益求精的工匠精神。

(6)享环节。教师解惑,讲授操作过程中的问题与解决方法,分享最佳作品,让学生反思方案设计并优化,培养学生勤学苦练的劳动精神和开拓创新的工匠精神(见图4)。

课后提升,根据学情,教师发布必做任务与选做任务,完善调研方案,让学生预习下一任务知识点、技能点,模拟"约创"商战平台第二年固定资产折旧及经营管理,提高学生技能水平,让学生体验工作情境,增强职业体会,强化开拓创新意识。

图4　教学活动

二　案例解析

（一）设计思路与理念

课程以"德技并修"为理念，以会计职业规范为"理"，以企业经营数据为"实"，开展"线上＋线下"、理实一体化混合教学。融合大数据与会计专业特色、交通运输行业特色与人才培养需求，定位服务"交通强国"高度，采用"移动思政"与"同步课堂"相结合的形式，通过"引政策、融案例、正三观"等手段，精准契合，零存整取，挖掘民族自信、爱国爱岗、诚实守信、工匠精神等思政元素，"基因式"融入思政内容，增强学生的职业责任感，培养经世济民、德法兼修、开拓创新的职业素养，实现"价值引领"。丰富教学方式，如角色扮演、名师示范、小组互助和岗位体验等，注重情感关联，把握情感认同温度，实现"价值认同"。依托学习通平台、飞扬实训平台和模拟"约创"商战平台，学生、教师、企业导师全方位参与，实现教学活动的自主化、情景化和生态化，课程整体以教师的组织引导为基准线，以学生在课中参与、课后"自发情感"为发展线，达到情感产生和升华的德育期望。

（二）设计与实施

1. 案例教学设计

本案例将教学过程分解为课前预热、课中聚焦、课后提升几个阶段。课前预热阶段，教师通过平台向学生推送学习任务和学习资源，实时了解学生的学习进度及存在的问题，学生在线学习并完成学习任务，教师根据任务完成情况调整教学内容，确定课堂教学重点和难点。课中，教师通过飞扬实训平台，收集操作过程中的数据反馈，发现学生操作过程中的重难点；通过"线上＋线下"自创交互式闯关游戏，增加学习的挑战性、趣味性，突破教学难点。课后，教师通过发布拓展练习题和"约创"商战平台，提高学生技能水平，让学生体验工作情境,增强职业体会。在知识传授的同时,演示实践操作,疑难解惑,融入爱国情怀、社会责任、爱岗敬业、诚实守信、德法兼修等思政元素思政素养,实现精益求精的工匠精神和经世济民的价值引领(见图5)。

图5 教学设计与实施

2. 教学方法与手段

在教学中,教学团队根据教学设计及学情分析,确定了教学方法与手段,具体如下。

1)自主学习与个性化学习相结合

教学团队利用省级精品课程网站、交通教育云平台、手机软件提供多层次教学案例、微视频等学习资源。根据学习能力、性格差异,利用个性化教学软件、云平台资源引导学生进行自主性、探究式、个性化学习(见图6)。

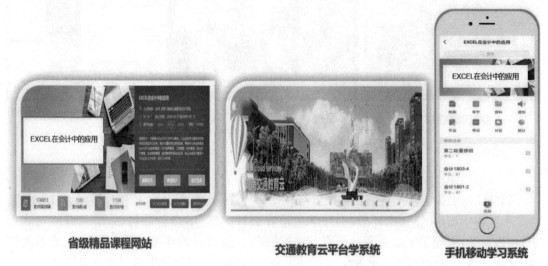

省级精品课程网站　　　交通教育云平台学系统　　　手机移动学习系统

图6　教学平台

2) 任务驱动与探究式学习相结合

教学团队以学生为中心,以任务为驱动,通过"导—探—做—评—拓—享"六步法,借助信息资源树与移动学习平台、课程学习平台等启发学生通过自主探究、团队合作、角色扮演、情景模拟等方式,开展"线上+线下"混合式学习(见图7)。

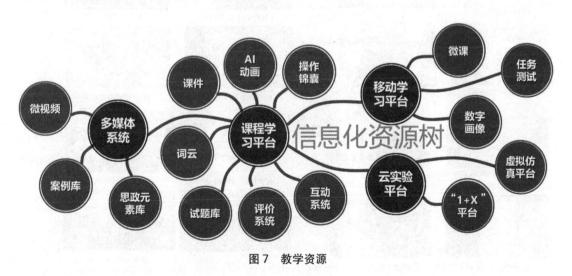

图7　教学资源

3) 趣味理论学习与DIY实践相结合

教学团队自创动画与游戏,突破教学重难点;融入思政元素,借助飞扬实训平台开展实践操作与技能提升,通过做中学、学中做,提升学生学习和实践能力,实现知行合一(见图8)。

自创动画视频   自创游戏   飞扬实训平台

图8 教学手段

3. 实施"四心融入"课程思政育人模式

以"5G站点固定资产折旧函数设置与计算"为主线,教学团队针对"知"不深、"技"不精、"果"不实等学情,在导和探环节,引导学生遵守会计准则,不忘会计初心,增强诚信守法意识;在做环节,引导学生加强劳动教育,勤学苦练;在能力测评环节,强调诚信,杜绝弄虚作假;在拓展和反思优化阶段,鼓励学生精益求精,与时俱进,强化学生的创新意识(见图9)。

图9 "四心育人"融课堂

4. "德技并修"分层动态评价系统

基于"德技并修"的教学理念,教学团队设计分层动态评价体系,重点考核学生数据处理的能力,基于教学过程开展多元评价。其中,过程考核占50%,综合实训考核占50%。每一个项目都从"德""技"两个方面进行加权评分,从自我评价、小组评价、教师评价、企业评价四个方面,综合获取定性数据和定量数据。考虑到个体差异,教师动态追踪学生个体层次变化,掌握每一个学生的动态,调整关注点,以评促学(见图10)。

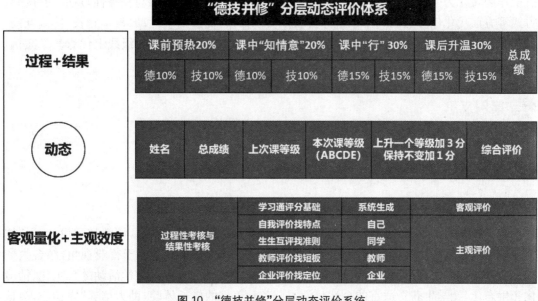

图10　"德技并修"分层动态评价系统

(三) 实效与经验

1. 深挖掘,巧设计,建设"德技并修,三位一体"课程思政资源库,打造省级精品课程

课程与时俱进,结合交通运输行业背景、国家对固定资产税收优惠等经济政策变动,深入挖掘会计文化、爱国情怀、民族自信、爱岗敬业、经世济民等思政元素,精准设计红色会计大讲堂(红色理财专家、毛泽东的账簿)、大国工匠精神(精益求精、成本核算)、制造强国(5G加速、助力强国)等思政案例,建立"元素级""课程级""专业级"三位一体课程思政共享型教学资源库。

通过一系列的教学改革与课程思政研究与实践,本课程立项为省级精品在线开放课程,是职业教育国家在线精品课程,服务于安徽财经大学、重庆理工大学、湖南大众传媒职业技术学院等17所全国本科、高职院校的Excel课程教学,累计浏览量达5 388 224次,累计互动达23 501次。

2. 转理念,善融入,创新"四心六步"课程思政教学模式,立德树人教育教学成果显著

教学团队重构课程内容,创新"导—探—做—评—拓—享"六步递进教学模式,根据课程特点将"初心坚守""专心融入""诚心铸造""匠传承心"融入教学全过程,实现思政元素"基因式""生态式""化学式"融入,形成"知识点+思政元素+素质点"的课程思政范式。

通过课程思政教学改革,教学团队取得了一系列课程思政教学与育人成果。在课程教育教研方面,教学团队获省级课程思政示范课程、省级课程思政示范教学团队、省级教学成果"三等奖"、省级课程思政教师教学能力竞赛"一等奖"的荣誉;获全国职业院校技能竞赛

"智能财税"国赛"一等奖"。

3. 云直播，建协同，搭建师生互动、生生互动的学习平台，树立优秀教学案例样本

教学团队利用学习通、腾讯、希沃等平台开展直播教学，通过师生互动、生生互动有效达成教学目标。新冠肺炎疫情防控期间，针对操作难问题，教学团队及时调整教学策略，将部分操作题转化为主观题，通过手绘、录制视频的方式，调动学生的参与积极性，从时间、内容、方式等方面优化任务点。利用手机办公软件实现操作，促进师生互动，教学相长，协调互助。课程在线浏览量达到 1 745 532 次，累计互动次数 11 160 次，获评为省级线上优秀教学案例，是省级课程思政教学案例样本。

三 案例反思

（一）创新与创新

1. 创新

1）创新"四心六步"课程思政教学模式

教学团队根据学生反应情况（不能操作）、环境变化（无面授指导），调整教学设计，以"德技并修"为理念，以会计职业规范为"理"，以企业经营数据为"实"，基于行业视角，结合大数据与会计专业特色，开展线上线下、理实一体化混合教学模式，实现教学活动的自主化、情境化和生态化，让学生获得适宜的个性化学习服务和美好的成长体验，助力培养"守初心，会核算；练专心，会技能；记诚心，会分析；铸匠心，会设计"的"四心四会"新时代人才。

2）构建"德技并修"分层动态评价体系

本课程采用"过程＋结果"的动态评价机制，客观量化与主观效度评价相结合，每一个项目从"德""技"两个方面进行加权评分，构建"德技并修"为理念的分层动态评价体系。教学团队从自我评价、小组评价、教师评价、企业评价四个方面，综合获取定性数据和定量数据，提升教学评价的生产性、自主性、客观性和综合性。

2. 特色

1）紧跟"新业态"，培养"四心四会"会计人

本课程依托校企合作企业的真实案例，以"编制固定资产折旧费用分配表"为任务主线，紧跟业财融合新业态，设计层层递进的教学任务，采用任务驱动法开展教学，无声植入思政元素并将其贯穿教学始终，培养"会处理、守初心；会融合，练专心；会分析，记诚心；会设计，铸匠心"的高素质技能型会计人。

2）利用"新技术"，智慧教学，突破教学难点

教学团队利用教学云平台大数据和信息技术，设计交互式 PK 游戏突破教学难点。利用在线开放课程平台优化教学模式，让学生体验商战，拓展教学时空。通过腾讯会议等平台智慧教学；利用电脑、手机软件，甚至是手绘表格的方式，让学生录制操作、讲解视频，提高了学生的表达能力和学习主动性。

（二）下一步改进措施

（1）教学团队将继续优化"四心六步"课程思政教学模式，服务区域行业经济发展需要，

实现企业导师教学常规化,加强校企深度合作,拓宽学生岗位体验边界。

(2)根据大数据与会计专业的特色和优势,教学团队将继续深入研究专业育人目标,深度挖掘并提炼专业知识体系中所蕴含的思想价值和精神内涵,科学拓展课程的广度,从课程所涉专业、行业、国家、文化、历史等角度,增加课程的知识性、人文性,提升课程的引领性、时代性和开放性。

黄　祺　朱　玮　罗　勇　宁靖华　张　琛(湖南交通职业技术学院)

思政引航　船舶导航　雪龙起航

——"船舶导航设备维护与管理"课程思政案例

一　案例综述

(一) 课程介绍

"船舶导航设备维护与管理"是国家双高建设专业——船舶电子电气技术专业的核心课程,也是海船船员适任培训与考试的重要科目。课程以《海员培训、发证和值班国际公约》(简称《STCW 国际公约》)《中华人民共和国海船船员适任考试与发证规则》和《海船船员培训大纲(2021 版)》对船舶电子电气船员的职业能力要求为依据,着重培养学生对导航雷达、测深仪、计程仪、陀螺罗经、船载航行记录仪等船舶导航设备"管、用、养、修"的职业能力。本课程的先修课程为"数字电子技术基础""模拟电子技术基础""电路基础"等,后继课程为"船舶综合驾驶台系统安装与调试""毕业航行实习"。本课程于 2019 年成功申报省级在线开放课程,课程团队于 2021 年入选江苏省青蓝工程优秀教学团队。

课程团队以实际工作过程、职业能力需求为导向进行课程开发,采用项目化教学方式,注重让学生在项目实施过程中掌握有关知识,熟练岗位技能。团队选定典型工作任务为载体进行教学情景设计,以学生为中心,切实将学生的综合职业能力培养落到实处,同时引导学生逐渐养成追求卓越的创造精神,精益求精的工匠精神,包容友善、团结协作的海员精神,寻根究底的科学精神以及良好的职业道德,为后续岗位工作奠定良好的基础。

(二) 案例概况

教学团队围绕"复兴航海,振兴海运"的历史使命和海事技术技能创新与服务、海洋文化传承传播的总体目标,借鉴船舶导航设备引领船舶保持正确航向与人的思想引领的异曲同工之妙,探索并实践了思政引航、船舶导航、雪龙起航同向共生的课程思政路径。整个课程项目实施以团队教师的"南极科考船——雪龙号"的真实护航经历为主线,以护航过程中的船舶导航设备维护工作任务为案例,将"角色模拟"应用于教学过程:护航中发现导航设备故障、分析故障原因、复现真实场景、演练虚拟排故、分组真机操作,护航雪龙号二次穿越魔鬼西风带,登陆传说中的"不可登陆之地——海哈拉尔王子海岸",最终顺利完成抵达南极的任务。

教学团队根据船员独立性、封闭性和涉外性的职业特点,以在国外港口与外籍人员交流时遵守国际法律法规、展现良好的职业素养,在遇到设备故障时能够运用科学的工程分析能力解决问题,在日常维护保养中以严谨科学的态度和精益求精的工匠精神延长设备寿命并传播中华民族优秀传统文化等为课程思政重点,专业教育与思政教育双线并进。团队挖掘专业教学模块中蕴含的思政元素,并将思政元素按照工程素养、工匠精神、传统文化、责任担当、核心价值、家国情怀形成有机整体。团队以学生为中心,采用案例分析、思政讲堂、分组讨论等多种形式,将思政内涵润物细无声般渗透并根植于学生内心,使学生成为具有高尚品格和国际视野,专业技能强、政治素质高、创新意识强,德智体美劳全面发展,符合国家海洋战略需求的优秀航海人才。本课程共分为综合驾驶台系统、船舶导航雷达等8个项目(64个课时)。课程思政总体设计见图1。

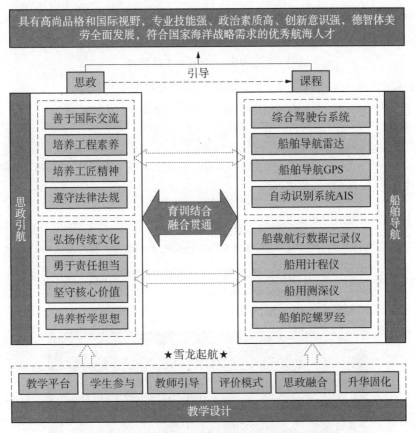

图1　思政引航、船舶导航、雪龙起航教学设计

导航雷达是船舶的眼睛,雷达的操作维护与检修是船舶电子电气专业学生必须具备的一项基本技能。本次思政典型案例选自"船舶导航雷达设备维护与检修"项目(8个课时)。船舶导航雷达维护与检修项目的教学目标和学情分析见表1。

基于本项目的教学目标和学情分析,为了增加学生的岗位认同感,教学团队安排由企业导师基于实际工作经验,帮助专业课教师设计项目任务,思政教师深入挖掘思政元素,助力思政教育融入专业教学。本案例以团队教师2021年南极科考船雪龙号真实护航经历为主线,以护航过程中的雷达设备维护为切入点,将"角色模拟"应用于教学过程。图2为团队教师 2021 年南极科考船雪龙号真实护航经历,表 2 为船舶导航雷达维护检修项目教学思政映射表。

表 1　船舶导航雷达的维护与检修教学目标和学情分析

教学内容:船舶导航雷达维护与检修	
知识目标	掌握雷达的功能
	熟悉雷达的测距测方位原理
	掌握雷达各组成部分结构与原理
能力目标	能够熟练进行船舶导航雷达的基本操作
	能够独立进行船舶导航雷达的维护保养
	能够独立对雷达的典型故障进行检修
思政目标	培养学生不畏风浪、迎难而上的精神
	培养学生的工匠精神与质量意识
	厚植家国情怀,激发学生的职业担当
学情分析	
认知能力	没有在船舶上的实践经历,对岗位职责不了解,对实船设备缺乏感性认识 缺乏航海事业的认知
知识能力基础	专业理论弱,动手能力强; 已具备 LC 振荡电路及模拟电子运算放大器的基础知识
学习态度、动机	学习目标明确,具有较强的学习兴趣,学生对专业学习充满期待,自主学习能力有待提高

图 2　团队教师 2021 年南极科考船雪龙号真实护航经历

表2 船舶导航雷达维护与检修课程教学思政映射表

	教学知识点	思政案例(思政元素)切入点	思政育人目标
课前	预习	南极科考船激光雷达研发纪录片	培养学生创新意识和科学精神
知识准备	雷达功能	中华神盾雷达助力中国海军驶向深蓝,远赴索马里护航案例	激发爱国热情,树立为中华民族伟大复兴而奋斗的信念
	雷达测距测方位原理	2020年伊朗防空部队雷达系统方位偏差,乌克兰波音737客机被意外击落的重大事故案例	培养学生精益求精的工匠精神
任务实施	南极科考船雪龙号雷达设备故障检修任务单	以团队教师南极科考船雪龙号护航过程中的雷达设备维护为案例	强化理想信念,培养职业认同感
	学生虚拟排故小组互评,总结问题	用模拟器复现护航中的真实海况,在雨雪、风浪、黑夜等海况下开展"沉浸式"雷达突发故障虚拟维修	传承"乘风破浪,不畏艰险,同舟共济"的航海精神和迎难而上的责任担当意识
	教师安全教育讲解示范雷达排故方法	从中医的望闻问切引申到雷达检修的排故步骤	弘扬中华民族传统文化,增强民族自豪感
	学生分组真机实操完成检修任务	教学团队教师护航雪龙号二次穿越魔鬼西风带,登陆传说中的"不可登陆之地"——海哈拉尔王子海岸的真实护航经历	职业认同感与自豪感,不畏风浪的敬业精神
		优秀校友王江涛的事迹	培养学生的岗位担当与责任意识,以及团队协作能力

二 案例解析

(一)设计思路与理念

教学团队以爱国主义引领为纲,以科学思维方法和精益求精的工匠精神为主线,结合教学内容,构建符合航海类专业课程自身特点的"四个层面、五个引领、九个切入、一个目标"的项目思政模式,即:构建了国家、社会、集体和个人四个层面的思政元素,以家国情怀引领、行业特色引领、职业素养引领、个人品格引领、学生关爱引领"五引"为导向,设立了传承中华民族优秀传统文化、奉献海洋强国、树立社会主义核心价值观、塑造工匠精神、引领职业精神、培养科学思维、树立制度自信、养成责任担当、培养同舟共济团结精神九个思政切入点,实现培养以适任为宗旨的符合国家海洋战略需求的优秀航海人才的目标。

针对水上运输类专业课程以实际船上应用为背景、紧密结合实际的特点,本案例采用"课程知识要点+工作案例+思政元素"的教学设计模式,以雷达设备操作、维护、检修为载体,将关键知识点与工作案例相结合,将雪龙号护航人员"角色模拟"应用于教学过程。以"船用导雷达——通原理、懂结构、熟操作、精维保、善维修"为目标导向,遴选航海课程思政教学库和雪龙号科考船护航中的思政元素和案例,落实立德树人的根本任务,将专业精神、蓝海视野和工匠精神融入人才培养全过程。

(二)设计与实施

1. 教学策略

教学团队通过细致学情分析,制定本课程的总项目与分任务,实施安全、思政两条主线贯穿全过程的项目化教学策略。教学团队从真实工作岗位提炼案例,课前发布任务,明确教学目标,启发学生思考;课中通过小组讨论、专家点拨讲解、教师演示等方式实施教学;课后通过实船实操、拓展学习帮助学生巩固学习成果。本项目融合思政元素的项目化教学策略见图3。

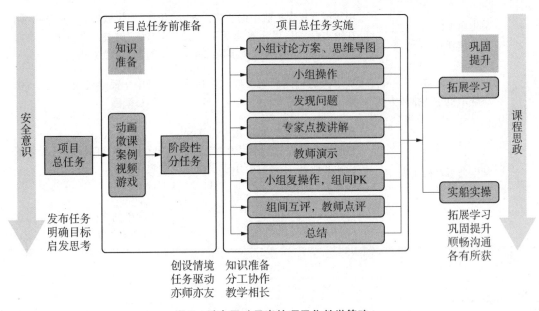

图3 融合思政元素的项目化教学策略

2. 课堂组织

整个任务实施以团队教师的南极科考船雪龙号的真实护航经历为主线,以护航过程中的雷达设备维护工作任务为案例,将"角色模拟"应用于教学过程:护航中发现故障、分析故障原因、复现真实场景、演练虚拟排故、分组真机操作,护航雪龙号二次穿越魔鬼西风带,登陆传说中的"不可登陆之地"——海哈拉尔王子海岸,最终顺利完成抵达南极的任务。按照"练学思拓"的能力递进训练模式,教学团队将教学实施分为课前、课中、课后拓展三个阶段(见表3至表5)。

1)课前

课前,学生通过线上学习平台获取任务单,了解本堂课任务,通过观看纪录片对南极科考船上的雷达建立初步的概念,在预习过程中潜移默化地学习科学家精神。

表 3　教学实施——课前

教学环节	教学内容	教师活动	学生活动
课前	发布任务 线上预习	1. 任务单； 2. 贲德院士发明相控阵雷达的纪录片； 3. 南极科考般激光雷达研发的纪录片	线上发布任务单； 线上播放纪录片视频	查找排故步骤,上传至课程平台； 观看视频； 【思政】学习科学家的科研精神

2) 课中

表 4　教学实施——课中(知识准备阶段)

教学环节	教学内容	教师活动	学生活动
课中 知识 准备 阶段	任务布置 雷达功能	【任务解析】介绍本项目任务目标与学生扮演角色； 雪龙号护航-导航雷达维护。 【虚拟仿真】模拟器船舶夜航沉浸式仿真。 【知识讲解】隐身目标和反隐身雷达。 【案例介绍】 1. 电科 14 所 YLC-8E 机动式 UHF 反隐身防空警戒雷达的研发案例； 2. 中华神盾雷达助力中国海军驶向深蓝,远赴索马里护航案例	【任务领会】角色扮演:南极科考船雪龙号护航员,做好雷达维护检修工作,护送船舶顺利抵达南极。 【随机发言】探讨船舶导航雷达设备功能。 【聆听思考】学习隐身目标和反隐身雷达知识。学会运用辩证思维看待事物； 学习我国自主研发雷达的案例,强化民族自豪感与爱国精神
	雷达测距 测方位原理	【动画展示】与蝙蝠类比展示雷达测距测方位原理。 【真机演示】演示雷达测量目标距离和方位。 【测一测】用雷达与 google earth 同时探测校园与附近地铁线的直线距离。 【案例介绍】 2020.1.8 伊朗防空部队雷达系统发生方位偏差,造成乌克兰波音 737-800 客机遭意外击落,机上 167 名乘客和 9 名机组人员无一生还的重大事故	【观看动画】学习雷达测距测方位原理。 【小组操作】对比测试,巩固相关知识。 【聆听思考】聆听事故案例,体会"失之毫厘,谬以千里",培养严谨的科学精神和责任心

　　课中的知识准备阶段,教学团队通过案例、虚拟仿真,动画,真机操作等方式,深入浅出让学生掌握任务实施所需知识。

223

表5　教学实施——课中(任务实施阶段)

教学环节	教学内容	教师活动	学生活动
课中 任务实施阶段 雪龙角色启扮航演	典型案例创情境(发现故障)	【动画展示】通过本校教师南极科考船雪龙号的护航过程中的真实故障案例——"雪龙号雷达天线故障"创设情境	【观察思考】观察故障原因,进入雪龙号护航员角色扮演
	集思广益理思路(分析故障)	【解惑引导】教师巡查各组,讨论交流问题。 【聆听记录】记录各组方案	【头脑风暴】分组讨论。 【思维导图】各组绘制故障排查思维导图。 【分组汇报】学生分组汇报排故步骤,理清解决思路。通过小组分工合作,让学生形成团队协作意识,强调"见贤思齐""三人行必有我师"的精神
	精研细琢定方案(确定方案)	【分析总结】分组点评,总结正确的排故流程	【组间辩论】组间辩论定方案,引导学生树立"大胆假设、小心求证"的严谨的工作作风
	虚拟环境试身手(紧急抢修——模拟)	【模拟器仿真】设置模拟器场景,引导学生完成操作。 【实景复现】通过主控台,模拟南极科考船护航过程中黑夜、雨雪、风浪等真实海况。 【阶段性总结】总结故障检修方法流程	【虚拟操作】进入航海模拟器舱,分组完成沉浸式虚拟排故。 【应急演练】在真实海况下,对船舶导航设备进行紧急排故维修,"沉浸式"体验电子电气员的真实工作环境。培养学生不畏风浪、迎难而上的勇气,让学生进一步深刻理解蓝海精神的内涵
	教师引导保安全	【微课视频】播放雷达维护保养安全注意事项微课。 【讲解示范】讲解安全帽安全绳等佩戴方法	【观看视频】学生学习。引导学生树立"安全问题无小事"的大局意识、安全意识、责任意识与质量荣辱观
	望闻问切排故障(解决问题——真机)	【内容导入】展示介绍维修工具;播放传统中医"望、闻、问、切"的视频,引申出雷达故障维修的方法; 【分组指导】巡查,发现问题,交流讨论,解决问题	【观看学习】思考学习雷达排故方法。弘扬中华民族传统文化,增强文化自信。 【分组排故】各组根据之前的排故方案与流程进行真机演练,培养学生实事求是、迎难而上、勇于探索的精神和工匠精神
	多维评价促发展	【小组评分】从过程参与度、知识掌握度、技术成熟度、素质达成度和思想提升度五个方面进行多维评价	【组间互评】增加过程性评价的柔性指标,将思政考核纳入评价体系,如工作态度、团结协作能力等。让学生发现彼此身上的闪光点

（续表）

教学环节	教学内容	教师活动	学生活动
育训一体铸精魂		【案例介绍】 1. 教学团队教师护航雪龙号二次穿越魔鬼西风带，登陆传说中的"不可登陆之地"——海哈拉尔王子海岸的真实护航经历。 2. 优秀校友事迹	【学习探讨】弘扬不畏风浪、迎难而上、踏实肯干、吃苦耐劳的精神

课中的任务实施阶段，以团队教师的南极科考船雪龙号的真实护航经历为主线，让学生扮演雪龙号护航人员，设置典型任务场景，虚实结合开展雷达设备维护工作任务，在任务实施过程中学习不畏风浪、迎难而上的航海精神。

考核说明：融入岗位规范，全程多元智能评价。教学评价贯穿整个任务过程，融入中级维修电工和海船电子电气员岗位标准，引入全国船员技能大赛安装与维修赛项规范，以"理、实、虚、创、思"五平台为依托，从评价环节、评价主体、评价依据三个方面准确收集学生学习数据，形成五个维度全方位、全过程的客观评价。

3）课后拓展

教学团队开放实训室，定期维护船舶导航雷达设备，让学生学以致用；安排学生实船拓展训练，增强岗位适应能力；安排学生与企业专家行业能手线上线下对话，让学生学习航海精神，了解行业最新技术。

通过"课前启化、课中内化、课后深化"，将课程思政内容如盐溶水般与专业教育内容结合，完成思政育人目标。

（三）实效与经验

在"项目二　船舶导航雷达设备维护与检修"的教学中，教学团队有效融入思政案例，让学生增强了对专业的兴趣和认同，坚定了投身航海事业，不畏风浪、迎难而上的信心和决心。

通过课程思政引领，学生专业认同感、责任感明显提升，呈现出热爱专业、热爱祖国、愿意为海洋强国奋斗的良好风貌，在做人做事上显现出大局意识和责任意识。通过问卷反馈，学生参与积极性提高，目标达成度显著提高，学生在适任考试中通过率提高了12个百分点。案例实施成效对比与评教反馈见图4。

悟情明理，课程思政教学助推学生践行社会主义核心价值观。指导的学生获得了江苏挑战杯省红色专项比赛一等奖、创新创业大赛省一等奖并入围国赛，获出彩海院人一等奖2项，光荣加入青年讲师团，传播新青年正能量，实现了课程思政教育的走脑入心。

育思于教，教师思政育人意识和能力明显提升，探索构建了一套可复制、可推广的航海类课程思政建设路径。近三年，教学质量评价优秀率超过90%；主持的省级在线课程选课人数达5 000余人，学生评价为4.8分，收获好评500余条。

课程思政改革成果丰硕，立项建设全国交通教育研究会思政重点课题1项，编写思政教材1部，获全国职业教育优秀成果奖二等奖。课程团队2021年主持江苏省青蓝工程优秀教学团队，建设校船舶电子电气技术课程思政示范专业，申报并获批教育部课程思政示范"船

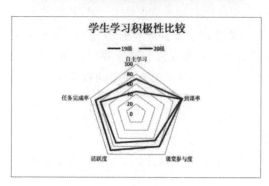

图4 案例成效对比与评教反馈

舱导航设备维护与管理"课程建设培育项目。

三 案例反思

(一)创新之处

1. 价值内化递进,思政融通育人

教学团队聚焦岗位需求,以船电专业教育"为谁培养人"为逻辑起点,坚持以学生为中心,以"通原理、懂结构、熟操作、精维保、善维修"为目标,把教学过程与工作过程融合,将专业精神、蓝海视野、工匠精神、家国情怀融入船舶导航设备"管、用、养、修"能力培养全过程,总结凝练了"为岗位服务,为适任育人"的船舶电子电气专业人才培养新理念。

2. 思政育人,融入思政典型案例

教学团队以团队教师南极科考船雪龙号护航为主线,选取护航过程中的雷达设备维护、检修案例,将"角色模拟"应用于教学过程:分析故障原因、复现真实场景、演练虚拟排故、分组真机操作,护航雪龙号二次穿越魔鬼西风带,登陆传说中的"不可登陆之地"——海哈拉尔王子海岸",最终顺利完成抵达南极的任务,以此激发学生学习热情,培养学生不畏风浪、迎难而上的精神。

3. 人文育人,打造思政结构化师资团队

构建以专业课教师、企业导师、思政课教师为核心的"三师型"教师团队,在本课程项目设计过程中,充分发挥企业导师的企业实践经验,指导项目设计,发挥思政课教师的优势,对课程思政及思政切入点、内容和方法进行指导,构建人才培养共同体,切实提高人才培养的质量。

(二) 下一步改进措施

1. 不断丰富数字化资源,满足个性化需求

教学团队将持续整合教学资源,充分发挥数字资源的引领作用,聚焦行业企业发展的最新趋势,实时更新教学思政载体,拓宽学生视野,将教学内容、各种资源以多媒体和超文本的形式有机整合,形成适用于各类互动电子终端的资源。

2. 探索增值评价,健全思政综合评价

教学团队将推进评价机制改革,探索增值评价,对同一被评价者的发展状态开展纵向比较,分析不同被评价者的"投入""成本""投入产出比",使不同的被评价者都能看到"进步""发展"的希望,取得应有的发展与成就,实现评价的激励与促进作用。

李冰蟾　季明丽　马洪涛　吴　俊　邓　华(江苏海事职业技术学院)

校企共育航海人才　"船魂"助力航运强国
——"轮机自动化"课程思政案例

一 案例综述

(一)课程介绍

习近平总书记曾指出:"经济强国必定是海洋强国、航运强国。"为更好地服务我国"海洋强国"战略和"一带一路"倡议,在航海类专业人才培养过程中,既要重视专业技能训练,更应注重国家使命感、职业认同感、工匠精神、劳动精神等综合素质的养成。轮机工程技术专业是江苏航运职业技术学院为培养全球海域高级船舶轮机管理技术人才而打造的中国特色高水平专业群核心专业。"轮机自动化"是专业核心课程,共76学时,面向高职轮机工程技术专业三年级第一学期学生,其前导课程为"船舶电气设备""船舶柴油机""船舶辅机",后续课程为"船舶动力装置综合实训"。

通过本课程的学习,学生可以了解自动控制的基本原理,掌握船舶轮机自动化设备与系统的操作、维护及管理技能,并能够在实践中理解轮机管理人员的岗位责任,遵守职业准则,增强职业自信,领悟"坚定、严谨、勤奋、开拓"的"船魂"精神,践行"德技并修、心向海洋"的可持续发展价值观。

本课程先后被评为国家骨干院校建设精品课程、国家级轮机工程技术专业教学资源库网络课程、江苏省精品课程、交通运输职业教育教学指导委员会精品课程等,2021年本课程被评为首批江苏省课程思政示范课程。

(二)案例概况

2019年中共中央、国务院发布的《交通强国建设纲要》指出,要提高海运、民航的全球连接度,推进海上丝绸之路建设。高素质复合型轮机管理人才成为对接"一带一路"倡议,助力"海洋强国"战略的重要支撑。在此背景下,江苏航运职业技术学院轮机自动化教学团队以"立德树人"为根本任务,紧跟"智能船舶、智慧航运"发展趋势,因课制宜将价值塑造、知识传授和能力培养巧妙融合,从教学团队、思政元素、教学准备、教学实施、教学评价五个维度构建了"轮机自动化"课程思政设计框架(见图1),为航海类专业课程思政教学改革提供了可借鉴、宜推广的范式。

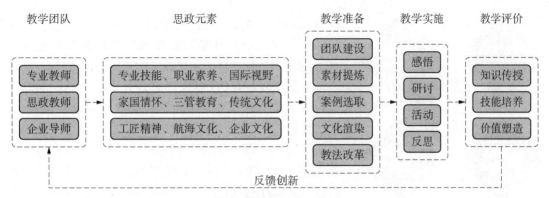

图1 课程思政设计框架

1. 打造"三师一体"的育人共同体

教学团队吸纳了思政教师,将思政课的价值引导与专业课的技能传授有机统一。依托学校与中远海运集团党建共建平台"公休船员党支部",邀请船舶政委参与课程思政元素挖掘,促进校企共育。通过思政教师课前"配料"、专业教师课中"煲汤"、企业导师课后"加盐",打造了一支师德高尚、业务精湛、结构合理的创新型课程思政教学团队。由融入到内生,为思政与专业同向同行提供有力的师资保障。

2. 开发"专思融合"的课程资源

优化课程标准,落实课程思政目标。教学团队立足培养定位,从"终身学习的内驱力、职业岗位的适应力、自我实现的创新力、解决问题的方案力"四个方面构建本课程的核心素养模型(见图2),纳入思政目标,优化课程标准。学生在掌握轮机自动控制系统知识和技能的

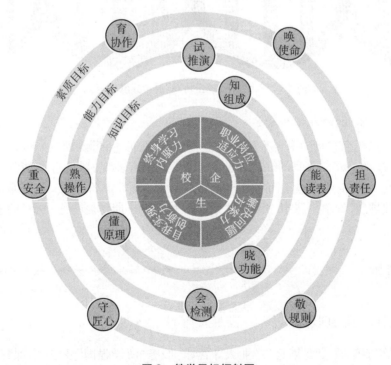

图2 教学目标辐射图

图3 思政元素构成图

同时,强化对"海洋强国"战略的使命感和认同感,传承"坚定、严谨、勤奋、开拓"的"船魂"精神,成为职业素养高、专业技能强,具有国际化视野的卓越航海人才。

立足课程特色,挖掘课程思政元素。自动控制理论蕴含着丰富的思政元素。轮机自动控制系统复杂性高、科技性强,需要满足相应的规范标准,运行情况关系到船舶航行安全。以上因素共同形成了"理论严谨、技术新颖、注重规范、追求创新"的课程特色。结合各教学模块的重难点,以职业情怀、法规标准、行业发展、经典案例四个方面为切入点(见图3),使思政元素与课程内容和谐衔接、有机融入。

聚合线上线下,创新课程思政教学模式。教学团队依托产教融合平台和在线开放课程创新教学模式。开发课程思政微课程,编写"轮机自动化"新形态课程思政教材,以工作案例引出任务、工作手册推进任务、法规标准规范任务、实训实践强化任务、岗位标准评价任务,形成"线上线下、校企协同"的混合式教学模式(见图4),持续推进课程思政供给侧改革。

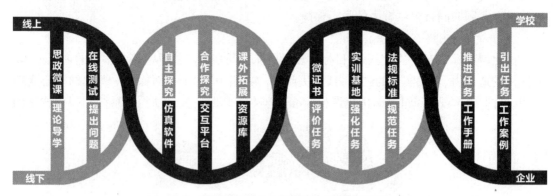

图4 "线上线下、校企协同"混合式教学模式

3. 建立"校企共评"的评价体系

教学团队依托智慧教学平台采集教学过程数据,在理论评测(20%)和技能评估(30%)的基础上,关注学生成长增值,形成"课前有自测、课中有表现、课后有评估"的过程性评价(30%)。同时对接企业岗位评价标准,形成"职业素养"评价量表,纳入职业素养评价(20%)。构建覆盖"课前—课中—课后""素养—知识—技能""师—生—企"的多阶段、多维度评价体系。

二 案例解析

(一) 设计思路与理念

为响应"智能船舶、智慧航运"产业人才需求,服务"海洋强国"建设,本课程以立德树人为根本任务,打造了"思—专—企"三师一体的德育共同体,拓展了"校—企—行"三位一体的育人空间,立足"理论严谨、技术新颖、注重规范、追求创新"的课程特色,围绕船舶轮机管理人员典型工作任务,以"课岗赛证"综合育人为目标,在提升学生船舶自动化设备与系统的操作、维护和管理能力的同时,以引导学生服务海洋与航运强国建设为课程思政建设方向,以"德技并重,心向海洋"为课程思政建设目标,践行"实时反馈,柔性创新"的课程思政理念,形成教学团队"学校+企业"融合、资源供给"思政+技能"融合、评价手段"能力+价值"融合的"三融"型"轮机自动化"课程思政模式,推进课程思政入脑入心,助力学生海洋与航运强国梦的自我价值实现,为海洋强国建设培育有情怀的高素质人才,与我国航运事业发展同向同行。

(二)设计与实施

教学团队基于"布鲁姆教育目标分类模型",将教学过程分为课前"识理"、课中"应用"和课后"创新"三个认知阶段。结合"学习前置、翻转课堂"和"培训前置、育训并举"形成"三段双循环递进式"教学策略(见图5)。

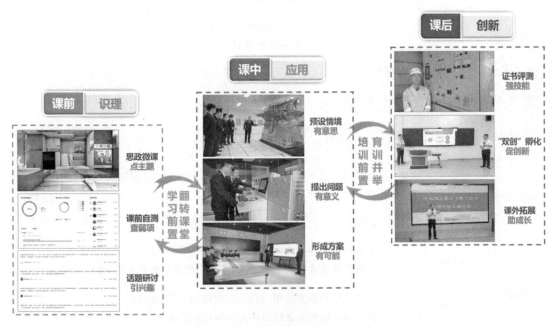

图5 三段双循环递进式任务链设计

以下以"模块五 船舶主机遥控系统"中的任务"智能柴油机控制系统的认知与管理"为例,阐述教学设计与实施过程。其中,表1为此任务中课程思政的设计思路,表2为任务具体教学设计。

表1 "智能柴油机控制系统的认知与管理"任务课程思政设计思路

实施阶段	实施主体	思政元素及融入方法	实施载体
课前"配料"	思政教师	观看课程思政微课:智能柴油机的前世今生,养成节能减排的意识,了解我国"双碳"目标,提出船舶在减排降碳中能做些什么的思考和讨论	线上教学平台

（续表）

实施阶段	实施主体	思政元素及融入方法	实施载体
课中"煲汤"	专业教师	1. 比较传统柴油机和智能柴油机在结构、能耗、排放方面的异同和各自优势，养成辩证看待问题的能力； 2. 观察智能柴油机仿真模型，了解控制喷油时间和喷油量的共轨技术特点，养成精益求精的工匠品质； 3. 了解我国首台自主研发智能柴油机交付使用的过程，激发自主创新的拼搏斗志	线上线下混合式课堂
课后"加盐"	企业导师	参加"金牌轮机长面对面"互动，聆听智能柴油机的"中国方案"，传承"坚守匠心、创新精进"的职业使命	校企联合党支部

表2 "智能柴油机控制系统的认知与管理"任务教学设计

教学课题		模块五　船舶主机遥控系统 任务四　智能柴油机控制系统的认知与管理		
授课班级		海轮 3192	授课人数	26 人
授课地点		轮机模拟器实训中心	授课学时	1 学时
所选教材		主教材：《轮机自动化》（校企共编新形态课程思政教材） 参考教材：国家骨干院重点专业建设教材《轮机自动化》（王琪、乔红宇主编）		
教学资源	媒体资源	PPT、"课堂派"教学平台、虚拟仿真软件、"中国大学 MOOC"在线开放课程、《轮机工程技术国家教学资源库》		
	环境资源	轮机模拟器实训中心（智能柴油机仿真训练器）		
学情分析	知识基础	1. 已了解传统柴油机的内部结构，知晓凸轮轴和空气分配器的作用； 2. 已掌握传统柴油机的工作原理，掌握二冲程柴油机进油、排气工况		
	认知能力	1. 已具备简单管系原理图（如油路、气路）的识读能力； 2. 已具备通过仿真设备模型认知结构特征的能力		
	学习特点	偏好通过动画等富媒体资源辅助理论探究，善于结合具体设备掌握学习内容		
教学目标	课程思政教学目标	1. 养成自主创新的拼搏斗志和绿色航运的意识，助力海洋强国建设； 2. 了解我国在 2030 年达到"碳达峰"，2060 年实现"碳中和"的国家目标，理解优化"碳排放"的重要性，唤醒职业使命感； 3. 培育辩证思维、追求精进的工匠精神		
	知识目标	1. 掌握传统柴油机的结构性缺陷； 2. 掌握智能柴油机相对于传统柴油机做出的改进		
	能力目标	1. 提高协作和表述能力； 2. 提高对比分析能力		

（续表）

课程思政	思政元素	碳中和、辩证思维、工匠品质、自主创新
	融入知识点	船舶能源优化、传统柴油机凸轮轴的结构缺陷、RTA与RT-FLEX结构对比、中国船柴自主研发新型智能柴油机交付
	融入方式	科普视频融入、动画演示融入、仿真模型融入、新闻视频融入
教学重点	内容	掌握传统柴油机的结构缺陷
	策略方法	小组讨论：通过资料收集、小组讨论形成结论
教学难点	内容	理解共轨技术的原理和优势
	策略方法	虚实结合：借助动画辅助理论分析，通过仿真设备增强体验

教学流程	任务推进	任务引入	问题导向	理论探究	实物观察	总结提升
		科普视频	讨论汇报	动画演示	仿真模型	新闻视频
	思政元素	唤使命	育协作	思辩证	求精进	重创新

教学特色	1. 智能柴油机高端仿真训练室、航海类特色的统一制服，为课堂营造了浓重的职业色彩，潜移默化地培育海员职业精神； 2. 课前、课中设计小组任务，学生在"发现—思考—归纳—汇报"的过程中养成协作意识，提升协作能力和有效沟通能力； 3. 借助"动画演示""实物观察"，丰富教学素材和形式，通过"数据读取""分析判断"实现"做中教""做中学"； 4. 挖掘每个环节的思政元素，设计合理的融入方式，配合学生情绪变化，助力"专思融合"有效实施

（三）实效与经验

多元多维课程评价，育人育才贯穿始终。本课程将思政成效纳入评价标准，课程评分设置为理论评测（20%）、技能评估（30%）、过程性评价（30%）、职业素养评价（20%），构建了覆盖"课前—课中—课后""素养—知识—技能""师—生—企"的多主体、多维度评价体系。

课程改革成果凸显，德技并修师生同行。通过课程思政改革，本课程被评为首批江苏省课程思政示范课程，并已建成省级在线开放课程。学生在全国各航海类技能竞赛中获一、二等奖共16人次。课程团队获江苏省教学能力大赛一等奖、三等奖，在课程思政微课大赛中获三等奖。师生同心协力在第五届中国海员技能大比武中获得团体冠军，团队成员获优秀指导教师称号。

校内校外好评如潮，党建引领示范辐射。本课程的教学模式受到校内专家的一致认可，已有多门课程借鉴学习。学生认可度提高，课程团队人均评分在95分以上。在全国航海共享实习期间，本专业学生的自动化素养得到了船方和兄弟院校的一致好评。依托校企党建共建融合平台,打造"金牌轮机长工作室"金字招牌和"公休船员党支部"示范工程,建设成效在企业网站和"学习强国"江苏学习平台被重点推荐,"公休船员党支部"也被评为中远海运集团先进基层党组织。依托本课程,开发了两期自动化类"双师型"教师国培项目,共吸引12所高职院校共61人次来校学习,起到示范辐射作用。

三 案例反思

(一)创新之处

三导师齐发力,打造有温度的金课。创新校企协同育人机制,打造育人共同体。教学团队吸纳了思政教师,通过思政教师、专业教师互听互学优势互补,将思政课的价值引导与专业课的技能传授实现有机统一;依托校企党建共建平台,邀请船舶政委参与课程思政元素挖掘,使教育链对接产业链。施行虚拟教研室联席备课模式,解决了思政教师"融入难"、专业教师"内生难"、行业企业"参与难"的问题。找准本课程的思政资源,挖掘生动有效的育人元素,与专业知识有机融合,由融入到内生,打造思政与专业无缝衔接的金课。

筑堡垒建港湾,培育有情怀的"船"人。教学团队依托校企合作平台,创新新时代下现代学徒制协同育人模式。教学团队以"公休船员党支部"为载体,以"金牌轮机长工作站"为抓手,将校企共建的航海文化和学校半军事化航海人才培养文化具体到课程教学当中,强化学生的航海从业时代担当;健全优秀校友、船舶政委、企业劳模进课堂机制,用优秀航海家实践的现身说法促成学生航海家精神养成。通过校企共筑红色堡垒,共育航海人才,在空间维度上覆盖学校、企业和行业,实现全员、全方位、全过程育人。既"船"授专业知识与技能,又"船"承坚定、严谨、勤奋、开拓的航海家精神,为党、为国家培育有情怀的"船"人。

(二)下一步改进措施

考虑到课程思政属于隐性思政范畴,其与显性思想政治教育(专门的思想政治教育)相对应,在实践中往往隐藏其教育目的,并以隐藏的教育方式施教,因此其教育效果的呈现也是隐性的。教学团队在显性实践结果调查的基础上,拟引入心理学测试——内隐联想试验,形成对学生情感、态度和价值观的测评,从隐性情感层面探察学生对国家、对职业的态度,实现对学生整体面貌进行全方位、立体化的评价,丰富课程思政的实效测评手段。

季 禹 安 亮 胥 青 王 琪 黄 剑(启东中远海运海洋工程有限公司)

培育航海工匠　守护船舶心脏
——"船舶电气设备"课程思政案例

一　案例综述

（一）课程介绍

"船舶电气设备"课程是轮机工程技术专业的核心课程，共 78 学时。其前导课程为"电工电子技术""船舶辅机"，并行相关课程为"轮机自动化"，后继课程为"电气与自动控制"。教学团队采用江苏省品牌专业轮机工程技术专业建设教材《船舶电气设备与系统》（主编为高峰、程真启，2018 年由大连海事大学出版社出版）、参考中华人民共和国海船船员适任考试培训教材《船舶电气与自动化（船舶电气）》。

教学团队将理想信念教育、创新思维教育和工匠精神教育作为与课程专业知识和技能教学并重的培养环节。通过对本门课程的学习，学生能进一步理解和践行社会主义核心价值观，增强对"海洋强国""交通强国"战略和"一带一路"倡议的认同感和使命感，树立民族复兴的责任感，养成精益求精的工匠精神，形成较强的集体意识和团队合作精神，能够进行有效的人际沟通和协作，具有一定的专业创新能力，掌握船舶机舱电气与自动化设备的工作原理和运行管理方面的基本知识、基本理论和基本技能，能够独立操作和管理船舶电气与自动化设备，能够分析实际问题和应急应变解决突发问题。

本门课程于 2021 年 5 月被教育部认定为国家级课程思政示范课程，教学团队被认定为国家级课程思政教学名师、教学团队。

（二）案例概况

根据《海员培训、发证和值班标准国际公约》（简称：《STCW 公约》）、专业人才培养方案以及课程标准，结合国家海事局《海船船员培训大纲（2021）》《海船船员适任考试大纲（2022）》中相关岗位要求，综合《企业案例汇编》（校企合作资料），基于工作过程、理实一体的教学思路，教学团队将知识内容重构为 3 个项目（见图 1）。本案例选自项目 3 中任务 5 的知识点：同步表并车法，于 2021 年 12 月获评江苏交通行指委课程思政案例一等奖。

船舶电站为全船的动力设备提供动力，被称为船舶的心脏。为了满足船舶供电的可靠性和经济性，一般船舶电站均配置了两台以上的发电机作为主电源，并且这两台以上的发电机可以并联运行。所以发电机的并车操作是船舶轮机员必备的重要专业技能，能够直接决

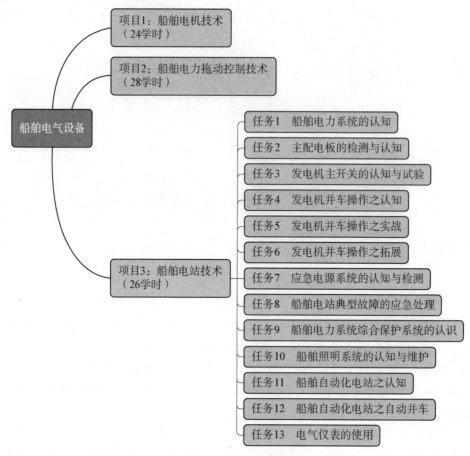

图1　教学内容知识重构图

定船舶运营的安全性和可靠性。学生通过对本知识点的学习,不仅能够实现认知升级和技能强化,也能够培育职业素养和岗位规范意识,树立正确的劳动观念。

本案例的授课对象是高职轮机工程技术专业的大二学生,他们在知识基础方面已学习发电机并车专业术语和发电机准同步并车的基本条件;在认知能力方面已具备网络模拟训练平台的使用能力和通过配电板指示仪表判断是否满足并车条件的能力;在学习特点方面学生对"理论探究"较为抵触,更加偏好"虚拟仿真"和"实物操作"这两种学习方式,动手能力强,能较快掌握实操步骤,因此本案例采用"虚实结合,理实一体"的教学模式。

根据人才培养方案,结合行业需求、岗位职责、课程标准、教学内容和学情分析,教学团队制定了本案例的四维教学目标(见表1)。

表1　案例教学目标

目标类别	具 体 要 求
课程思政 教学目标	1. 培养敬业精神,树立正确的劳动观念; 2. 培植安全意识,养成规范操作的习惯; 3. 培育工匠精神,塑造精益求精的理念

（续表）

目标类别	具 体 要 求
素质目标	1. 培养学生的责任意识,培育担当意识; 2. 培育学生细心观察、果断操作的素质
知识目标	1. 掌握同步指示灯并车法的基本原理; 2. 掌握同步表并车法的基本原理
能力目标	1. 培养学生利用同步表判断并车条件的能力; 2. 培养学生利用同步表,进行手动并车的能力

本案例依托全国航海职教集团和与中远海运共建的校企融合平台——金牌轮机长工作室、技能大师工作室、公休船员校企联合党支部开展课程思政的探索与实践,挖掘安全意识、责任意识、敬业精神、航海文化等思政元素;思政融入知识点为课前学习事故案例、并车的重要性、并车操作、导师网络面对面;思政融入方式为案例融入、视频融入、网络交流融入;融入过程为:课前,学生网络学习金牌轮机长编写的船舶电站事故案例,增强安全意识;课中,老师分析并车误操作引起海损事故的工作案例,引入教学任务;播放因并车失败造成船舶失电致使碰撞码头的视频,引入课程重点"七步并车法",提高学生的责任意识,增强敬业精神;课后,学生与企业导师"网络面对面",培育航海文化,提升职业素养。

二　案例解析

（一）设计思路与理念

1. 结合专业定位,准确把握课程思政方向,解决"为谁培养人"问题

高职轮机工程技术专业培育具有国际视野和国际竞争力的轮机员,因此学生除了具备较强的职业技能以外,还必须具备浓厚的爱国主义情怀、出色的跨文化交流能力、优秀的团队意识和管理能力、强烈的安全和环保责任感、出色的创新意识和能力等。作为该专业的核心课程,"船舶电气设备"课程应该结合专业特点融入"价值观、情感、态度"教育,潜移默化地进行思政渗透,真正落实"立德树人"根本任务,解决"为谁培养人"问题。

2. 结合案例特点,科学设计思政目标,解决"培养什么样的人"问题

思政目标的设定需要立足教书育人的特色视野、理论和方法,实现知识传授与价值引导的有机统一。本案例立足于培养国际船员的关键操作技能的培养,因此需要根据船员的国际性特点,培养立志海洋强国的家国情怀;结合并车可靠性要求高的特点,提升大局观意识,增强职业责任感,培养坚定、严谨、勤奋、团结、开拓的航海工匠精神。

3. 结合案例内容,精准融入思政元素,解决"怎样培养人"问题

在融入思政元素时,除了需要结合专业定位以外,还要结合教学内容,进行科学规划、系统设计、合理设定,做到既紧贴课程内容,又自然不生硬。本案例主要讲解利用同步表完成并车的内容。并车操作要求态度严谨、观察仔细、操作细致、可靠性高等,操作情况直接关系到船舶的航行安全,因此教学团队重点考虑并精准融入工匠精神、安全意识、责任意识等思

政元素,帮助学生培育航海工匠精神,提升职业责任感。

(二) 设计与实施

案例的详细教学设计见表 2。

表 2　案例详细教学设计

课前准备			
教学环节	教师活动	学生活动	设计意图
课前自学	1. 在教学平台上下发课前任务清单; 2. 上传微课和事故案例至平台资料区; 3. 在平台上布置课前自测; 4. 在平台上开放话题讨论区:你认为并车操作过程中,哪一步最为重要?	1. 认真阅读课前任务清单; 2. 观看课程资源,在此基础上完成自测试题; 3. 总结遇到的问题,在话题区参与留言和讨论	1. 课前学习交流,调整教学策略; 2. 网络学习金牌轮机长编写的船舶电站事故案例,增强安全意识
课前诊断	1. 课前自测平均分为 8.8 分(满分 10 分),对微课内容理解较好; 2. 有 30% 的同学尚不理解同步指示灯旋转快慢的含义,有 25% 的同学不理解同步表旋转方向所表达的信息,需要在授课过程中引起重视		
课中实施			
教学环节	教师活动	学生活动	设计意图
任务导入 (约 5 min)	1. 引入案例 教师现身说法,讲述在远洋运输公司任职期间某某轮因副机在并车解列时的误操作引起海损事故的案例分析,引入教学任务。 2. 下达任务目标 同步发电机并车操作	通过教师讲述的亲身经历,端正严谨细心的工作态度,明确本节课任务目标的重要性	教师现身说法,以企业工作经历,结合教学内容特点,培养学生的敬业精神和细心严谨的工作态度
子任务下达技能点: 同步表的认知 (约 25 min) 教学难点	1. 发布任务 下达子任务:同步表并车法,明确任务目标,掌握运用同步表进行手动并车的方法。 2. 实物展示,初识同步表 结合实物展示和视频资料,要求学生观察同步表的工作状态,也得出旋转方向和快慢两个元素。 3. 问题导向,理论探究 提出问题,引导学生思考:同步指示灯的旋转方向和旋转快慢反映了什么?并通过与同步指示灯类比,得出结论	1. 领取任务,明确目标。 2. 结合资料,观察同步表工作特点。回忆同步指示灯的旋转方向与快慢反映了什么。 3. 结合教师提问,将同步表的工作特点与同步指示灯类比,举一反三得出答案	教师结合实物,配合视频资料与演示讲解,使学生直观感受同步指示灯的工作特点

课中实施			
教学环节	教师活动	学生活动	设计意图
技能点： 同步表并 车法 （约 40 min) 教学重点	1. 引入并车失败案例,强调操作要点 引入案例视频,阐释并车失败可能造成的严重后果,强调责任意识。 2. 介绍操作要点 根据操作要点,将并车过程提炼为 7 步法,即"启—查—接—调—合—关—转",依次介绍,并再次强调并车操作的重要性,提醒学生注意观察演示过程中的操作要点。 3. 演示操作 教师通过船舶电站仿真设备,演示同步表法的并车过程。演示过程结束后,梳理操作过程中注意点。 4. 仿真训练,熟练要点 要求学生通过网络模拟训练平台,以小组为单位,一名学生以"电机员"身份操作,其余学生以"机工"身份旁观,进行并车操作训练,教师给予操作辅导	1. 观看案例视频,提升责任意识。注意教师强调的操作要点,理解并车 7 步法,培养规范意识。 2. 仔细听讲,注意操作要点。 3. 观察教师演示。 4. 通过网络模拟训练平台进行虚拟仿真训练,掌握根据同步表的指示信息正确合闸。线上、线下的同学交互训练,共同探讨	1. 由于并车操作步骤较多,且要求较高,通过总结并车 7 步法,帮助学生掌握操作要点。 2. 根据案例的惨痛教训,培育学生责任意识和精益求精的工匠精神,培养规范操作意识。 3. 通过仿真软件,线上线下同步训练,掌握如何确定最佳合闸时刻,保证线上线下混合式教学的开展,突破教学难点
总结与 自测: (约 10 min)	1. 思路梳理 通过绘制思维导图对本节课的概念进行梳理与总结。 同步表并车法 　同步表的认知 　　工作原理 　　旋转快慢 　　旋转方向 　同步表并车法 　　启 　　查 　　接 　　调 　　合 　　关 　　转 2. 模拟器考核 通过网络训练平台发布并车操作的模拟器考核任务,检验学生的学习效果,针对个性化问题,在课间与学生交流	1. 参与思维导图的绘制,梳理本节课的知识点。 2. 完成模拟器考核任务,发现存在的问题	1. 师生共同绘制思维导图,既梳理知识点,又可提高学生的课堂参与度,培养学生总结归纳的能力。 2. 通过模拟器考核,检验训练成果。 3. 利用课间答疑解惑,实现个体关注
感谢	本次课使用的船舶电站网络虚拟仿真平台为大连海事大学的开放远程实训系统——轮机模拟器		

（三）实效与经验

1. 学习积极性显著提升，成为学习兴趣和热情的激发器

丰富的教学资源、灵活的环节设计、合理化应用信息化手段开展"虚实结合，理实一体"教学，有效突破了教学重、难点，明显提升了学生学习兴趣和积极性，达成了教学目标。教学团队通过教学平台的数据采集发现，多项学生课堂响应度指标提高，证明课堂气氛生动活泼，学生参与度显著提高。

2. 职业素养显著提高，成为价值塑造的主渠道

教学团队依托全国航海职教集团和与中远海运共建的校企融合平台——金牌轮机长工作室、技能大师工作室、公休船员校企联合党支部等，深化校企合作联合培养模式，开展课程思政的探索与实践；结合专业特点和知识点内容，深挖思政元素，潜移默化地培养学生的职业道德；发挥"双师型"教师的优势，结合"鲜活"案例，灌输岗位责任意识，帮助学生树立正确的职业观。后续实训课程的考核结果显示，学生职业素养稳步提升，对轮机专业和船员职业的认同感大大加强。

3. 技能培养效果显著增强，成为专业技能培养的主阵地

教学团队以学习者为中心，充分挖掘企业教学资源，对接真实职业场景，创新教学手段，激发学生的职业自信。基于"任务—子任务—任务拆解—目标回望"的设计思路，重构教学内容。基于"做中学""做中教"等环节设计，激发课堂活力，帮助学生扎实掌握知识点，有效提升专业技能，增强就业能力。

三 案例反思

（一）创新之处

1. 立足航运行业，特色化挖掘航海类课程思政元素

教学团队结合国家战略需求，针对国际化人才（轮机员）培养挖掘航海特色思政元素，实施课程思政改革，提出融合家国情怀、航海工匠精神、法治意识、创新意识等元素的"多元融合"型专业课程思政改革，挖掘课程思政内容，将思政元素与专业知识内容交织交融，拓展专业知识体系的广度、深度和温度。

2. 利用在线开放课程，创新课程思政教学模式

教学团队依托信息化技术和网络教学资源创新教学模式，推动信息技术与专业课教学的深度融合，将思政元素有机融入专业课教学中，形成线上、线下结合，课内、课外结合的跨时空"课程思政＋混合式学习"的混合教学模式，通过时间和空间的拓展，实现全方位育人的目标。实施基于问题、案例的互动式、研讨式教学，倡导自主式、探究式学习，推动课堂革命，将价值观教育潜移默化于专业知识传授过程中，全面提升学生的学习兴趣、学习动力、学习体验和学习成效。

3. 依托校企融合平台，创新课程思政研究路径

教学团队依托全国航海职教集团和与中远海运共建的校企融合平台——金牌轮机长工作室、技能大师工作室、公休船员校企联合党支部等开展课程思政的探索与实践，进行行动研究,一定程度上实现了研究路径的创新。

(二)下一步改进措施

1. 开发视频捕捉技术,提供实践评判数据

船舶并车操作的关键点较多,但目前的仿真软件,只能对操作结果进行评价,却无法采集操作过程中的行为数据,可在现有仿真软件基础上,开发视频捕捉技术,采集学生行为数据,为理实一体教学提供过程评判数据。

2. 开发第二课堂,拓延思政课程教学途径

对接企业岗位能力需求,注重任务实施与岗位工作的一致性,开发第二课堂,以创新创业大赛、大学生创新训练计划项目、科研课题、教材改革、课程改革为抓手,进一步开拓课程思政教学途径,精准提升学生的职业技能。

程真启　胥　青　季　禹　高　峰　倪伟(江苏航运职业技术学院)

不差累黍测九州　通江达海绘蓝图
——"公路工程测量"课程思政案例

一　案例综述

(一)课程介绍

"公路工程测量"是公路工程类专业必修的一门专业基础技能课程,具有理论实践结合紧密、规范性强、应用广泛等特点。课程旨在让公路工程类各专业学生掌握工程测量的基础知识和基本技能,为培养其行业通用能力提供课程支撑,同时也为相关专业后续课程如"公路施工技术""道路勘测设计"等的学习和工程测量员考工奠定基础。

课程目标为让学生熟悉常规测量仪器的结构功能和使用方法;掌握基本测量的作业程序和数据处理方法;通过控制测量、道路基平测量、中平测量等项目的实操练习,进一步提升测量技术的综合应用能力,使学生毕业后,能够很快适应各种测量工作,进而能较快地具备独立组织一般的工程测量工作的能力。

我校生源多数来自省内各地,部分来自省外地区,学生差异性大,部分学生基础差,基础知识储备不足,学习兴趣不浓,受市场条件下各种思潮的影响,拜金主义思想、攀比之风盛行,出现了信仰淡化,以诚信、责任、感恩为主的道德缺失,对社会主义核心价值观一知半解等普遍问题,思政教育如箭在弦上,不得不发。在"公路工程测量"这样的专业平台课程中加入思政教育,有利于学生树立"四个意识"、增强"四个自信"。

另外,我校一直重视专业课程课改的成果转化,2016年公路工程测量专业被评为江苏省技工院校示范专业,"公路工程测量"课程被评为江苏省技工院校精品课程。2021年6月,"工程测量"教案获江苏省交通运输教研组课程思政建设二等奖。

(二)案例概况

本思政教学案例以四等水准测量实践教学为载体,围绕五项主要教学环节,紧贴教学实践内容,紧扣习近平总书记提出的"培养什么样的人、如何培养人以及为谁培养人"的教育根本问题,设计思政内容,达到"随风潜入夜,润物细无声"的教育效果。

1. 课程引入环节

1)预习视频

教师播放云端发布的预习视频"第7次中国珠峰测量方案和过程",引导学生思考两个问题。

（1）本次珠峰测量中涉及哪些测量方法？（思维导图进行总结）

（2）目睹最后登顶过程，你有何感想？（完成讨论）

学生活动及反馈：在云端展开头脑风暴，有 20 位同学踊跃参与讨论。

2）课程引入环节的思政教育点提炼

（1）思政切入点：7 次珠峰测量，在结论上不断修正珠峰高度，体现了人对世界的认知的主观能动性；就技术而言，从传统的水准、重力、三角定位到北斗卫星定位、雪深雷达的使用体现了我国测量新技术的蒸蒸日上的发展，激发学生对中国特色社会主义制度优势的自信，增强学生的文化自豪感和专业道路自信。

（2）思政共情点：测绘人迎难而上、忘我工作的奉献精神。

2. 任务创设环节

揭示本节操作任务："我为图书馆定高度"，展示任务平面图并进行简要分析。教师提出两点设问：一是转点如何选择；二是测站点选择与转点的关系。

该设问既满足教学内容的需要也可为后续思政教育作铺垫。

3. 任务分析环节

1）设计教学情境

该环节设计三个教学情境，其对应教学过程，具体见表1。

表 1　四等水准测量的技术要求

情境设计	教　育　媒　介
情境 1：晓规范	1. 阅读在学习通平台上发布的《工程测量规范》，教师重点分析规范中临界值的来源和目的； 2. 完成学习通上随后发布的随堂测试
情境 2：选仪器	根据规范要求，分组选设备及工量具； 思考：从减少误差的角度思考设置尺常数的必要性
情境 3：定线形	每组展示设计四等施测线型并说明理由

2）思政元素提炼

（1）测绘人人遵守职业规章制度、测量规范的职业精神。

（2）解决问题的方法论：从问题本身出发，分析客观条件。如在定线情境中各组均有不同的线型方案，只要符合地形地貌的要求且不占用施工区域，均为可行的方案。

4. 任务实施环节

1）突破的关键点

本节任务突破的关键点在于如何有效开展四等水准测量的施测工作，在这里要求学生能规范、独立地完成"一个测站观测和记录"和"一个测站数据计算"，即可顺利完成整条路线的四等水准测量。因此，在任务实施环节中设计了五个情境。情境 1"一个测站观测和记录顺序"和情境 3"一个测站数据计算顺序"是本节的重、难点；情境 2 是情境 1 的有效突破手段；情境 4 和情境 5 又是情境 3 的有效突破方式，力求在重难点知识讲授后让学生通过练、评、听、判达到学习目标。课程实施环节设计如表2所示。

表2 四等水准测量外业施测

情境设计	教育媒介
情境1：一个测站观测和记录顺序	微课："四等水准测量"外业观测顺序
情境2：火眼金睛(操作篇)	以学生操作片段为载体，评价操作正误； 片段示意：判断转点是否能放尺垫
情境3：一个测站数据计算顺序	PPT动画
情境4：听一听，练一练	1. 听录音写数据； 2. 按四等测量规范评价数据
情境5：火眼金睛(数据篇)	以学生外业数据为载体，评价数据处理正误 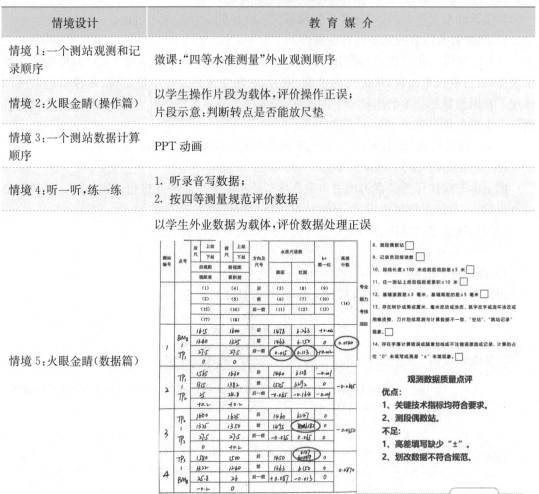

2）思政元素提炼

（1）教师要让学生感受《工程测量规范》的严谨之美，分析规范数据来源，引导学生深刻理解《工程测量规范》的制定是从实践到理论再到实践和分析与综合的科学方法。

（2）身正为师，德高为范。作为测量老师，在示范指导中不仅仅要让学生学会如何去使用仪器测量，更要培养学生的测绘精神。教师需要用自己的严谨态度去引导学生，让学生在实践测量中不断磨炼自己的技术水平，体会并形成不断提高、一丝不苟、严谨专注的职业精神。

（3）测绘行业的产品就是最后的数据成果，将工匠精神引申到我们的测量课中，要求每位学生在操作仪器的每一个操作环节均要严格按照技术标准流程，测绘成果符合四等水准测量的技术标准。

（4）普法教育，强调测绘数据成果保密的必要性，增强学生对待测量数据的保密观念和信息安全意识。

5. 任务总结环节

1) 任务总结是课堂教学中不可或缺的教学活动

本节的任务总结用"诗"的方式,通俗易记、朗朗上口,帮助学生理清四等水准测量的关键步骤和操作要领;用"故事"的方式再次诠释测绘工作的重要意义和测绘工作者肩头的责任。任务总结环节设计如表3所示。

表3　任务总结

情境设计	教育媒介
情境1:四等七字诀(诗)	1. 大声诵读; 2. 记录并强化记忆
情境2:国测一大队的故事	视频:感动中国系列故事:国测一大队——用汗水和生命丈量祖国大地

2) 思政元素提炼

(1) 思政融合点:外业操作和内业数据处理的规范意识。

(2) 思政共情点:感受社会主义核心价值观之爱国、敬业、诚信;提升职业自豪感,提升社会责任感。

二　案例解析

(一) 设计思路与理念

1. 思政案例选取的出发点

本思政教学案例主题为"四等水准测量",属于平面控制测量范畴,常作为小地区测绘大比例尺地形图和施工测量的高程基本控制,被广泛应用于建筑工程、公路工程、水利工程、机电工程等多类工程项目施工前期控制点的布设和高程测定。另外其作业过程具有内外业操作规范性强、作业精度要求高等特点,鉴于四等水准测量本身应用的广泛性和作业要求的规范性,教学团队在教学中注入思政理念,育人环节落实"三全育人"的精神,对培养适应新时代劳动工作者"技术意识＋人文情怀"的素养,显得尤为重要。

2. 思政目标的定位

课程教学模式为一体化的实践教学模式,旨在学生在知识认知和技术能力两个方面达到以下要求。

(1) 掌握"四等水准测量"的外业操作和内业数据处理。

(2) 学会查阅《工程测量规范》(GB50026－2020)关于四等水准的相关技术要求,以此来指导和检验作业质量。

(3) 能根据不同地形地貌特征、工程要求灵活设计水准施测方案,完成四等水准测量任务。

以上三个教学目标,分别体现出对操作过程、测量质量、测量方案三个维度的要求,对学生提出了"会操作、规范操作、会设计测绘方案"的要求,其范围逐步扩大,层层递进,符合学生的认知发展规律,符合思政理念。在四等水准测量课程中思政教育需要提炼蕴含的文化基因和价值范式,将其转化为社会主义核心价值观具体化、生动化的有效教学载体,在"润物细无声"的知识学习中融入理想信念层面的精神指引。基于三个维度的目标来挖掘并确立思政目标,课程知识能力目标与思政目标映射关系见表4。

表4　课程知识能力目标与思政目标映射表

知识、能力目标	思政目标
会操作	测绘行业要求:爱岗敬业、合作精神
规范操作	规范的严谨之美和强制性、测绘人追求的精益求精工匠精神
会设计方案	用马克思主义方法论解决问题

3. 基于教学过程的思政元素的剖析

从知识点中发掘思政元素,例如在确定本次课程任务的四等水准线形时,需结合任务提供的水准点(BM1—BM8)、测区本身的地形地貌和给定的施工区域进行设计,可以设计成闭合、附和等形式,引导学生对解决问题的思考并揭示解决问题的一般方法论。

在实践环节中剖析思政元素,例如在新课引入环节,播放第七次珠峰测量纪录片,鼓励学生在寒冷、烈日等情况下不中断实践,磨炼意志。通过大量仿真工作环境的实践训练来培养学生对制度的敬畏与自觉遵守,加强学生团队协作意识。

(二)设计与实施

本次课程设计分为"首页设计"和"教学过程设计"。其中,"教学过程设计"已在本文第二部分"案例概况"中详细展开,在这里就不再赘述。"首页设计"涉及学时、教学资源、教学目标、重难点安排、教学手段与方法等内容,具体见表5。

表5　课程设计首页

总课题	任务5　控制测量		学时	32
分课题	子任务2　四等水准测量		学时	2
教学资源	设备及耗材	水准仪、双面水准尺、三脚架		
	辅助教学资源	多媒体教学系统		
学习目标	知识目标	能力目标	情感目标	思政目标
	掌握四等水准测量主要技术;掌握四等水准测量观测顺序和数据记录方法;掌握四等水准测量数据计算方法	1. 能按精度要求完成四等水准测量任务; 2. 能根据实际情况布设四等水准线形	1. 具备良好的人际沟通、团队协作能力; 2. 具备吃苦耐劳、爱岗敬业的精神	1. 工程测量追求精度的匠心精神; 2. 诚信为本,追求卓越; 3. 解决实际测量问题的方法论; 4. 社会主义核心价值观

（续表）

教学重点	一个测站观测顺序和记录顺序
教学难点	一个测站数据计算顺序
主要教学方法	任务驱动法、问答法、头脑风暴法、示范操作法、巡回指导法
主要教学手段	电子视听设备、智慧教学平台、多媒体教学系统

（三）实效与经验

1. 任课教师的课后反思与收获

"公路工程测量"课在积极探索课程思政模式中课改，激发了教师深耕课程、提炼思政目标、挖掘思政元素的匠心精神。研究课程、终身学习的着力点不再只是围绕本身的专业内容，更能从思政教育的角度进行思考和尝试。正如干婷老师在其课后反思中写道："思政教育给我打开了另一扇大门，增强了我主动进行政治学习的意识，提高了政治敏锐性。在'盐溶于水'的思政教育中，逐步感受到了学生的兴趣和进步，一切都是值得的。"

2. 来自学生的评价

"公路工程测量"课开展思政课改以来，课后增加了关于思政教育的教学评价环节：98%的学生选择了"有必要在测量课中加入思政教育"项，92.6%的学生选择了"对增加的思政案例很感兴趣"。在推进理论认同、政治认同、文化认同、情感认同"四大认同"目标的教育中，使"公路工程测量"成为学生真心喜爱、终身受益的课程。

3. 思政研究课的开展情况

2021年2月，我校确立了以"公路工程测量"等核心课程融入思政教育的课改计划。2021年5月7日交通工程系干婷老师在本校范围内开讲的"四等水准测量"思政教学公开课中（见图3），就思政元素与专业内容的有机结合进行了探索，获得听课老师的普遍好评。加入思政教育元素的"公路工程测量"课程开课后，受到教学督导的充分肯定。

（1）课程教学目标达成度高：学生在学习中的出错率明显降低，对于一些反复操作表现出了很大耐心，体现出精益求精的工匠精神。

（2）教学活动的参与度显著提高：根据平台数据比较，学生对线上活动的参与度和活跃度有大幅提升，完成作品的质量提升明显，学习水平和学习能力有明显提升，比较近两年的学生的成绩发现，平均成绩提升4.6%。

（3）学风学纪和精神面貌方面有明显改观：经调查统计，学生的迟到、旷课、违纪现象有所明显好转，学生在宿舍做作业的学生人数呈现递增趋势，玩游戏看电影的学生人数不断减少，学生能主动与老师交流问好的人数比例由两年前的32%提高到了89%，学生的精神面貌有明显改变。

（4）学生社会责任感显著增强：学生积极参与志愿活动。主动参加学校组织的各类志愿活动人数比例达到86%，学生的社会责任感有显著提升。清洁校园的志愿活动中学生显示出了对校园绿化环境的爱护，传播了生态环保理念。

三 案例反思

(一) 创新之处

1. 思政元素紧扣时代脉搏，与时代同频共振

"公路工程测量"课程中根据专业内容需要摄取的思政元素有关于"一带一路"伟大倡议的、有展现当代测绘人风采风貌的、有展示规范沿革与科技进步的……如在"四等水准测量"模块中就选取了 2020 年测量登山队冲顶珠穆朗玛峰成功的案例作为课程引入部分，引起了学生们的时代共鸣。思政元素的选取和提炼既考虑到政治高度，又保证了其学理深度，当然兼及现实热度，引导学生在学中思、思中疑、疑中问，让学生自然而然地接受思想政治教育，产生学习的内驱力。

2. 思政教育形式线上、线下有机结合

教学团队打造了"公路工程测量"课程资源平台，利用学生喜欢的方式，将思政素材资源放在云端，随时随地进行片段化学习，让思想政治理念入脑入心，实现三全育人。

3. 设立知行合一的科学考评体系

"公路工程测量"课程建立了多维度的考核评价体系。它既对学生在生产现场的工作表现进行考核，又对学生的理论知识的掌握状况予以考核，检验学生的道德水平与职业精神，从而得出对学生职业素养、出勤、社会能力的多元化、多主体的全面评价。

(二) 下一步改进措施

1. 溯本求源深挖思政元素，提升思政教育实效

教学团队将继续研究课程、梳理公路工程测量各章节所蕴含的思想政治教育元素和所承载的思想政治教育功能，赋予专业课程价值引领的重任，实现思想政治教育与知识体系教育的有机统一。

2. 不断提高任课教师自身的政治素养

亲其师，才能信其道，要想成为学生亲与信的教师，就要不断提高自身的政治素养。为此要求教师平时要主动学习，注意积累，不断提高自身的思政水平，这样才能以昂扬的精神风貌、恰如其分的思政案例把学生的心固定在课堂上。

干 婷 朱本飞 李 娟 廖祥新（江苏省南京市南京交通技师学院）

匠心设计　精心融入　贴心育人
——"城轨通信基础设备检修与维护"课程思政案例

一　案例综述

(一)课程介绍

"城轨通信基础设备检修与维护"课程是城市轨道交通通信信号技术专业的专业核心课程之一。先修课程为"城市轨道交通概论""城轨交通通信技术""电工电子基础""计算机网络技术"和"城轨传感器与检测技术"等,学生学习后可以初步掌握专业基础知识与检修基本操作,后继课程为"城轨列车自动运行控制技术"及顶岗实习。

"城轨通信基础设备检修与维护"的课程目标是能够使学生掌握城轨通信基础设备检修与维护的基本知识,加深对岗位工作的理解和认知;培养学生利用科学方法和科学知识完成设备检修与维护的能力;强化学生的职业素养培养,培养学生的专业精神、职业精神、工匠精神、创新精神和社会责任感,为今后的生活以及职业发展奠定良好的基础。

"城轨通信基础设备检修与维护"是一门实践性课程,对接的是城市轨道交通企业的通信设备维保部门工作,主要是从事城市轨道交通通信设备日常养护、巡检、测试等工作,以及处理各种故障问题。因此,课程根据城市轨道交通通信设备维护"1+X"项目"城市轨道交通通信设备维护职业技能等级标准"设计教学内容与实验项目,要求所有学生都能够通过中级要求考核,部分优秀学生能够通过高级要求考核。

(二)案例概况

"城轨通信基础设备检修与维护"课程强调思政元素与课程知识内容的水乳交融,团队匠心设计、思政精心融入、教师贴心育人,做到"上课有滋味,下课有回味",让学生受益终身。

1. 优势互补,组建"双师"团队

课程思政不是思政课程,思政内容需要依托课程知识内容展现,学校教师由于缺少企业一线经验,在教学中常常偏离地铁公司实际需求;企业教师由于缺少授课经验和对学生学情了解不足,授课内容容易超出学生的理解范围。

因此,课程思政建设的第一件事便是邀请南京地铁的职员组建课程建设团队,从"课、岗、赛、证"4个维度重构课程体系,让课程更贴合企业生产实际,也更符合学生成长节奏。同时,思政建设的重点内容,即职业道德与素养教育也由企业教师负责建设。

2. 深入挖掘，构建元素案例库

思政元素案例库是思政元素的集合，需要对教学内容的每个知识点都进行深入挖掘。思政元素案例的挖掘主要集中在人、事和物三个方面，分别指能够实现思政教育的榜样人物、重大事件和德育物类。

每一个思政元素都有"项目""知识点""思政特性""元素内容""思政目标""思政等级""融入手段"七个属性（见表1）。

表1　思政元素案例示例

项目	知识点	思政特性	元素	思政目标	思政等级	融入手段
项目4 任务2	地铁无线集群设备	物	南京地铁无线集群设备： 1. 老线路使用摩托罗拉公司生产的3G设备； 2. 新线路使用华为公司生产的4G设备； 3. 讲述技术升级过程中民族企业的发展和崛起	激发学生的"四个自信"和民族自豪感	1	讲授、讨论、思考

3. 顶层设计，谱写思政故事线

如果思政元素案例库中的全部元素都被引入课程中，不仅会使课程体系显得混乱，甚至还可能引起学生的反感。因此，团队依托思政元素案例库谱写"思政故事线"。

"故事线"遵守"学时控制、逻辑清晰、恰到好处"原则：首先，思政教学学时严格控制不超过总学时的15%；其次，按照"职业素养、民族意识和创新精神"三条线索讲思政故事；最后，思政元素在于精而不在于多，在不适宜引入思政元素的地方绝不勉强引入。

4. 示范引领，培养敢闯会闯精神

根据大数据学情分析，学生的创新能力增长较为缓慢，很大一个原因是学生不敢"闯"，不知道怎么克服困难或者害怕"闯"后失败。因此，让学生敢"闯"是"城轨通信基础设备检修与维护"课程思政的暗线。

敢"闯"精神的培养采取"看得见、摸得着"策略。教师不断参加各类比赛，通过实际行动让学生看见老师在"闯"，同时邀请学生加入比赛过程，一起研究比赛要求、完善方案，让学生体会到"闯"的过程。另外，邀请有"闯"劲的高年级学生担任助教，通过助教的言传身教，让学生在潜移默化中感染"闯"劲。

二　案例解析

（一）设计思路与理念

思政教育不应是简单说教，也不应是教学过程中的生搬硬套，应该是潜移默化的全方位育人。这要求团队在教学活动中把握思政教学的时机和思政教学的形式，按照"一课一设计"的原则，"因势利导，顺势而为"地开展思政教育。下文将以项目二任务二"UPS的工作

原理与模式转换"为例进行说明。

1. 确定思政主题，选择思政教育元素

课程紧紧围绕"职业素养、民族意识和创新精神"的故事主线，按照"不过度思政、不过分思政"的原则，确定"UPS 的工作原理与模式转换"的思政主题是"职业素养和民族意识"。严格遵守"思政教学学时不超过总学时的15％"的红线，选择思政元素，最终确定三个思政元素：第一个是借助国货崛起——华为 UPS 的发展宣传民族自信；第二个是通过台积电因为停电而损失 2.3 亿的例子，教育学生安全生产必须警钟长鸣；第三个是通过实验室错误操作 UPS 跳闸例子，引导学生必须严守操作规程。

2. 结合翻转课堂，推敲思政融入时机

教学团队采用翻转课堂的形式开展教学，因此思政元素的融入时机要恰到好处、融入形式要恰如其分，避免思政教育打断课程的流畅性。结合翻转课堂特征，贴合内容发展，要求 3 个思政元素分散设置在课程中间，其中华为 UPS 的发展采用讲授式，台积电停电损失采用提问式，错误操作 UPS 采用示范式。

(二) 设计与实施

1. 基本信息

如表 2 所示，"UPS 的工作原理与模式转换"的教学目标定位是要帮助学生完全掌握 UPS 的工作原理与模式转换，为后续的学习打下坚实的理论基础。

表 2　"UPS 的工作原理与模式转换"基本信息

任务名称	任务 2　UPS 的工作原理与模式转换（2 课时）		
课程	城轨通信基础设备检修与维护	项目	电源系统设备检修与维护工作
课程性质	专业核心课	授课对象	城轨通号专业 二年级学生
参考教材	1. 赵晗主编《城轨通信基础设备检修与维护》 2. 南京地铁《三号线通信维护员》 3. 南京地铁《城市轨道交通通信设备维护职业技能等级标准》 4. 校本工作手册		
教学平台	教学 软件类	腾讯会议 易智教 QQ 群	
	资源类	校级资源库 智慧职教	
	拓展类	微信公众号 B 站	

（续表）

实训类	柯姆威通信仿真软件	
评价类	学生管理系统	
	Excel	
课堂定位	地铁系统 UPS 使用广,课程帮助学生完全掌握 UPS 的工作原理与模式转换,为后续学习打下坚实的理论基础	

2. 目标任务

如表 3 所示,在学情分析的基础上,确定任务的知识、能力和素养三大目标,在思政案例库中选择能够达到教学目标的思政元素。

表 3 "UPS 的工作原理与模式转换"目标任务

学情分析	学情特点	1. 文理兼招,生源多样化,感知和思维方式差异大; 2. 学习主动性缺乏,自主探究能力不足
	知识储备	1. 掌握了 UPS 组成元件的工作方式与原理; 2. 课前测试平均分为 7.83 分,存在知识盲区
	能力思维	1. 会使用万用表等设备,存在使用不规范、素养不合格等问题; 2. 学生思维活跃,但遇到问题浅尝辄止,缺少积极性与"闯"劲
教学目标	知识目标	彻底掌握理论知识 1. 掌握不间断电源(UPS)工作原理; 2. 掌握不间断电源(UPS)不同工作模式作用; 3. 掌握不间断电源(UPS)工作模式切换方法
	能力目标	文科敢做,理科会做 1. 能绘制不间断电源的电路图; 2. 文科生能完成"1+x"证书初级标准操作要求; 3. 理科生能完成"1+x"证书中级标准操作要求
	素养目标	提升职业素养 1. 养成安全大于天的责任意识; 2. 培养遵守制度、爱岗敬业的职业素养; 3. 引导学生树立精益求精的工匠精神
课程思政元素		1. 华为 UPS 的发展,看国货崛起——民族自信; 2. 台积电因为停电而损失 2.3 亿——安全生产警钟长鸣; 3. 实验室错误操作 UPS 跳闸——严守操作规程

（续表）

教学重难点	重点	1. 掌握不间断电源不同工作模式作用与切换方法； 2. 树立安全意识，激发敢做意识，培养爱岗敬业精神
	难点	1. 充分理解不间断电源的工作原理； 2. 滋养敢"闯"意识的"种子"

3. 教学实施

1) 课前预习

如表4所示，在课前预习阶段，学生依托微课开展自主学习，教师根据学生的自学效果调整教学节奏，让教学更具有针对性。

表4　"UPS 的工作原理与模式转换"课前预习

内容	教学内容	准备过程		设计意图	时长（min）
		教师活动	学生活动		
课前学习	UPS 的工作原理与模式转换微课	发布视频	自主学习	学生自学，开展翻转课堂	20
课前检测	检验微课学习效果	发布检测	完成检测	检验学生自学效果	10
课前讨论	学生说出自学过程中的困惑	发布讨论	发表困惑	调整教学节奏	5

2) 课中实施

如表5所示，教学团队提前构思了思政元素的融入时机与融入形式，追求恰到好处和恰如其分，避免打断课堂教学的流畅性。

表5　"UPS 的工作原理与模式转换"课中实施

内容	教学方法	教学手段	教学过程		设计意图	时长（min）
			教师活动	学生活动		
任务引入： 引入教学内容； 评价预习效果 【思政融入1】 华为 UPS 的发展，国货崛起	任务驱动法； 讲授法	PPT； 多媒体	点评预习效果； 介绍华为 UPS 的发展	听讲； 讨论互动	通过点评分析，让学生体会自主学习中存在的问题； 宣扬民族自信	10
UPS 工作原理： UPS 设置的必要性问题？ 【思政融入2】 台积电停电损失2.3亿	讲授法； 讨论法； 实验法	PPT； 视频； UPS 机柜	台积电损失论证 UPS 重要性； 讲解蓄电池工作模式和主电路工作模式	听讲； 讨论互动； 参与实验	带问题听讲，提高课堂效率； 打乱教学顺序，锻炼学习能力； 树立安全生产意识	15

（续表）

内容	教学方法	教学手段	教学过程		设计意图	时长（min）
			教师活动	学生活动		
UPS工作原理：自动旁路和维修旁路区别？	讲授法；讨论法；实验法	PPT；视频；UPS机柜	旁路工作模式；电压表测不同模式电压	听讲；讨论互动；参与实验	带问题听讲，提高课堂效率；打乱教学顺序，锻炼学习能力	15
UPS正常模式转维修旁路流程【思政融入3】UPS错误操作，直接跳闸	任务驱动法；讨论法；实验法	PPT；UPS机柜	引导小组讨论；示范错误操作	小组讨论；总结工作流程	小组讨论，合作学习模式转换；通过错误操作跳闸，教育严守规程	15
正常模式转维修旁路操作实验	实验法；练习法	PPT；UPS机柜	引导实验；实时答疑	完成实验	团队小组实验；掌握UPS模式切换操作流程	30
课堂总结	讲授法	PPT	归纳总结	思考总结	回顾课程内容	5

3）课后拓展

如表6所示，课后拓展环节满足了不同学生的需要，对于普通学生可以强化知识，帮助其打牢知识基础；对于优秀学生，可以提供自主探究的资源，激发学生的创新意识。

表6 "UPS的工作原理与模式转换"课后拓展

内容	教学内容	准备过程		设计意图	时长（min）
		教师活动	学生活动		
撰写实验报告	完成工作手册报告	批改学生报告，解答问题	完成工作手册报告	课后回顾、知识内化	30
拓展创新	自制UPS	发布视频	自主探究	激发创新	—

4. 考核说明

如图1所示，课程考核评价采取增值型评价，关注学生的过程性评价，目的通过评价，让学生能够获得切实可行的改善方向。将评价等级分为"A""B"和"C"三个等级，每个等级学生的特征不同，相应的评价权重也不相同。"A"级学生更关注通过评价引导他们养成良好的职业素养和激发创造能力；"C"级学生更注重通过评价引导他们打下坚实的基础。

（三）实效与经验

教学团队采用了翻转课堂的形式，增加了课程学习的趣味性，提高了学生的学习主动性和锻炼了学生的自学能力；引入"思政故事线"和"一课一设计"的做法，使得思政教育更加聚焦，充分培养了学生的职业素养、民族意识和创新精神。

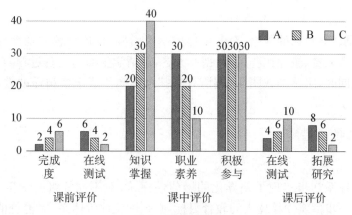

图1 增值型评价

教学团队调查后发现,97％的学生对主题型课程思政形式满意;98％的学生感受到了显著的职业素养和民族意识培养;85％的学生感受到了显著的创新精神的培养。几乎全部学生认为自己在思想认识、专业素养、学习兴趣、拓宽视野、社会责任方面都有了显著提高,在各个方面的认识都有了很大程度的提高。

从调查结果来看,与学情分析一致,创新能力的培养是一个缓慢的过程,课程只能埋下一颗种子,种子能否都发芽,以及发芽后能否茁壮成长需要持续跟进。因此,此类长时间的素质养成特别适合采用"暗线"的形式,栽种在课上,浇灌在课下,注重示范性和过程性培养。从2021年团队教师所带学生比赛结果来看,与2020年相比,"城轨通信基础设备检修与维护"课程学生参与积极性显著提高,绝大部分主动联系教师;参与比赛类型显著多样化,不单单局限于城轨通信方向,除轨道交通通信职业技能竞赛外,还有数据挖掘比赛、江苏省职业院校创新创业大赛、江苏省大创项目和创业孵化基地项目等。更令人惊喜的是,学生依托教师项目,独立撰写完成的论文被《科技创新与应用》期刊录用。

三 案例反思

(一) 创新之处

1. 梳理内容,地毯式构建思政案例库

组建由专任教师和企业骨干组成的课程建设团队,从"课、岗、赛、证"4个维度重构课程体系。在课程体系构建完成之后,按照项目的实施过程,从人、事和物3个角度深度挖掘每个知识点所包含的思政元素,每个元素按照"项目""知识点""思政特性""元素内容""思政目标""思政等级""融入手段"7个属性整理,不放过一个知识点,不错过一个思政元素。

2. 结合特色,聚焦式谱写思政故事线

为了避免"过分思政",课程通过引入"思政故事线"和"一课   设计"的做法,结合"城轨通信基础设备检修与维护"的课程特征与人才培养方案,经过团队研讨,让课程思政聚焦在"职业素养、民族意识和创新精神"3条线索,彰显职业教育特色。同时,为了避免"过度思政",思政教学学时严格控制不超过总学时的15％,不适宜引入思政元素的地方绝不勉强

引入。

3. 示范引领，无声式开展思政育人路

采取"看得见、摸得着"的策略，对学生形成示范引领、言传身教的隐性育人效果。教师积极参加教学能力大赛、微课比赛、创新创业大赛，邀请学生参与比赛过程，与学生一起研究比赛、完善方案；同时，组建助教团队，邀请有"闯"劲的高年级学生担任助教，达到以点带面的育人效果。

（二）下一步改进措施

1. 完善评价体系，实现精细化育人

目前的评价体系初步实现了差异化的增值性评价，对不同等级的学生评价重点不同。但是如果想要进一步落实立德树人的教育目标，必须细化评价体系，完善价值引领的考核指标，实现更加精细化的增值性评价。

2. 规划编写教材，引入思政元素

教学团队将地毯式收集思政元素，将与专业教育高度契合的思政元素纳入教材，使教材更具有思想性和时代性；将与专业教育较为相关的思政元素编辑成线上补充资料，供学有余力的同学使用。

孙春洋　邵孜科　陆海亭　金立艳　沈丽琴（南京交通职业技术学院）

守正创新筑匠心　以虚补实践匠行
——"EDA 技术"课程思政案例

一　案例综述

（一）课程介绍

《中国制造 2025》的提出，极大地推动了电子产品设计技术的发展。"EDA 技术"是面向电子信息工程技术专业开设的一门专业核心课程，也是现代电子设计技术的核心，采用"教、学、做"一体化教学模式，对学生掌握电子设计仿真技术的新理念、新知识、新方法和新技能具有重要作用，为学生的岗位能力、职业素养形成提供强有力支撑。

"EDA 技术"课程在专业培养过程中起着承上启下的衔接作用。通过"电路基础""模拟电子技术""数字电子技术""C 语言程序设计""单片机技术及应用"等先修课程的学习，学生已经具备基本的电子电路原理分析、电子产品硬件设计和软件编程能力，为本课程的学习奠定了知识和技能基础。"EDA 技术"课程为后续"嵌入式技术及应用""传感技术""RFID 技术""PLC 技术"等专业课程打下坚实的设计基础。

课程基于电子设计岗位真实需求，结合全国职业院校电子技能大赛技能点，有机融入"1＋X"电子绘图工程师中级证书要求。通过"岗、课、赛、证"深化融通，课程旨在培养具有硬件电路仿真设计、软件程序开发设计、软硬件仿真系统联调、印刷电路板设计和印刷电路板制作能力的实践型和应用型人才，为社会提供能够适应发展需要、紧密结合前沿发展电子技术的综合技能人才。

（二）案例概况

高校教育肩负着育人使命、文明使命和发展使命，教学改革成为适应新时代的迫切需要。本课题从梳理课程思政建设思路入手，精准落实课程思政建设各个环节，具体内容如下。

1. 形成"一个脉"，梳理课程思政建设思路

为实现思政课程与课程教学同向同行、相互促进，教学团队结合课程分析和学情分析确定课程思政总体目标，基于总体目标深入挖掘思政元素，将挖掘的"点状思政元素"梳理整合形成"线形思政专题"。由此，构建形成"一脉、二析、三度、四合"的课程思政建设脉络。

2. 基于"二个析"，确立课程思政目标

本课程深化融通"岗、课、赛、证"，旨在培养学生的硬件电路仿真设计、软件程序开发设

计、软硬件仿真系统联调和印刷电路板设计等综合实践能力。授课对象为高职二年级电子信息工程技术专业学生,此阶段学生具有"三层三缺三弱"特点:优等生工程应用能力薄弱,缺乏创新发展的意识;中间生系统集成能力薄弱,缺乏精益求精的追求;后进生理论结合能力薄弱,缺乏吃苦耐劳的精神。基于两个分析确立以"匠心筑梦"核心的课程思政总体目标,详见图1。

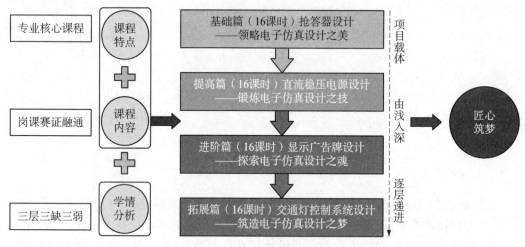

图1 "匠心筑梦"课程思政建设总体目标

3. 把握"三个度",挖掘课程思政元素

教学团队围绕"匠心筑梦"的课程思政总体目标,以"有深度、有高度、有温度"为原则,深入地挖掘了"精益求精、守正创新、科技报国、民族自信、社会担当、工匠精神、家国情怀"等41个点状思政颗粒元素,详见图2。

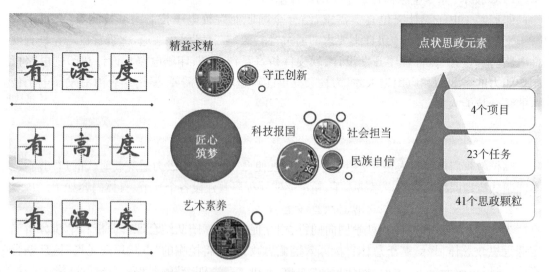

图2 "项目—任务—颗粒"点状思政元素

4. 着力"四个合",整合课程思政专题

教学团队着力于"技术与艺术的契合、理论与实践的融合、传统与现代的汇合、国内与国外的结合",整合"技艺双馨社会人、精益求精职业人、匠心筑梦建设人、科技报国接班人"课程思政专题,详见图3。

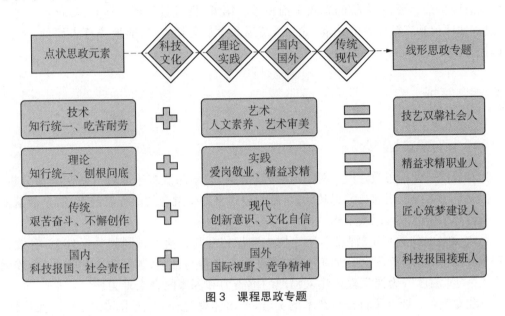

图3　课程思政专题

5. 立足"五个点",落实思政工作

在课程思政实施过程,教学团队筑实双循环的课程思政教学模式,夯实六个环节,实现课程教学与课程思政同向同行,详见图4。

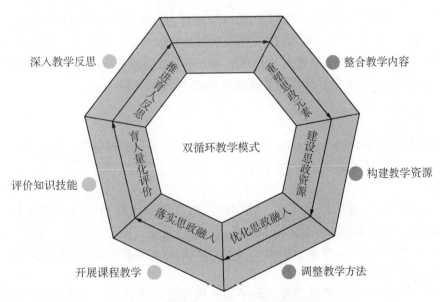

图4　"双线循环,六位一体"的课程思政

第一,稳扎内容重构起点,"由线及点"回填加工契合思政线形专题的点状元素。第二,牢抓资源建设重点,精准把握育人节点,持续完善优化课程思政资源库。第三,聚焦教学方法难点,因地制宜地选择互动式、体验式、探索式、情境式的现代教学方法。第四,落实教学开展要点,以"三全育人"为指导纲领,设计"32 融合育人"策略,做到三阶段思政全程渗透、三层次思政精准滴灌、三方位的思政全面覆盖。第五,推进教学评价痛点,量化育人考核标准,过程性评价和终结性评价并重。第六,疏通教学反思堵点,实时监测育人评价并动态反馈调控。

二 案例解析

(一) 设计思路与理念

为有效推进课程思政建设,遵循顶层设计脉络,教学团队基于课程分析和学情分析,深入挖掘立足于多维逻辑起点的思政元素,着力构建多方位融合的课程思政专题,全面落实课程教学各环节中的课程思政工作。

思政元素要到达一定"深度",坚定树立知识传授与价值引领同频共振理念,有效开掘思政教育的深度;思政元素要站在一定"高度",将课程与社会、国家建立起联系;思政元素要注入一定"温度",为课程教育注入强烈的感染力和深厚的育人魅力。

思政专题整合要注重科技与艺术的契合,突出体现"技术+艺术"的综合性、操作性;思政专题整合要注重理论与实践的融合,将课程思政贯穿于理论与实践的教学,理中有实,实中有理;课政专题整合要注重国内与国外的结合,将专业能力与技术进步结合,将个人理想与祖国的发展需要结合;思政专题整合要注重传统与现代的汇合,培养堪当技术复兴重任的时代新人和接班人。

思政工作落实要稳扎内容重构起点,对专业课程内容进行重新认识和细致梳理;思政工作要牢抓教学方法设计重点,因地制宜、有的放矢地选择丰富多样的教学方法;思政工作要聚焦教学实施要点,遵循"三全育人"的原则;思政工作要推进教学评价痛点,将育人评价落实、落细、落具体;思政工作要疏通教学反思堵点,实时监测反馈。

(二) 设计与实施

本课题聚焦于"拓展篇之筑造电子仿真设计之梦"中的任务五交通信号灯仿真系统集成与调试,以此为例进行课程思政实施探索。

1. 教学设计

(1)"由线及点",选取思政元素。教学团队结合课程内容和课程思政专题,"由线及点",回填加工契合思政线形专题的点状元素,譬如"科技报国接班人"需要以吃苦耐劳、团结协作的个人修养作支撑,需要以爱岗敬业、科学思维的职业素养作驱动,需要以守正创新、文化认同的理想信念作引领。

(2)"讲究艺术",整合思政资源。教学团队讲究艺术建设,精准把握育人节点,打造身临其境的学习模式,持续完善优化课程思政资源库,整合了"EDA 与 EDG 一字之差""传统交通灯发展史""现代智能交通控制灯系统""技能大赛获奖采访视频""名人创业史""卡脖子

EDA 技术"等思政视频资源。

（3）"因地制宜"，活用教学方法。课程思政要灵活选用教学方法，需要站在学生的体验层面，积极采用案例式、探索式、情景模拟式的现代教学方式，采用岗位体验、微课视频、情景模拟、案例讲解、任务驱动、小组合作、汇报演示、拓展设计等多样化的教学方法。

（4）"32 融合"，落实课程育人。教学团队以三全育人原则为指导纲领，设计"32 融合育人"策略，做到三阶段思政全程渗透、三层次思政精准滴灌、三方位的思政全面覆盖。

（5）"育人量化"，评测思政成效。量化育人考核标准，过程性评价和终结性评价并重，形成以"匠心筑梦"一个核心、"个人修养、职业素养、理想信念"三个层面、"守时、责任、交流、规范、协作、安全、创新、认同、担当"九个要点的育人网点图，精准监测育人评价和效果。

（6）"动态调控"，疏通教学反思。课程思政实时监测育人评价并动态反馈调控。

2. 课程思政实施

1）课程设计

基于教学设计，教学团队整理归纳了教学阶段、教学环节、教学内容、教学方法、思政切入点和思政元素，详见表1。

表1　课程实施图谱

教学阶段	教学环节	教学内容	教学方法	思政切入点	思政元素
课前导学	任务准备	小组分工	岗位体验	学生选择岗位意向	职业认同
		课前学习任务和学习资源	微课视频	仿真联调难点，培养自主探究意识	自主探究
课中探学	任务导入	EDA 赛事背景	情景模拟	EDG 引入 EDA 比赛	科技报国
		交通灯发展史	案例讲述	技术螺旋发展	艰苦奋斗
		模拟 EDA 比赛	情景模拟	EDA 赛事重要性	竞争意识
	任务探索	开发设计流程	任务驱动	遵循 EDA 开发流程	规范意识
		总体方案设计	小组合作	利用流程图、思维导图完成方案设计	科学思维
	任务实施	仿真电路设计	分工合作	"五步归零"的故障排查解决思路；美国封锁 EDA 软件，存在安全威胁	严谨求实危机意识精益求精安全意识
		软件程序开发			
		联调与排故			
	任务评价	比赛仿真成品展示以及汇报	汇报演示	强调个人自评、小组互评公正原则	公平公正
课后拓学	任务拓展	智慧交通灯	拓展设计	技术发展永无止境	开拓精神

2) 教学过程

第一阶段:课前导学

对标企业岗位,学生根据自身岗位认知及知识技能储备情况选择意向岗位角色,教师基于学情对岗位进行微调,优等生"小师傅"带后进生"学徒"。培养优等生的责任意识,锻炼后进生的吃苦耐劳意志,增强中间生的职业认同感。发布课前学习任务和学习资源,培养学生自主探索新知的思维方式。

第二阶段:课中探学

(1)任务导入环节,具体如下。

案例讨论＋情景模拟:EDG 获胜备受关注,而获得 EDA 世界级别比赛的创造辉煌的冠军团队却无人问津,开展案例讨论,将学生代入情境,产生情感"共鸣"和精神"共振"。引出少年强则国强,科技强则国强,融入科技报国信念、家国情怀元素。

案例讲述:从扳手式信号灯、电气启动红绿灯、自动控制信号灯到如今成熟智能交通控制灯系统,介绍交通控制系统的发展史,讲解控制系统发展过程中艰苦奋斗的工匠人事迹,融入追求卓越元素。

(2)任务探索环节。任务驱动＋重点讲解:在讲解项目开发设计流程时,要求学生遵循EDA 开发流程,融入规范意识。在进行方案设计时,提醒学生善用思维导图、流程图等工具,提升方案设计的准确性,融入科学思维元素。

(3)任务实施环节为小组合作,分工合作,完成仿真硬件电路设计、软件程序编写、软硬件系统联调,引导学生注重细节,培养精益求精、爱岗敬业的职业精神。在故障排查过程中,引导学生遵循一复现、二定位、三溯源、四修复、五类推的"五步归零"故障排查思路,融入严谨求实、精益求精、科学思维元素。

(4)任务评价环节。通过组织小组仿真成品演示、展示汇报,在评分环节强调个人自评、小组互评的公平公正原则,融入社会主义核心价值观社会层面的公正内涵。

第三阶段:课后拓学

拓展设计:发布课后拓展设计任务,设计一个能够实时监测车流量并能够完成精准调控的智慧交通灯信号控制系统,培养学生的创新思维,融入开拓精神。

(三)实效与经验

1. 课程思政融入课程教学,助力知识传授,助推技能培养

实时监测过程性评价的数据显示学生的知识、技能稳步提升。学生总评成绩分布情况得到优化,课程平均分、通过率显著提高。课程思政推进了人才培养,深入融通"岗、课、赛、证"。学生岗位认知和岗位技能全面提升,参加高职类电子技能大赛取得优异的成绩,"1＋X"电子设计中级绘图工程师证书的通过率也大幅提高。

2. 课程思政追求立德树人,凸显育人成效

量化评价围绕"守正创新,匠心筑梦"的三个核心、九个要点的育人成效,即守时、责任、交流的个人修养,规范、协作、安全的职业素养,创新、认同、担当的理想信念,量化的精准评价结果显示育人效果全面提升。课程思政提升了教师素养,教师的思政研究、教学设计、教学实施和信息技术应用等能力得到全面提升。

3. 课程思政坚持以评促建,学生对课程思政的认可度、接受度和满意度很高

98.75％的学生对课程持满意态度:丰富的课程资源便于知识理解和技能训练;课程安排合理,任务难度适中,课堂生动有趣,能够自主完成各项任务;教师为人师表、言传身教,有助于树立正确的世界观、人生观和价值观。

三　案例反思

(一) 创新之处

1. "一脉、二析、三度、四合"课程思政建设脉络

教学团队遵循思政建设的整体脉络,基于课程分析和学情分析,确立了"匠心筑梦"的思政目标,着眼于"有深度、有高度、有温度"逻辑起点,挖掘了 41 个思政颗粒,着力于"技术与艺术的契合、理论与实践的融合、国内与国外的结合、传统与现代的汇合"原则,整合了 4 个线形课程思政专题,设计了"基础篇抢答器设计之技艺双馨社会人、提高篇直流稳压电源之精益求精职业人、进阶篇显示广告牌设计之科技报国建设人、拓展篇交通灯控制系统设计之匠心筑梦接班人"的项目专题,形成课程思政与课程教学的同频共振。

2. "32 融合"课程思政实施原则

在课程思政实施过程中,教学团队筑实双循环的课程思政教学模式,实现课程教学与课程思政同向同行。夯实六个环节,稳扎内容重构起点,牢抓资源建设重点,聚焦教学方法难点,落实教学开展要点,推进教学评价痛点,疏通教学反思堵点,形成动态循环发展过程。

3. 过程性考核性评价并重,量化、细化育人评价

教学团队量化育人考核标准,过程性评价和终结性评价并重,形成以"匠心筑梦"一个核心,"个人修养、职业素养、理想信念"三个层面,"守时、责任、交流、规范、协作、安全、创新、认同、担当"九个要点的育人网点图,精准监测育人评价和效果(见图 5)。

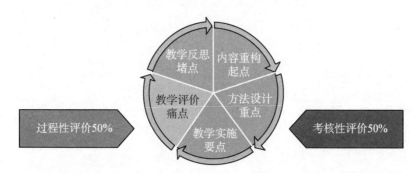

·出勤、作业、参与度（个人修养）
个人修养：守时、责任、协作

·综合设计作品（理想信念）
理想信念：创新、认同、担当

·小组合作与展示汇报（职业素养）
职业素养：规范、科学、敬业

图 5　"一核心三层面九要点"的课程思政评价

（二）下一步改进措施

1. 充分发挥第二课堂，提升学生实践能力

在教学实施过程中，我们发现个别学生的动手能力较弱，岗位能力欠缺，在团队合作中表现得不积极。对此，后期我们要利用学生周末的时间，加强对个别学生的实操辅导，充分发挥第二课堂的作用。

2. 进一步加强分层教学、个性化教学

虽然我们对学生进行了分组，但是分层教学、个性化教学还需要进一步加强。因而要进一步科学分析学情，调整分组，强弱搭配，共同进步，达到组内异质、组间同质。

3. 从学生层面优化思政案例讲解

目前的思政案例设置还存在些许瑕疵，为了更好地将课程思政融入教学中，我们需要进一步完善，从学生层面优化思政案例讲解。

钱　玲　陈　军　刘　颖　吴文亮　吴凌寻（南京交通职业技术学校）

思政引领 铸魂育人 树立试驾服务新标杆
——"汽车销售实务"课程思政案例

一 案例综述

（一）课程介绍

"汽车销售实务"是汽车技术服务与营销专业的一门专业核心课程。面向专业大二学生开设，授课课时为 64 学时，主要由专业教师、思政教师、企业导师、辅导员共同承担课程的建设和教学工作。

本课程的先修课程有"汽车构造""汽车产品知识""消费者心理学""汽车及配件营销"等，与汽车营销和服务岗位顶岗实习等相衔接，在整个课程体系中起到承上启下的作用。

该课程旨在培养汽车行业优秀的一线销售服务人员。在汽车产品越来越同质化的今天，随着"互联网＋"的兴起，汽车品牌的核心竞争力必将由技术、质量、性能等向营销服务转变，能否给客户带来个性化的消费体验已成为提升企业核心竞争力的关键。可见会营销、巧服务才是王道。

根据汽车服务行业的汽车销售岗位的素质能力要求，结合"1＋X"证书制度中的任务要求，教学团队围绕立德树人的根本任务，认真学习并贯彻《高等学校课程思政建设指导纲要》提出的要求，遵循教育的规律将价值塑造、知识传授和能力培养三者有机融合起来。课程设置了分层教学目标，即知识、能力、价值目标；培养理论基础扎实、实践能力强，以及具有服务意识、创新意识，较强语言表达、沟通交流、团队协作能力的高素质复合型营销服务人才，培养学生的家国情怀、专业自信、职业素养、工匠精神等。

（二）案例概况

本案例选自"汽车销售实务课程"项目二中的任务 6，该任务采用理实一体化的教学模式，共 4 课时。

试乘试驾是销售流程的核心环节和关键步骤。其是车辆介绍的延伸，也是让客户亲身体验车辆性能的最好时机，客户通过切身体会和驾驶感受，加上销售顾问把握机会介绍，可以加深客户对车辆的了解，从而增强购买信心，激发购买欲望，促成交易，如图 1 所示。

试乘试驾流程，各个品牌的 4S 店基本相同。整个流程分为试乘试驾准备、客户试乘、

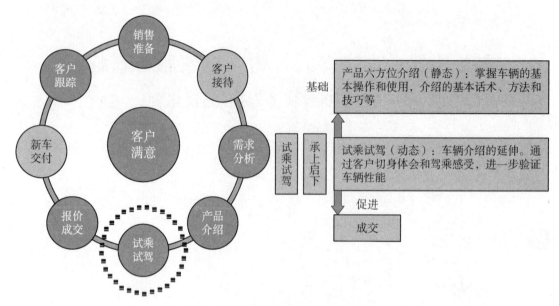

图1 试乘试驾在流程中的位置与作用

客户试驾、试乘试驾结束后总结确认四个部分,全程由销售顾问陪同(如果有试乘试驾专员,销售顾问也要参与),其中试乘部分由试乘试驾专员(销售顾问)驾驶,试驾部分由试乘试驾专员(销售顾问)负责主要讲解,整个过程中销售顾问负责辅助讲解,记录客户的需求。

试乘试驾准备阶段,主要包括车辆、资料、路线、人员等方面的准备。在产品六方位静态介绍之后,销售顾问要主动邀约客户进行试乘试驾,取得客户同意后,确认顾客是否满足试乘试驾条件,带领顾客办理相关手续,签订试乘试驾协议书,准备试乘试驾车辆,并向顾客说明试乘试驾的流程、所用时间,介绍试乘试驾路线等。

客户试乘阶段,最主要的就是让客户感受车辆的乘坐舒适性,熟悉试乘试驾路线、车辆操作等,为安全试驾做准备。其中,最重要的就是要提醒顾客感受不同路段的车辆性能,有针对性提示顾客感受其关注的配置动态特征和优点,增强其对车辆的购买欲望和冲动。不同路段主要感受的车辆性能点,如图2所示。

图2 不同路段车辆性能感受点

客户试驾阶段,销售顾问做的工作主要是道路指引、车辆操作指导,提醒客户遵守交通规则、安全驾驶等,避免过多地与客户交谈,让顾客集中精力驾驶并亲自感受车辆的相关性能。过程中,销售顾问可以不失时机地称赞客户的驾驶技术,让顾客拥有满足感,也可以在一些关键点,适当利用封闭式问题,寻求顾客认同。

试乘试驾结束阶段,销售顾问/试驾专员(或鼓励顾客)倒车将车停入试乘试驾停车位后,引导顾客进入展厅的顾客洽谈区入座,询问顾客的试驾感受,并填写"试乘试驾记录表"。在确认客户没有任何疑问后,向顾客提出购买的建议,进入下一个报价成交环节。

根据案例内容和岗位任务的职业能力素养要求,通过该任务的学习,学生掌握试乘试驾的流程、内容、基本话术、方法和技巧等,能够运用知识去完成试乘试驾的所有工作,进一步引导客户验证车辆满足其所有需求,促进成交,为下一个任务的学习奠定坚实的基础。

二 案例解析

(一)设计的思路与理念

课程思政设计践行立德树人的根本任务,积极围绕培育和践行社会主义核心价值观,深化职业理想、职业道德和工匠精神教育,结合岗位职业能力素养的要求,着力培育"德技双修"的高素质技术技能人才,通过对案例思政元素的挖掘、提炼,为案例教学注入服务、工匠、创新、文化等思政之魂,培养学生的服务意识、专业自信、职业素养、工匠精神等,如图 3 所示。

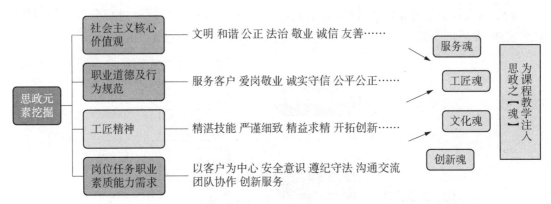

图 3 思政元素挖掘

课程贯彻"全员育人、全过程育人、全方位、多层次育人"的现代教育理念。首先,案例思政教学的思政元素挖掘、思政教学资源建设、思政教学组织和设计由专业教师、思政教师、企业导师、辅导员共同参与完成。其次,依托翻转课堂的教学理念,将教学过程分为"课前、课中、课后",将育人贯穿于课堂教学全过程。且在教学过程中,坚持以企业真实的工作任务驱动为主线,以情境创设为载体,采用线上线下相结合的混合教学模式、理实一体化教学模式,认真落实以"教师为主导、学生为主体"的教育理念,有效促进学生在"学中做、做中思、思中创"。在教学实施的不同环节,科学恰当地通过案例融入、视频融入、知识讲习融入、实训融入等方式,采用故事讲述法、典型案例法、言传身教法(教师)、职业体验法等教学方法,将职业能力培养与思想政治教育有效融通。教学团队着力打造高职"精准化、浸润式"思政课堂,践行"五育并举"教学理念,落实立德树人根本任务,如图4所示。

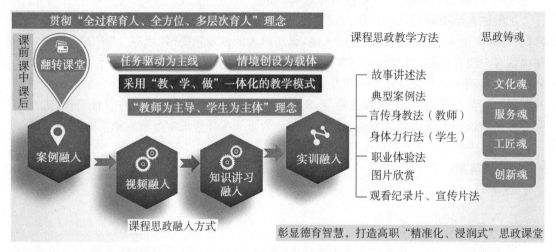

图4 思政设计

(二)设计与实施

1. 案例设计

教学团队基于学情和教学目标,采用翻转课堂的教学理念,将教学过程分为课前导学、课堂实施、课后巩固提升,其中课堂实施由情境引入等八个环节完成,如图5所示。

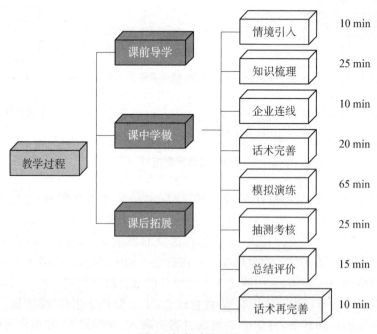

图5 教学过程设置

该案例的课堂思政教学设计,坚持以学习者为中心,以成果为导向,实施反向课程设计,即依次设计成果目标、评价依据、学法和教法等。

知识目标:掌握试乘试驾的工作流程、基本话术、操作要点、方法和技巧等。

能力目标:能够按照企业岗位标准和规范完成试乘试驾前、中、后的各项工作;能够引导客户不断验证车辆的各方面性能,激发购买欲望。

思政成果目标:①培养学生以客户为中心的安全服务、精准服务、个性化服务的意识和能力;②培养遵纪守法、爱岗敬业、团队协作的职业品格和行为习惯;③培养严谨细致、精益求精、开拓创新的工匠精神等。

在教学实施的不同环节,教学团队科学恰当地通过案例融入、视频融入、知识讲习融入、实训融入等方式,有意、有机、有效地融入服务魂、工匠魂、创新魂、文化魂等思政文化教育,达到"盐溶于水,润物无声"的教学效果,具体实施如表1所示。

2. 案例的具体实施

(1)教学实施过程如表1所示。

(2)学习考核与评价。为了更好地做好过程性评价,更好地考量教学成效、目标的达成度,教学团队借助教学平台,按照教学流程设置评价元素和所占比例,考核注重知识运用能力的培养,重在考查学生在工作任务中表现出来的能力和素养,如图6所示。

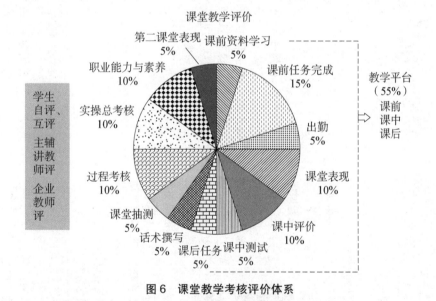

图6 课堂教学考核评价体系

同时,为了更好地考量课程思政教学效果,教学团队制定了思政效果评价办法,注重学习者在过程学习与团队协作中,服务及创新意识、团队合作、沟通交流、解决问题等职业能力和素养的培养,从参与度、协作度、规范度等多个维度来进行评价。具体如图7所示。

表 1 教学实施过程

教学环节	教师活动	学生活动	思政元素	融入方式	思政教学内容设计	方法与手段	课程思政观测点
教学环节 1 课前导学							
课前导学	1. 在教学平台上下发课前任务清单。 2. 发布乘试驾事故案例引发学生思考：怎样做好有关工作，避免类似事件的发生。 3. 在平台上发布头脑风暴； 4. 在平台上布置课前自测； 5. 在平台讨论区、QQ群答疑互动（校企双师）； 6. 查看学习动态、分析学习成果、个性化分组、并调整教学方案	1. 查看课前任务清单； 2. 观看课程资源，在此基础上完成自测题； 3. 对事故案例进行分析、讨论； 4. 撰写试乘试驾话术； 5. 虚拟仿真软件上模拟演练； 6. 交流互动	服务魂、工匠魂	视频融入、案例融入——分析试乘试驾事故案例，头脑风暴完成思政引导教育	"服务魂、工匠魂"——多角度、多维度分析事故案例可能引起的原因，培养周到、细致、安全服务的意识，遵纪守法，严谨专注，精益求精的工匠精神等	教学方法：案例引入、头脑风暴；思政教学方法：典型案例法；教学手段：视频、PPT，教学平台	能有效分析事故发生的原因，写出试乘试驾中应具有的意识、习惯、精神等，完成课前有关任务
教学环节 2 课堂实施							
情境引入	1. 举同学们日常购买衣服试穿的例子来引出客户购车应进行试乘试驾，引发学生学习兴趣；	1. 主动思考、回答问题； 2. 找碴儿、互动	工匠魂	案例融入、视频融入——查找视频中未试乘直接试驾，	"工匠魂"——观看操作视频，查找作不规范的技能点、对学生进行安全教育，培养	教学方法：案例引入、头脑风暴；思政教学方法：典型案例法；	通过找碴儿，基本找全视频中不规范的操作点，并能说出正确的做法

（续表）

教学环节	教学环节 2 课堂实施						
	教师活动	学生活动	思政元素	融入方式	思政教学内容设计	方法与手段	课程思政观测点
	2. 播放操作不规范的试乘试驾视频，开展头脑风暴，找出不规范的操作点；3. 总结、思政教育			结合销售顾问途中打电话等不规范的操作点，进行思政教育	学生安全教育，严谨细致，精益求精的工匠精神	教学手段：视频、PPT	
知识梳理	1. 对课前学生掌握薄弱的知识点进行讲解；2. 对试乘试驾流程要点梳理和总结	倾听、互动	服务魂、工匠魂	知识讲习融入——校内教师在知识点梳理过程中，对流程知识和技能点中的思政元素进行讲解；——校外企业教师从企业标准、规范进行职业态度、道德、素养教育	"服务魂、工匠魂"——通过校企双师对流程重要知识点和技能点的梳理，培养以客户需求为中心的个性化服务的意识，遵纪守法、安全至上、沟通协作的职业品质和严谨细致的工匠精神	教学方法：讲授；思政教学方法：言传身教法（教师）；教学手段：视频、PPT	互动中能准确说出思政元素
企业连线	连线企业教师进行行业标准和规范的讲解和指导	倾听，并与企业专家互动					
话术完善	1. 引导学生根据校企教师讲解，完善课前撰写的话术；2. 教师指导、引导、答疑。	1. 讨论、修改、完善话术；2. 师生互动			培养学生沟通交流、团队协作的能力和素养	教学方法：小组协作；教学手段：海报、报纸	

（续表）

教学环节	教学环节 2 课堂实施						
	教师活动	学生活动	思政元素	融入方式	思政教学内容设计	方法与手段	课程思政观测点
模拟演练	1. 组织学生按角色进行分工； 2. 进行安全教育； 3. 指导示范； 4. 录制演练视频并上传至课程QQ群，供企业教师观看，为后续评价做准备	1. 查看分组、角色分工； 2. 接受安全教育； 3. 进行实操演练； 4. 师生、生生互动	服务魂、工匠魂、创新魂、文化魂	实训融入——学生在情景演练中，课程思政、知识、能力、素养目标的达成	"服务魂、工匠魂、创新魂"——在实训中将课堂思政落地，主要观测学生沟通协作、语言表达能力、爱岗敬业、明规范的职业素养，精益求精、开拓创新的工匠精神的达成情况	教学方法：分组协作； 思政教学方法：分组协作； 身体力行法（学生）、职业体验法； 教学手段：虚拟仿真软件	能较为完整、规范、流畅地完成测试乘坐与驾驶的流程演练，考核结果优秀
抽测考核	抽取学生考核	接受考核、观摩、记录					
总结评价	1. 连线校外企业教师对演练进行点评； 2. 教师针对教学内容、实施等情况进行总结评价； 3. 引导学生进行学习评价	1. 倾听、互动； 2. 学习评价				教学方法：讲授； 教学手段：交互软件、PPT	
话术再优化	教师指导、引导	实操后，结合校企教师的评价，进一步完善话术				进一步培养学生精益求精的职业素养和工匠精神	

（续表）

教学环节			教学环节 3　课后巩固拓展				
	教师活动	学生活动	思政元素	融入方式	思政教学内容设计	方法与手段	课程思政观测点
课后拓展	1. 发布知识拓展学习链接； 2. 发布课后测试； 3. 发布演练视频并上传任务； 4. 查看检验结果并分析，为后面授课做好调整（校企双师）	1. 完成拓展学习； 2. 完成测试； 3. 拍摄演练视频并上传			培养学生的持续学习和实际应用能力		

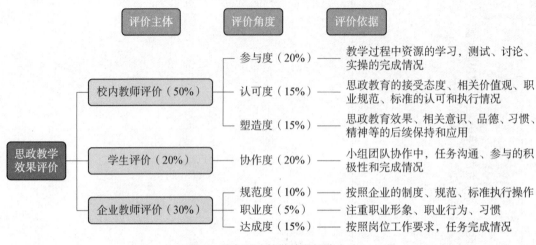

图7 课堂思政教学效果评价方法

(三) 实效与经验

1. 实施成效

自本课程实施思政教学以来,我们发现学生的整个精神面貌和学习状态都发生了很大的改变:学习更加自主、自觉、自省、自律,专业自信得到提高、团队协作能力得到增强,创新能力得到提升,学生的技能水平有了显著提高,思政教育与专业知识教育相得益彰。

就试乘试驾任务的教学而言,对比实施思政教学后与教学效果,我们发现学生学习平均成绩有了明显的提高,如图8所示。

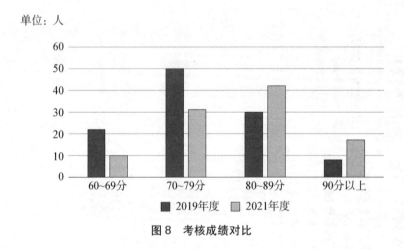

图8 考核成绩对比

学生在学习过程中,学习的主动性、任务的完成度、活动的参与度和协作度也都明显提高,且学生在实操时从着装、礼仪、纪律、操作规范等方面体现了良好的职业习惯,学生的职业认同感、自豪感和幸福感有明显提升。

2. 实施经验

实施课程思政教学,教学团队一定要紧紧围绕立德树人的根本任务,以德技并修为目标,结合就业岗位职业能力需求,结合教学内容和学情、教情,制定相应的教学目标。在实施过程中,教师应充分挖掘并提炼课程每一章节、每个教学任务、每一堂课的知识和技能体系中所蕴含的思政教育元素,选用恰当的融入方式、教学方法,有意、有机、有效地对学生进行思想政治教育,在有形教学中融入无形的教育,才能达到"盐溶于水,润物无声"的教学效果,彰显德育智慧,打造高职"精准化、浸润式"的思政课堂。

三　案例反思

(一) 特色之处

1. 采用"一全、二进、三多、四融、四魂"的课程思政模式

教学践行"全过程育人""多育并举""多元评价"等教育理念,选用恰当的思政融入方式,为教学注入思政之魂,使得思政教育与专业知识相得益彰,打造高职"精准化、浸润式"的思政课堂。

一全:育人贯穿于课堂教学"课前、课中、课后"全过程。

二进:"企业教师进课堂""真实任务进课堂"。

三多:"多师同堂""多元评价""多育并举"。

四融:课程思政融入方式为"案例融入""视频融入""知识讲习融入""实训融入"等。

四魂:潜移默化地进行文化魂、服务魂、工匠魂、创新魂等"四魂"思政文化教育,为教学注入思政之魂。

2. 多方协同育人,提升教学成效

课程教学由资深专业课教师、思政课教师、辅导员、企业导师四方联合协同育人,思政课教师、辅导员主要在课前指导,协助完成思政元素挖掘、融入资源建设,企业教师在课前、课中、课后通过交互软件、教学平台等共同实施教学,发挥合力,实现优势互补,共建课程资源,共同实施教学,实现多师同堂,全员、全过程育人,以增强课程思想政治教育的实际效果,培养高素质技术技能型人才。

(二) 下一步改进措施

虽然当前该案例教学取得了一定的成效,但还有很大的上升空间。首先,需要进一步完善课程思政资源,建设思政案例库、思政教学视频、思政教材等。其次,需要进一步提高教师自身思想政治水平,增强教师思政教学实战能力,后续将组织教师积极参加思政相关的培训和比赛,让教师不断地在学习和实践中得到提升。最后,顺应行业发展,不断更新教学内容,对教学标准、教学目标、思政元素、融入方式、教学组织等不断探讨、建设和完善。

甘秀芹　边　伟　王　琼　周吴浪　王　勉(南京交通职业技术学院)

民生在勤　劳亦有思
——"劳动教育"课程思政案例

 一 案例综述

（一）课程介绍

为贯彻落实 2020 年 3 月 20 日印发的《中共中央　国务院关于全面加强新时代大中小学劳动教育的意见》和教育部 2020 年 7 月 7 日印发的《大中小学劳动教育指导纲要（试行）》，我院将"劳动教育"作为必修课纳入人才培养方案，并于 2020—2021 学年第二学期开设"劳动教育"课。课程共计 16 课时，1 学分，其中理论教学 10 课时，实践教学 6 课时。学习本课程前期，以"思想道德修养与法律基础"为基础，将劳动精神融入学生思想教育，后期在各专业实习实训教学中强化劳动教育，充分发挥劳动教育在理论教学与实践教学相结合过程中的桥梁作用。

对于高职院校的学生来说，"劳动教育"课程的重要性不言而喻，在学习劳动理论的基础上准确把握社会主义建设者和接班人的劳动精神面貌、劳动价值取向和劳动技能水平的培养要求，全面提高学生劳动素养，使学生树立正确的劳动观念、具有必备的劳动能力、培育积极的劳动精神、养成良好的劳动习惯和品质。在这一前提下，"劳动教育"课的教学内容主要围绕劳动精神、劳模精神、工匠精神、劳动组织、劳动安全和劳动法规等方面设计，重点结合专业诉求和职业特征，引导学生成长为技能硬、素质强的全面发展技术技能型人才，成就出彩人生。

（二）案例概况

本次课程思政案例围绕"劳动教育"课程展开，旨在挖掘劳动教育与思政课程之间的内在联系，以课程设计、师资交互、课堂创新等方式强化思政教育与劳动教育的融合，实现知识、能力、素质三重目标协同课程思政目标的四位一体教学目标的构建。从大方向上来说，职业教育课程思政建设应围绕"德"的树立、"育"的方式，推动思政课程与劳动教育课程协同发展、双向融合。从劳动教育的视角深入理解哲学规律和马克思主义思想本质，帮助学生树立正确的世界观、人生观、价值观；从思政教育的高度理解劳动的价值，激发学生热爱劳动、崇尚劳动、乐于劳动的内在动力，实现职业教育"德技并修"的培养目标。

1. 重构整体格局，构建"1＋X＋Y"劳动育人模式

教学团队以此为指导，从课程的整体布局上，首先开展思政课程和劳动教育课程互嵌式

教学。在"劳动教育"的 16 课时中有机融入思政主题实践课和专业主题实践课,在整体布局上体现出职业院校和课程思政在"劳动教育"学科教育上的双重诉求;其次,构建"1+X+Y"劳动育人模式,将课堂教育、劳动实践和文化塑造有机结合:发挥"1—第一课堂"的核心作用,渗透劳动教育理念;拓展"X—第二课堂"的劳动途径,实践劳动锻炼;营造"Y—劳动光荣"的文化氛围,将劳动风尚凝聚为学院文化,在校园中形成"劳动最光荣、劳动最崇高、劳动最伟大、劳动最美丽"的时代风尚。

2. 打破课堂限制,"线上线下"+"双师同堂"协同育人

从授课形式上来说,首先,打破传统课堂教学的时空限制,教学全程将移动课堂与理论课堂充分结合,让信息化技术服务课堂、助力育人。将移动平台贯穿教学环节,突出学生在课堂中的主体地位,激发自主学习能力;实践多线程教学探索,引入微课、教学活页、交互小程序、直播互动等方式,将线上线下有机结合,借用信息化手段重塑思政育人模式,培养学生的劳动意识。

其次,创造条件让劳动教育教师与思政课教师或专业课教师"共讲一堂劳动课"。作为教学活动的重要主体,教师的意愿、能力和素质在很大程度上决定了教学成效。专业课是课程思政建设的基本载体,专业课教师和思政课教师两大主力军能否有效融通、并肩作战,是课程思政与思政课程协同育人的关键。为此,我们邀请思政课教师或专业课教师同堂授课,克服理论距离,穿越课堂边界。

3. 谋划篇章内容,"任务+情境+案例"驱动教学

就理论教学而言,本门课的课程思政案例重点解构"劳动教育"课程中的八个专题。通过重构每个专题的理论知识点,找到劳动教育与思育人和专业学习的契合点,形成逻辑问题链,运用不同的教学策略,让理论知识点精准敲击到学生的共鸣点。在课堂教学中融入思政元素,使教学既有理论深度又有思想高度;穿插讲解专业相关案例,把学生从"天边"拉回"身边",二者同声相应、同气相求,真正实现同频共振、双效合一。以"专题三:传承精神"案例教学为例,教学设计以思政元素贯穿劳动教育理论,结合交通运输专业学生的职业导向,让劳动教育走出教室,走进交通运输专业实训室,呈现出一堂不同于以往的劳动教育实践课。

通过"思劳结合"课程、"思政劳动"实践、"劳动思政"提升等模式,让教师能够从思想政治理论中涵盖的历史发展、思想形成、人类进步等哲学层面把劳动教育理论讲深讲透,从思想政治教育的高度总结凝练劳动的价值与意义。同时,遵循职校生的成长规律和职业院校课程开设逻辑,深入挖掘劳动教育课程的思政元素,实现劳动教育课程与思政课程的同向同行。

二 案例解析

(一) 设计思路与理念

与思政课程相比,"劳动教育"课程的育人元素往往隐藏在理论与实践背后,需主动挖掘、自觉提炼、有机融入。劳动教育具有树德、增智、强体、育美的综合育人价值,而实施劳动教育的重点是在系统的理论知识学习之外,组织学生在日常生活中汲取劳动的经验和价值,这与职业教育的专业教学和实践等安排具有内在一致性。因此,探索劳动教育有效融入职业教育课程思政的途径,构成本案例实现劳动教育与思政课协同育人的理论逻辑。

具体到实际教学中,案例将"劳动教育"课中每一专题提炼出的思政元素与时事热点相结合,呈现在教学流程中。为凸显劳动教育与思政育人的内在紧密联系,每一专题设置课前先导任务模块,结合形势与政策话题和社会舆情,利用信息化教学平台发布主题任务书,借这一形式实行任务驱动教学法;课中以劳动教育理论讲授为主,设计交流互动和问题探寻两个部分,即在主题任务贯穿整个教学过程的情境之下,学生通过小组等形式进行任务汇报、观点交流、成果展示、答疑解惑等课堂活动,教师呈现任务完成结果,师生之间展开评价分析,而后探索劳动教育理论的学习重点,突破学习难点;最后进行知识总结和主题升华,根据课程思政目标增设"以劳育思"模块,从思政育人的高度理解并升华劳动价值,激发学生热爱劳动、崇尚劳动、乐于劳动的内在动力,实现职业教育"德技并修"的培养目标。

(二)设计与实施

1. 教材解构

本案例课程目前采用高等教育出版社出版的《劳动教育读本》(高职版)一书。该书根据中共中央、国务院印发的《关于全面加强新时代大中小学劳动教育的意见》和教育部印发的《大中小学劳动教育指导纲要(试行)》,由教育部职业技术教育中心研究所组编,八所"双高计划"建设院校共同参与编写,是一本关于高职劳动教育新形态一体化教材。案例将全书的八个专题分析重构,结合思政育人目标,初步形成"专题理论—思政案例—专业案例—以劳育思"的教学设计模型(详细内容见图1),在迎合职业院校劳动教育教学目标的同时实现课程思政的育人价值。

图1 劳动课教材解构

2. 学情分析

1)知识基础

基于对学生前期理论知识的成绩分析,我们发现学生已具备基础理论知识,有初步理论分析与理解能力,但缺乏对学生整体劳动观的培养,对劳动教育学科孤立看待,学生无法主动建立劳动教育与思政课程之间的联系,需对其加以引导。

2) 认知能力

学生能够从日常新闻事件、社会舆情和网络信息中获得碎片化的认知,但大多偏浅表化、娱乐化,缺乏成熟的交互思维方式和客观的辨析能力,因而应促使学生做到"知其所以然",增加其对劳动教育认识的广度和深度。

3) 学习习惯

学生已具备线上学习能力,但缺乏学习探究的主动性;"线上＋线下"的混合式教学并未在课堂教学中进行常态化应用,因而对于手机在课堂中出现的方式、时机需要达成平衡,避免其他信息对线上教学及任务互动造成干扰。

4) 专业诉求

本次案例率先在交通运输工程系的铁道交通运营管理专业进行示范开展。根据其课程标准,国家培养铁运管理专业人才的思想道德理论要求主要在强化其专业技能的基础上弘扬劳动精神、服务精神、工匠精神,激发学生对于自身专业、职业的荣誉感和使命感。

3. 教学目标

1) 知识目标

树立正确的劳动观念。学生要正确理解劳动是人类发展和社会进步的根本力量,认识劳动创造人、创造价值、创造财富、创造美好生活的道理,尊重劳动,尊重普通劳动者,牢固树立劳动最光荣、劳动最崇高、劳动最伟大、劳动最美丽的思想观念。

2) 能力目标

具有必备的劳动能力。学生可以掌握基本的劳动知识和技能,正确使用常见劳动工具,增强体力、智力和创造力,具备完成一定劳动任务所需的设计、操作能力和团队合作能力;深入学习职业劳动技能,立足自身专业特色,统筹做好专业生产型劳动技能的提升。

3) 素质目标

培育积极的劳动精神,养成良好的劳动习惯和品质。坚持以过程体验为导向,着眼于"专""精"的专业素养和工匠精神体悟与培养,通过劳动实践的感染力涵养爱国情怀、激发劳动热情、内化价值观念,培养出一批能以劳树德的高素质工匠人才。

4) 课程思政目标

对劳动教育进行课程思政的融合,旨在将劳动价值观引导寓于知识传授和能力培养中,将思想政治教育融入劳动教育课程教学和改革的各环节、各方面,以"隐性"融入的方式使学生在潜移默化中接受价值观引导,从而实现立德树人的宗旨。

4. 资源与手段

课程依托移动教学平台和多媒体教学环境,借助超星学习通、教学活页、微信公众号等信息化教学资源和手段,激发学生的劳动意识,促进实践互动,提升家国情怀。

5. 方法与策略

本着以学生为中心的学习原则,基于学情分析,本案例采用"线上＋线下"混合式教学组织模式,教学过程中以任务驱动法为主,结合自主探究、情境再现、讨论互动等教学方法,知识、能力、素质三重目标协同课程思政目标的实现。

表1 "专题理论—思政案例—专业案例—以劳育思"的教学设计模型

专题	课程思政教学点	思政元素切入点	思政元素案例	专业元素案例	"以劳育思"
一 崇尚劳动	1. 劳动简史、劳动的发展及内涵。 2. 劳动的本质。 3. 劳动的意义	以"传承南泥湾精神，续写时代辉煌篇章"为主题，引领学生探讨：如何看待南泥湾从荒无人烟的"烂泥湾"到"好江南"？挖掘南泥湾60多年发展历史中先辈们留下的劳动故事，从中汲取有益的思政元素	1. 北斗闪耀全球，中华勇于追梦——北斗问天之路，中国航天人的奉献精神和求实作风闪耀星空。 2. 华为：复刻南泥湾精神，传承艰苦奋斗、自力更生的宝贵遗产	1.【交通专业】齐心开创共建"一带一路"美好未来。 2.【建工专业】感悟从磨难中奋起的中国精神——"抗震救灾精神"。 3.【道桥专业】拜水都江堰，问道青城山：都江堰背后的人——李冰	引领学生了解劳动的发展和时代的变化。提炼南泥湾大生产运动中"自力更生、艰苦奋斗"的革命精神，让南泥湾精神如火炬般代代相传
二 掌握技能	1. 生活技能、职业技能和社会技能的内涵。 2. 如何提高个人的三种技能	以"伟大抗疫精神"为先导任务，升华到"构建人类命运共同体"；通过案例讲解，在"职业技能的获得"中引入"科技强国"战略；在知识点"社会技能的培养"中引入社会主义核心价值观中的奉献精神，使得思政元素在本节劳动教育的课堂中多点开花	1. 疫情中的90后：2003非典年你们保护了我，现在轮到我们来保护你们了！ 2. 科技战"疫"创新强国：重庆能源职业学院电梯安全科普为人们提供了更加安全、舒适的乘梯体验。 3. 战疫路上的社区志愿者：奉献让疫情防控有温度有力量	1.【建工专业】火雷神山项目：基建狂魔的封神战"疫"。 2.【物流专业】物流运输助力"抗疫保供"	伟大抗疫精神背后的劳动人民在中国共产党的领导之下，实现举世无双的抗疫壮举，在全球疫情蔓延的国际防疫局势面前书写中国速度、贡献中国方案，无差别地实现了对人的尊重和对生命的敬畏，蕴含的是每一个中国劳动者为树立良好国家形象、共同构筑人类命运共同体输出的精神力量
三 传承精神	1. 劳动精神、工匠精神和劳模精神的内涵。 2. 培养崇尚劳模、工匠的共识，弘扬三个精神	将"脱贫攻坚路上的楷模"作为思政切入点，结合实践主题和学生专业，落点旨在展示新时代乡村振兴的新风貌	1. 那些让你感动的脱贫楷模：毛相林——开天辟地造路人。 2. 乡村工匠助力乡村振兴：乡村里的建筑师	1.【交通专业】"最美铁路人"展示出铁路人在脱贫攻坚道路上的劳动之美。 2.【交通专业】中国高铁的"快"与绿皮火车的"慢"	通过实践课堂践行"交通强国、铁路先行"的历史使命，展示出交通人先行风采、服务本色和担当品格，将小我的职业价值实现关联到国家的乡村振兴事业

（续表）

专题	课程思政教学点	思政元素切入点	思政元素案例	专业元素案例	"以劳育思"
四　培育品质	1. 培育吃苦耐劳、诚实守信、勤俭节约劳动品质。 2. 劳动法律素养、劳动品质素养	以"筑牢安全红线，守望绿水青山"为基本理念，对劳动品质进行讲授，传递爱岗敬业、无私奉献、诚实守信、勤俭节约、抵制奢靡浪费等精神。	1. 神技天焊工程师—高凤林：从事工匠业，常怀报国心。 2. 工作996，生病ICU：探讨当代大学生工作模式。 3. 上海静安特大火灾事故	1.【道桥专业】8·24哈尔滨阳明滩大桥坍塌事故——反面教学案例。 2.【空乘专业】观看电影《中国机长》：敬畏生命、弘扬社会正能量，找寻自己人生的价值和意义	"哪有什么岁月静好，不过是有人替你负重前行"。作为新时代的青年，要秉承大爱、弘扬社会正能量，找寻自己人生的价值和意义，向自己、向这个伟大的时代交一份满意的答卷
五　尊重劳动	1. 体面劳动的内涵及意义。 2. 提高劳动能力和素质的方法及途径。 3. 劳动者的合法权益	以"平凡的岗位，不平凡的力量"案例视频导入体面劳动内涵，并将其升华到"人生价值的评价与实现"；通过案例讲解引出实现体面劳动的重要保障条件是保护劳动者权益，并升华到"全面依法治国"是中国特色社会主义的本质要求和重要保障	1. 在平凡的岗位上坚守自己的职责：交警、医生、护士、环卫工人等。 2. 用法律的武器维护劳动者合法权益：毕业生工作期间生病住院，公司解除劳动关系	1.【交通专业】在极寒高空中守护雪路春运：中国铁路哈尔滨局牡丹江电务段高铁通信车间作业三工队的年轻人。 2.【电商专业】《中华人民共和国电子商务法》的诞生	在平凡的岗位上坚守职责，为社会的蓬勃发展贡献不平凡的力量，明确人生价值，从劳动中实现人生价值
六　职业选择	劳动成就职业理想	以"提问职业兴趣类型"引出劳动激发职业兴趣和创新意识，并升华到"弘扬中国精神，实现中华民族伟大复兴的中国梦"	1. 屠呦呦和青蒿素 2. 齐俊元：敢想敢做的90后CEO	【道桥专业】林鸣的港珠澳大桥攻坚战	引导学生做出更好的职业选择，在实现自己的人生价值的同时弘扬中国精神，实现中华民族伟大复兴的中国梦

（续表）

专题	课程思政教学点	思政元素切入点	思政元素案例	专业元素案例	"以劳育思"
七 做新时代的劳动者	1. 新时代劳动者的理想、本领和担当意识。 2. 成长为有理想、有本领、有担当的劳动	以"奔赴边疆献青春，有志青年当奋进"作为思政元素切入点，通过"职业理想"引入"中国梦"；在"担当意识"这一知识点上引入社会主义核心价值观中的敬业精神	1. 在高原上让青春放歌：青年群体扎根"世界屋脊"奉献故事。 2. 坚守在抗击疫情一线的90后大学生党员	1.【建工专业】"90后"海归夏于钧：用所学知识"拥抱"雪域高原的古建筑。 2.【铁道专业】"疫"不容辞，争当铁路维修施工"排头兵"	广大青年是实现中华民族伟大复兴的生力军，"天将降大任于是人也"，自觉担负起新时代赋予的重任，在服务人民、奉献祖国中书写有意义的人生
八 拓展学习	平衡劳动价值与心智发展的关系，提高驾驭复杂局面的能力	以"我国当前社会主要矛盾"为先导任务，讲述"马克思劳动观"；在"平衡好劳动价值与心智发展的关系"这一知识点上引入"辩证思维"	主要矛盾的转化：人民日益增长的美好生活需要和不平衡不充分的发展之间的矛盾	【机械专业】晋工：辩证思维成就机械豪门	主要矛盾中提及的"美好生活"是指人获得自由全面的发展。马克思提出的以劳动实践为基础的人类美好生活的构建维度，为学生理解、塑造新时代的"美好生活"指明了方向

6. 考核与评价

"劳动教育"课程整体采用多维评价模式，通过在学习通平台发布课前测验或问卷调查，了解学生已有知识水平和认知水平，结合生生互评、师生互评等方式对比呈现学生在各种能力素质方面的提升，达成过程性评价和结果性评价的统一。

此外，案例重点针对每一专题的课程思政目标对思政育人效果进行评价。由于思政育人的内隐性、体验性和长期性，教学团队针对具体专题案例拟定相应的评价要点，将学生参与课程的整个过程纳入评价范畴，更全面、准确地反映学生的学习过程。

（三）实效与经验

案例围绕"劳动教育"课程的知识、能力、素质三重目标，构建以课程思政为核心，以专业课程为辐射的课程体系，形成从劳动育人到思政育人的"圈层效应"，构建劳动教育、思政课程和专业课程课同向同行、互为支撑，实现了良好的教学效果，在学生中间重塑出"劳动教育"这门课程的理论高度、思政温度和专业态度，从高职生的实际出发，为其树立正确的劳动观，塑造大国工匠精神，打造出一门有广度、有深度、有厚度、有温度的课堂。

首先，以交通运输工程系的铁道运营管理专业为蓝本，开创具有交通运输类专业特色的劳动教育课程思政教学模板。在未来的实际推广应用中,该模板将根据课程讲授背景、学生所学专业不断进行教学资源和模式的充实与优化,形成独具职教特色的教学示范包。

其次,基于"三全育人"理念打造出了具有学科特色的"1+X+Y"劳动育人模式。以第"1"课堂为核心,聚焦理论课程;积极拓展"X"的内容,打造以"劳动+思政"为示范的"劳动+"模式;增加"Y"的提升,升华思政育人教学实效。

最后,协同推进教育党建,在加强劳动教育的同时强化课程思政,涵养以文化人、以德润心的党建氛围,构建新时代思想政治工作培育体系,用身边的职业案例讲好大国工匠情怀,运用党建文化新成果浸润思政育人,收获党建文化立德树人的新成果。

三　案例反思

(一)创新之处

1. 创新教学理念,紧扣思政主题

教学团队秉持"理念为先、典型示范、以点带面、整体推进"的工作理念,打破原有学科壁垒和时空限制,还原劳动教育本身的实践属性和专业特色,使得劳动教育与思政课程实现协同育人、理论教学与实践教学相得益彰,提升课程思政感召力。

2. 融合教学手段,浸润思政情怀

教学团队结合职业院校各专业的不同诉求,通过多种教学手段让劳动教育的气氛融通于学生学习成长的各阶段。一方面,从认知、情绪体验、意志转化三个层面加强了学生对于劳动的理性认知和感性体悟;另一方面,也将劳动教育与思政教育有机融合,建立科学合理的指标体系,凸显劳动教育对于活动开展的引领作用。

3. 双师交互同堂,助力思政育人

唤醒全体教师共担思政育人职责,在协同育人理念下,塑造出基于正确政策引导的"教师共同体"。拓宽劳动教育的讲台,实现思政课教师和专业课教师两大主力军"同台共舞、有效融通、并肩作战",组建出一支多学科背景相互支撑、良性互动的课程思政教学团队,更好地做到优势互补、合力共进。

4. 丰富专业实践,实现德技并修

教学团队通过沉浸式劳动教育主题实践活动,实现学生的德技并修,立足自身专业特色,举一反三,统筹达成工匠精神培养、劳动教育融入和专业素养提升。

(二)下一步改进措施

1. 丰富教学案例,优化时间安排

教学团队将有选择性地摘选教学案例,以"突出思政性、注重基础性、体现职业性、反映时代性"为原则,建立优质的课程思政案例库;优化课堂环节,突出任务导向,让思政育人与劳动理论学习如盐遇水,自然融合而非刻意灌输。

2. 落实多维评价,提升思政比重

教学团队将继续优化"劳动教育"中课程思政评价体系,尤其明确量化评价与质化评价

的标准和依据,在教学评价中体现课程思政的成效,同时让学生通过教学评价体会思政育人的温度,实现浸润式的养成。

珠　娜　吕娇阳　任向娜　谢昕凌　刘鑫鑫(内蒙古交通职业技术学院)

"观 学 习 用"五转变

——"初识招投标"课程思政案例

一 案例综述

（一）课程介绍

基于项目招投标文件、合同价款调整与索赔申请书等成果导向，本课程旨在引领学生学习招投标准备工作流程，招标决策与规划要点，招投标文件编制与审核重点，招投标主要策略和技巧，合同审查要点，合同风险的识别和防范措施，工程价款调整程序、依据与方法，索赔基本程序，工期索赔和费用索赔的分析和计算方法等知识，形成精准备、会招标、善投标、会调价、能索赔等六大教学模块，支撑六项专业能力。在完成任务的过程中，培养学生有操守、有情怀、有创新，具备"细心、恒心、精心、责任心"，弘扬精益求精、吃苦耐劳、诚实守信的"三精"精神，促进学生德智体美劳全面发展（见图1）。教学团队按"职业道德、职业能力、职业理想"三个维度，从"做人做事、社会责任、民族复兴、大国情怀"四个层面，将"三有四心"分点融入任务进程，进项目、进评价、进头脑；引导学生探学、导学、帮学、督学、补学、促学，实现"认知认同—情感内化—行为改变—价值塑造—价值传播"五转变（见图2）。

（二）案例概况

本案例选自学习模块一中的"任务1.1"，为课程的第一个任务（见图1）。教学内容包括：工程招投标与合同管理历史沿革、招投标与合同管理等岗位的职业能力和职业素养要求、招投标市场现状、强制招标范围、招标种类、招标方式、组织形式、招投标流程、招标条件、建设工程交易中心基本功能和"三有""四心"的基本含义。本教学任务的教学重难点是，能判断项目是否属于强制招标范围，项目的招标种类、招标方式、组织形式是否合法合规，以及是否具备招标条件。学生通过教学案例的学习，能理解岗位能力和职业素养中"三有四心"。本案例通过"观""学""习""用"等环节，引导学生为招投标与合同管理工作守好一段渠、种好责任田。

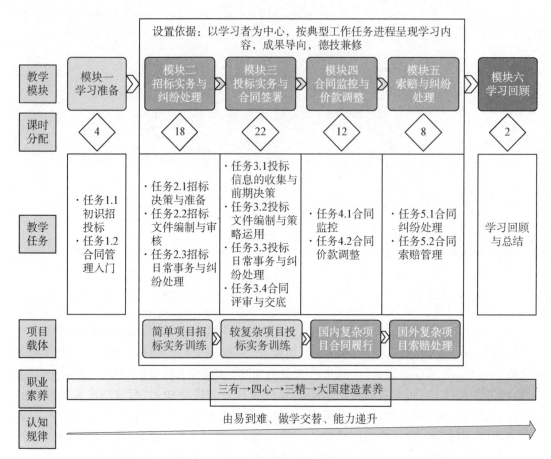

图 1　课程体系框架图

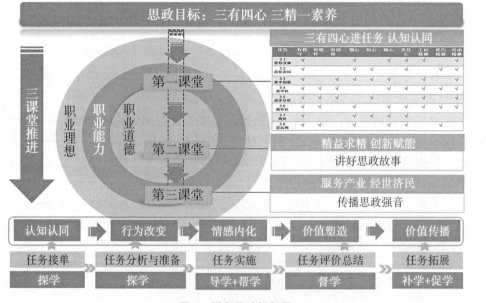

图 2　课程思政框架图

二 案例解析

(一) 设计思路与理念

本次教学案例,基于学院办学定位、目标驱动,分为教学分析、教学设计、教学实施、学习效果评价四个板块,联动支撑。教学内容分别在"观""学""习""用"环节融入思政元素。通过看经典、学典范、做模拟、去实践,帮助学生实现从课程思政认知认同到课程思政情感内化,再到行为转变,最后实现价值塑造与价值传播(见图3)。

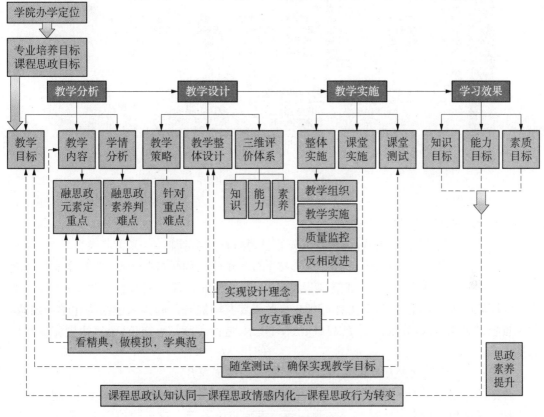

图3 教学整体设计框架图

(二) 设计与实施

1. 四路径,挖掘思政元素

教学团队按教学流程,将"三有四心"落脚到三个课堂的教学和实践中,将思政元素按学习行为、职业行为、学习成果三个维度分别融入课前、课中和课后三个阶段,师生共修,自查自纠(见图4)。

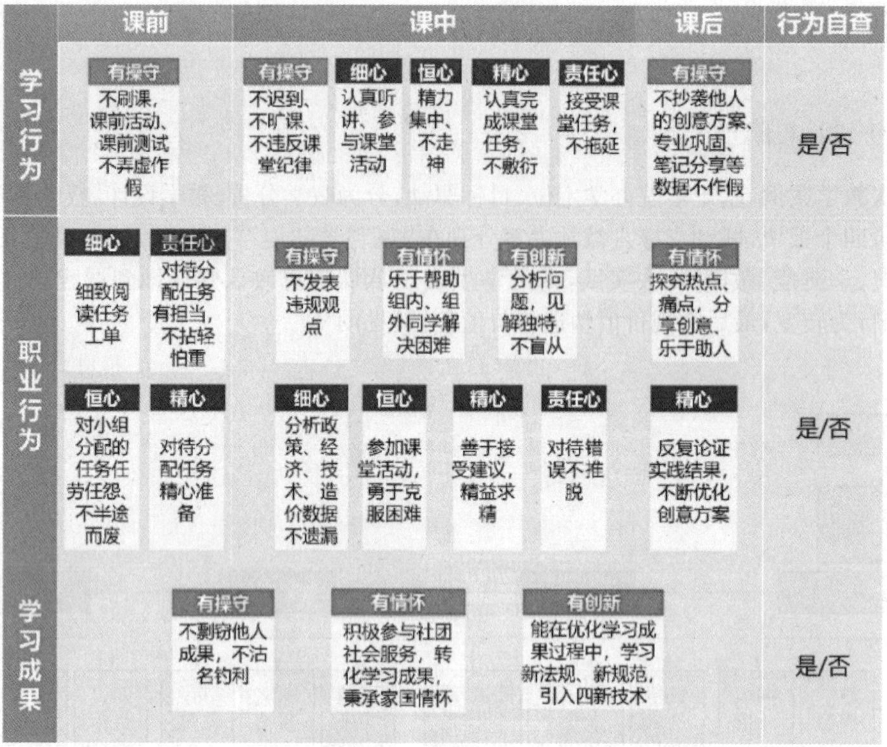

图4 思政元素设计图

2. 德技并修,规划整体实施

1) 组建"双结构"教学团队,强调育人先育己,推行师生同训

按"思政、法律、技术、造价、管理"方向,校企合作组建结构化教师团队,明确企业指导教师在第二课堂对企业文化、职业规范、职业精神方面的指导责任。强调育人先育己,着力抓好教学团队的师风师德建设,着力抓好师生思政素养共同提升。同步组建结构化学习团队。学生按项目组织结构,分角色领受"思政、法律、技术、造价、管理"等岗位任务,协同完成法律意见书。

2) "一帮六学",强调互助创新,实现思政素养的逐步提升

教学团队建立"教师—教学助手—小组组长—小组组员"帮学体系,组织学生"观历史—看市场—说岗位—做准备—辩热点—测一测—思政心语",着力进行价值引领,帮助学生实现从思政认知认同到思政情感的内化。通过第一、第二课堂互联,帮助学生完成思政行为转变,实现价值塑造。建立探学、"导学+帮学"、督学、补学、促学体系,帮助学生树立"三有"原则,锤炼"四心",铸造"三精"(见图5)。

3. 三阶段,思政元素浸润专业学习

课前引导学生完成思政先读:设定"观"的环节,带领学生看招投标经典工程、学招投标典范案例,启发学生思维,坚持正确的政治站位,着力进行价值引领。该阶段由课程地图、学习指南、先学先测、思政先读四环节组成。通过课程体系总览、学习方法预知、学习基础先测、学习素养储备,培养学生严谨认真、细致规划的学习习惯。

任务1.1 初识招投标（2课时80min）

项目	观历史	看市场	说岗位	做准备	辩热点	测一测	思政心语
教学目标	知识目标（知流程 晓规范）			能力目标（会判断 明是非）		素质目标（素质高）	
教学内容	历史沿革 看图片、做讨论	市场动态 看动画、做思考	岗位能力、职业素养（重难点）做模拟、亲体验	知识储备（重难点）析案例、学规范	案例分析 亲参与、做评论	课堂检测 看收获	思政一句话 分享心得
思政元素	有操守 有情怀	细心 恒心	细心、恒心、精心 责任心、有操守 有情怀、有创新	细心 恒心 有操守	细心 有情怀 有情怀	细心 精心 责任心	精心 责任心 有创新
教学方法	案例教学法 分组讨论法	案例教学法 分组讨论法	案例教学法 情景模拟教学法 角色扮演法	讲授法 案例教学法	案例教学法 分组讨论法 讲授法	讲授法	分组讨论法 讲授法
教学资源	任务工单、活页式教材、视频	任务工单、活页式教材、动画、图片、题库	任务工单、活页式教材、题库	任务工单、活页式教材、案例	任务工单、活页式教材、案例	任务工单、案例	任务工单、案例
学习方式	探学	导学	导学+帮学	导学	导学+帮学	督学+补学	促学
评价方法	平台测试	平台测试	成果展示	平台测试	平台测试	成果展示	工单记录

图5 教学实施设计

　　课中提炼思政心语：设定"学""习""用"三个环节，由"观历史—看市场—说岗位—做准备—辩热点—测一测—思政心语"七步骤组成。在"学"的环节，通过模拟招投标情境，让学生体验发承包岗位角色，帮助学生完成"三有四心"的情感内化；在"习"的环节，融入专业知识学习，着力实现专业与"三有四心"的融合，通过招投标基础知识讲解、在线讨论、随堂测试，帮助学生完成价值引领，指导行为转变；在"用"的环节，带领学生参与一个具体的招投标工作任务、测试，实现价值塑造。最后各组分享一句思政心语，完成本次课程的专业思政领悟环节。

　　课后引导学生完成思政实践：设定"做"的环节，引导学生在第二课堂广调研、多巩固、去实践。本阶段通过思政实践，融入成果转化任务，帮助学生完成价值塑造和思想传播（见图6）。

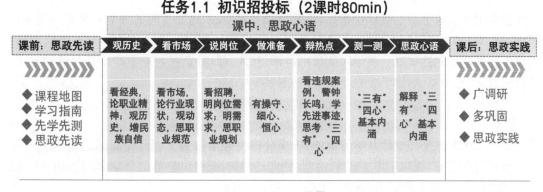

图6 教学实施流程

4.七环节,强调润物无声

任务驱动,通过"观→看→说→做→辩→测→语"七个教学步骤浸润思政元素。教学团队将思政元素分解到七个教学步骤,运用案例教学、示范讲解、角色扮演、情景模拟等教学方法,化说教为体验,夯实教学重点。教学团队利用图片、视频、动画等教学资源,化抽象为直观,化复杂为简单,破解教学难点,强调思政育人的润物无声。

"观历史"环节:引入近代中山陵工程、深圳商业大厦、鲁布革水电站、二滩水电站等建设项目,生动展现工程招投标与合同管理历史沿革。由此激发学生精益求精、艰苦奋斗、诚信守约的职业精神,增强民族自信心和自豪感。

"看市场"环节:播放森林王国招标动画,生动有趣地引导学生了解招投标流程和对市场现状的思考。培养学生遵守市场规范,对招投标市场能细心观察、精心分析、独立的判断能力。

"说岗位"环节:发放一则招聘广告,引导学生分析招投标、合同管理等岗位的职业能力和职业素养要求,帮助学生初步识读本门课程对岗位能力的支撑点。通过招聘现场情景模拟和角色扮演,引导学生自己总结获得招聘岗位应具备的职业综合素养。教师最后帮助学生提炼"三有四心"在职业岗位的体现。

"做准备"环节:引导学生根据岗位需求分析知识、能力、素质应完成的知识准备,有意识地培养学生的"细心、恒心、精心、责任心"。

"辩热点"环节:播放一则违规招标新闻,引导学生找出目前招投标行业存在的主要问题。通过分组讨论,教师引导学生总结引发招标市场乱象的主要原因。教师由此提出如何在招投标执业过程中遵守"三有"原则,锤炼"四心"。组织学生观看其美多吉先进事迹,引导学生理解"两路"精神、工匠精神的内涵;观看港珠澳大桥视频,激发学生积极报效祖国,勇于在"一带一路"的工程建设中展现大国建造风采。

"测一测"环节:发放随堂测试,检查学生课堂学习成果。引导学生找出学习缺陷,督促学生补学补练,培养学生随时关注学习质量、精益求精的职业习惯。

"思政心语"环节:实现思政教育的润物无声,培养学生总结提炼的职业能力和职业习惯(见图7)。

5.多元评价,分类记录重激励

教学团队设置七个一级评价指标,设置"两案、六度、两码"。"两案"(个人学习档案与小组学习档案)、"六度"(能力)用以验证教学目标达成度;"两码"(个人信用码与小组信用码)用以验证思政目标达成度。教学团队采用自评、互评、师评、企业与业主评价五种评价方式,分层记录,动态调整,激励学生自我提升(见图8)。

(三)实效与经验

学生知识测试平均成绩从学习前的61.1分提高到学习后90分,提高率达到50%。课程平台资料点击率、视频学习完成率、作业测试完成率、课程讨论笔记分享率均达到90%以上,学生"两码"得到有效提升(见图9)。

本次教学调查问卷显示,学生对课程思政设计合理性、学习需要满足度、课堂融入度、课程思政教学有效度、思政素养认同度提升明显(见图10)。

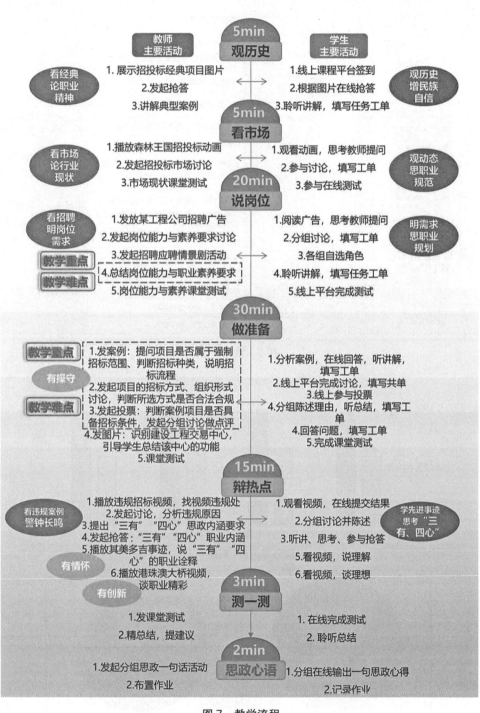

图7 教学流程

评价工具	评价维度	权重	评价指标	评分组成	个人学习档案	小组学习档案
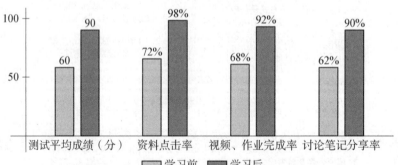	知识	30%	单项知识识记（10%）	课前、课中、课后测试，作业得分	动态调整	动态调整
			综合知识迁移（20%）	理论知识集中测试		
	能力	50%	学习成果（技能）（28%）	项目投标方案（20%）		
				投标模型制作、学习笔记分享、"X"证测试（2%）		
			现场问题处理（12%）	项目投标方案展示		
			综合协同（10%）	开放式项目测试		
红码 黄码 绿码 勋章	素质	20%	工匠与契约素养（10%）	有操守（2%）：政治意识与诚信守法	拓展类 85~100分	拓展类 85~100分
				有情怀（1%）：家国情怀与文化传承		
				有创新（2%）：在投标中积极探究四新技术	提升类 70~85分	提升类 70~85分
				细心（1%）：投标工作中严谨认真、一丝不苟		
				恒心（1%）：自主学习、勇于克服困难	跟进类 70分以下	跟进类 70分以下
				精心（1%）：编制技术与商务标精益求精、合同签约一丝不苟		
				责任心（2%）：服从组织调配和管理，勇于担当		
			劳动素养（10%）	劳动纪律（2%）不违规		
				劳动技能（2%）规范操作		
				劳动成果（2%）成果达标		
				劳动学习（2%）坚持学习		
				劳动互助（2%）乐于助人		

图8 课程评价

知识目标达成度学习前后对比分析图

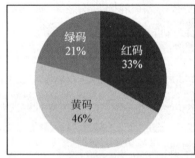

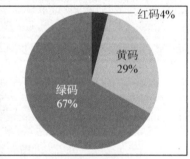

学前信用码

学后信用码

图9 教学目标达成度(学习前后)分析

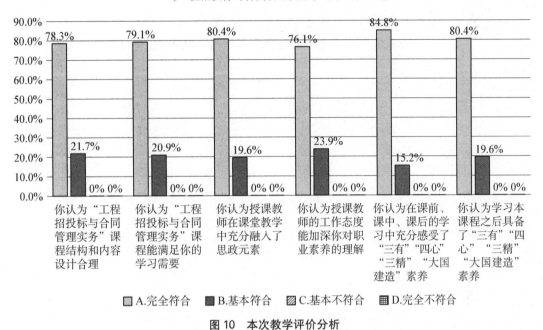

图 10　本次教学评价分析

三　案例反思

（一）创新之处

1. "三维度、四层面、三进入"，挖掘思政元素

教学团队按"职业道德、职业能力、职业理想"三个维度，从"做人做事、社会责任、民族复兴、大国情怀"四个层面，将"三有四心"分点融入任务进程，实现思政元素进项目、进评价、进头脑。从任务实施到核心价值传承，从民族复兴到家国情怀，将其落脚到三课堂的教学、实践与社会服务中，实现互联互通。

2. "三阶段、四环节、五转变"，改革教学模式

教学团队将思政目标分解到课前、课中、课后三个阶段，落脚到课中每个环节。在四个环节（典型案例，看经典；模范事迹，学典范；理实一体，做模拟；成果转化，去实践）中融入"三有四心"，帮助学生完成"认知认同—情感内化—行为改变—价值塑造—价值传播"。

3. "一帮七学"，构建课程思政实施体系

教学团队建立了"教师—助手—小组组长—小组组员"帮学体系，强调师生帮扶合作。推行"自学、探学、导学、帮学、督学、补学、促学"七种学习方式，强调师生共学，思政素养共练。

（二）下一步改进措施

目前思政行为数据采集仍存在难度，部分学生思政学习参与率还需提高。对此，要采取

"线上"＋"线下"数据采集相结合的方式,加强校企合作,培养学生良好的学习行为、职业行为。

杨陈慧　叶　青　刘倩倩　王莘晴　杨国利(四川交通职业技术学院)

"一轴双线"践初心　"三进一融"育匠人
——"桥梁上部结构施工"课程思政案例

一　案例综述

（一）课程介绍

本课程依据教育部专业教学标准，结合学校落实立德树人根本任务的"两为"人才培养理念，即"为党守初心、为国担使命"德智体美劳全面发展的高素质技术技能人才（以下简称"两为"人才），依据《道路与桥梁工程技术专业人才培养方案》和课程标准，确定课程的内容、实施和评价。本课程为道路与桥梁工程技术专业的核心课，主要内容包括"桥梁建设发展概况""桥梁上部结构的构造识图及施工方法""桥面铺装和附属设施的施工"。本课程的先修课程有"工程测量""工程制图与识图""桥梁下部结构施工"等，后继课程为"桥梁健康监控"。

课程目标分为思政目标、知识目标和能力目标。

1）思政目标

在思想层面，让学生深入理解新时代大国工匠精神，强化学生工程伦理教育，培养学生科学思维和精益求精的精神，厚植学生科技报国的家国情怀，践行人类命运共同体理念，肩负共建"一带一路"的使命担当。

在职业层面，培养学生不惧困难、敢于创新的职业精神，良好的团队协作能力和严谨求实的态度；引导学生树立崇高的职业理想和职业道德。

2）知识目标

（1）掌握各类桥型的应用范围、构造识图和施工方法。

（2）熟悉支座和桥梁附属设施的构造和施工方法。

3）能力目标

（1）具有识读施工图、核算工程量、编制施工组织方案的能力。

（2）具有分析和解决桥梁施工中技术问题的能力。

（3）具有探究学习、终身学习和可持续发展的能力。

（二）案例概况

案例知识单元：悬索桥的主缆。

1. 课前：专业课与思政课互联

共建"一带一路"，树立时代使命。

思政课教师，即"思想导师"（以下均称为"思想导师"）讲授我国"一带一路"倡议，布置"你的专业能为'一带一路'做些什么？"的思政课作业，学院专业课教师，即职业导师（以下均称为"职业导师"）接收并保存此次作业成果。

职业导师结合学生思政作业，导入中国建桥技术在助力"一带一路"建设上浓墨重彩的一笔的案例，即 2022 年建成土耳其 1915 恰纳卡莱大桥（以下简称"恰纳卡莱大桥"），展现我国不断践行人类命运共同体理念的大国风范，并发布课前任务，引导学生树立交通学子共建"一带一路"的使命担当。

2. 课中：专业知识与思政元素互融

深入剖析工匠精神，自然融入专业知识。

1）追求突破、追求卓越的工匠品质

教学内容：主缆的受力和它在悬索桥中重要的作用。

教师引导学生思考"为什么恰纳卡莱大桥选择了悬索桥？"这一问题，并向学生介绍悬索桥结构体系不惧环境风险的特征，展现了勇于突破的精神。

学生通过该案例，学习到了主缆的受力和它在悬索桥中重要的作用，领悟了追求突破、追求卓越的工匠品质。

2）精益求精、追求极致的工匠品质

教学内容：主缆的材料和组成。

恰纳卡莱大桥主缆所用的高强度钢丝的首次应用是在 2019 年通车的武汉杨泗港长江大桥（简称"杨泗港大桥"）的建设中，它是中国人经过两年试验自主研发而成的。

结合此实例，学生学习到主缆的材料组成，领悟到精益求精、追求极致是中国制造前行、迈向世界的精神源泉。

3）追求革新、勇于创新的工匠品质

教学内容：主缆的施工。

主缆的架设方法有 AS 和 PPWS 两种，PPWS 法最常用。结合杨泗港大桥 PPWS 主缆施工方法中核心技术的创新，让学生掌握主缆的施工方法以及现在最新的技术创新，领悟追求革新的创新内蕴。

4）严谨敬业、专注坚持的工匠品质

教学内容：主缆的缠丝作业。

教师结合杨泗港大桥缠丝步骤，描述工人为了确保工程质量一丝不苟的作业流程，让学生学习缠丝作业的方法，明白敬业、专注的工匠精神。

3. 课后：第一课堂与第二课堂互通

树立职业理想，激扬工匠力量。

1）践行工匠精神，激扬工匠力量

教师在第二课堂开展"我是建桥小匠人"课后拓展活动。

结构建模社团的指导老师，即素质导师（以下均称为"素质导师"），带领学生开展 DIY 纸做悬索桥的活动，按照过程和成果判定是否给予第二课堂奖励和素质分，奖励和素质分可兑换学分，让学生动手践行和淬炼工匠精神。

2）强化工程伦理，提升职业素养

教师在第二课堂开展"我是桥梁科普员"志愿活动。

带领学生到杨泗港大桥，邀请企业专家讲大桥故事，强化工程伦理。

素质导师定期组织学生在杨泗港大桥开展公益宣传活动，可计入第二课堂的志愿时长，最大限度激发学生的职业精神和归属感。

二 案例解析

（一）设计思路与理念

本课程案例设计思路与理念（见图1）。

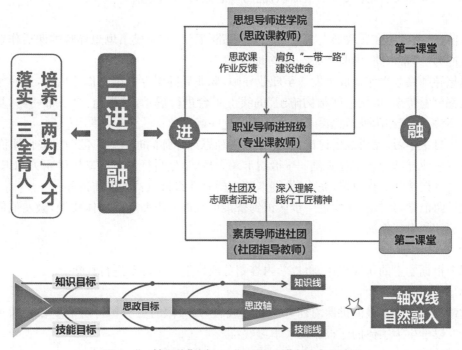

图1 "一轴双线"践初心，"三进一融"育匠人设计图

案例围绕培养"两为"人才，以武汉交通职业学院特色的"三进一融"大学生导师制，即思想导师进学院、职业导师进班级、素质导师进社团、第一课堂和第二课堂相融合的方式，实施工科学生思想政治和人文素养双培育，达到培育"两为"人才，落实"三全育人"的目的。

案例将思政目标、知识目标和能力目标三大目标对应一轴双线，自然融入，思政轴中的思政目标通过知识线和技能线上的知识点、技能点来体现。

课前通过学生在思政课上的"一带一路"的课后作业进行本次专业课案例的导入。

课中通过专业知识和思政元素的融合，学生掌握主缆受力及施工方法，具备解决主缆施工实际问题的能力的同时，肩负共建"一带一路"的时代使命担当，深入理解工匠精神的内涵，树立崇高的职业理想。

课后通过第二课堂和社团的联合,开展桥梁建模活动。教学团队从企业中聘请大国工匠,带领学生去杨泗港大桥参观学习,联合院青协,组织开展定期讲解的志愿活动,多维度、多形式提升思政教学效果。

教学团队通过多个途径对学生知识技能和思政能力作出判断。考核是以教师评价为主,结合学生互评、社会人员反馈,同时包含第一课堂成绩和第二课堂学分兑换的多方位考核。

(二) 设计与实施

本案例以学生思政课作业为切入点,采用以学生为中心、教师为主导的任务导入、案例驱动法教学方式,实施课前导学、课中教学、课后拓展的教学组织形式,通过工程案例将思政元素融入教学内容中。教学团队充分利用信息化,构建线上线下混合制教学模式,将第一课堂和第二课堂相结合,完成对学生知识、能力和思政目标的考核。

1. 课前导学

课前,学生已经在思政课上学习了"一带一路"倡议,并完成了思想导师的课后作业:"你的专业能为'一带一路'做些什么? 请举例"。

思想导师将学生作业成果发送至职业导师,职业导师保存并结合作业内容,选择举例中的桥梁部分上传至"桥梁上部结构施工"的线上平台进行展示,并提出:"'一带一路'基础建设步履不停,我国在国外新建设了哪些桥梁?"这一问题。

学生自主学习,完成线上讨论,职业导师将和思想导师同时对讨论区内容进行评价。

随后职业导师导入工程实例——恰纳卡莱大桥,学生自行预习此座桥梁相关知识,了解此桥的基本构造和工程概况,完成"恰纳卡莱大桥有什么特点?"的课前任务。

通过课前学习讨论,学生进一步认识到桥梁可推进人类命运共同体建设,激发他们共建"一带一路"的时代使命。

2. 课中教学

课中根据学生的认知规律,将教学内容划分成以下三个环节进行教学。

1) 任务汇报

邀请三名同学汇报演讲课前任务的完成成果,每人限时三分钟。由学生和教师一同完成打分。以学生为主体的汇报调动了学习气氛。

2) 重点剖析

理论讲解过程中,学生可随时对案例体现的工匠精神内涵发表感想和看法,发布弹幕至大屏幕。

(1) 教师用问题式教学法讲授主缆的受力和重要作用。针对"为什么恰纳卡莱大桥最后选择了悬索桥?"这一问题,学生自行讨论,并用手机发布弹幕至线上平台上,教师结合"词云"进行评价并给出答案。

教师结合恰纳卡莱大桥的特殊工程环境及世界第一跨径桥梁的特点,讲授主缆的受力和重要作用,让学生领悟追求突破、追求卓越的精神品质。

(2) 教师用相关实例的故事教学法讲授主缆材料和组成。2022 年通车的恰纳卡莱大桥使用的主缆高强度钢丝在中国的研发开始于 2019 年通车的杨泗港大桥建造时期。

教师通过中国花两年研制 1960 MPa 高强度钢丝的故事,讲授主缆的材料和组成。学生完成此知识点的学习,同时学习到精益求精、追求极致的工匠品格是中国制造前行、迈向世界的精神源泉。

(3)教师引入工程创新实例,讲授主缆的施工。教师讲授主缆的施工方法,并介绍杨泗港大桥 PPWS 的主缆施工方法中"双线往复式牵引系统和门架式拽拉工艺""索股预整形"等多项核心技术的创新,学生完成知识点的学习,同时领悟追求革新的工匠精神是世界科技进步的重要推动力量。

(4)教师引入工程操作实例,讲授主缆缠丝的施工。缠丝是指给主缆穿上"防护服",教师介绍杨泗港大桥主缆缠丝作业的步骤,描述操作工人为了确保工程质量一丝不苟、耐心严谨的作业流程,让学生学习缠丝作业的施工工艺的同时,明白严谨敬业、专注坚持的工匠品质。

3)课程测验

设置互动测验,活跃课堂气氛,检验学习效果。

3. 课后拓展

1)"我是建桥小匠人"

教学团队联合"结构建模"社团开展搭桥比拼活动,将学生分成 5 人一组,给每组分发相同数量的材料,规定跨度和时间,让学生制作一个悬索桥并测试承载力,职业导师和素质导师通过过程和结果对学生是否熟悉主缆构造施工、是否能践行工匠精神进行评价,学生进行小组内成员互评,得分前三组及小组评分最高个人可获得第二课堂学分。

寓教于乐的方式提高了学生的学习兴趣,学生完成了能力目标,也践行了课中部分所学习的工匠精神。

2)"我是桥梁科普员"

教师带领学生到杨泗港大桥,并邀请企业专家在大桥下讲授大桥故事,强化工程伦理。

教师带领学生定期到杨泗港大桥开展科普活动,通过问卷形式结合社会人员对学生的反馈进行评价,可计入志愿时长,激发学生的职业归属感,展现职业精神。

(三) 实效与经验

教学团队对"桥梁上部结构施工"专业课课程思政教育案例的实施情况开展了调查研究,结果表明,课程思政的实施极大地提高了学生学习的积极性、主动性和学习乐趣,教学的三大目标得以完成,取得了理想的教学效果。

对比实施课程思政教育之前,学生在思政课和专业课的第一课堂中的表现均有较大的进步,教师的课堂教学积极性明显提升。

学生在第二课堂中的课后拓展的两个环节中的积极性非常高。"我是建桥小匠人"的拓展活动中,学生相互合作,科学严谨,一丝不苟,利用有限的材料不断创新,追求极致,在实践中践行工匠精神。学生在 2019 年获全国大学生结构设计竞赛一等奖,在 2021 年在湖北省大学生结构设计竞赛中获得两个一等奖和一个二等奖,在 2022 年获得一个一等奖和两个二等奖。

"我是桥梁科普员"的志愿服务中,学生坚定了对专业的认同感,坚定了理想信念。同时科普活动唤起了更多人的爱国情怀和投身国家建设的职业使命感,社会反响非常好。

本案例依据具有校本特色的"三进一融"培养模式,连接好思政课和专业课、第一课堂与第二课堂,同时将思想政治教育与专业学习自然融入,整合校内与校外资源,协同应用好各元素资源,让课程思政既有感性认知又有实践体会,培养"两为"人才,落实"三全育人"。

三 案例反思

(一)创新之处

1. 创新和特色

1)"三进一融"育人模式下的课程思政

案例做到了思想导师和职业导师的联合培养,将思政学习成果具化到专业领域,激发了交通专业学子的时代使命担当,提升了学生对专业知识的学习兴趣。

课前和课中环节属于第一课堂,是对思政的认知,引导学生深入理解桥梁在"一带一路"和人类命运共同体建设中的作用,树立时代使命,掌握工匠精神的内涵。课后拓展为第二课堂的活动,职业导师联合素质导师共同带领学生完成"我是建桥小匠人"和"我是桥梁科普员"的活动,让学生践行工匠精神,展现职业精神。教学团队通过认知和实践相结合的课程思政教育模式全面完成了思政目标。

2)课程思政下的多元化的评价考核体系

本案例的考核方式见图2,考核分为课前、课中和课后三个环节,每个环节又分为"思政"和"专业"两个层面,同时以教师为主导,结合学生互评、社会人员反馈等多方维度进行考核评价,案例考核包含第一课堂的课堂成绩和第二课堂学分,达到全方位的考核目的。

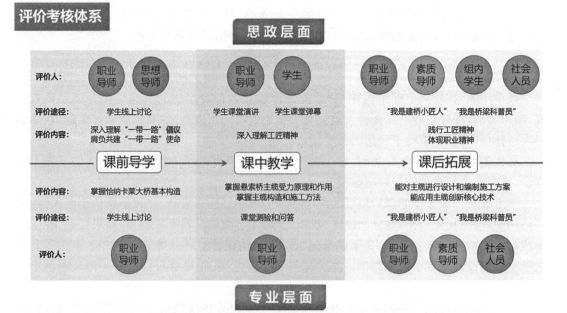

图2 评价考核体系图

2. 教学反思

目前职业导师和思想导师的互联作用主要体现在备课和课前导学阶段,融合方式可进一步丰富。

(二)下一步改进措施

教学团队将深入挖掘职业导师和思想导师相互间的赋能作用,进一步探寻思政课程与课程思政协同育人的着力点,将"课程思政"和"思专融合"通过课堂革命等方式落脚于教学,培养具有家国情怀、劳模品质、军人作风、鲁班技能的德智体美劳全面发展的高素质技术技能型人才。

何舒婷　芶　洁(武汉交通职业学院)

精诚协作　共赢未来

——"供应链管理"课程思政案例

一　案例综述

（一）课程介绍

"供应链管理"是高职物流专业群的一门专业基础课程（见图1）。前导课程包括"仓储作业管理""配送作业实务""采购与供应管理"，后继课程包括"物流系统规划""物流园区规划管理"等。它是一门研究从原料供应商、生产制造商、分销商直到零售商的整个供应链的运作及管理的专业基础课，它涉及供应链管理基础问题、供应链战略管理及运作管理三个层次的方法和技术，强调"信任、合作、共赢和大局意识"。

课程主要培养目标包括以下两个方面。

（1）形成系统的供应链管理思想。通过本课程的学习，学生可以掌握供应链管理的基本框架和基本理论，具备供应链管理的基本知识和基本方法与手段，领会供应链战略合作的思想和意义，形成系统的供应链管理思想。

（2）具备从事供应链管理的素质与技能。引导学生树立人类命运共同体意识，提高学生的思维能力、实际操作能力以及分析问题和解决问题的能力；借助供应链的运作模式，实现最低成本、最大化效率的管理工作，从而快速响应客户需求；引导学生建立正确的思维模式，具有协作精神和团队意识，为学生走上工作岗位后的个人发展增添持久的动力。

最终，教学过程形成"认知供应链—构建供应链—运作供应链—评价供应链"的工作主线，让学生清晰地认识学习的任务是什么，学习的目标是什么，学习的成果是什么，让学生能学有所成，学以致用。

（二）案例概况

"供应链管理"课程思政建设，着眼于学生的全面发展，教学团队结合长期教学经验、课程特点和思政契合点，重构课程内容，构建专业技能线、思政素养线、理念方法线和教学方式、学习方法创新的"三线两创新"课程体系。

1. 专业技能线——分要点进行"课程思政"任务设计

本案例选自学习情境三"供应链合作伙伴选择"中的任务一"供应链合作伙伴选择认知"。教学团队通过对企业供应链管理工作岗位的调研，选取胜任岗位所必需的知识点与技

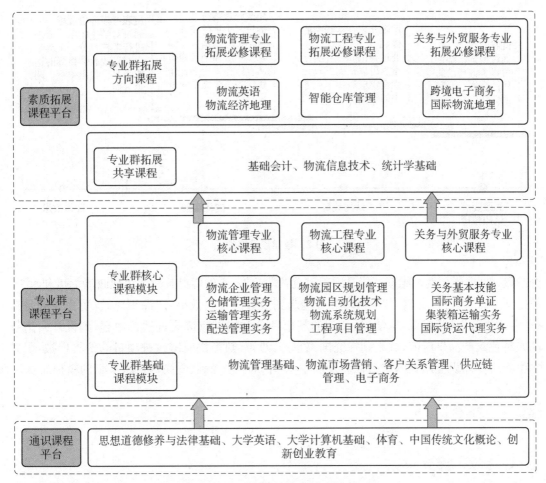

图1 物流类专业群"平台＋模式"课程体系

能点作为教学内容。我们选取了云南白药集团股份有限公司、云南省烟草公司昆明市公司、顺丰速运有限公司、京东集团股份有限公司等知名企业,并针对相关岗位及职责进行调研,整理、提取主要工作岗位和关键工作任务;再利用具体的项目调研活动培养学生思政素养,同时抓住学生注重考核结果的心理特点,提供学生任务成果展示平台,并将任务成果完成情况纳入课程考核体系;并将物流管理"1＋X"证书的要求融入课程学习内容,其中实践教学内容和理论教学内容比例为1:1,侧重学习过程评价以提高学生职业素养。

2. 思政素养线——分层次进行"课程思政"内化融合

认知教育层:让学生意识到团队合作与我们的工作、生活息息相关。认同教育层:让学生认同"合作共赢"在供应链实际业务中的重要性,根植"团队合作"意识。内化实践层:通过学校、云南省、国家三个层面的实训,提升学生对爱国主义情怀、人类命运共同体理论政策的理解能力和相关供应链合作伙伴关系的设计能力,让学生能够在供应链运营工作中构建并实施有深度,符合省情、国情、国际形势的供应链合作关系。评价改进层:利用评价量表,让学生分析知识、技能、素养等方面是否达成教学目标,找出差距,调整方向。具体设计路线见图2。

3. 理念方法线——分阶段进行"课程思政"教学创新

在混合式教学模式下,"课程思政"教学设计覆盖线上、线下两个场景,课前、课中、课后三

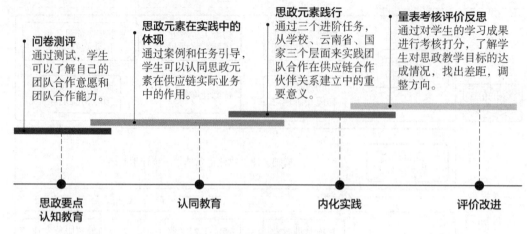

图2　教学设计路线

个阶段,教师、学生两个维度。提升课程思政教学效果,首先要提升教师思想政治觉悟和水平,教师课上课下"言传身教""以身作则"方能起到最好的育人效果。"课程思政"更重要的是践行"课程思政"教学成果,从学校、社区的超市和食堂的供应链改进项目做起,到设计云南省高原特色农产品供应链,最终到探究国家重点、难点、热点供应链改进项目的仿真模拟,引导学生把所学知识应用到国家与社会发展中来,培养学生爱国、爱岗、敬业、奉献的精神品质。

二　案例解析

(一) 设计思路与理念

"供应链管理"是高职物流管理专业的一门专业核心课程,旨在培养学生的全局意识和合作精神,提高学生的职业道德水平和业务素养。教学团队主要从以下几个方面进行设计。

1. "三位一体"思政元素纳入

教学团队深入挖掘课程中的理论知识,充分发挥"供应链管理"课程的"价值引领、知识传授、能力培养"作用,引导学生将知识、技能应用于云南当地产业发展,在实践活动中培养和锻炼学生的思政素养。

2. "四环贯穿"思政元素融入

教学团队采用多种形式,让思政元素融入课前研讨、课堂共学、企业调研、作业展示四个环节,利用体验式教学增强学生对思政元素的感悟;实施课程思政"四环贯穿"的教学过程,实现价值观念和思想内容渗透教学全过程。

3. "五面联动"思政元素嵌入

教学团队加强课程建设,进行专业课程改革,从教学大纲修订、教案课件编写、教学模式改革、实训实操、课程多元评价五个方面联动嵌入思政元素,形成课程思政"五面联动"的教学体系,实现教学效果的全面提升。

4. "六维覆盖"思政元素深入

教学团队创新教学内容,将其与思政元素巧妙结合,覆盖专业、行业、国家、国际、文化、历史六个维度知识,让思政元素深度融入教学内容,实现理论融入案例,用案例解析道理,以道理赢得认同。

(二) 设计与实施

教学具体实施过程见表1。

表1　教学实施过程

课前自主学习:任务布置与初步思考				
教学环节	教学内容	教师活动	学生活动	设计意图
发布任务	1. 发布"一点就到家,云南咖啡宣传片"视频,引导学生讨论云南还有哪些特色农产品。 2. 发布"华为的供应商选择与评估"案例。 3. 发布调研任务:调研校内超市、食堂供应链合作伙伴关系现状。 4. 发布在线测试	1. 制作并发布任务单; 2. 制作并发布课后习题; 3. 线上指导; 4. 分析测评数据	1. 接受任务单,小组讨论完成任务,上传平台; 2. 完成课后习题	选择国有企业的案例,引导学生树立国家自豪感和国家认同感;培养学生自主探究、小组合作的学习习惯
自主学习	1. 让学生登录教学平台,回顾知识,明确学习目标,观看预习视频和文章并完成调研任务; 2. 让学生回顾供应链设计要点及工作流程,初步了解云南产业现状和人类命运共同体理念	1. 小组学习; 2. 完成调研任务		
课中共学:实操练习与优化				
教学环节	教学内容	教师活动	学生活动	设计意图
引入(约10分钟):激发兴趣、导入课程	利用易木指尖游戏"加油站游戏"让学生体验合作的重要性	1. 指导学生开展游戏; 2. 评价游戏结果	1. 积极参与游戏; 2. 分享游戏中的收获	通过游戏互动,激发学生对合作和共赢的兴趣
明确目标(约10分钟):解析任务、明确目标	观看课前任务统计数据,分析重点难点,明确本节课需要重点解决的问题。 1. 公布课前习题数据并做分析; 2. 解读本节课的案例细节,引出本节课要核心解决的问题	1. 公布课前数据,说明课前任务总体完成情况; 2. 剖析错题、难题; 3. 解析课前任务单,明确本次课程目标	1. 理解错题; 2. 明确重难点和学习内容	确认学生已经理解错题,掌握供应链合作伙伴关系确定的重要性、科学性和文化内涵

教学环节	教学内容	教师活动	学生活动	设计意图
案例描述（约10分钟）：探析情况、分析策略	在学生对华为供应商选择案例有初步了解的基础上，以此案例载体整合供应链合作伙伴选择的知识，引起学生的学习兴趣，引导学生思考：①华为的供应商认证发挥了什么作用？②华为是如何进行供应商选择的？③华为的供应商绩效评估有何特点？对我们有何启发？	1. 请同学们头脑风暴案例中的关键词； 2. 解析并点评关键词	1. 头脑风暴关键词； 2. 理解案例中合作关系的内容	激发学生学习兴趣，融入劳动精神、产品升级、国内循环、协同发展等因素，拓宽学生思考维度
内容精讲（约15分钟）：融入主题、合作伙伴关系建立	根据学生线上自主学习的情况，选择重点难点内容进行精讲，讲解历史上合纵连横的故事，帮助学生理解案例中的供应链管理知识和核心技能、方法，为学生独立完成案例研讨提供必要的指引，对案例进行必要的提示或解析，激发学生学习热情	1. 示范、讲解供应链合作伙伴关系建立的方法； 2. 通过职教云布置任务：小组绘制校园超市、食堂供应链关系图	1. 聆听讲解； 2. 小组合作绘制关系图； 3. 上传图片	通过教师示范、练习、头脑风暴，学生快速掌握知识点，并通过小组合作初步形成集体意识
方案设计研讨（约15分钟）：深度解读、内化于心	学生以小组合作的方式，借助线上资源以及线下教师对内容的讲解，共同进行校园超市、食堂供应链合作伙伴关系建立的分析与研讨并进行展示	教师在学生实施任务的过程中，解难答疑	1. 参与分析； 2. 聆听讲解； 3. 完成初步设计	帮助学生深度领会相关合作理念、选择标准的内涵，有助于学生将相关元素与供应链网络构建相结合，设计出更符合新时代社会发展要求的合作关系
方案改进（约15分钟）：提升改进，融入思政精神	通过小组展示，找出彼此差距，教师强调技能点和思政元素，强调大局意识与合作共赢	1. 点评小组设计； 2. 指出改进方向； 3. 强调思政要求	1. 聆听讲解； 2. 彼此学习； 3. 改进方案	通过相互学习，查缺补漏，再一次明确合作伙伴关系的建立不仅需要技术，还需要眼界和格局

（续表）

教学环节	教学内容	教师活动	学生活动	设计意图
总结（5分钟）：全面梳理、布置作业	根据课堂表现以及讨论的结论，一方面要求学生进行自我评估，总结经验教训，实现自主能力的培养；另一方面教师对学习小组和学生个人完成任务的情况进行评估，总结归纳，解难答疑，提供补充性讲授和指导，同时为下一任务的学习打下基础	1. 用思维导图总结归纳本堂课的主要内容和重难点； 2. 点评各组的亮点与需要改进的地方； 3. 布置课后作业	1. 各组简要阐述合作伙伴关系修改思路； 2. 聆听总结，记录课后作业	提升学生反思总结能力、思维能力

课后拓展：巩固拓展再升华				
教学环节	教学内容	教师活动	学生活动	设计意图
知识巩固	1. 让学生根据课堂内容完成校园食堂和超市合作伙伴关系的优化； 2. 让学生寻找云南省内某种农产品，模拟为其构建合适的供应链并选择合适的企业建立合作伙伴关系	1. 批阅作业； 2. 组织学生完成组内评价和自评	1. 完成校内食堂超市供应链合作伙伴关系的优化； 2. 完成省内农产品供应链构建方案	再次学习供应链合作伙伴关系建立的方法和步骤，巩固知识，坚定爱国主义信念
延伸拓展	1. 让学生思考全球新冠疫苗供应链合作伙伴关系构建问题； 2. 让学生搜索其他地区农产品供应链构建优秀案例	1. 推荐书单； 2. 分享案例	1. 阅读书籍； 2. 上传读书笔记； 3. 完成拓展任务	

（三）实效与经验

　　本教学过程贯穿了线上、线下和课前、课中、课后，有丰富的教学活动和学习资源，融合了云南当地产业、社会热点事件、全球经济发展等内容，将知识和技能与各类体验活动融合，达到润物无声的思政育人效果。首先，利用课前的问卷，引起学生对合作精神的初步了解；其次利用课上游戏活动"加油站游戏"和"信任的进化"，让学生对合作共赢有初步感受；再次，介绍供应链上合作伙伴选择的方法和策略，培养学生的合作技能；最后，课后以团队形式调研校园供应链、云南农产品供应链、疫情下口罩/疫苗供应链到跨国企业供应链，内化学生的合作意识，提升合作能力，培养爱国情怀。

　　从教学评价的数据上看，学生从最开始发现自己团队合作意识不强，到意识到合作精神的重要性,再到最后开始学会如何进行团队合作以及团队成员的选择与评估,我们切实将知识、技能与学生自身能力、素养、品质的提升深度联系起来,让学生学有所得、学有所感、学有所悟、学有所用。

从长远影响上看,经过本案例教学后,学生明显提升了团队合作的意识与能力。更重要的是,因为活动中设计了云南本土的农产品供应链,让同学们更了解家乡的发展和困境,开始思考自己能为家乡做些什么,有了更强的责任感和使命感;设计的疫情下有关供应链案例也让学生意识到我们所学的知识也在影响着我们的生活,增强了学生对专业和岗位的认同感。

三 案例反思

(一) 创新之处

本案例采用"六维覆盖"的模式,创新教学内容,通过专业(合作共赢的实训游戏)、行业(华为的供应商选择)、国家(疫情下口罩的供应链)、国际(跨国企业的供应链构建)、文化(增强"四个自信")、历史(合纵连横的故事)六个维度,让思政元素深入教学内容,通过调研活动,让学生切实体会合作的重要性,了解合作的方式,利用评价量表学会对成员的评价分析。设置环环相扣的活动,引导学生思考供应链相关岗位的责任、担当和使命,激发学生对供应链从业者的敬意,对供应链管理课程的学习热情,帮助学生树立起正确的理想信念以及价值观、人生观。

另外,通过校级、省级、国家、国际四个层次的调研活动,学生从改进身边的供应链做起,最终思考国家甚至国际层面供应链的构建等内容。随着供应链跨度的增加,要求更高,让学生更明确认识到只有将竞争、博弈变为合作,才能实现共赢。

最后,我们通过问题式嵌入、讲解式嵌入、阅读式嵌入、角色式嵌入、案例式嵌入和社会实践式这六种嵌入方式将思政元素嵌入课程知识体系,以实现立德树人的目标,对学生进行职业素养、创新精神、爱国主义、爱岗敬业等方面的道德教育,达到润物无声的课程思政实效。

(二) 下一步改进措施

1. 解决校企共建问题,打造产教融合平台

"供应链管理"课程作为一名理论性强、实践性弱的课程,需要先进行理实一体化改革,更重要的是加入企业实际项目的模拟仿真,用企业标准要求学生,让学生用学校所学反哺社会。

2. 加强双师队伍建设,打造创新教学团队

课程思政建设的优化离不开教师能力、素养的提升,"行为世范"才能达到更好的育人效果,在后续教学中除了有校内专业教师,更需要具有企业实际工作经验和具有"大国工匠"精神的劳模、感动中国人物等先进人物进课堂,亲身讲述自己的思想和经历,直接地给学生传递思政素养对自己、对社会、对国家发展的重要性。

周　雯(云南交通职业技术学院)

矢志不渝练技能　匠心筑梦终报国
——"轨道交通车辆电气控制"课程思政案例

一　案例综述

（一）课程介绍

"轨道交通车辆电气控制"是浙江省十三五特色专业——城市轨道车辆应用技术专业的专业核心课程、浙江省精品在线开放课程、国家课程思政示范课程。其依托学校服务交通强国建设的综合交通办学定位，围绕轨道交通行业发展新业态，以培养新时代智慧城轨技术专业高素质技术技能人才为目标实施教学。

本课程在专业课程体系中发挥着关键作用，先修课程为"电气控制技术"，后继课程为"轨道交通车辆电气检修"，授课对象为城市轨道车辆应用技术专业大二学生。课程对接国家专业教学标准及职业技能等级标准，结合人才培养方案和课程标准，围绕车辆检修工与列车驾驶岗位需求，放眼国际，挖掘并提炼专业知识、能力体系中蕴含的思想价值和精神内涵，聚焦科技报国、工匠精神、劳模精神、爱岗敬业、责任意识等方面优化课程思政内容，将价值塑造、知识传授和能力培养融为一体。课程思政总体目标为"矢志不渝练技能，匠心筑梦终报国"，具体包含：以社会主义核心价值观为引领，传承工匠和劳模精神；以德为先、能力为重，将家国情、强国志、报国行内化于心。围绕这一思政目标，确定课程的教学目标为在"地铁车辆传动系统、牵引制动系统、辅助供电系统"等五大模块专业知识传授过程中，在"会识读车辆电气原理图、能分析车辆电气原理、会诊排车辆电气故障"等能力培养中，培育和践行社会主义核心价值观，培养学生爱岗敬业、精益求精的工匠精神，激发其科技报国的家国情怀和使命担当。教学中，组建了一支由专业教师、企业导师和思政教师组成的专业互补、优势叠加的结构化教学团队。团队成员以德立身、以德立学、以德施教，将显性教育与隐性教育相结合，以期有效达到润物细无声的思政育人效果。

（二）案例概况

1. 对接车辆检修工等工作过程，优化课程思政内容供给

教学团队深入地铁企业开展岗位最新需求调研，获取地铁智能维保及均衡修制度优化等新技术、新规范对岗位能力提出的新要求，基于城市轨道交通车辆检修工及驾驶员岗位工作过程，对接职业技能标准等，将专业内容序化为"地铁车辆电气系统识图""车辆传动系统

控制""牵引制动系统控制""辅助供电系统控制""车辆网络系统控制"等五大模块,与所提炼的"科技报国""工匠精神""劳模精神""爱岗敬业""责任意识"五大课程思政内容相交融。以"矢志不渝练技能,匠心筑梦终报国"为课程思政引领,遵循高职学生的认知规律,以典型工作任务为载体,设计"系统认知—原理学习—诊排训练—应用提升"的教学过程,实现专业内容与思政内容的相互渗透。

2. 打造德技双馨教学团队,探索"双线联动、内外驱动、虚实融动"的课程思政建设模式

案例以支部建设统领全局、以专业发展凝聚人心,两者同频共振。课程聘请浙江省思想政治理论课名师王晓漪教授为思政指导老师,杭州地铁客运二公司车辆保障部副部长、高级工程师郭正海为企业导师,组建了一支专业互补、优势叠加的结构化教学团队,并探索"双线联动、内外驱动、虚实融动"的课程思政建设模式,形成全员、全程、全方位育人大格局。线上提前构建基础知识体系,线下内化专业知识;以课程思政与专业教学有机融合的课堂教学为内部"战场",以课外技能训练和各级技能竞赛为外部渠道,课内外结合,检验效果并总结反思;立足虚拟与实体相结合的专业教学资源和思政案例资源,将看不到、摸不着的价值信念润物细无声地融入专业技能培养过程中,从而提升学生的思政认同感和职业素养,实现思政教育的入心、入脑、入行。

3. 构建"三入四式"课堂思政范式,改进课程思政教学方法

教学团队聚焦课程育人、实践育人和文化育人,构建"三入四式"线上线下混合式范式,有效提升思政目标的达成度。时空层面上,依托线上学习空间与线下课堂教学生态,从课前导入、课中融入、课后润入三个维度进行思政融入;融合方式上,采用系列主题式、专题讨论式、习惯养成式、画龙点睛式四种润入方式,将"爱国情、强国志、报国行"内化于心、外化于行。本课程思政主要切入点见图1。

4. 基于专业特色与课程特点,挖掘思政教育资源

教学团队紧跟城轨行业发展新业态挖掘人才新需求,剖析车辆检修工和驾驶岗位职业素养,提炼课程思政育人元素,整合行业发展动态、企业真实案例、系列主题视频、思政讨论专题、实训标准规范,形成立体化的思政资源库。借助沉淀多年的省精品在线开放课程资源,搭建线上思政案例库,依托校企共建的轨道交通国家级生产性实训基地,统筹整合思政教育资源与专业教学资源,如图2所示。

5. 设计全过程五维评价模型,健全课程思政育人评价机制

教学团队从"结果评价、过程评价、增值评价、综合评价"四个方面设计融云评(教学平台评)、师评(教师点评)、生评(生生互评)、机评(实训系统评)、企评(企业导师评)为一体的全过程五维评价模型,如企评侧重标准意识、爱岗敬业和安全意识的融入等。同时,建设"四结合"评价机制,结果与过程、主观与客观相结合,实现思政评价与课程知识、能力评价的同步(见图3)。

二 案例解析

(一) 设计思路与理念

地铁车辆牵引制动系统(模块三)是本课程最核心的部分,教学团队依岗位业务模型,按列车启动、牵引、制动的过程将其设计为8个典型工作任务。本案例解析内容选自该模块任

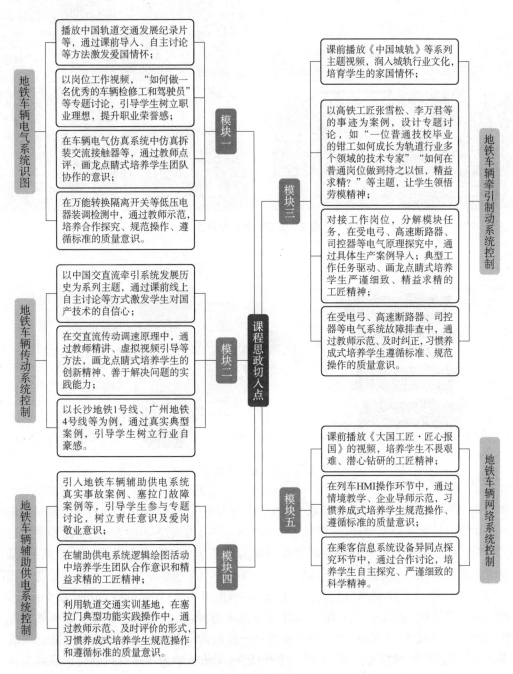

图 1　课程思政主要切入点

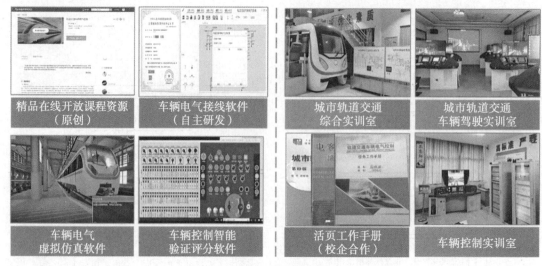

图2 课程主要教学资源

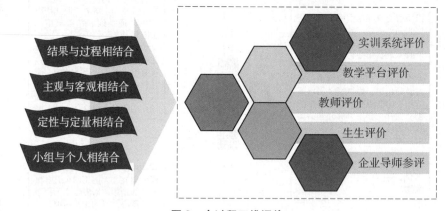

图3 全过程五维评价

务3"受电弓电气系统控制及故障诊断"。教学内容为通过学习受电弓结构,学生理解受电弓"升弓"和"降弓"电气控制原理,掌握接触网的 1500 V 电力线经受电弓与列车高压系统进行"通"和"断"控制原理。本案例的课程思政目标为培养学生精益求精的大国工匠精神、爱岗敬业的职业品格、遵循标准的责任意识,以及正确解决问题的科学思维。为提升思政润物细无声的育人效果,本案例秉承"以生为本、以德为先,能力为重"的设计理念,从"探学中导入""做学中融入""拓学中润入"三个维度设计思政融入路径,实践了"三入四式"课程思政融入方法,课堂教学核心环节采用"引案例—析原理—排故障—评技能"四步构成的渐进式教学策略,以系列纪录片、典型企业案例、具体工作任务、团队活动为载体有机融合形成课堂德育生态,以实现专业知识与思政育人的相互渗透。

(二)设计与实施

1. 课前探学寻新知,系列主题育情怀

教师课前利用慕课平台引导学生自主预习受电弓相关结构知识的同时,让学生完成微课配套的闯关测验,获取新知识;并以系列主题方式引入《人物故事——高铁工匠张雪松》,并引导学生在线上论坛讨论:一位普通技校毕业的钳工如何成长为轨道行业多个领域的技术专家? 在讨论中学生无形中理解了磨炼匠技的工匠精神是怎样一种精神。

2. 课中做学练技能,匠心匠技担使命

引案例。引入企业提供的真实案例创设情境,教师组织学生观看让人震撼的事故视频,引导学生自主思考作为一名车辆检修工严谨的工作态度以及检修的规范性对列车正常运行的重要性,从而激发学生爱岗敬业的职业品格。

析原理。该部分对学生的逻辑思维能力要求较高,是教学的难点。教师深入浅出地讲授受电弓升弓与降弓之间的逻辑关系,时刻引导学生正确读电气原理图的方法——"从上往下、从左往右";同时教师总结排故要点,即一看现象、二审原理、三排故障、四查功能,让学生自主探究完成升降弓逻辑电路的虚拟故障查找并在车辆控制智能验证平台上实施功能验证判断的正确性,培养学生正确解决问题的能力,攻克难点达到"能分析"原理的技能目标。

排故障。该部分是本次教学的重点,学生根据上一节课所掌握的知识,在车辆控制实训平台上利用教师设计的五步排查法进行二极管反接,元器件使用错误等受电弓控制电路中的故障定位、诊断、排查。通过受电弓电气控制线路故障诊断排查活动,在作业标准、穿戴劳保用品、记录规范、物品摆放有序等方面让学生懂得工匠精神的重要性,让学生规范完成好每一道工序,认识每一次检修是对乘客生命的负责。

在评技能环节中,通过生生互评的形式再次回顾本次课所涉及的知识和技能要点,画龙点睛式融入身边的工匠故事。如浙江工匠胡芳铁,每天在修理不同的地铁车站电气设备中度过,在解决问题中总结规律,敢于挑战进口技术,创新多项维修技术,填补了行业空白。他经常用"即使只有 0.01% 的希望,也一定要去尝试"的话语鼓励周围的同事。由此培养学生善于总结、善于运用正确方法解决问题的科学思维。

3. 课后拓学提素质,职业自信助报国

课后教师在线上平台发布调研受电弓智能运维技术的拓展任务,以此激发学生对行业新技术的好奇心以及对未来职业发展的憧憬。为激发学生的内生动力,依托轨道交通社团及课程兴趣小组,利用课外环节开放车辆控制实训室,组织受电弓操作技能训练、技能比赛,以达到思政育人的全程化、全方位化。

(三) 实效与经验

1. 育人与育才实效增强,思政改革成效显著

自实施课程思政教改以来,课堂面貌焕然一新,学生的知识技能目标达成度显著提升,遵循标准的质量与责任意识明显提高,充满职业自信心,教学参与度有效提高。学生中,近60 人次通过课程学习获得轨道交通车辆控制技术国家一等奖 1 次、省级一等奖 2 次,轨道交通信号设计大赛国家三等奖 2 次、省级一等奖 4 次等。潜移默化中锤炼了学生的心志,涵养其品行,受到校内外同行认可。

2. 集体教研氛围浓厚,教学团队思政意识提高

教学团队通过线上线下多种方式参加课程思政学习培训,提高了对课程思政建设重要性的认识。开展课程思政教研制度,形成浓厚的课程思政教研氛围。团队参加教师教学能力大赛,获国家三等奖 1 项、浙江省一等奖 1 项、浙江省二等奖 1 项;立项省级课程思政研究

项目2项,获浙江省课程思政优秀教学案例高职组一等奖,团队成员被评选为2021年国家课程思政教学名师,团队获评为国家课程思政教学团队。

3. 课程示范辐射面广,社会企业高度认可

该课程资源服务企业,辐射全社会。近5年校内受益学生超千人,社会学习者近两万人,共享院校30余所。毕业生专业技能与职业素养获得企业的认可,傅凯波、屠高寅等多人获地铁企业最佳员工、优秀员工等荣誉称号。同时,华东交通大学、山东职业学院、新疆交通职业技术学院等多个院校应用本课程资源,并对本课程给予充分认可。课程建设经验多次在全国交通运输类课程思政备课会中分享,与会人数4 000余人;建设成果相继被《中国教育报》《中国交通报》《中国高职高专网》报道,线上平台评价显示课程受到企业、社会的高度认可。

三 案例反思

(一)创新之处

1. 创新"双线联动、内外驱动、虚实融动"课程教学模式,落实德技并修

教学团队利用教学平台线上开展主题讨论等,线下课堂教师示教,实操训练内化专业知识,互相联动强化知识达标;课内以课堂教学为战场,课外以社团活动和各级技能竞赛为外部渠道,注重技能训练与创新能力培养;利用实体操练系统训练技能要点,突破教学重难点,有效达成教学目标,提升育人育才质量。课程团队所提出的"双线联动、内外驱动、虚实融动"教学模式,实践效果明显,对相关专业课程具有借鉴意义和推广价值。

2. 构建"三入四式"课程思政融入范式,塑造价值信念

教学团队基于专业培养目标及本课程的特点,紧跟城轨行业发展新业态、新技术,挖掘行业对人才的新需求,剖析车辆检修工及驾驶岗位职业素养,提炼课程思政育人元素,整合行业发展动态、企业真实案例、系列主题视频、思政讨论专题、实训标准规范,形成多元化、立体化的思政资源库。本课程探索并实践了"三入四式"课程思政融入范式,与渐进式分组教学策略相结合,将专业知识与育人元素深度融合,将价值信念做到落深、落细、落实,具有一定的特色。

(二)下一步改进措施

教学团队将继续深化城轨行业产教融合,搭好校企合作通道,通过校企共研新成果、教师进入企业实践锻炼、聘请技术专家深度参与育人工作等赋能课堂教学。

教学团队将继续完善专业与思政教研制度,通过头脑风暴等方式创新教学方式,提升双育融合水平,探索更有效的教学评价方法。

付 杰 张 涛 白继平 金初云 王晓漪(浙江交通职业技术学院)
郭正海(杭州地铁客运二公司车辆保障部)

四维一体 双线融合

——"应用高等数学"课程思政案例

一 案例综述

（一）课程介绍

"应用高等数学"作为高职院校的一门重要公共基础课，不仅为学生的专业学习打基础，而且在培养学生逻辑思维能力、解决实际问题能力和综合职业素养方面有着重要作用，在高职人才培养课程体系中起着重要作用。先修课程为"初等数学"，后继课程为"线性代数""概率统计"。

本课程面向大一新生，课程的知识能力目标是使学生能够获得交通类各专业课程所需的、适应未来工作及进一步发展所必需的重要的数学知识，以及基本的数学思想方法和用数学软件来求解数学问题的技能；使学生学会用数学的思维方式去观察、分析现实社会，去解决学习、生活、工作中遇到的实际问题；使学生具有一定的创新精神和提出问题、分析问题、解决问题的能力。课程的思政目标是运用课程蕴涵的科学精神、哲学思想等丰富的思政元素，培养学生探索未知、追求真理的责任感和使命感。课程通过"自主学习、合作学习、拓展学习、体验学习"四维一体的设置，让学生爱数学、用数学，实现"数学实践能力＋数学人文素质"双线融合，提高学生综合素质，提升学生职业可持续发展能力。

本课程以国家课程思政示范项目为依托，强化课程示范引领，纵深推进高职数学课程思政建设，推动价值塑造、知识传授、能力培养深度融合，培养求真务实、自信自强、守正创新的新时代合格交通人，助推学校立德树人和专业人才培养质量的不断提升。

（二）案例概况

"应用高等数学"课程坚持数学学科特点，体现数学课程育人功能的法则和标准，注重知识性与价值性相统一、科学性与人文性相统一、数学思维与育人目标相统一。适时适度，以驱动学生成长和成才需求为目的，四维一体，双线融合，综合运用第一课堂与第二课堂，强化学生数学应用能力、数学人文素养、职业素质等综合素质的培养。

1. 融入思政元素，完善课程教学内容体系

"应用高等数学"的教学模块主要有"函数、极限、连续""导数和微分""导数的应用""不

定积分""定积分"五大模块。教学团队在各模块中提炼高等数学中蕴含的文化基因和价值元素,将其转化为社会主义核心价值观的有效教学载体,完善融入思政元素的教学内容体系。

本课程涉及的思政元素主要有以下五个方面。

(1) 爱国情怀。我国数学学科的发展、数学应用和数学文化,深含民族精神、文化自信等爱国情怀方面的思政元素。

(2) 科学精神。高等数学中蕴涵着严谨理性、求实求真、创新超越的科学精神,体现在命题、定理、公式等中。

(3) 哲学思想。数学与哲学均产生于人类生产实践活动,高等数学中有很多哲学思政元素。

(4) 意志品格。高等数学的发展史,富含数学家勇于探索、锲而不舍等意志品格方面的思政元素。

(5) 数学美。从古代到现代,比例美、符号美、抽象美、对称美等丰富、精美的数学内容展现出数学中的美(见图1)。

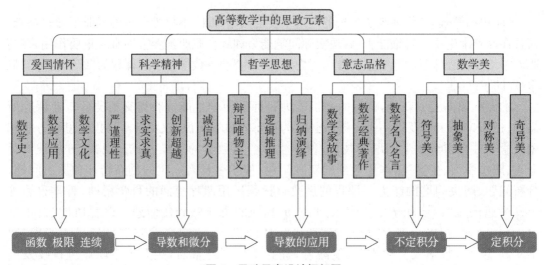

图 1 思政元素设计框架图

2. 四维一体,构建课程思政教学模式

教学团队建立融入课程思政的浙江省精品在线开放课程"应用高等数学"(高职高专公共课),全国有 230 多所院校使用。建立课程公众号,升级改建数学建模实验室。线上线下"四维一体",即基于在线课程的线上自主学习、基于翻转课堂的线下合作学习、基于课程公众号的线上拓展学习和基于实践项目的线下体验学习。课前学生线上自主学习,了解学习内容的时代背景,教师提出与专业或生活相关的实际问题请学生思考;课中翻转课堂线下合作学习,围绕课前实际问题深化教学,进行知识整合和技能训练;课后利用课程公众号或在线课程平台进行知识点的延伸拓展阅读,小组协同完成实践项目。"自主学习、合作学习、拓展学习、体验学习",多维度、多载体,形成立体化、全方位、全互动的学习环境,让学习随时随地发生。"一体"是指课程最终目标指向"立德树人"(见图2)。

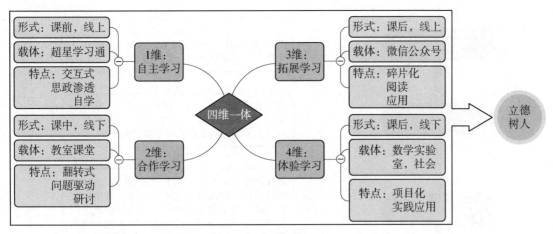

图2　课程思政教学模式

3. 双线融合,提升课程思政育人成效

教学团队建立"数学实践能力＋数学人文素质"双线融合育人机制。围绕各专业人才培养目标,结合各专业实际,建立融入职业素质的"数学实践项目库",编写《数学课程思政案例集》,使实践教学项目化、课程思政案例化。通过组建数学主题的三下乡团队、社区服务团队,实现数学教学职业渗透、数据渗透、活动渗透,升华数学人文价值,加强职业素质教育,提升数学育人功能和成效,使学生爱数学、用数学。

二　案例解析

(一) 设计思路与理念

1. 设计思路
案例"导数的概念",设计思路见图3。

2. 设计理念
导数是微积分的核心概念,是利用微积分解决实际问题的基本工具。许多事物,从指数的涨跌到婴儿的出生率,以及气体分子的扩散率、电流强度等,无不可以用导数来描述,所以导数的应用贯穿于整个科学领域之中。

本次教学内容为高等数学第二章第一节的内容,教学对象是全日制高职一年级"铁道工程技术"专业的学生。本次课主要继续使用极限的方法,四维一体、双线融合,探究函数的因变量相对于自变量变化的快慢程度问题。

首先由高铁视频引出两个相关问题:如何求 t_0 时刻的瞬时速度? 如何求曲线在一点处的切线的斜率? 进而引导学生分析问题,从平均速度得出瞬时速度,从割线斜率得出切线的斜率,找出共性,探究得出导数的概念,并发展概念和巩固概念。

本次课主要采用问题驱动式教学方法。以问题为载体,贯穿整个教学过程,问题驱动、思政渗透、教师引导、合作解决,提出问题、分析问题、解决问题,层层递进地引导学生,让学生在解决问题的思维活动中,发现一个共性规律,探究出导数的概念,并利用概念探究可导

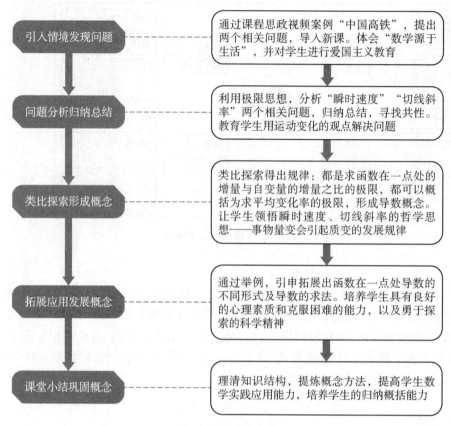

图3　课程设计思路

性和导数求法,使学生爱数学、用数学。

(二) 设计与实施

1. 学情分析

学生在第一章已建立了极限的相关基础理论,在高中阶段已经学习了导数的初步知识,有了一定的知识储备。通过课前在线学习平台的课前测验,我们发现大多数同学对导数的概念知之甚少。

2. 教学目标

知识目标:理解瞬时速度与切线斜率的求法;理解平均变化率与瞬时变化率的关系;理解导数的概念,以及求导的基本步骤;掌握导数的其他表示形式。

技能目标:通过熟悉的身边案例,提炼导数数学模型的能力;依据导数的概念求基本初等函数和简单函数导数的能力。

思政目标:对学生进行爱国主义教育,培养学生勇于探索、执着追求、严谨理性、求真求实的科学精神;培养学生的逻辑思维、归纳推理等数学素养;让学生感悟导数的哲学思想,感受数学的科学价值和应用价值;激发学生的求知欲,使学生爱数学、用数学,提高学生的综合素质。

3. 授课过程

1）自主学习（线上、课前）

教师利用省在线开放课程平台让学生观看导数起源与发展历程、科学家牛顿与莱布尼茨的故事等视频，完成在线微课学习和课前测验。学习微积分的发明者牛顿、莱布尼茨勇于探索、执着追求的科学精神，培养学生有毅力、自律的良好品质。

2）合作学习（线下、课中）

（1）情境引入发现问题。结合学生专业，播放视频"中国高铁"（见图4），由高铁运行速度、高铁运行轨迹曲线发现问题，引出本节课主题。高铁是我们中华民族伟大复兴的加速器，通过了解中国高铁的发展历程，学生满满的民族自豪感油然而生。

图4　高铁

（2）问题分析归纳总结。

问题1：高铁在变速行驶中每个时刻的速度列车电子屏都清晰地显示了，怎样求这个瞬时速度？

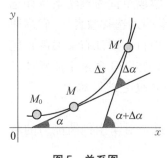

图5　关系图

问题2：当高铁驶入弯道时，为保持高铁的平稳运行，高铁运行轨迹曲线弯道的设计会涉及求曲线的切线斜率，这个切线斜率如何求解？（学生先看"割线与切线"动画，理解割线、切线概念后思考问题2。），如图5所示。

引导学生要用运动变化的观点解决问题。

归纳：利用极限思想，让学生以小组合作的形式分析"瞬时速度""切线斜率"两个相关问题，归纳总结，寻找共性。培养学生逻辑思维、归纳推理等数学核心素养，并用"不忘初心（极限目标），砥砺前行，无限接近"与学生共勉。

（3）类比探索形成概念。请学生概括"瞬时速度""切线斜率"这两个问题的共性，并举出这类问题的其他例子，引导学生类比探索，自主找到规律：这些问题都可归结为计算函数在某点处的增量与自变量增量比值的极限。

通过提炼模型、形成导数概念。（学生以"发现者"角色经历概念的发现过程，深度参与其中。）

培养学生归纳概括能力，以及勇于探索、求真求实的科学精神，激发学生的求知欲；同时让学生感悟导数的哲学思想：事物量变会引起质变。

（4）拓展应用发展概念。学生小组讨论导数定义的不同形式，并在黑板上展示，生生互评。接着，小组合作归纳用定义求函数在一点处导数的步骤，教师点评；引申应用，师生一起用定义求函数在一点处的导数（$y = x^2$ 在 $x = 2$ 处），学生小组练习（$y = \sin x$ 在 $x = \dfrac{\pi}{6}$ 处），教师评价；培养学生具有良好的心理素质和不怕困难、勇于探索的精神。

拓展概念，设置"开火车闯关游戏"，请学生根据所学知识完成知识游戏的闯关答题，提交闯关结果。完成游戏通关的学生讲解通关秘籍；通关失败的同学自评、听教师点评，寻找通关失败的原因。激发学生学习兴趣,培养学生数学运算、逻辑推理等数学素养。

(5)课堂小结巩固概念。利用省在线开放课程平台,开展课堂测试。教师查看、点评测试中的问题,重点关注课前任务完成欠佳学生的学习效果。学生小组讨论整理本节课的知识内容,小组互评,教师总结。培养学生归纳概括能力,以及严谨理性、求真求实的数学素养。

3)拓展学习(线上、课后)

通过微信公众平台延伸阅读《生活中的导数》《关于导数概念的一点注记》等,让学生感受数学的科学价值和应用价值。

4)体验学习(线下、课后)

教师发布课后基本训练、小组实践体验作业,使学生爱数学、用数学,提高学生综合素质。课堂教学效果通过课堂测试、学习闯关、生生互评、小组互评和教师评价来考核。

(三)实效与经验

1. 教师课程思政能力不断提升

团队教师学评教分数显著提高,课程思政能力不断增强。

2021年以来,本课程获教育部课程思政示范项目(示范课程、教学名师和团队);团队课程思政教学成果获浙江省教学成果奖一等奖;团队教师获中国—东盟交通职业教育联盟课程思政微课教学比赛一等奖2项;课程案例获浙江省课程思政教学改革优秀教学案例评选特等奖、浙江省高职院校"互联网＋教学"优秀案例评选特等奖;案例入选省教育厅、省高职院校党建研究会《浙江省高职院校课程思政建设典型案例》;教改项目获浙江省交通院校优秀教育教学改革项目一等奖;案例论文发表于《中国教育报》,光明网等20多家主流媒体转载。近年来,团队完成浙江省课程思政教科研项目6项,发表课程思政论文8篇。

2. 学生实践能力、人文素质不断提高

通过课程育人,学生爱数学、用数学,教学效果明显提升,促进了对学生创新能力的培养。近年来,学生竞赛获奖成果丰硕。

3. 示范辐射作用显著

团队教师受全国智能化赋能现代高职教育论坛、浙江省数学会职教分会教学研讨会等邀请,作高职数学课程思政探索与实践主题报告;团队教师为江西赣州职业技术学院、黑龙江农业工程职业学院等多所院校作课程思政专题讲座,得到高度认可和一致好评。疫情防控期间,团队建设的在线课程为全国230多所高职院校使用,访问量达2524万余次,累计选课人数达2万余人。《中国教育报》《中国交通报》、中国高职高专教育网等对本校数学课程实践进行了深入报道。

三 案例反思

(一)创新之处

1. 教学理念创新

集"知识、能力和德育"于一身的数学教学新理念。在知识教学的基础上,课程以问题为导向,主要采用"问题驱动、思政渗透、教师引导、合作解决"的层层递进式教学方法,使学生

爱数学、用数学。结合专业和生活实例融入课程思政,如讲解"建立模型举例"时,以新冠肺炎疫情为切入点,引出模型;接着抓住主要因素,把实际问题数量化,引导学生建立 SIR 模型,培养学生的科学意识,加强爱国主义教育,培养学生勇于探究的科学精神,让学生感受数学的科学价值和应用价值。

2. 教学模式创新

线上线下"四维一体,双线融合"的课程思政教学模式(见图6)。教学团队利用互联网技术与课程建设紧密结合,制定融入思政的课程标准,为学生搭建"学习平台、交流平台、竞赛平台"三个支撑平台,引导学生"自主学习、合作学习、拓展学习、体验学习",实现"数学实践能力＋数学人文素质"双线融合,线上线下立体化推进,实践教学项目化、课程思政案例化,为高职公共基础课思政育人提供了新模式。

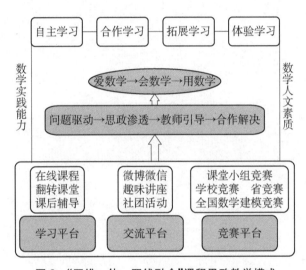

图6 "四维一体　双线融合"课程思政教学模式

3. 教学内容创新

重构融入思政元素的数学教学内容体系。教学团队提炼高等数学中蕴含的文化基因和价值元素,将其转化为社会主义核心价值观的有效教学载体,开发线上线下课程思政案例,编写融入课程思政的应用高等数学新形态教材。融入思政元素的教学资源丰富,在线课程平台有大量的教学微课、教学视频、题库、试卷库、拓展阅读文献等。

(二)下一步改进措施

1. 继续探索有效的课程思政路径

教学团队将继续加强课程思政与数学教育的融合创新,探索有效的课程思政路径。不断改进教材、教法,改进考核方式,不断增强学生文化自信、社会责任感、创新精神和实践能力。

2. 进一步提升数学教师课程思政能力

教学团队始终注重师德示范、教师数学素养的提升,下一步将进一步提升思政能力,创新育人方式,不断推进协同创新,立德树人,形成合力。

3. 深入开展课程思政教科研工作

在继续优化数学课程思政建设体系的基础上,开展课程思政教学效果评价的可测量化研究、评价模型研究等教科研工作,起到更大的示范辐射作用。

金惠红　王桂云　斯彩英　颜姣姣　崔　煜(浙江交通职业技术学院)

树立船舶文化自信 塑造航海工匠精神

——"船舶文化"课程思政案例

一 案例综述

（一）课程介绍

"船舶文化"课程 2016 年被认定为浙江省精品在线开放课程，2018 年被教育部认定为国家精品在线开放课程，2021 年被认定为浙江省第一批课程思政示范项目，2022 年 3 月首批上线国家智慧教育平台。到目前为止，课程受益人数已有 4 万余人，覆盖全国 34 个省（自治区、直辖市），还有 400 余名港澳台及外国学习者。"船舶文化"课程在"军职在线"学习平台上为现役和退伍军职人员提供学习服务，在国家级航海技术专业教学资源库上，有 6 万余学习者参加了学习，《中国教育频道》《中国交通报》等多家媒体进行过报道。

"船舶文化"是航海技术专业群的专业特色课，未来工作岗位要求学生"作风硬、素质高、技能强，成为德、智、体、美、劳全面发展的高素质技术技能型人才。"根据"坚持立德树人，德技并修，提供优质教育服务，培养交通事业和社会需要的高素质、技术技能型人才"的学校办学定位要求，在传授海运知识、船舶结构、设备、动力、造船材料的作用、特性及其发展历程和船模制作等专业知识的同时，培养学生的专业应用能力和创新思维能力，以及爱岗敬业的职业精神和工匠精神。课程的教学目标见图 1。

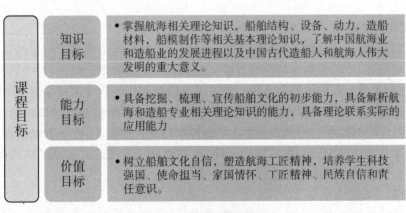

图 1 课程教学目标

课程的思政育人目标:以习近平新时代中国特色社会主义思想为指导,落实立德树人根本任务,聚焦航海技术及船舶制造与维修专业高素质技术技能型人才岗位职业素养要求,引导学生树立船舶文化自信、塑造航海工匠精神。本课程将专业知识通识化讲解,对学习者先修、后继课程不做要求。

(二)案例概况

1. 教学内容

本案列选自课程内容模块四"船舶建造体验"部分,共4个学时。内容选取:以建党以来的红色文化中红船故事为载体,融入船舶结构的专业知识,制作一艘具有专业元素的简易红船模型。引入中国古代造船人的伟大发明龙骨案例及其对世界造船业的伟大贡献,通过教学视频、红船故事影视资料、中国共产党建党初期历史背景解析,激发学生的民族自豪感和家国情怀,强化学生的理想信念、严谨治学的态度和工匠精神,提升学生将理论应用于实践的能力。同时,鼓励学生以小组协作的方式完成创新设计和制作,培养学生的创新意识和协作沟通能力,本次课内容所在模块位置见图2。

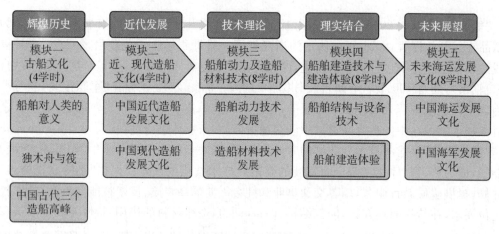

图2　课程内容模块

2. 学情分析

1)知识和技能基础

通过前期"船舶结构与设备"的理论学习,学生对船舶结构组成有了一定的认知,对船舶龙骨、肋骨、船壳板、甲板等结构特性在理论层面上有了充足的知识储备,对中国古代造船成就、红船精神有了进一步的了解和感悟。通过线上船模制作的教学视频学习,学生对船舶整体结构有了比较完整的认知,具备了制作一条具有专业元素简易船模的知识储备和初步的设计能力。但学生对船舶结构的知识更多的是停留在理论层面上,在仿真船模面前,仍有部分学生不能完全准确地识别船舶结构的名称,还有部分学生缺乏对船舶结构因作用不同而导致尺寸和位置有特殊要求的关注。

2)认知和实践能力

学生对船舶结构具有一定的认知和初步设计能力、沟通协作能力、动手实践能力和资源获取能力,但比较准确地设计船舶结构的形状、安置船舶结构位置的能力还有待提高。通过完成"具有专业元素的简易红船船模制作"这个学习任务,学生能对龙骨等船体结构有更准确的专业认知。

　　3. 本次课的教学目标

本次课的教学目标是:通过红船船模的制作,学生进一步理解龙骨、肋骨等船舶结构的位置和作用,同时培养学生的民族自信和家国情怀,锤炼学生严谨治学的工程素养和工匠精神,培养学生的创新意识和协作能力。具体内容见图3。

教学目标	知识目标	1.熟知船舶龙骨、肋骨、船壳板、甲板的结构特点、作用和所处位置; 2.了解红船的基本船型特点和结构特点。
	能力目标	1.能将龙骨等专业元素融入红船的船模制作中; 2.能以小组协作的方式完整地制作一艘具有专业元素的简易红船船模,具有初步的理论应用于实践的能力。
	思政素养目标	1.向学生渗透民族自豪感和家国情怀; 2.激发学生对革命精神、理念信仰的敬仰之情; 3.锤炼学生严谨治学的工程素养和工匠精神; 4.培养学生创新意识和协作能力。

图3　本次课的教学目标

　　4. 思政教育与专业教育融合的说明

本次课程的主要教学内容是红船船模制作,在教学过程中,借助红船相关影视资料、船模教学视频等教学资料,结合船模制作专业知识,融入红船精神、民族自信等思政元素,激发学生为祖国强盛而奋发读书的激情,培养学生的工匠精神和创新意识,具体内容见表1。

表1　本次课的思政融入情况

知识点	思政元素	主要载体	育人目标
1. 红船船型特点认知; 2. 红船船体结构认知。	红船精神: 红船成为中国革命源头的象征,红船稳舵,中国革命的航船从南湖扬帆启航,中国的历史开启了崭新的篇章	1. 课程教学平台; 2. 红船相关影视资料; 3. 船模实训室	1. 了解红船船型特点及红船精神; 2. 增强学生对党、对祖国的热爱之情,激发学生为国家的强盛而奋发读书的激情
船舶龙骨的发明、结构特点及作用。	民族自信: 龙骨是中国古代造船人的伟大发明,龙骨的发明对世界造船业有着重大的意义	1. 课程教学平台; 2. 船模骨架; 3. 教学PPT; 4. 船模实训室	1. 增强学生的民族自豪感和民族自信; 2. 加深学生对中华五千年灿烂文化的认同感
肋骨、船壳板、甲板的结构特点及作用。	严谨治学、工匠精神	1. 课程教学平台; 2. 船模骨架; 3. 教学PPT; 4. 船模实训室	1. 树立严谨治学、安全生产的工程意识; 2. 培养学生一丝不苟、锐意创新的工匠精神

(续表)

知识点	思政元素	主要载体	育人目标
1. 船模制作要求； 2. 考核要求； 3. 分享要求。	创新意识、协作能力	1. 教学视频； 2. 教学 PPT； 3. 船模制作视频； 4. 船模实训室	1. 培养学生协作沟通能力； 2. 让学生感受学习的快乐感和成就感； 3. 培养学生理论联系实践的能力

5. 教学重点和难点

教学重点：理解船舶龙骨、肋骨等结构的位置、作用和结构特点。

教学难点：龙骨、肋骨的连接方式，红船船模的制作工艺流程。

6. 教学资源

（1）信息化资源：国家精品在线开放课程"船舶文化"、国家智慧教育平台、国家级航海技术专业教学资源库、军职在线慕课教学平台等，微课视频、教学 PPT、电子教案等。

（2）传统教学资源：教师团队自编教材、行业案例汇编、习题、试题库等。

（3）教学设备：船模骨架、船模实训室、仿真模拟驾驶舱实训室。

（4）师生同台共建课程思政资源库（见表2、表3）。

表 2 本次课思政资源库案例选取

表 3 本次课思政案例选取——红船故事

资源库类型	案例名称	思政元素
英雄人物案例库	刘渊、邓世昌、郑成功、郑和	爱国强国 求知报国 保家卫国

（续表）

资源库类型	案例名称	思政元素
中国古代造船人和航海人的伟大发明案例库	车船、楼船、船舶龙骨、水密隔舱、减摇龙骨、平衡舵、船坞、铁锯技术、捻料密封	科技强国 大国工匠 民族自信 求真务实
行业企业案例库	福州船政学堂、安庆内军械所、江南制造总局、求新造船厂	科技强国 爱国强国
著名历史事件案例库	鉴真东渡、郑成功收复台湾、甲午海战、西沙海战、郑和下西洋、红船故事	信仰教育 励志教育
创意设计案例库	创意设想未来船舶的新功能	环境保护 创新意识

二　案例解析

（一）设计思路与理念

1. 设计理念

本案例设置以"三维联动、三化融通、理实一体，实现德技双修、教书育人"为设计理念，将课程思政融入专业教学，层层递进，将专业内容通识化，充分利用线上教学平台，依托信息化技术，通过课前导学、课中理实结合实操化、课后拓展，利用线上线下混合式教学，采取主题讨论、情境演绎、案例分析、船模制作等手段，提高学生课堂参与度，达到学生能见行动、学新知、能应用、会思考、得感悟、有提升的教学效果（见图4）。

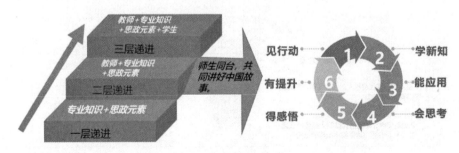

图4　课堂教学设计理念

2. 设计思路

以课前导学、课中实践"行、学、练、思、悟"、课后拓展、分享为设计主思路，线上自主学习、互动交流；线下合作学习、专思结合主题讨论；理实船模仿真制作，实现师生同台，德技双修、共同讲好中国故事。

本次课四学时连上,主题讨论中引入红船精神,渗透民族自信,培养学生的工匠精神、创新意识和协作能力,在课后分享环节让学生感受学习的快乐感和成就感。

船模制作要求要有龙骨、肋骨、外壳板和甲板四个专业元素,船型选择首选红船,也可以自创船型。以2~4人为一组共同完成作品,制作中拍四张过程照片,一张成品照片,附上文案,上传至课程教学平台讨论区。线上教学资料、红船视频资料随用随取,线下制作过程教师巡视指导。课后学生拓展学习并线上预习下次课程的内容。

(二) 设计与实施

1. 课前导入:线上提前预习,奠定认知基础、引入红船精神

教师在课程教学平台上整合教学资源,发布课前学习任务,推送相关船模制作学习资料,引入红船案例,在线上提问,考查学生对船舶结构知识的了解程度,发现学生学习的难点。师生教学活动路线见图5。

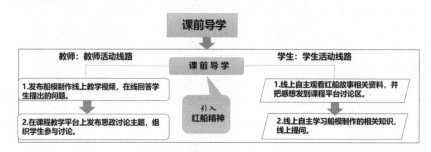

图5 课前导学教学过程

2. 课中实践:线下抓住重点,理论实践并举,行、学、练、思、悟

(1) 见行动。课上引入中国古代造船人的伟大发明——龙骨和水密隔舱的案例,渗透民族自信。设置思考问题:中国古代造船人是受什么启发发明的龙骨和水密隔舱? 让学生思考并主动采取学习行为。师生教学活动路线见图6。

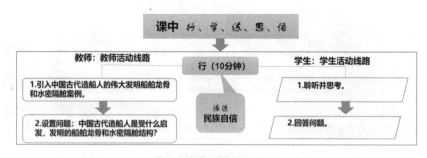

图6 课中实践之见行动

(2) 学新知。教师介绍船舶龙骨、肋骨、船壳板、甲板的结构特点、位置及作用,设置船模制作要求:制作一艘融入专业元素的简易红船船模,要有龙骨、肋骨、船壳板和甲板,培养学生严谨治学的态度和工匠精神。师生教学活动路线见图7。

(3) 能应用。教师宣布按小组协作方式开始制作船模,在教室巡回指导,帮助学生解决

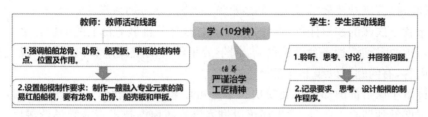

图7　课中实践之学新知

问题。学生小组成员分工开始制作船模，过程中可以看教学视频，也可以求助教师，培养学生的创新意识、协作能力。师生教学活动路线见图8。

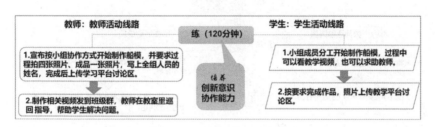

图8　课中实践之能应用

（4）会思考。请同学们谈谈作为新一代大学生的使命和责任，以及结合红船船模制作谈谈对红船精神的理解，以此激发学生的使命担当。师生教学活动路线见图9。

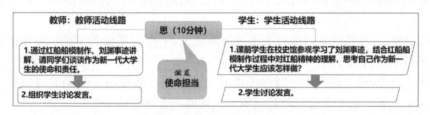

图9　课中实践之会思考

（5）得感悟。教师点评本次课学生参与讨论的表现、同学们对红船精神的理解、船模制作过程中的问题和值得表扬的地方，请大家把自己本次课的感悟分享到教学平台讨论区，与同学共享，提升学生科技强国的责任意识。最后让学生打扫自己座位周围的卫生。师生教学活动路线见图10。

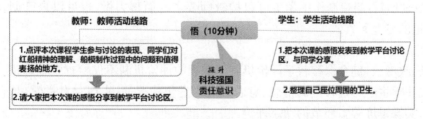

图10　课中实践之得感悟

3. 课后拓展:课后及时答疑,横向拓展知识,感受学习的成就感和快乐感

教师布置下次课的预习任务,点评、批阅学生提交至教学平台上的船模作品。学生把本次课的学习感悟发到课程平台讨论区,与同学分享学习的成就感和快乐感。线上预习下次课的相关内容,有问题可以线上与老师讨论。

教师设置了课后横向知识拓展模块。学生可以通过课程教学平台进行交流,也可以通过微信向授课教师请教。此外,学生还可以进入国家级航海技术专业教学资源库、军职在线慕课教学平台等进行学习,上面设置了大量的知识拓展素材,学生可以根据需要自主学习。师生教学活动路线见图11。

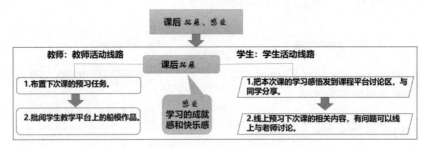

图 11　课后拓展师生活动

4. 教学方法

(1) 任务驱动法:以 2~4 人为一组,限时四节课制作一艘具有龙骨、肋骨、船壳板、甲板等专业元素的简易红船模型,要求能结合红船故事,讲出自己所做船模的结构特点和思政感悟。

(2) 线上预习:在课程学习平台上布置学习任务,学生要完成关于船模制作的两集教学视频及红船故事资料的学习。

(3) 兴趣思考:请大家思考中国古代造船人是根据什么发明了船舶龙骨结构? 龙骨应该在船的哪个位置? 船舶龙骨和肋骨结构与人体哪些骨骼结构相似?

(4) 专思主题讨论:红船故事、中国古代造船人的伟大发明给我们的启示?

(5) 课堂讲授及指导:教师讲解具体要求和相关知识点,组织同学开展专思结合主题讨论。学生在船模制作过程中遇到问题可以看教学视频,也可问教师,教师全程在教室里指导。

(6) 小组协作:提高学生的参与度,培养学生发现问题、探究问题、解决问题的能力以及团队协作能力。

(7) 鼓励创新:船模制作中学生可以按教师要求的船型去做,也可以自己创新,但必须体现出规定的专业元素。

5. 考核评比

融入思政考核,健全课程教学评价机制。课程的评价机制不仅检查学生知识、技能掌握情况,更关注学生学习过程中的情感、意志、态度、进步状况等,实现对自主学习、合作学习、拓展体验、实操锤炼等多环节的动态评价。

船模制作成绩＝老师评分＋学生互评打分＋动态评价。

（三）实效与经验

1. 学生参与程度高

学生从被动听讲到主动参与,全体学生在本次课中投入了极大的热情积极参与,很好地发挥了小组协作作用,群策群力,在船模制作过程中精益求精、积极创新。

2. 思政融入效果好

通过反复观看红船船模制作视频和学习中国古代造船人的伟大发明案例,学生们对中华5000年灿烂的文明有了进一步的理解,对今天的和谐幸福的生活有了深层次的体验,心中有了理想和目标,眼睛里有了坚定自信的光芒,知道了自己努力的方向。授课教师能真切地感受到价值塑造和知识传授同频共振的可喜效果。

3. 师生同心,德技双修

在课程平台讨论区,学生们上传的船模照片中,感悟文案表达了自己对党和祖国的热爱之情,作为新一代大学生自己的责任和使命。教师也把自己的所思所悟分享给学生,并就学生的具体问题指点迷津,师生通过课程思政教学这个桥梁,形成知识共鸣与情感价值共鸣、同生共荣的课程思政学习共同体。

4. 第二课堂思政效果显现

学生的学习热情大幅提高,建立了船模制作兴趣小组,为浙江省中小学生制作科普微动画《船舶的成长》,辅导中学生制作红船。学生通过网上热线预约(船模制作指导预约热线QQ:963664579)开展社会服务,通过船模制作实训室、船舶驾驶仿真模拟舱拓展参观等渠道向社会传递正能量。

三　案例反思

（一）特色创新

1. "三维递进"课程思政融入实施路径创新

通过教师、思政融入专业教学、学生三维层层递进的思政融入实施路径,师生形成知识共鸣与情感价值共鸣、同生共荣的课程思政学习共同体,达到师生同台、同向同心的课程思政教学氛围。学生进入见行动、学新知、能应用、会思考、得感悟、有提升的良性循环学习状态中,实现"三维递进"课程思政融入实施路径的创新。

2. "双轴两翼"课程思政教学内容体系创新

课程以海运行业内涵为基础,形成课程内容体系轴,以航海和造船业发展历程相关的历史事件作为思政融入点轴,双轴一体、相辅相成。专业知识与思政元素有如课程的两翼,价值塑造和知识传授同频共振,引导学生树立船舶文化自信、塑造航海工匠精神,实现"双轴两翼"课程思政教学内容体系创新。具体内容见图12。

3. "三化融通、理实一体"教学设计模式创新

教学团队利用现代信息化手段,实现教学的通识化、信息化、实操化,三化融通,理实一体,充分利用线上教学平台,采用主题讨论式、情境感受式、哲学思考式、沉浸仿真式等教学手段,德技双修、教书育人,实现"三化融通、理实一体"教学设计模式创新。具体内容见图13。

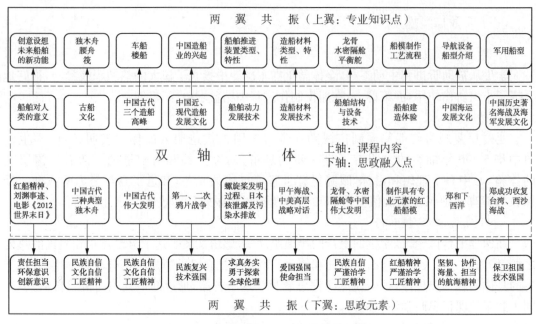

图 12 "双轴两翼"课程思政教学内容体系

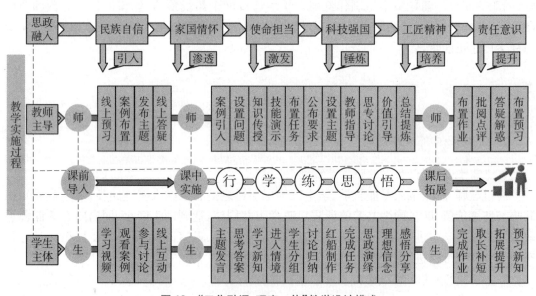

图 13 "三化融通、理实一体"教学设计模式

（二）教学反思

1. 学情分析很重要

教师想让学生主动参与进来，要通过比较精准的学情分析知道学生想要什么，怎样才能走进学生的内心世界，还要设计贴近年轻人学习习惯的、丰富多彩的课堂教学活动。教学应"以学生为中心"，要做好课程设计，精心设计互动环节，更好地促进学生由被动学习向主动

学习的转变。

2. 教师自身多提升

教师自身首先要做到以德施教、以德立身,通过学情分析了解学生的困惑,以学生喜闻乐见的方式演绎融入思政元素的专业主题。另外,生动的案例能够提高课程思政的吸引力、感染力和说服力,多引入本专业领域的先进人物、先进事迹等典型案例,有针对性地挖掘、创造性地运用其中的思政元素,引发学生的情感共鸣,可激发学生接受思政教育的主动性。

3. 理论联系实际,增强学生的动手能力和丰富学习渠道

教师把二维黑板难以表现的三维船舶结构以实操体验形式让学生进一步理解、认知专业理论知识中的重点和难点问题,充分利用信息化教学资源和手段,提高学生的学习参与度和获得感。

(三)下一步改进措施

1. 提炼行业文化精髓与哲学思考价值元素,丰富课程内容

教学团队将进一步提炼"船舶文化"课程中蕴含的行业文化精髓和哲学思考价值元素,将其转化为社会主义核心价值观的有效教学载体,精心设计每次课的授课形式和内容,使每节课都能达到理想的课程思政教学效果。

2. 开发更多融入思政元素的船模案例,达到理实深度结合

教学团队将进一步开发融入思政元素的其他船模案例,使课程内容更丰富,理实结合更紧密。教学应根据学生的思维关注点和时事新闻,不断优化专业内容与思政元素融合的方式和选题,使教学内容更具有理论性、严谨性和现实性,实现专业课与思政元素协同育人、文化育人的教学效果。

张　棘　常青丽　张海伟　方　诚　蒋更红(浙江交通职业技术学院)

全国交通运输职业院校课程思政
优秀案例集

院校改革编

协同管理育人 统筹推进课程思政建设
——北京交通运输职业学院课程思政建设实施案例

为贯彻落实《高等学校课程思政建设指导纲要》文件精神,北京交通运输职业学院统筹规划,整体布局,确定"门门有思政,人人会育人"的总体目标,明确建设路径,全面开展课程思政建设,逐步探索出具有创新性、示范性、可推广性的举措,形成"北交院经验"。

学院高度重视课程思政建设工作,开展顶层设计,整合资源,明确建设路径。在学院党委领导下,团委、教务处、思政部、专业院系等多部门协作,同向同行,形成育人合力,同时发挥职业院校实践育人的先天优势,深入校企合作,将全员协同育人作为一条主线贯穿课程思政建设全过程;将课程思政标准纳入全部32个专业人才培养方案,整体推进课程体系建设,完善课程思政标准体系,构筑课程思政引领层;开展课堂革命,发挥课堂育人主渠道作用,拓展第二课堂,夯实课程思政实施层;加强师资队伍建设,推进评价改革,构建课程思政保障层,从而汇聚全部教育资源转化成课程思政教学支持系统,形成"一线三层"的北交院课程思政育人模式(见图1),课程思政建设取得明显成效。

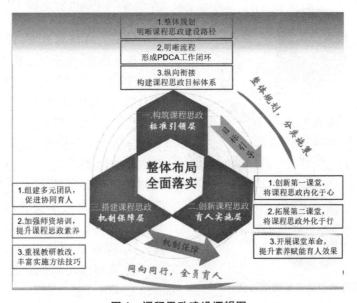

图1 课程思政建设逻辑图

二　案例解析

(一) 统筹推进课程思政标准建设,构筑课程思政引领层

1. 整体规划,明晰课程思政建设路径

学院教务处制定课程思政建设规划,明确了"构筑建设交通强国梦想,培育德才兼备的首都交通行业建设者"的总体目标,计划用 5 年时间完成课程思政目标体系的整体开发;并对课程思政建设路径进行整体设计,从宏观到微观,分四步开展课程思政建设工作,每阶段均有企业专家和技术骨干深度参与(见图 2)。

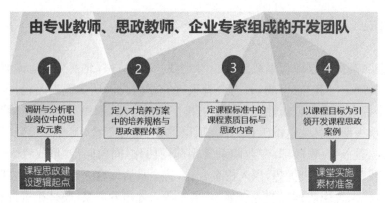

图 2　课程思政建设工作四阶段实施路径图

2. 明确流程,形成完整的工作闭环

在一体化设计的基础上,学院明确每项课程思政建设工作的流程,采用 PDCA 循环管理法,形成闭环(见图 3)。第一,对接教育部《高等学校课程思政建设指导纲要》等文件制定学院人才培养方案、课程标准、教案等配套指导意见,从不同层面明确思政建设要求,一体化设计课程思政建设整体实施方案(P);第二,对照计划实施管理(D),同时借助专家指导,带领教师们"学中做,做中学",学做合一,"工学交替"式推进,提升教师课程思政建设能力;第三,组织建设成果评审(C),选出学院优秀人才培养方案、优秀课标、优秀课程思政案例等,发挥优秀案例的典范引领作用,为问题的解决提供借鉴;第四,总结课程思政建设中尚未解决的问题(A),形成标准与新的管理制度,以指导下一轮工作的开展。

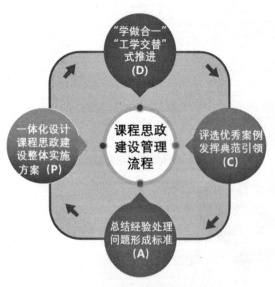

图 3　课程思政建设管理流程图

3. 纵向衔接,构建课程思政目标体系

首先,在制订专业人才培养方案时,学院将调研与职业分析成果凝练成人才培养规格,体现为正确的世界观、人生观、价值观;然后,衔接培养规格,构建完善的思政课程体系——涵盖中国特色社会主义和中国梦教育、社会主义核心价值观教育、法治教育、劳动教育、心理健康教育、中华优秀传统文化教育等;此外,对接人才培养规格,结合职业活动,进一步聚焦课程素质目标,在专业课程、公共基础课程中体现思政内容与要求,使职业技能、职业素养、思政内容有机相融;最后,以课程素质目标为引领,区分不同学科组织课程思政案例开发,分类施策。

(二) 双线并行打造育人课堂,夯实课程思政实施层

课堂教学是保障课程思政目标落地的关键,是实施课程思政的主渠道。学院通过一课堂、二课堂双线并行,理论与实践相结合,创新素养赋能模式,开展课堂革命,打造文明课堂等创新手段,有效落实课程思政目标。

1. 创新第一课堂,将课程思政内化于心

一是推行校企双元教学模式。学院对学生开展企业现场教学,工学交替,企业骨干与校内教师共同承担跟岗、识岗等专业教学任务。在疫情防控期,采用企业专家进入线上课堂方式、虚拟仿真实训技术,让学生在"做中学、学中做"。企业师傅的言传身教,让学生接受企业文化的熏陶,耳濡目染并传承劳模精神和工匠精神,激发学生主动思考,实现了课程思政与职业素养对接,提升了学生的综合素养。

二是鼓励教师在课堂活动中,活用案例教学。建议教师采用以下步骤实施课程思政:进行教学设计,明确课程思政案例与学科、专业教学内容的融合点;根据课程素质目标要求,从思政案例库中选用恰当的案例;运用灵活的方法实施教学。另外,在教学交流平台开展优秀案例评选和赏析方式,引导教师将思政元素贯穿于课堂讲授、实习实训、学习评价各环节。如在疫情防控期间,展示交通行业在保障抗疫和生产生活中的突出作用、交通人的模范事迹,在教学内容中自然渗透,提升学生的职业自豪感和认同感,进一步构筑交通强国的梦想,让学生在课程学习中潜移默化地接受思想教育,于无声处滋养学生心灵。

2. 拓展第二课堂,将课程思政外化于行

第二课堂是对第一课堂的重要补充和完善。学院充分调动校内外资源和元素,不断探索德育实践新途径,坚持将社会主义核心价值观同专业教学有机结合,积极培养具有中国精神、工匠精神、劳动精神,拥有职业理想的交通强国建设者。

团委与思政部合作制定"外化于行"的教学目标,通过体验式、内化式、自主式教育,深化学生认知。在学院党委领导下,团委联合各部门,发挥"红色理论社团""北交院·志愿蓝"等德育品牌力量,利用首都北京的红色资源,开展名人故居、国庆、冬奥会等志愿活动,推动课程思政走向社会实践,探索德育实践新途径,增强社会责任、创新精神和实践能力,提升第二课堂育人实效(见图4)。

3. 进行课堂革命,素养赋能提升育人效果

学院根植课堂,重视双元育人和课程思政育人下的课程设计和教法改革,进行课堂革命。素养赋能是将人文素养、科学素养、职业素养、工匠精神、创新创业、思政课程与职业技能培养高度融合的新型职业教育模式,采用"十步教学法"、双主体教师授课模式,确保每堂

图4　媒体对学院德育实践教学活动的报道

课育人目标的落实。学院自主开发了综合职业能力评价体系,从能力、态度、情感等六个维度,对学生的综合职业能力进行全过程、全方位评价。企业专家与教师共同担任考官,测评的过程再次提升学生的综合职业能力,进一步提升了思政育人效果,形成北交院素养赋能教育模式。

4. 打造文明课堂,全员协同实施管理育人

为增强课程思政教学效果,学院实施"打造文明课堂"活动。首先,围绕课堂文明礼仪、课堂教学行为、教学组织方法、课堂文化等方面设立明确、合理、详细、可实施的文明课堂标准;其次,学院管理部门和教学实施部门联合成立院级管理组,明确责任分工,依据文明课堂标准,按计划开展教学巡视、检查、评比活动。每学期开展评选学院"文明学生""文明教师""文明课堂",评比结果纳入学生思政考核成绩。

文明课堂活动带动全员参与,为课程思政教学目标的落地营造良好的环境和氛围,体现全员育人的管理和建设要求。

(三)加强师资队伍与机制建设,构建课程思政保障层

1. 组建多元团队,促进协同育人

一是引领思政部与各二级院系合作成立12个"思政—专业"项目组,以项目形式开展课程思政教学设计与实施工作。思政教师发挥思政学科优势,对专业课程思政建设与课堂教学进行帮扶与指导,推进课程思政和"思政课程"融会贯通、同向同行;二是成立若干课程思政创新团队,涵盖企业专家、专业教师、思政教师、教学管理人员,共同进行课程思政目标体系建设、打造课程思政示范课程、编写课程思政案例、研讨课程思政教法和教学实施方案、编制思政元素丰富的教材。

2. 加强师资培养,提升教师课程思政素养

一是用好校园教学综合管理系统的教师发展中心平台,为教师"画像",通过大数据分析确定教师培训计划。有针对性地加强课程思政教学能力培训,每学期开展不少于3次的高水平课程思政专题培训活动。二是将课程思政纳入教师岗前培训、日常培训、师德师风、教学能力专题培训。三是发扬学院教师"传帮带"机制,由德技双馨的老教师担任导师,传授新

教师育人方法,传承学院优良的校风和师德师风。

3. 重视教研教改,丰富课程教学实施技巧

一方面,开展形式灵活的院级教研活动——举办课程思政教学观摩、公开课、集体教研活动等,鼓励各教研组运用创新形式开展课程思政教学方法交流活动,以教师喜闻乐见的形式,在严肃活泼的氛围中提升教师的课程思政教学能力。比如利用信息化教学平台、采取线上示范小课堂形式,以沉浸式教学方式开展全院课程思政教研活动(见图5)。课前通过小调研确定本次研讨主题,经过头脑风暴和个人经验分享,全体任课教师共同交流课程思政教学中遇到的痛点和难点,分享小技巧、小经验,激发研讨风潮,教师对课程思政教学问题更加关注,强化了课程思政育人意识。

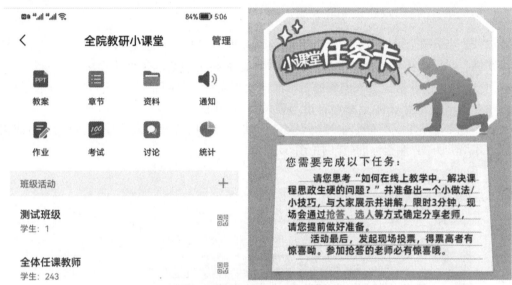

图5 全院课程思政教研线上小课堂及课前任务卡

另外,采取鼓励措施,支持和引导教师参加课程思政教改项目。学院每年开展院级教改项目立项,将课程思政相关项目列为重点项目。同时为教师参研提供政策支持和技术支持。

4. 完善激励机制,建立课程思政质量评价指标

为发挥评价指挥棒的作用,学院将课程思政建设工作考核评价指标纳入考核评价指标体系。在审定人才培养方案、教学标准、教案等基本教学文件以及精品课建设、示范课建设、教学改革项目的建设立项和验收评审指标中将"价值引领"设为重要指标;在教学评价、学生课程学习评价中,课程思政是一项重要的考核指标。

将教师参与课程思政教学改革、课程思政示范课程建设,参与课程思政案例评比,课程思政育人效果作为教师考核评价、岗位聘用、评优奖励、选拔培训的重要依据;将课程思政改革、课程思政案例库建设、文明课堂建设纳入二级学院教学工作考核的重要指标;在院级教学成果奖等成果评选奖励工作中,突出课程思政要求。

三 管理成果

学院在课程思政建设管理上注重整体规划和资源整合,建立起校企合作标准引领层、双

线并行课堂实施层和帮扶激励机制保障层,同向同行原则贯穿始终的"一线三层"管理模式,形成"北交院经验"。在该模式下,学院课程思政工作取得了明显成效。

(一)学院管理模式在北京市范围得到推介

学院专业及课程思政建设管理模式在北京市范围得到推介。2020年9月,学院教务处处长田阿丽受邀参与《北京市职业院校教学管理通则》的编写工作;2021年9月下旬,学院人才培养方案及课程标准制订管理模式被北京市教委当为范例,教务处处长田阿丽在通则培训会上进行经验分享,在推动北京市职业学校治理能力现代化、促进首都职业教育高质量发展上,发挥了作用。

(二)学院课程思政建设涌现成果

(1)学院引领全国城市轨道交通专业教学标准(含思政标准)建设,并在全国范围分享建设案例。学院成功牵头全国中高职专业教学标准和实训教学条件建设标准的制定,并于2021年1月,由专业群负责人刘莉娜老师面向全国交通行业职业院校,进行了专业教学标准解读及人才培养方案案例(含思政标准与建设案例)分享。

(2)学院开发建成所有专业的教学文件册共24册,内含专业调研报告、职业分析成果、专业人才培养方案、课程标准(样例见图6)。

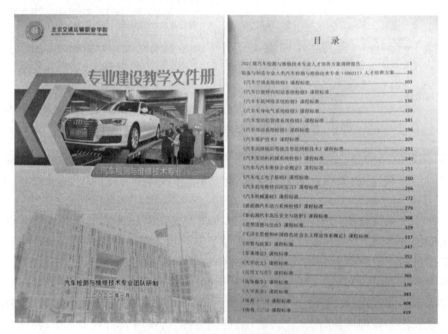

图6 汽车检测与维修技术专业建设教学文件册

(3)学院课程思政建设成果在北京市组织的专业建设(含课程思政建设)及思政育人评选中获得好成绩。在北京市特色高水平学校建设阶段评估中,学院汽车专业群在北京市48个特高专业群位列第一,轨道专业群位列第六,综合排名第三;在北京市"一校一品"复评中取得好成绩,成为北京市"一校一品"样本校;

（4）课程入选北京市课程思政示范课。2021年,在北京市职业院校课程思政示范课程评选中,我院"汽车销售实务""建筑手绘制图""交通信息采集与分析"三门课程成功入选。

（三）教师课程思政育人能力与学生综合素养得到明显提升

学院通过课程思政建设与师资能力培养,提升了教师育人能力,为学生综合素养提升提供保障。在课程思政为重要评价指标的各级各类比赛中,师生表现优异（见表1）。

表1　师生参赛获奖情况表

类别	比赛项目	获奖等级（数量）	授奖部门	获奖时间
组织管理	职业院校技能大赛 教学能力比赛	最佳组织奖 （连续三届）	北京市教委	2018—2020年
专业建设课程思政建设	职业院校课程思政示范课程	课程思政示范项目 （3个）	北京市教委	2021年
教师能力	全国思想政治理论课微课大赛	特等奖（1个）	教育部	2019年
教师能力	职业院校技能大赛 教学能力比赛	一等奖（3个） 二等奖（2个）	教育部	2016—2020年
教师能力	职业院校技能大赛 教学能力比赛	一等奖（5个） 二等奖（18个）	北京市教委	2016—2020年
学生能力	学生职业技能大赛	一等奖（7个） 二等奖（17个）	教育部 交通运输部	2016—2020年
学生能力	学生文明风采竞赛	一等奖（5个） 二等奖（14个）	北京市教委	2016—2020年
学生能力	学生创新创业能力大赛	二等奖（3个）	北京市教委	2016—2020年

四　案例特色

（一）整体规划、分类施策,建成课程思政标准体系

学院对课程思政目标体系进行了统一规划与整体设计,从宏观到微观分步进行研发。课程思政目标体系的整体设计与开发,使课程思政教学有据可依,目标明确,为思政铸魂提供设计与引领。

学院在组织课程思政建设与实施中,要求各级各部门分类施策,将课程按照工科、理科、管理类学科等进行区分,结合课程对应的职业岗位活动,在专业人才培养方案、课程标准的素质目标中,融入不同的课程思政元素,实施不同的教学策略。

(二) 统筹协调,同向同行,实现全员管理育人

学院以生为本,管理服务于育人,在党委领导下,采用跨部门合作机制和校企合作机制,集全院之力,同向同行,共同育人。以"三全育人"长效机制为保障,建好系统化课程思政标准体系,做好教师课程思政素养提升,双线并行筑牢课堂阵地,为交通行业未来高素质建设者铸魂,实现管理育人。

田阿丽 邹 璐 刘美丽 丁泉君 李 阳(北京交通运输职业学院)

多视角推动课程思政教学改革创新

——青海交通职业技术学院课程思政建设实施案例

近年来,青海交通职业技术学院全面落实立德树人根本任务,持续深化教育教学改革,按照"门门有思政,天天好课堂"的理念,扎实推进学校课程思政建设,从教学改革、课程建设、教材建设、教学团队等多个维度,不断完善课程思政工作体系、教学体系和内容体系,学校通过课程思政建设让师生受益增值"闪金光",让学校提质培优立标杆。

一 基本思路

学院以习近平新时代中国特色社会主义思想为指导,坚持和加强党对高校的全面领导,严格落实党委领导下的校长负责制,紧紧围绕立德树人根本任务和中国特色高水平高职学校和专业("双高")建设目标,把理想信念教育放在首位,立足交通行业实际,以培养具有大国工匠精神的爱党爱国的高技能人才为己任,建立"三员三段十育人"大思政工作格局,开创职教改革新路径,形成以学生为中心,各部门齐抓共管的思政工作"同心圆"。

"三员三段十育人"大思政工作格局:"三员",即教学、服务、管理三支队伍。"三段",即入学、在校、毕业实习三个阶段。"十育人",即课程育人、科研育人、实践育人、文化育人、网络育人、心理育人、管理育人、服务育人、资助育人、组织育人。

二 主要做法

(一) 党建引领,打造"1351"文化品牌

学院以弘扬"两路"精神为核心,深入挖掘工匠精神、劳模精神、劳动精神的科学内涵,构建学院"三行文化"(道路交通之通行,职业教育之知行,高原精神之敦行)育人环境;实施"两路"精神"三个一工程",即成立一个"两路"精神研究会、建设一个"两路"精神教育基地、排演一台"两路"精神话剧(见图1)。充分挖掘五个二级学院专业特色,着力打造"一院一品"特色文化群,扩大独具青藏高原民族特色的校园广场舞文化(锅庄舞)影响力。

(二) 系统设计,重构专业群"三级递进、课证融通"的课程体系

学院深挖岗位技术流程、创新意识、思政元素、团队协作、劳动要求等技术技能、知识、职业素养,厚植于人才培养方案设计、课程体系构建、教学实施、质量评价全过程,以知识

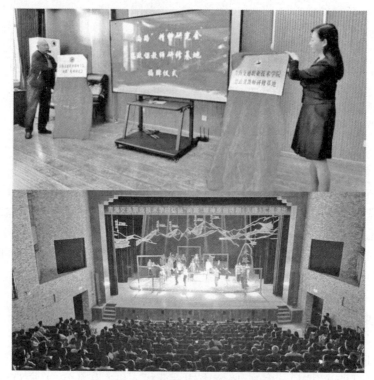

图1 "两路"精神"研究会及话剧"天路"

育人、以技能提升人、以"两路"精神文化涵养人,培养师生精益求精的工匠精神,打造青藏高原技术技能人才培养高地。校企合作,对接生产过程制订专业群人才培养方案;工学结合,对接职业标准、"1+X"证书标准融入教学内容,构建"三级递进、课证融通"专业群课程体系(见图2);知行合一,对接能力本位制定课程标准,推进教材与教法改革,提高人才培养质量。

(三)挖掘职场思政元素,把课程思政融入专业课程

学院提炼工作岗位职业素养要求,将课程思政元素植入专业课程的内容和教学实施的过程中,重构专业课程的内容,解决思政教育和专业课程内容之间相互背离的问题,加大思政课程与专业课程的融入度(见图3)。

(四)搭建大思政教研平台,提升教学队伍水平

学院以"四有"标准开展师德师风教育,完善评价机制,压实主体责任;建立双师标准,加快双师队伍建设;开展"河湟人才培育行动"(见表1),引培高层次人才;聘请行业领军人才、大师名匠兼职任教,带动学校实践教学能力提升;培育道路桥梁工程技术和汽车运用与维修技术两个专业群高水平教师教学创新团队;重构教师发展中心,助力教师发展;改革教师评价机制,完善绩效分配体系,形成教师职业发展新生态。

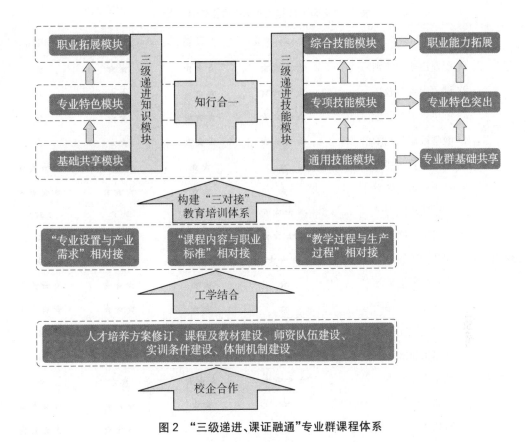

图2 "三级递进、课证融通"专业群课程体系

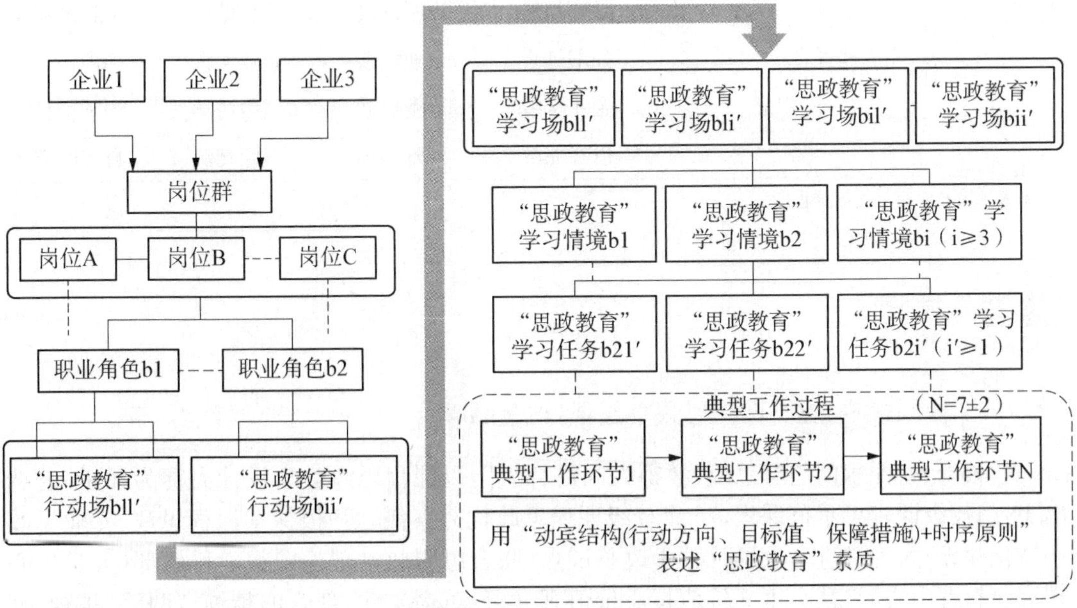

图3 课程思政融入专业课

表1 "河湟人才培育行动"师资培育计划

类别		新入职教师	胜任型	骨干型	专家型
教学能力	1. 职业道德与法则	★★★★	★★★	★★	★
	2. 课程内容与教法	★★★★	★★★	★★	★
	3. 学生发展与管理	★★★★	★★★	★★	★
	4. 教学策略与艺术	★★★★	★★★	★★	★
	5. 科学素养与建设	★	★★	★★★	★★★★
	6. 教学反思与研究	★	★★	★★★	★★★★
实践能力	1. 教学实践能力	★★★★	★★★	★★	★
	2. 项目实践能力	★★★★	★★★	★★	★
	3. 应急处理能力	★★★	★★★	★★	★
	4. 实践指导能力	★	★★	★★★	★★★★
	5. 毕业设计指导能力	★	★★	★★★	★★★★
科研能力	1. 科研选题能力	★★★★	★★★	★★	★
	2. 科研信息加工能力	★★★★	★★★	★★	★
	3. 动手实践能力	★★★★	★★★	★★	★
	4. 科研质量分析与评价能力	★	★★	★★★	★★★★
	5. 科研成果推广应用能力	★	★★	★★★	★★★★
培养途径		培养学习	专题讲座	教学科研	教学科研
		导师领航	证书进阶	项目助推	项目助推
		证书进阶	企业实践	企业实践	国内访学
		企业实践	以赛促教	国内访学	国际交流
		以赛促教	校外培训	国际交流	自主研究

注:★表示培养内容上的侧重程度。

三 成果成效

(一)协同推进,擦亮课程思政卓越项目"金品牌"

学校聚焦"课程门门有思政,教师人人讲育人",以课程思政教学设计大赛为抓手,遴选出16门校级课程思示范课程,75个校级课程思政优秀案例。积极探索课程思政、专业思政一体化建设,大力推进专业思政教学改革试点,联合思想政治理论课教学科研部(大学生心理健康教育中心)将社会主义价值核心价值观、红色革命文化、新青海精神、"两路"精神、高原精神、诚信服务、优秀企业文化等潜移默化到每个专业、各类课程的每一个环节之中,实现了课程思政覆盖27个专业、100余门课程的人才培养方案及课程标准。

(二)数字赋能,铸就课程思政教学资源"金名片"

学校搭建课程思政资源信息化平台,对接产业需求,将冻土路基施工、无人机航测、智能网联等新技术、新规范、新材料、新工艺融入教材;将新青海精神、"两路精神"、高原精神等思政育人特色项目的微课资源、典型案例等融入教学内容。校企合作开发建设"隧道施工技术"等32门校级精品在线开放课程,19本新型活页式、工作手册式教材、15本云教材,其中"图文编排与版面设计"更是作为青海省唯一的高职院校入选首批国家级优质课程。

(三)凝聚力量,舞动课程思政师资队伍"金翅膀"

学校定期邀请课程思政领域专家学者开展主题讲座、专题研修、实践研学,将教师思想政治教育与教师职业素养教育、师德师风建设、教书育人能力有机结合,2021年获批国家级教师教学创新团队1个(见图4)。同时在"生评教""教评教"以及听课记录本设置课程思政的专项评价指标,将教师课程思政建设情况和教学效果作为教师考核评价、评奖评优的重要内容,将课程思政实施情况纳入二级学院(部)业绩考核范围,1名教师入选青海省"昆仑英才"。

67	安徽机电职业技术学院	现代交通运输	汽车制造与试验技术	安徽
68	湖南交通职业技术学院	现代交通运输	新能源汽车技术	湖南
69	湖北交通职业技术学院	现代交通运输	新能源汽车技术	湖北
70	柳州职业技术学院	现代交通运输	智能网联汽车技术	广西
71	青海交通职业技术学院	现代交通运输	新能源汽车检测与维修技术	青海
72	烟台汽车工程职业学院	现代交通运输	新能源汽车技术	山东
73	陕西交通职业技术学院	现代交通运输	新能源汽车技术	陕西
74	湖南铁道职业技术学院	现代交通运输	铁道机车运用与维护	湖南

图4 国家级教师教学创新团队

(四)示范引领,贡献课程思政建设"金点子"

学校推进课程思政研究成果转化为教学内容,建立科研反哺教学的长效机制。近2年,学校教师发表课程思政相关论文10余篇,主持参与课程思政相关课题10余项,其中《基于现代学徒制的青海网络技术人才培养实践》《高职思政理论课创新实践教学路径探索—现代学徒制校企合作思政理论课改革为例》《高职院校"课程创新、实践锤炼、平台集成"传统文化传承育人的探索与实践》成果分别荣获"青海省第二届教学成果"一、二、三等奖(见图5),发挥了理论研究服务课程思政建设的作用,引领了学校课程思政理论研究。在新的历史条件下,学校将继续扎实推进课程思政与思政课程同向育人,最大限度发挥课程育人作用。

图5　青海省第二届教学成果一、二、三等奖

四　存在问题及改进措施

（一）成立课程思政教学研究中心，推进课程思政教育教学体系建设

成立课程思政教学研究中心，旨在通过加强顶层设计推进课程思政建设，以此推进课程思政教育教学体系建设，提升立德树人成效，更好地发挥教师队伍"主力军"、课程建设"主战场"、课堂教学"主渠道"作用，推动人才培养质量和学校办学水平的全面提升。

（二）打造精品大思政资源库，全面推进课程思政高质量建设

启动校级课程思政示范课培育工作，以培训为杠杆、以大赛促能力，以成果为导向，带动"大思政"框架中的课程建设，树立一批课程思政教学设计优秀案例，打造一支优秀教师队伍。

王媛媛（青海交通职业技术学院）

党建引领 有形设计 分类推进 无形融入

——新疆交通职业技术学院课程思政建设实施案例

一 实施背景

为深入贯彻习近平总书记关于教育的重要论述、全国教育大会精神和《关于深化新时代学校思想政治理论课改革创新的若干意见》,根据《高等学校课程思政建设指导纲要》,学院全面推进课程思政建设,提高人才培养质量。

兴疆固边对思政教育的现实需要。新疆社会稳定和长治久安,关系全国改革发展稳定大局,面对双泛思想和极端宗教渗透,技术技能人才培养必须与国情、区情、校情相结合,贯穿人才培养始终,是边疆少数民族地区的现实需要。

打破思政课程孤岛的改革需要。部分教师对课程思政理解不系统,认为思政教育是思政课程的事。必须推动思政课程与课程思政同向同行,提升思政教育时代性和鲜活性。

强化立德树人根本任务的必然需要。全面推进课程思政是落实立德树人根本任务的重要举措,只有立足于立德树人和技术技能培养的融合,才能培养更多高素质的技术技能人才。

二 主要做法

(一) 党建引领方向:将胡杨精神融入人才培养全过程

学院以党的建设为引领,借助机关第三(胡杨)党支部建设,将分院党支部建在专业上,使专业教师、辅导员、学生党员属于同一个党支部,构建课程思政育人共同体。在专业人才培养规格与课程教学目标中,将胡杨精神作为重要思政元素全面融入课程思政育人目标与课程思政教学目标,将思政元素融入人才培养全过程,培养稳疆、建疆、兴疆的高素质技术技能人才。

(二) 有形设计体系:构筑"一个格局,两个体系"

学院以课程思政的"嫁接、移植、嵌入和根植"为思政元素融入总路径,构建涵盖工作体系、教学体系、内容体系的课程思政体系,形成学院、二级学院、"双带头人"工作室和教研室的"四级联动"工作格局;在教学体系建设中,以公共基础课、专业课和实践课三个层级为参照,搭建大学语文、数学、体育、英语、中华文化纵览、军事理论、创新创业课 7 门综合素质课程;专业群基础与专业核心课程 2 大平台课程全覆盖;结合专业见习、岗位实习、社团活动、技能竞赛和青马工程、交通志愿者等各级各类社会实践活动的 X 课程,形成"7+2+X"的教学体系;在内容体系建设中,构建习近平新时代中国特色社会主义思想、社会主义核心价值观、为兴疆固边服务精神、专业职业精神"四维"内容体系。有形设计体系如图 1所示。

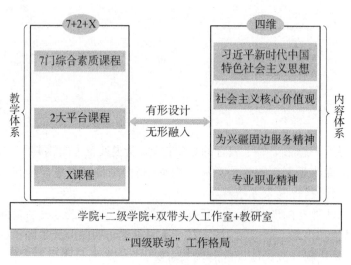

图1 "一个格局,两个体系"

(三) 分类推进挖掘:构建开放、融合、共享的思政元素库

学院深入梳理专业课教学内容,结合不同课程特点、思维方法和价值理念,始终结合行业、产业、企业文化育人元素,深入挖掘思政元素,在实践中逐渐形成交通工程建设与管理专业群的"路桥碑塔"交通精神、交通车辆工程与管理专业群的"绿色安全"发展精神、交通机电工程与管理专业群的"精益求精"工匠精神、交通运输工程与管理专业群的"便捷诚信"服务精神,各专业群建立开放、融合、共享的课程思政元素库。

(四) 无形融入教学:提升教师课程思政意识与能力

学院坚持把师德师风作为教师评价的第一标准,将课程思政纳入新教师岗前培训、教学能力专题培训、微课比赛等,引导教师将自我修养与教书育人结合起来。依托"双带头人"工作室和技能大师工作室,组建由专业群教师、思想政治课教师、技能大师和辅导员等构成的课程思政专题研究团队和教学团队,共同挖掘行业企业岗位的思政元素,开展"思政教师+专业教师"集体备课,实现"技能大师+教学名师"协同育人。

(五) 保障措施护航:建立"全方位、多层次、宽领域"的工作机制

学院成立"课程思政"改革领导小组,多部门共同参与建设课程思政教学研究示范中心,研究重大政策、指导学院课程思政建设,做到课程思政建设工作协调有序开展,形成党委统

一领导、党政工团齐抓共管、党委宣传部牵头协调、各部门和各二级学院共同参与的"全方位、多层次、宽领域"的课程思政工作机制。

三　成果成效

（一）统筹规划，成效显著

课程思政的理念在全校形成广泛共识，学院印发《课程思政实施方案》《学院教师师德失范行为处理办法》等8项制度，形成思政教育"量化、动态、联动"的管理评价模式。2020年，胡杨党支部入选"全国党建工作样板支部"（图2为公示名单），作为自治区唯一一所高职院校入选首批自治区课程思政试点高校；荣获"自治区高校安全稳定工作先进单位""自治区高校思想政治教育先进单位""自治区五四红旗团委"等荣誉。《中国交通报》《中国教育报》等媒体纷纷报道建设成效。

第三批"全国党建工作样板支部"培育创建单位公示名单

（排名不分先后）

序号	单　位
1.	北京大学物理学院现代光学所党支部
991.	新疆建设职业技术学院马克思主义学院党支部
992.	新疆交通职业技术学院机关第三党支部
993.	新疆师范高等专科学校（新疆教育学院）数理学院科学教育教研室党支部
994.	新疆铁道职业技术学院土木工程学院党支部

图2　入选全国党建工作样板支部

（二）示范引领，打造精品

教师开展课程思政建设的意识和能力显著提升，学院教师出版课程思政示范教材8本，获评全国优秀教师1人、全国黄炎培职业教育杰出教师3人、交通运输职业教育教学名师2人，2名教师入选自治区思政名师工作室，学院有2支教学团队获评国家级教师教学团队；立项自治区课程思政示范课程1门、自治区精品在线课程4门、课程思政专项课题10余项；教师获自治区职业院校教师教学能力大赛二等奖10项。

（三）以生为本，素养提升

学院推进全员、全过程、全方位育人，产生了广泛深远的社会影响。近三年，562名学生在厅局级以上赛项中获得优异成绩。2021年，近9000名学生参与公益志愿活动，助力党史宣讲、社区防疫、"红领巾小课堂""乡村振兴"等活动，践行了"胡杨精神"。

四 经验总结

(一) 创新之处

1. 创新"党建＋课程思政"协同育人模式

学院围绕"四级联动"工作体系,依托全国党建工作样板支部,组建结构化、高水平的教学团队,将党的最新理论政策纳入课程思政内容,专业带头人发挥双重身份,在带动专业团队、专业学生成长的同时,实现思政课教师和专业课教师同频共振。

2. 践行"有形设计、分类推进、无形融入"课程思政实施模式

学院有形设计解决了课程思政实施过程中多门课程选取内容和教学目标重叠的问题;分类推进,挖掘不同专业所面向的行业企业典型案例等思政元素;构建结构化的课程思政教学团队,培育示范课程和典型案例,不断提升课程思政教学水平,达到无形融入的效果。

(二) 存在问题与改进措施

1. 与时俱进,完善开放、融合、共享的思政元素库

交通行业发展日新月异,需要与时俱进,不断挖掘不同专业群的思政元素,找到融合更加紧密的载体,持续丰富思政元素库,实现课程思政与思政课程、专业教育与思政教育、技能培养与品格培养的同向同行。

2. 深化"思政课程、课程思政"相融合的教育教学基地建设

校内已实现思政课实践基地与专业实践基地的有机融合,为了给学生提供更加真实、丰富、鲜活的职业情境与实践活动,应探索和专业面向的企业联合建设校外"思政课程、课程思政"相融合的示范性思想政治教育教学基地。

五 推广应用

案例可依托全国交通运输职业教育教学指导委员会向全国开设交通类专业的中高等职业院校推广,也可供其他职业院校学习与借鉴,主要应用在人才培养过程中的课程思政推进组织、打造团队、构建内容体系等方面,尤其在实施路径和理念更新方面具有较大的借鉴作用。但在建设过程中,我们需结合区情、校情进行整体有形设计,做到无形融入,打造具有地方特色的课程思政品牌。

叶剑锋(新疆交通职业技术学院)

在专业课中弘扬新时代交通精神　培育"最美交通人"

——浙江交通职业技术学院课程思政建设实施案例

新时代交通精神是以"两路"精神、青藏铁路精神、港珠澳大桥建设者精神、救捞精神、中国民航英雄机组精神、邮政精神等为代表的具有时代特色的优秀精神文化。作为"交通人才的摇篮",浙江交通职业技术学院秉承交通强国历史使命,不仅培养了大批德智体美劳全面发展的社会主义建设者和接班人,更为党、为国培养了具有交通精神品格特色的高素质人才。近年来,浙江交通职业技术学院持续深化教育教学改革,全面推进课程思政建设,从教学改革、课程建设、教学团队和教师发展到教学内容、教学方法、教学过程以及教学评价等多个维度,将新时代交通行业课程思政元素浸润专业课程,在专业课中畅叙社会主义核心价值观、工匠精神、交通精神。"课程思政、立德树人"的多层次网格化培养体系是浙江交通职业技术学院课程思政培育"最美交通人"的生动实践。

一　党建引领,强化课程思政顶层设计

学院各级党组织始终坚持党的领导,坚持以习近平新时代中国特色社会主义思想为指导,将思想政治工作和建设作为学院各项工作的核心,将教书育人、思政教育和学生的成长有机结合,以立德树人为根本,将社会主义的理想信念核心价值观、交通强国的民族情怀、精益求精的工匠精神和中华优秀传统文化等融入专业课程,构建了思政课程引领方向,实现了专业课程与素质课程的有效衔接,以"知行合一,名师与团队培育工程""润物无声,高水平课程建设工程""交通工匠,最美交通人培育工程""学道修路,文化品牌实践育人工程"等"六大工程"建设为抓手,构建"一核心引领、三课程协同、六工程支撑"的多维度、立体化的课程思政建设体系(见图1)。

二　彰显行业办学特色,打造新时代交通精神养成体系

学院自建校以来,在64年的办学历程中为交通行业培养了大批优秀的工程员和技术骨干。学院现有18个交通大类专业,交通及相关专业学生占培养学生总数的80％以上,其中5个专业入选国家"双高"建设计划行列。为进一步提高行业办学在课程思政教育中的优势,学院制定并实施《浙江交通职业技术学院课程思政建设实施方案》,明确提出践行学院"学道修路"精神品格,构建以思想政治理论课为核心,以通识课和专业课为支撑,以培育"最美交通人"双高特色项目为引领的"3＋X＋1"全方位新时代交通精神培育体系。学院立足交

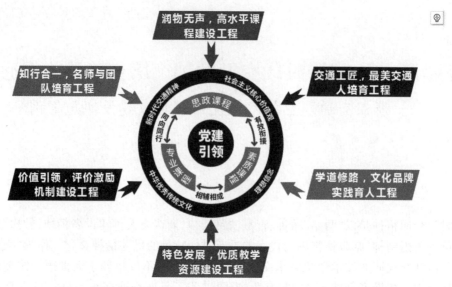

图1　浙江交通职业技术学院"培育最美交通人"课程思政建设体系

通强国建设目标,深入挖掘并提炼专业知识体系中蕴含的思想价值和精神内涵,突出学院交通专业的行业特色,在育人实践中继承和发扬"两路"精神、青藏铁路精神、港珠澳大桥建设者精神等新时代交通精神,打造道路桥梁类、航空技术服务类等7个具有行业特色的课程思政育人品牌。

（一）筑牢专业群"主阵地",凝聚课程思政"交院特色"品牌

学院拉高标杆,全面推进"补钙铸魂,盐溶于水"的课程思政育人方针,充分发挥省级课程思政示范中心的引领作用,厘清不同专业之间的内在联系,以点带面,深度挖掘海、陆、空、轨道各领域专业群课程思政元素,梳理课程思政实施的共性,尊重专业特有的个性,开展"一院一品"特色思政创建活动,使新时代交通精神有机融入专业教育。如道路桥梁工程技术专业群坚持思政育人与技能习得并重,在专业教学中融入"两路"精神、青藏铁路精神、港珠澳大桥建设者精神,逢山开路、遇水架桥,通过路桥认知、工程引例、实践操作、线上资源等课程教学设计,将职业技能与路桥职业精神高度融合;航空技术与服务专业群把当代民航精神和航空职业素养融入课程,开展实施课程思政视域下专业课程教育教学改革,着力形成课程育人长效机制和成果,全面提高航空人才培养质量,高标准服务民航强省战略。

（二）坚守专业课"主渠道",行业特色思政星火燎原

课程思政是高等学校最重要的育人工程。校党委书记孙校伟表示,浙江交通职业技术学院是一所极具交通特色的高职院校,要最大限度发挥专业课程的育人作用,紧紧抓住社会主义核心价值观和新时代交通精神引领这两个极其重要的维度,将植根血脉的基因彰显出来、传承下去。学院以"一个省级示范研究中心、一个省级试点专业教研室、一个国家级教学创新团队和十门国家级省级课程思政示范课程"等引领性项目建设作为突破口,以点成线、以线成面、示范带动,汇聚多元多样的授课教师和授课团队,涵盖必修课、选修课两种课程类型,联动专业基础类、专业核心类、专业方向类、实训实践类等四类课群,持续打造百门校级

课程思政示范课程,覆盖全校数百教师和教学团队,惠及全校万名学生,凝练多项省级以上教学成果,新时代交通精神特色课程思政育人成效已具备借鉴、推广价值。

(三) 建强德师"主力军",砥砺初心种好责任田

在课堂中讲好中国故事,浸润新时代交通精神,帮助学生坚定文化自信,引导他们将所学知识服务于国家需要和民族发展,成为浙江交通职业技术学院所有教师的高度自觉。国家级课程思政示范课程团队付杰老师在讲解地铁车辆牵引制动系统控制前,引入学习强国平台上《中国城轨》视频内容,润入城轨行业文化,培育学生的家国情怀;在授课中,以高铁工匠张雪松、李万君的事迹为案例,设计"如何在普通岗位做到持之以恒、精益求精"专题讨论环节,在教学中融入工匠精神、劳模精神。省级课程思政示范课程负责人吴颖峰老师在省交工"工地学校"让学生体验路基路面一线真实施工环境,使学生沉浸式体验和理解筑路文化的博大精深,激发对交通行业的向往和创新创业的热情。教学名师杨仲元老师说:"只要用心挖掘,专业课中思政元素并不少,用概念、定律、理论、实验等可以渗透辩证唯物主义观点和方法,用实际工程应用成就可以传播科学态度和行业精神,用行业典型代表人物的故事可以培养家国情怀和爱国主义。"

三　构建课程思政评价体系,落实大思政育人模式改革

(一) 优化质量评价标准,破解课程思政评价难题

1. 课程思政理念全面提升

全体教师自觉做到教育者先受教育,用心"学社会主义核心价值观、讲交通人故事",立足岗位,落实学校关于立德树人、课程思政育人的部署和要求,课程思政覆盖率达100%,实现门门有思政、人人讲育人。

2. 课程思政实施落实到位

一是充分挖掘课程思政教育元素。全体授课教师依据课程所属专业,结合学生未来所从事工作的职业素养,结合中国特色社会主义伟大实践、国际时政,深入挖掘课程思政融入点,针对不同专业学生特点,在所授课程的教学设计和教案中,体现蕴含课程思政元素的教学设计和教学内容。二是有机融入专业课堂教学。全体教师在教学过程中,充分发挥教师的相对自主性,将思政教育内容和元素有机融入课堂教学,用"活"的思政滋养课堂,提升学生的获得感;积极把握学生成长特点和规律,努力形成深受学生喜爱的教学风格,综合运用课程思政的多元教学手段,提升课堂教学效果,发挥好课堂育人主渠道作用。

3. 课程思政成效全面凸显

学院构建了课程思政建设机制"浙江样本",把全面推进课程思政建设作为落实立德树人根本任务的重要抓手,加以持续推进和落实,持续优化学校课程思政建设实施方案,出台课程思政育人评价指标体系和评价激励管理办法,不断深化"课程门门有思政,教师人人讲育人"建设,协同推进课程思政建设机制创新。学院建设并形成课程思政先进典型"交通范式",选树一批课程思政示范课程和示范课堂、优秀思政教育教师(团队)、优秀思政教育教材等课程思政建设先进典型;积累成果,形成具有职业教育特点的课程思政专题课、优秀案例

库;组织开展课程思政教研、教改、科研等项目,公开发表课程思政的实践经验和研究成果,形成一系列可复制、可推广的具有浙江交通特色的课程思政建设系列先进典型。

(二)完善监督检查机制,全面融入 ISO 教学质量管理体系

1. 根据 ISO9000 质量管理体系要求,加强教学设计管理

学院围绕专业人才培养方案和课程标准的实施,按照学校 ISO9000 质量管理体系要求,加强教学设计管理,把课程思政要求细化到讲义、教案、课件等教学文件中,实现质量体系全流程、全元素的可查可督。

2. 建立科学评价体系,形成专业、课程两级课程思政画像

学院将课程思政的实施情况融入课程诊断改进系统,建立科学评价体系,利用信息化教学平台和大数据,形成专业、课程两级课程思政画像,相关课程思政建设检查情况与专业考核指标体系和课程评价对接,作为课程改进切入点。

3. 将课程思政融入课堂教学管理

学院把课程思政要求纳入听课、督导、期中教学检查等工作中;加强作业和考试管理,把课程思政要求体现到学生课程作业和课程考试等考核管理中;加强教学评价管理,把课程思政要求融入教学评价工作中,探索建立教师课程思政增值评价机制。

4. 制定课程思政满意度评价指标,以推进课程思政建设

学院制定课程思政满意度评价指标,对在校生开展课程思政实施的满意度大调查;对校企合作企业开展课程思政满意度调查,从社会主义核心价值观、文化素养、宪法法治意识、道德修养、职业精神、职业规范、爱岗敬业、诚实守信等素养品质进行调研,根据用人单位评价反馈推进学校课程思政建设。

(三)完善考核激励体系,持续推进课程思政建设

1. 将课程思政工作纳入学校重点项目

课程思政建设工作被列入学校年度重点工作,由校党委书记一手领办;"立德树人深化大思政育人模式改革"作为学校"双高计划"建设的重大项目,由宣传部、教务处、人文学院共同实施。

2. 将课程思政建设纳入专业发展评价指标

课程思政建设和实施成效是学校专业发展评价的重要组成部分,纳入专业发展评价指数,与专业设置调整和专业考核绩效挂钩,能有效引导专业深入推进实施课程思政育人模式改革。

3. 将课程思政实施纳入教师职业生涯发展

学院将课程思政纳入教师个人的绩效考核和评优范畴,增列为教师入职、岗位聘任、职称评聘、职级晋升、人才项目评选、学习进修等的必备条件;纳入新教师入职培训、新晋升教授、副教授培训、教学能力专题培训的必修内容。

四 成果导向,立德树人显实效

自学院全面推进以"弘扬新时代交通精神,培育最美交通人"为主旨的课程思政育人活

动以来,学院引导"课程教学"向"课程育人"深化,课程思政 100%覆盖人才培养方案和课程标准,形成以课程思政推动立德树人的实践创新典范。

1. 新时代交通精神养成体系特色彰显

学院以习近平新时代中国特色社会主义思想为指导,强化"为党育人、为国育才"导向,丰富"三全育人"内容,持续推进"以 3 门思想政治理论课为核心,以一批通识课和专业课为支撑,以培育'最美交通人'双高特色项目为引领"的"3+X+1"全方位课程思政育人体系,彰显交院特色。

2. 专业课程思政"交院特色"品牌树立

学院深度挖掘海、陆、空、轨道各领域专业群的课程思政元素,梳理课程思政实施的共性,尊重专业特有的个性,持续开展"一院一品"特色思政创建活动,将新时代交通精神 100%融入专业教育,全面覆盖专业人才培养方案和课程标准。"承古出新、匠师协同、学创一体路桥类专业特色文化育人模式的创新与实践"和"党建铸魂、匠心铸梦、师德铸路:新时代汽车工匠培育机制创新与实践"等两项教学成果获 2021 年省级教学成果一等奖。

3. "六大工程"夯实"最美交通人"培育

学院开展课程思政"六大工程",建成 1 个省级课程思政示范研究中心和 1 个省级基层教研组织,建成 2 支国家级课程思政教学团队和 10 支高水平省级课程思政教学团队,培育多名课程思政专家。2 门国家级课程思政示范课程获 160 万元专项经费,8 门省级示范课程和 40 门校级示范课程建成标杆示范,汇编成课程思政示范案例集;深挖红色文化素材和浙江发展、交通建设的资源优势,建设"交通强国""浙江交通志"等优秀教学资源,推进文化育人品牌建设。

金萍女　戎　成(浙江交通职业技术学院)